现代传播学精品规划教材

# 网络传播学
## WANGLUO CHUANBOXUE

程洁 著

### 第3版

苏州大学出版社
Soochow University Press

图书在版编目(CIP)数据

网络传播学 / 程洁著. —3 版. —苏州：苏州大学出版社, 2019.4（2021.7 重印）
现代传播学精品规划教材
ISBN 978-7-5672-2751-4

Ⅰ. ①网… Ⅱ. ①程… Ⅲ. ①网络传播 – 教材 Ⅳ. ①G206.2

中国版本图书馆 CIP 数据核字（2019）第 059364 号

## 网络传播学 第3版

| | |
|---|---|
| 著　　者 | 程　洁 |
| 责任编辑 | 刘诗能 |
| 助理编辑 | 成　恳 |
| 装帧设计 | 刘　俊 |
| 出版发行 | 苏州大学出版社 |
| 地　　址 | 苏州市十梓街1号 |
| 邮　　编 | 215006 |
| 电　　话 | 0512-67481020　67258815（传真）|
| 网　　址 | http://www.sudapress.com |
| 邮　　箱 | sdcbs@suda.edu.cn |
| 印　　刷 | 丹阳兴华印务有限公司 |
| 开　　本 | 787 mm×960 mm　1/16　印张23.75　字数439千 |
| 版　　次 | 2019年4月第3版 |
| | 2021年7月第2次印刷 |
| 书　　号 | ISBN 978-7-5672-2751-4 |
| 定　　价 | 58.00元 |

# 前 言

新闻传播学是与社会的发展紧密相连且实用性很强的学科。随着中国新闻传播事业的快速发展、改革开放力度的不断加大以及新媒体技术的突飞猛进，新闻传播学的知识在不断更新，学科也在不断完善。为了避免教材内容的"老化"和理论建设与社会发展相脱离的现象，作为"现代传播学精品规划教材"之一的《网络传播学》每隔一段时间就需要重新修订。

根据"现代传播学精品规划教材"系列的修订要求，每次修订一般根据以下原则：

- 尽量吸收国内外新闻传播学的新成果，结合新媒体技术的发展，引领学生了解学科发展的最新动态。
- 保持原教材便于自学的特点，厘清概念，指出知识点。
- 进一步强调教材的系统性，做到内容充实，资料丰富。
- 根据实际需要和本学科的发展，对内容和结构适当加以增删和调整。

在新闻传播学的各个学科里，网络传播无疑属于发展最快的部分。自1994年4月20日，中国通过一条64k国际专线接入世界开始，我国从此就进入了一个新的时代。互联网和各种网络媒介的发展以指数级增长，对人们的工作、学习和社会生活的影响堪称具有革命性。如今中国的互联网业已成为世界双巨头之一，作为一个地位日益超越传统媒体的传播平台，互联网中不时产生新的传播现象，而许多传播现象确实是现象级的。

在本套丛书初版时，编委会就诚恳地提出："学科的发展是无止境的，教材的编写也只是阶段性成果，我们希望听到各方面的意见，在以后的修改中使之更加完善。"在《网络传播学》（第三版）出版之际，作者仍坚持这样的愿望，希望教材在逐步完善的过程中更具有时代的特性和社会的适应性。

本丛书适用于全日制普通高校新闻传播学专业学生、新闻传播学专业自考学员以及新闻传播系统从业人员。

# 目 录
## Contents

**第一章 网络传播发展历程与现状**
- 第一节 网络传播的流变 / 2
- 第二节 流行的网络传播方式 / 17

**第二章 网络环境中的新传播现象**
- 第一节 网络传播中接近权与话语权的变化 / 36
- 第二节 网络传播中把关人与议题设置的变化 / 51

**第三章 自媒体与自媒体人**
- 第一节 自媒体与网络公共领域 / 72
- 第二节 自媒体人与公民新闻 / 107

**第四章 网络舆情管理与网络道德自律**
- 第一节 网络舆情管理 / 120
- 第二节 网络道德自律 / 148

## 第五章
### 网络信息的安全管理与产权保护

第一节　网络信息安全管理 / 164
第二节　网络信息产权保护 / 181

## 第六章
### 网络媒介新格局与新经济现象

第一节　网络媒介新格局 / 220
第二节　网络经济新现象 / 236

## 第七章
### 网络传播中的文化现象

第一节　网络文化与亚文化现象 / 272
第二节　网络传播符号与"网红"现象 / 295

## 第八章
### 网络时代的文化传承与数字鸿沟

第一节　网络传播结构改变教育模式 / 316
第二节　数字鸿沟与网络命运共同体 / 337

**参考书目** / 372

# 第一章

# 网络传播发展历程与现状

**内容提要：**

本章主要厘清网络传播的概念、代际变革、基本特征，并对流行的主要网络传播方式进行了分析比较。

**重点包括以下四方面的内容：**

1. 网络传播中各种概念的界定。
2. 互联网得以在美国诞生的社会历史背景。
3. 网络传播的代际变革。
4. 流行的网络传播形式的基本特征。

## 第一节　网络传播的流变

没有哪种传播媒介像网络这样如此深刻地影响着人们的生活，从连接几台计算机的阿帕网，发展到从技术上可以连接起全世界"几乎每一粒砂子"的IPv6网络，终端从体积巨大的实验室计算机发展到灵巧轻盈的手机，每一次的变化所用的时间越来越短。科技的发展不断更新着网络运行所需的硬件和软件，而不断发展的网络传播模式也不断提高着人们的生活质量，同时带来各种新的问题。

互联网的高速发展不仅推动和改变着人类的政治、经济与社会生活，而且带来了一场规模空前的媒体革命，为传播学开拓和提供了新的研究领域与研究方法。这场媒体革命并不是一个突变，而是在两百多年的缓慢积累之后传播模式的一个质的转变。网络传播是基于互联网技术，以网络为载体的传播活动，因而它的崛起既是人类控制技术的进步与扩张，也是前网络传播时期，或者说从媒介初始阶段就在酝酿中的传播构想的进一步发展。媒体的产生离不开各种力量之间的博弈和相互冲突，只有深入地理解互联网媒体诞生之前媒体产生与发展的历史，才能更加清晰地把握网络媒体发展的来龙去脉，才能在历史的制高点上，理解人类媒体发展的历史规律，更好地预测与展望传统媒体与网络媒体在未来的发展。

### 一、网络媒体与网络传播的出现与发展

要想了解网络传播，首先要厘清与之相关的各种概念。

#### （一）网络媒体的界定

互联网从一种计算机技术的运用到跻身于与报刊、广播、电视等大众传播媒体并列的地位，关键就在于其在传播信息方面具有媒体的性质和功能。换言之，互联网不仅是一种新的信息传输技术，更重要的是这种技术使互联网复制、嫁接、延伸了报刊、广播、电视等媒体的新闻信息传播功能。那么，什么是"网络媒体"呢？它与一个与之近似的词"网络媒介"意义是否完全一样？

**1. 媒介和媒体**

媒介和媒体有什么区别？要弄清楚这一点，首先要弄清楚什么是媒介，什么是媒体。

这两个术语现在在传播学界和新闻业界都用得比较多，但是这两个词在现实中有混用的情况。如报纸是媒介，报社也是媒介，电视是媒介，电视台也是媒介。同时，人们也常常将"媒介"称为"媒体"，即将传播机构、工具和内容都称为媒体。

在英语中，媒介"media"是"medium"的复数形式，它大约出现于19世纪末20世纪初，其义是指使事物之间发生关系的介质或工具。媒介的概念十分宽泛，从传播学广义上来说，万物皆媒介，又称"媒介即讯息""媒介是人体的延伸"[1]，即所有媒介都可以与人体发生某种联系，如斧子是手的延伸，车轮是脚的延伸，书籍是眼的延伸，广播是耳的延伸，衣服是皮肤的延伸……由于通信技术的发展，通信网络渐渐和传统的大众传播渠道合而为一，因此，加拿大学者弗兰克·凯尔奇又提出"信息媒介"[2]的概念，使媒介这一概念的内涵进一步扩大。凡是能使人与人、人与事物或事物与事物之间产生联系或发生关系的物质都是广义上的媒介。但是，从狭义上来说，只有大众传播媒介才是可以称为媒体的媒介。

媒体，不管是从字面上，还是在实质上，都比媒介更进一步，也就是说，它更成体系、成系统。媒体一般指大众传播媒介，包括书籍、报纸、杂志、广播、电视、电影等，是一种能使传播活动得以发生的中介性公共机构。根据美国学界的规定，用户数达到占全国人口1/5以上的媒介才算是大众媒介，可以称为"媒体"。按出现的先后顺序来划分并排序，报纸、杂志等纸质媒体被称为"第一媒体"，广播为"第二媒体"，电视为"第三媒体"，互联网为"第四媒体"，手机为"第五媒体"。但是，如果按目前的影响力的强弱来划分并排序，这种排序几乎正好要倒过来。

后两种媒体常常被称为"新媒体"或"新媒介"。这其中的"新"是一个相对的概念，它永远是与"旧""传统"相比较而言。由于不断地会有新的数字媒介出现，网络本身也是不断发展着的，因此，"新媒体"或"新媒介"的内涵也不断地发生变化，它们是作为动态的研究对象而出现的。

新媒介的不断产生丰富了现代媒介环境，它们与传统媒介共生，不断

---

[1] 马歇尔·麦克卢汉. 理解媒介——论人的延伸 [M]. 何道宽，译. 北京：商务印书馆，2000：4.
[2] 弗兰克·凯尔奇. 信息媒体革命 [M]. 沈泽华，等译. 上海：上海译文出版社，1998：3.

地与传统媒介争夺市场，使传统媒介面临着越来越多的挑战。而新媒介之间宏观和微观的竞争也十分激烈，每当一些功能更便捷强大的新传播形式出现，原本流行一时的数字媒介也会因使用者人数减少而渐渐失去原有的影响力。

**2. 网络媒体**

广义上的网络媒体在传播形式上其实可以囊括五种媒体形式，而且由于媒介融合，事实上网络媒体也可以包含所有五种媒体的功能。狭义上的网络媒体则指的是互联网网络或网站等机构或计算机、手机等终端。

与纸质媒体和广播电视相比，网络媒体有以下特点。

（1）数字化。数字化是网络媒体的基本特征。利用数字化技术，网络媒体不仅可以复制和传输信息，而且可以在不同信息传播形式之间实现转化，在传播文字、声音和图像方面都有自己的优势。数字化使网络可以容纳"海量"信息，信息的形式也丰富多样。数字化还使信息的搜索变得易如反掌。由于互联网特有的超文本和超链接特征，网民在网上不仅可以看到最新的新闻信息，而且还可以搜索相关报道、相关资料。数字化也使网络在时效性方面不输于广播电视，特别在一些突发事件的报道中，具有得天独厚的优势。

（2）个性化。数字技术在电影、电视、音乐、网游等行业的广泛应用，数字电视、交互式多媒体系统、数字电影的普及，使网络媒体传播形式发生根本性变化。网络媒体具有精确传播的信息传播特征，可以以受众的需求为导向，细分市场，推出用户最喜欢的信息，满足受众的个性化需求，用户可以根据自己的个性化需求定制信息。网络不仅可以进行"点对面"的广播式传播，而且可以进行"点对点"的交互式传播。利用网络，用户只要打开电脑、数字电视或手机等终端，就可以选择接收自己想接收的信息，或以个性化的方式传播自己想传播的内容。

（3）交互性。交互性是网络媒体区别于传统媒体的最大的优势之一。交互性是指围绕新闻事件，传媒与受众之间的信息双向沟通和传输，反映着受众对社会生活的关注度和参与度。网络媒体突破了传统大众传播方式反馈速度慢的劣势，对传播者的相关信息作出即时反应。网络媒体不仅能即时提供反馈信息，还可以在传播者原有信息的基础上增加新的信息，比如意见、观点以及评论，传播者与受传者形成一种双向互动的传播模式。交互性给网络媒体注入了不少活力，强大的互动功能不断催生新颖的传播方式，由此改变了现代人进行社会交往的方式。

## （二）网络传播的历史

人类的信息传播迄今可分为五个阶段：口头传播阶段，文字传播阶段，印刷传播阶段，电子传播阶段，网络传播阶段。网络传播是人类社会迄今为止最先进的传播媒介，它不但集中了人类传播史上包括图书、报刊、广播、电影、电视、电话等所有媒介形式的特征，而且集中了人类传播方式中包括个人传播、组织传播、大众传播等的多种传播方式。

正如每一种新媒体的诞生并不意味着旧媒体的消亡一样，网络媒体的出现和发展，虽然会对传统媒体的发展产生很大影响，但至今看来，并未导致传统媒体的覆灭。而之前口头传播阶段、文字传播阶段、印刷传播阶段、电子传播阶段的传播方式，实际上在网络传播阶段都还仍旧存在。也就是说，网络媒体的出现并不是一般意义上新旧事物的更新换代，而更多的是对之前各种传播形式的整合。如当人们使用手机网络功能时，通话延续了口头传播的功能，短信延续了文字传播的功能，微信延续了印刷传播和电子传播的功能，无线上网延续了有线网络传播的功能。

### 1. 前网络时代媒介拓展的主要模式

在网络媒体产生之前，媒体的发展实际上经过了几次持续的模式革命。具体来说，这种革命可以分为以下几个层面。

（1）传播功能的突破与延伸。每一种新的媒介都在之前媒介的局限中寻求突破，并在新的功能与界定中实现了原有媒介形式的延伸，逐渐演化出具有自身特点的独特形态。这种变革和适应的连续性是革命性的，它们从量变到质变，最后演化出新的媒介形式。新媒介并不是无中生有地突然冒出来的，它与旧媒介有着千丝万缕的联系。根据这种渐变特性，可以认为，在互联网诞生之前，有一个所谓的"前互联网时期"。在"前互联网时期"，印刷、广播、电视以及通信技术已经开始越来越多地采用数字技术。这种"前互联网时期"的信息传播方式，在自身内在逻辑的作用下，逐渐向互联网技术逼近：报业通过改造排版技术引入电脑，通过建设新闻综合业务网引入网络；广播、电视业通过开发新的广播、电视系统引入数字技术，数字录音、录像使节目制作与传播环节网络化成为可能；通过建设广播电视的无线、通信卫星、有线三类覆盖网，广播电视业也为自己准备好了进入互联网的底层网；通信设施是为全社会服务的基础设施，电脑出现以后，在传统的电报、电话业务以外的电信新业务已经完全离不开网络技术的应用。

（2）新旧媒介的共同演化与共同生存。在既往的媒介发展中，每一种媒介都在媒介大系统中产生，并在这样一个不断扩大的、日益复杂的自组织范围内共同演化与共同生存。每一种新媒介的产生会给其他既有媒介和整体媒介环境带来影响，这种影响有时会大到影响其他媒介的生存与社会地位。以亲身人际传播为例，在现代社会，人类早期积累起来的手势、表情、动作等非语言符号，仍在人们生活中发挥着极为重要的基础作用。传统媒体无论如何也无法取代手势、表情、动作等非语言符号在人类社会生活中的基本功能，所以，当网络成为人们的交流工具时，各种生动有趣的网络表情成为现实中各种手势、表情、动作的虚拟延伸。一方面，报刊、广播、电视等大众传媒与网络融合，对自身进行了网络化、数字化的改造；另一方面，它们的传播形态在现代社会中仍然发挥着难以替代的重要作用。世界传播发展史上的许多事实都可印证新旧媒介之间的联系，如印刷同书写的联系，早期印刷报纸的样式同手抄新闻信和新闻书式样的联系，影视同摄影、录音、文字语音的联系，等等，都展示了传播系统、传播形式沿革过程中的新旧联系。

（3）传播从精英走向大众化。复旦大学张国良教授认为，任何一种媒介，尤其是所谓大众媒介，都经历了从上流精英社会（Elite）走向大众（Popular），再由为数众多、成分复杂的大众走向趣味、习惯、文化等较为一致的小群体（Specialized）这样一个"EPS"的过程。[1]有一种说法是，在本杰明·戴（Benjamin Day）的《纽约太阳报》出现之前，人类传播媒介的任何一项成果几乎只用于上层统治阶级，印刷术在16世纪尤其是19世纪30年代才开始面向大众；大众传播时代，新通信传播技术的使用也是一开始仅局限于少数人，如1887年托马斯·阿尔瓦爱迪生（Thomas Alva Edison）发明了留声机，但直到20世纪20年代留声机才真正推向普通公众。实际上，互联网出现后，一开始也是仅供少数科学家和研究人员使用，到20世纪90年代才以商业化方式走向大众，开始真正按照专门化、个性化要求，赋予大众以媒介接近权和话语权，为大众服务。

（4）传播方式始于互动归于互动。"EPS"过程还同时呈现了这样一个发展脉络：亲身非语言媒介→语言互动媒介→大众传播媒介→分众传播媒介→个人媒介→电子人际互动传播媒介。媒介的发展经历了一个从互动性人际传播开始，陆续离开这种互动性，最后又在网络媒介中实现互动性回归这一曲折的发展历程。文字的发明，使瞬间的思想与意义得到了固化，却又使信息的制作者与接受者产生了阶层上的鸿沟，特别是信息制作者只能由少数人承担。印刷媒

---

[1] 张国良. 新闻媒介与社会 [M]. 上海：上海人民出版社，2001：23.

介以巨大的几何级数产生了大量的信息接受者，特别是在大众化报纸那里，接受者可以遍布上至总统、部长，下至一般职员、普通工人的各个社会阶层，但是信息只由少数人提供。后来的媒介只有电话实现了人与人之间一对一的互动通话，广播、电视尽管有"主持人"这样一种在节目与受众之间起着"拟态人际传播"的角色，但与广播电视节目所拥有的广泛的受众人数相比，信息的制作者与信息的接受者之间的地位更加不平衡，记者、编辑、主持人等无疑具有对新闻信息更多的控制能力。这种不平衡状态在网络传播中得到改善，通过网上论坛、电子邮件、在线聊天、博客、微博、微信等，人们重归了人类在远古时代依赖亲身符号与口语传播得以在互动中共享信息的传播状态。

（5）媒介的发展与社会形态的对应。网络之前的传媒对应着不同的社会化形态，即所谓前农业社会、农业社会、工业社会。也就是说，信息传播技术本身并非如技术决定论盲目夸大、盲目推崇技术自身发展的逻辑力量那样在真空中自行发展，而是对应着社会发展的需要，是社会发展推动着人们的信息传播要求，进而延伸到信息技术革命的诞生。前工业社会开始时只能靠口语传播和文字传播支撑其发展，而工业社会日益膨胀的协调与控制现实的需要，以及工业化、都市化带来的人们对大众传播的需要，刺激了可以大规模、大批量复制的书籍、报刊、广播、电视等大众媒体的诞生；后工业社会，人们强调和追求人性化的信息，使网络媒体、网络传播应运而生。

**2. 互联网的历史**

（1）互联网发展的阶段。

一般认为，互联网的发展主要分为五个阶段。

第一阶段：20世纪60年代早期的远程终端连接时期。这一时期，主机是网络的中心和控制者，终端（键盘和显示器）分布在各处并与主机相连，用户通过本地的终端使用远程的主机。这一时期只能提供终端和主机之间的通信，子网之间无法通信。

第二阶段：20世纪60年代中期的局域网时期。它包括了通信子网和用户资源子网，实现了多个主机互联，实现计算机和计算机之间的通信。终端用户可以访问本地主机和通信子网上所有主机的软硬件资源。

第三阶段：20世纪80年代的广域网时期。1981年，国际标准化组织制定了开放体系互联基本参考模型，实现了不同厂家生产的计算机之间的互联，开始使用TCP/IP协议。

第四阶段：20世纪90年代的宽带综合业务数字网时期。ATM技术、ISDN、千兆以太网使网上电视点播、电视会议、可视电话、网上购物、网上银行、网络图书馆等高速、可视化的信息传播成为人们日常生活的一部分。

第五阶段：21世纪以来的无线互联网时期。在这一时期，作为移动终端的手机的普及使网络的使用变得更加便捷，许多与无线网络相关的增值服务方式大量出现，如各种App、手机付费，极大地方便了人们的生活。

（2）美国早期互联网发展。

网络媒体的雏形最早出现于美国军用机构"美国国防部高级研究计划署"（ARPA，Advanced Research Projects Agency）的阿帕网，其发展历程经历了三个阶段：军用、教育科研部门的民用、商业化运作的民用。

阿帕网是美苏冷战的产物。20世纪60年代初，古巴核导弹危机发生，美国和苏联之间的冷战状态随之升温，核毁灭的威胁成了人们日常生活的话题。在美国对古巴进行封锁的同时，越南战争爆发。美国国防部认为，如果仅有一个集中的军事指挥中心，万一这个中心被苏联的核武器摧毁，全国的军事指挥将处于瘫痪状态，其后果将不堪设想，因此有必要设计这样一个分散的指挥系统：它由一个个分散的指挥点组成，当部分指挥点被摧毁后，其他的点仍能正常工作，而这些分散的点又能通过某种形式的通讯网取得联系。1969年，ARPA开始建立一个网络，把美国的几个军事及研究用电脑主机连接起来。当初，这个阿帕网只联结四台主机，在军事要求上是置于美国国防部高级机密保护之下，在技术上它还不具备向外推广的条件。

1969年11月21日是计算机和网络发展史上的一个历史性时刻。这一天，美国加利福尼亚大学洛杉矶分校的一台计算机与斯坦福大学的另一台计算机连通，宣告网络的正式诞生。1970年，美国四座城市的大学计算机实现连接。1972年，阿帕网建立了40多个网点，开发出电子邮件、远程登录、文件传输三项重要功能。与此同时，阿帕网接入的节点数量也不断增加。

1974年，决定各计算机系统之间互联互通的TCP/IP通信协议在"互联网之父"文顿·塞夫（Vint Cerf）的主持下研究成功，互联网迎来了大发展时期。塞夫于1976年至1982年间在阿帕机构从事计算机研究工作。1974年，他与罗伯特·科恩（Robert S. Cohen）共同发表一篇论文，提议用一种能够利用长号码到许多不同网址寻址的办法设计互联网的基本框架。此后，塞夫一直在斯坦福大学、加利福尼亚大学洛杉矶分校等地进行从主机到主机的传输控制协定（TCP）以及网络之间的协定（IP）的研究工作。从1980年起，TCP/IP成为美国电脑通信标准，又经过更多的技术改进，最终被接受为普遍的电脑通信标准。1982年，美国国防部通信局和ARPA为阿帕网建立TCP/IP，表明了全球性的互联网正式诞生。塞夫在引导互联网产生、研制与互联网有关的数据包以及安全技术方面，发挥了至关重要的作用，他的研究成果意味着所有加入互联网的电脑都有了一个可以彼此联系的"地址"，意味着数据的传输有了一定之规。他所研究的通信协议促成了互联网的诞生，并至今在世界范围内得到广泛的尊重与普遍的使用。

在网络传播发展史上，1986年是一个重要的历史转折点。在此之前两年，域名服务器（DNS）开始建立，互联网的主机数突破1 000台。1986年，美国科学基金会（NSF）建立了国家科学基金网（NSFNET），连接范围包括了所有的大学和科研机构。与此同时，美国宇航局、能源部等部门的计算机网络也相继建成。互联网开始真正摆脱战争机器的角色，步向通信与传播领域的新里程。

1989年年底，阿帕网完成了自己的历史使命，退出了历史舞台。1990年，互联网上第一个提供电话拨号上网服务的商业机构"世界联网"成立。1991年，蒂姆·伯纳斯·李（Tim Berners Lee）设计出一个超文本链接的软件——万维网（WWW）。同年6月，在连通互联网的计算机中，商业用户首次超过了学术界用户，这是互联网发展史上的一个里程碑，从此互联网成长速度一发"不可收拾"。1992年，年轻的马克·安德森（Marc Andreessen）设计出万维网的浏览器马赛克（Mosaic）。这两项技术对互联网的普及化、大众化产生了巨大影响。1993年，网上开始流行实时语音交谈，商业和新闻媒体开始关注互联网。1994年，美国各大机构开始直接通过电缆连入互联网，美参议院和白宫开始为民众提供信息服务，互联网上开始出现购物市场，网络电子商务开始起步。与此同时，第一个网上银行也正式开始营业。"世纪网络第一人"杨致远（Jerry Yang）所创造的互联网发展史上的"雅虎神话"也一同进入了人们的视野。1995年，美国国家科学基金网正式完成互联网的私有化工作，宣布不再为互联网主干网提供资金支持。互联网由此彻底走上了自我发展的道路。

（3）中国互联网的发展历程。

中国的互联网发展历程可以大致划分为五个阶段。

第一阶段：1987年至1993年，这一阶段属于研究实验阶段。在此期间，中国一些科研部门和高等院校开始研究互联网技术，并开展了科研课题和科技合作工作，但这个阶段的网络应用仅限于小范围内的电子邮件服务。

第二阶段：1994年至1996年，这一阶段属于萌芽起步阶段。1994年4月，中关村地区教育与科研示范网络工程进入互联网，从此中国被国际上正式承认为有互联网的国家。之后，多个互联网络项目在全国范围相继启动，互联网开始进入公众生活，并在中国得到迅速的发展。至 1996 年年底，中国互联网用户数已达 20 万，利用互联网开展的业务与应用逐步增多。

第三阶段：从 1997 年至 2002 年，这一阶段属于快速发展阶段，国内互联网用户数每半年翻一番。随着网络基础设施的改善、用户接入新技术的采用、接入方式的多样化和运营商服务能力的提高，网络传播方式越来越多，上网速度越来越快，越来越多的应用在网上实现。

第四阶段：从 2003 年到 2008 年，移动互联网开始作为传统互联网的补充。这个阶段的中国移动互联网用户主要在手机上看新闻、读小说、听音乐等。除了内容之外，开始有了一些功能性的应用，比如手机 QQ、手机搜索等，手机流媒体开始占据用户大量的碎片时间。

第五阶段：从 2009 年至今，智能手机逐渐代替电脑成为互联网最重要的终端。随着微博、微信等社交网络、App、电子商务在智能手机上的广泛应用，智能手机成为人们不可或缺的随身携带物，网络几乎是无处不在，越来越深入人们的生活，并对社会、政治、经济、文化都产生了深刻的影响。

有关互联网的发展的行业报告有很多，其中中国互联网络信息中心（China Internet Network Information Center，简称 CNNIC）发布的互联网发展状况统计报告权威性最高，不仅被纳入中国政府统计年度报告，还被联合国、国际电信联盟等国际组织普遍采纳。CNNIC 于 1997 年 11 月发布第一次《中国互联网络发展状况统计报告》，之后形成半年一次的报告发布机制。2018 年 8 月 20 日，CNNIC 发布了第 42 次《中国互联网络发展状况统计报告》。《报告》显示，截至 2018 年 6 月 30 日，我国网民规模达 8.02 亿，这是中国网民规模首次过 8 亿大关。互联网普及率为 57.7%；手机网民规模为 7.88 亿，占比达 98.3%。[1]

## 二、网络传播的分代及代际变化

互联网虽然经常被称为"新媒介"，但新媒介的"新"字永远是相对的，网络传播的历史虽然不长，但是流行的网络传播方式已经出现了明显的代际变化。提到网络，除了"Net"外，还常用"Web"一词。"Web"或"WWW"，是环球信息网（World Wide Web）的缩写，中文名字为"万维网"。Web1.0 和 Web2.0 通常被用来区分互联网时代的前期和现在阶段，对

---

〔1〕中国互联网络信息中心. 第 42 次中国互联网络发展状况统计报告［R/OL］. 中国互联网络信息中心. http://www.cnnic.cn/hlwfzyj/hlwxzbg/hlwtjbg/201808/P020180820630889299840.pdf.

于未来的互联网，也有 Web3.0 之说。但是，这种划分边界相对模糊，不管在时间上还是在传播方式上，并没有绝对的界限。

## （一）Web1.0 的特征

Web1.0 基本采用的是技术创新主导模式，技术性的痕迹很重，对于新闻信息兴趣较高，盈利基本靠点击量，以点击率为基础开展增值服务，充分体现了互联网的眼球经济色彩。Web1.0 的发展后期出现了向综合门户合流现象，在这种过程中，逐渐形成了主营与兼营结合的明晰产业结构，国内的几家主要网站也形成了自己的特色。在这个时期，一些传播方式已得到广泛应用，如网上论坛（BBS）、电子邮件（E-mail）、网上聊天（Chatroom）、维基（Wiki）以及新闻组（Usenet）、远程登录（Telnet）、FTP[1]文件传输等功能得到普遍应用。

## （二）Web2.0 的特征

与 Web1.0 相比，Web2.0 有以下特征。

**1. 用户参与网站内容制作**

与之前通常是网站单向发布信息的模式不同，Web2.0 网站的内容也可以是用户发布的，用户既是网站内容的浏览者，也是网站内容的制造者，这也就意味着它打破了门户网站的信息垄断。Web2.0 网站为用户提供了更多的参与机会，例如博客、播客、微博和各种百科就是由网络的使用者制造和传播内容的，而用户设置标签技术将传统网站中的信息分类工作直接交给用户来完成。

**2. 注重交互和内容的聚合**

在 Web2.0 概念下，老的传播方式和新的传播方式，如博客、微博、维基、即时通信等，都更加注重信息的交互传播。不仅实现了发布内容过程中的用户与网络服务器之间的交互，而且也实现了同一网站不同用户之间的交互，以及不同网站之间信息的交互。Web2.0 的程序是建立在合作性的数据服务网络之上的，因此提供网络服务界面和内容聚合，并使用其他人的数据服务，支持允许松散结合系统的轻量型编程模型。

---

[1] FTP（File Transfer Protocol，文件传输协议）是 TCP/IP 网络上两台计算机传送文件最早使用的协议之一，属于网络协议组的应用层。FTP 客户机可以给服务器发出命令来下载文件、上传文件、创建或改变服务器上的目录。

### 3. 与 Web1.0 之间的联系和本质区别

(1) Web2.0 与 Web1.0 的联系。

Web2.0 实际上是对 Web1.0 的信息源进行了扩展，使其更多样化和个性化。Web2.0 技术可以成为 Web1.0 网站的工具。一些在 Web2.0 概念之前一些网站本身也具有 Web2.0 特性，例如 B2B[1]电子商务网站的免费信息发布和网络社区类网站的内容也来源于用户。因此，可以说，Web2.0 的核心不是技术，而在于指导思想。Web2.0 有一些典型的技术，但技术是为了达到某种目的所采取的手段。Web2.0 技术本身不是 Web2.0 网站的核心，重点在于典型的 Web2.0 技术体现了具有 Web2.0 特征的应用模式。因此，与其说 Web2.0 是互联网技术的创新，不如说是互联网应用指导思想的革命。Web2.0 带来的网络媒体变革，实现了从"以技术为中心"到"以人为中心"的转变，最大化地给人们的人际传播活动提供各种便利。

(2) Web2.0 与 Web1.0 的本质区别。

Web2.0 与 Web1.0 之间最主要的区别在于用户和用户、产品供应商和企业之间有更多的协作。简而言之，就是 Web1.0 侧重于大则全的门户网站，侧重于内容、商业模式，它是一对一的、中心化的。而 Web2.0 相对来说更侧重于用户个人，侧重于应用、服务，它是开放的、联合的、去中心化的社交性网络。在 Web2.0 时代，大众化中出现了小众化，公媒体中出现了自媒体，巨内容中出现了微内容，中心放射中出现了终端对话。在 Web1.0 时代，互联网内容是由网络媒体的从业人员制作的，在 Web2.0 时代，每个人都是内容的供稿者，信息源自许多独立的个人。在 Web1.0 时代，更多的是一种陌生人之间的交流，有一句著名的话是"在网络上，没人知道你是不是一条狗"。但是，在 Web2.0 时代，更多的是熟人之间的交流，套用一个著名的电影名，是"我知道你去年夏天干了什么"。内容不再由专业网站或特定人群所产生，而是全体网民共同参与、权级平等地共同创造的结果。任何人都可以在网络上表达自己的观点或创造原创的内容，共同生产信息。

因此，在 Web1.0 时代，互联网更像是供人们浏览，而在 Web2.0 时代，互联网更像一个供大家任意发挥，任意制作和传播信息的平台。在 Web2.0 时代，博客、播客、微博、维基及各种网络社区都进一步繁荣，更多的人在互联网上分享到更多人提供的信息。因此，Web2.0 实际上是对 Web1.0 的信息源进行扩展，使其更多样化和个性化。不过，Web2.0 并不意味着各种中心和社

---

[1] "Business To Business" 的缩写，企业对企业之间的营销关系。

会层级的完全消失,而是由高度集中控制向分布集中控制转变。

### (三) 对 Web3.0 的共识

关于 Web3.0,维基百科这样定义:Web3.0 一词包含多层含义,用来概括互联网发展过程中可能出现的各种不同的方向和特征,包括将互联网本身转化为一个泛型数据库,跨浏览器、超浏览器的内容投递和请求机制,人工智能技术的运用,语义网,地理映射网,运用 3D 技术搭建的网站甚至虚拟世界或网络公国,等等。

互联网的更新换代是一个渐进的过程,虽然学术界对于 Web3.0 的认识还有很多分歧,但对其主要特征已达成如下共识:Web3.0 跟 Web2.0 一样,仍然不是技术的创新,而是思想的创新,进而指导技术的发展和应用。

如果把 Web3.0 和 Web1.0、Web2.0 放在一起比较,那么,从功能上来说,Web1.0 能满足网民少部分精神需求,如阅读新闻、下载资料等,缺点是仅能阅读,不能参与,网民没有归属感;Web2.0 能满足网民更多精神需求,具有互动的特点,网民上传东西更容易,在网络上有属于自己的个人空间及虚拟社交关系,有了一定的归属感;Web3.0 能满足网民更多的精神需求,随着第三代身份证使对个人合法身份的确认更加容易,网络可以更多地介入真实生活,网民不但有归属感,而且更加有主动权。

一个常用的比喻是:在 Web1.0 时代,网站是别人的家,我只是看看,我是陌路人;在 Web2.0 时代,网站是朋友的家,有人和我聊聊,我是客人;在 Web3.0 时代,网站是你我的家,吃喝买卖随己,我是主人。

Web3.0 的特征,一般认为有以下几点。

**1. Solomo**

2011 年 2 月,美国著名风险投资公司 KPCB(Kleiner Perkins Caufield & Byers)公司合伙人约翰·杜尔(John Doerr)把最热的三个关键词"Social"(社交)、"Local"(本地化)和"Mobile"(移动)整合到了一起,随后,"Solomo"概念风靡全球,被当时一致认为是互联网发展趋势。无处不在的移动和无线通信应用使上网更方便。

**2. 语义搜索**

Web1.0 和 Web2.0 主要仍是语法搜索,计算机机械地搜索关键词句,但它并不理解关键词句的意义;而 Web3.0 时代,随着和 AI(Artificial Intelligence,人工智能)的结合,在运算智能、感知智能、认知智能三个方面形成新的网络体系,可以进行语义搜索。计算机仿佛能理解内容,经过后台计算，为用户滤掉无用的信息，提供最有用的信息。Web3.0将用户生成的内容信息进行整合，对用户的行为特征进行分析，根据用户的偏好寻找可信度高的发布源，得出最佳的设计方案，帮助互联网用户快速、准确地搜索到自己想要的信息内容，避免了大量信息带来的搜索疲劳，使内容信息的特征性更加明显，便于检索。

**3. 网速更快**

端到端的高性能通信速度更快，能更及时地提供组播服务，进行服务质量控制，可开发大规模实时交互应用。

**4. 空间更大**

采用IPv6协议，使下一代互联网具有巨大的地址空间，网络规模将更大，接入网络的终端种类和数量更多，网络应用更广泛。

**5. 更加开放**

Web2.0只能通过PC终端应用在互联网这一单一的平台上，如今，层出不穷的移动终端的开发与应用需要新的技术层面和理念层面的支持。而Web3.0更加开放，有"三广+三跨"之说，即"广域""广语""广博"和"跨区域""跨语种""跨行业"。它对外提供的API将会是网站的标准配置，不但可以应用在PC互联网这一单一终端上，而且适合多种终端平台，实现不同终端的兼容。

**6. 更安全**

Web2.0模式下的社交网络平台不能确保注册信息的可靠性和有效性，允许用户随意发布的博客、微博、百科等会使网络上堆积大量杂乱无章的信息，为用户的搜索带来极大的不便。Web3.0提出了"可控"的概念，可通过对互联网用户的发布权限的长期认证，进行网络对象识别、身份认证和访问授权，可信度高的信息将会被推到互联网信息检索的首项，实现可信任的网络。

**7. 效益更大**

在Web3.0时代，各种网络财务安全解决方案应该进一步完善，在线支付和电子商务逐渐普及，网络赢利模式更有效，网络营销效果更显著，创造出更大的经济效益和社会效益。

由此可见，Web3.0不仅是一种技术创新，它通过更加便捷的方式为用户提供更为个性化的定制信息，能够更多地体现出以用户为中心的理念。

### （四）IPv6 和物联网

**1. IPv6**

IP 协议的版本号主要有 IPv4 和 IPv6，"IPv4"是"Internet Protocol Version 4"的缩写，IPv6 是 IETF（Internet Engineering Task Force，互联网工程任务组）设计的用于替代 IPv4 的 IP 协议。

IPv6 的技术特点有如下几点。

（1）空间大。IPv4 地址资源面临枯竭，而 IPv6 能为全球每一台网络设备提供不重复的 IP 地址，号称"哪怕是一粒沙子都有可能获得一个网络身份"。

（2）速度快。比 IPv4 网速至少快 100 倍，每秒钟可以传送相当于十几张 VCD 光盘储存量的信息量。IPv6 支持永远在线，为客户提供更丰富多彩的服务。

（3）操作简便。IPv6 比 IPv4 更"傻瓜化"，属于典型的"即插即用"，网络新手可以立刻上手操作。

（4）安全性高。IPv4 网上黑客病毒泛滥，而因为 IPv6 的地址空间实在是太大了，如果病毒或者蠕虫还想通过扫描地址段的方式来找到有可乘之机的其他主机，如大海捞针，所以 IPv6 的安全性得以提升。

**2. 物联网**

物联网（the Internet of Things，简称 IoT）就是物物相连的互联网，是新一代信息技术的重要组成部分。物联网的核心和基础依然是互联网，它是在互联网基础上延伸和扩展的网络，其延伸和扩展到了在任何物品与物品之间进行信息交换和通信的地步。因此，物联网的定义是通过 RFID[1]、红外感应器、全球定位系统、激光扫描仪等信息传感设备，按约定的协议，把任何物品与互联网相连接，进行信息交换和通信，以实现对物品的智能化识别、定位、跟踪、监控和管理的一种网络。

物联网具有无限延伸的特点，这个特点可以为人们的生活带来便利。人们在超市购物后不用排队等候结账，在推着购物车走出大卖场的时候，商品上的电子标签会将商品信息自动登载到商场的计价系统，货款自动从信用卡上扣除。与此同时，每件商品被采购的信息立刻回馈到分布于世界各地的产品生产商那里，使生产商们时刻都能准确地获知自己产品的销售情况，为及时调整生

---

[1]"Radio Frequency Identification"的缩写，射频识别技术，又称电子标签、无线射频识别，是一种通信技术，可通过无线电讯号识别特定目标并读写相关数据，而无须识别系统与特定目标之间建立的机械或光学接触。

产和供应提供了准确的数据。

### (五) 无线互联网

无线互联网是一个全国性的、以宽带 IP 为技术核心的、可同时提供话音、传真、数据、图像、多媒体等的高品质电信服务的新一代开放型电信基础网络，是国家信息化建设的重要组成部分。

**1. 3G 无线互联网**

无线互联网，就是将移动通信和互联网二者结合起来，成为一体。3G (3rd Generation，第三代移动通信技术) 是指支持高速数据传输的蜂窝移动通信技术。

3G 的无线互联网服务大致可分为四类：第一类为信息类的业务，包括新闻、天气预报、股票信息等；第二类是通信类的业务，主要是通话、电子邮件和传真业务；第三类为电子商务类业务，包括移动银行、移动办公室和电子贸易等，主要是代付款业务；第四类是网络社区类的业务，主要是一些娱乐、游戏、交流、共享类的服务。

**2. 4G**

4G 是第四代移动通信及其技术的简称，是集 3G 与 WLAN[1] 于一体并能够传输高质量视频图像的技术产品。它的图像的传输质量与高清晰度与电视不相上下，能支持下一代互联网和所有的开放式移动多媒体信息终端，以及电子信息设备、家用电器，实现与固定网或专用网的无缝连接，通过软件中间件支持和开通多种多样的 IP 业务和信息服务。

简而言之，4G 的特点有如下几点。

(1) 速度更快。

4G 网络基本上是 IP 网络，下载的传送速度为 3G（国际标准为 2Mbps）的 50 倍，即约 100Mbps，上传的速度也能达到 20Mbps，并能够满足几乎所有用户对于无线服务的要求，可以实现更高质量的多媒体通信。

(2) 更加便捷。

在蓝牙[2] 和 Java[3] 等技术的推动下，4G 时代的手机可以与日常用品结

---

[1] "Wireless Local Area Networks" 的缩写，无线局域网络。
[2] 一种支持设备短距离通信的无线电技术，能在包括移动电话、PDA、无线耳机、笔记本电脑等众多设备之间进行无线信息交换。
[3] 一种可以撰写跨平台应用软件的面向对象的程序设计语言。

合在一起。理论上，任何一件物品都有可能成为 4G 终端，它可以是可穿戴设备，人们甚至不用手握着就可以打电话，并用它来遥控家中的一些电器。

（3）智能性更高。

利用 4G 手机，人们可以通过大数据平台及各种专业服务网络的联网得到智能化的信息服务，移动网络本身也会提供更多样的增值服务，如人们可以用手机完成各种支付，现金进一步淡出人们的生活。

### 3. 5G

5G 是第五代移动通信标准和技术。

2017 年 11 月 15 日，工信部发布《关于第五代移动通信系统使用 3300 – 3600MHz 和 4800 – 5000MHz 频段相关事宜的通知》，确定 5G 中频频谱。根据工信部、中国 IMT – 2020（5G）推进组的工作部署以及三大运营商的 5G 商用计划，我国于 2017 年展开 5G 网络第二阶段测试，2018 年进行大规模试验组网，并在此基础上于 2019 年启动 5G 网络建设，2020 年正式商用。

和 4G 相比，5G 具备高性能、低延迟与高容量特性的优点。

对于用户来说，5G 具有更高的速率、更宽的带宽，只需要几秒即可下载一部高清电影，能够满足消费者对虚拟现实、超高清视频等更高的网络体验需求，提升用户体验。对于"互联网+"行业来说，5G 具有更高的可靠性，更低的时延，能够满足智能制造、自动驾驶等应用的特定需求，对打开相关产业的发展空间，促进创新型经济的发展能提供基础支持。

由于现代科技和应用的发展速度都十分迅速，因此互联网络的代际更替也十分频繁。一些技术上的变化总是会带来更多的传播模式的变化和更多元的社会影响，这些都在现代社会的发展中留下足迹。

## 第二节 流行的网络传播方式

互联网领域由于发展迅猛，几年间就可能沧海桑田，一些曾经人声鼎沸的平台不经意间就开始"门前冷落鞍马稀"。许多知名网站曾代表着网络舆论的风向标，是许多网民心目中的"广场"或"客厅"，但是随着许多更便捷的 App 的兴起和发展，它们中的许多不得不面临亏损和倒闭。如曾经流行且影响巨大的 BBS（Bulletin Board System，电子公告板系统），在 21 世纪之初，曾是网络舆论的主战场。仅过了十多年，因许多新的社交媒介的出现，对比之下就显得形态落后，用户体验差，于是这种曾被当作新事物的传播方式就在各大论坛次第关闭中渐渐没落。被简称为"BAT"的中国互联网公司"三巨头"百度（Baidu）、阿里巴巴（Alibaba）和腾讯（Tencent），凭借其各有强项的综合服务占据着中国互联网的搜索、电商和社交网络大半江山。但是搜索引擎、门户网站、电商平台和各种社交网络平台在发展中也在激烈的竞争中不断地革新，从技术升级到营销策略上不断主动积极改变，以期吸引用户。

## 一、搜索引擎的发展变化

搜索引擎（Search Engine）是指根据一定的策略、运用特定的计算机程序从互联网上搜集信息，在对信息进行组织和处理后，为用户提供检索服务，将用户检索的相关信息展示给用户的系统。

### （一）搜索引擎的构成与发展

搜索引擎一般主要由四部分组成：搜索器，索引器，检索器，用户接口。

搜索器的功能是在互联网中发现和搜索信息。它需要以最快的速度和最大的量搜集各种类型的信息，同时还要定期更新已有信息，避开死链接和无效链接。

索引器的功能是理解搜索器所搜索的信息，从中抽取出索引项，用于表示文档以及生成文档库的索引表，建立起自己的物理索引数据库。一个搜索引擎的有效性在很大程度上取决于索引的质量。

检索器的功能是根据用户的查询在数据库中快速检出信息，进行信息与查询的相关度评价，对将要输出的结果进行排序，实现相关性反馈。

用户接口的作用是供用户输入查询内容、显示查询结果，提供根据用户的需要作出的相关性反馈。

在互联网环境下，搜索的典型实现是基于关键词匹配的检索机制。目前，计算机信息检索功能已经从基本的布尔检索、截词检索、邻近检索、短语检索、字段检索发展为高级的加权检索、自然语言检索、相关信息反馈检索、模糊检索和概念检索。

### （二）搜索引擎的使用率与影响

搜索引擎在很长时间里都是网民使用最多的互联网服务，即便随着微信的兴起，成为使用率第二的应用，但是根据CNNIC发布的第42次《中国互联网络发展状况统计报告》，截至2018年6月，我国搜索引擎用户规模达6.57亿，使用率为81.9%,用户规模较2017年年末仍增加1 731万,增长率为2.7%;手机搜索用户数达6.37亿,使用率为80.9%,用户规模较2017年年末增加1 342万,增长率为2.2%。[1]

搜索引擎稳居互联网应用使用率前列的原因主要有以下几个方面[2]。

1. 信息爆炸使高效的信息检索功能成为必需。随着互联网的飞速发展,网络中的内容和资源日益丰富,而各类新型的网络应用更是让互联网内容呈几何级数式增长。面对这样的信息过载,网民只能通过搜索引擎这种过滤方式更高效地找到需要的内容和资源。

2. 网络与现实的结合拓展了检索信息的需求。随着互联网向现实社会的渗透,网民利用网络寻找信息的需求变得更加旺盛。除了以往查找网站和互联网内容资源以外,利用互联网辅助购物、查找本地消费信息等需求更加旺盛,这些需求都促进了网民对搜索引擎的使用。

3. 搜索服务商对服务的细分和优化增强了搜索的价值。为了更好地满足网民在互联网搜索方面的需求,搜索服务商不断推出软件搜索、翻译搜索、位置搜索等垂直服务。垂直搜索引擎服务模式的行业性、专业性及其精准性的优势,使人们可以更加方便、准确地在互联网中找到真正需要的内容,进而提高了用户满意度,增加了用户黏性,吸引了更多新用户。

一方面,对于已经接触过的网站和服务,网民慢慢倾向于不记忆网址,而通过搜索引擎搜索的方式进入;另一方面,对于未使用过的网站和服务,网民也是通过模糊搜索的方式来进行查找,进而由搜索引擎引导到相应的网站或服务。这种入口型应用的定位,也保障了搜索引擎稳居互联网应用使用率的前列。

## (三) 百度——全球最大的中文搜索引擎

百度的核心价值观是"简单可依赖""让人们最平等便捷地获取信息、找到所求"。除网页搜索外,百度还提供音乐搜索、图片搜索、视频搜索、地图搜索等多样化的搜索服务。为了让那些对同一个话题感兴趣的人们能汇聚一堂,方便地交流和互助,百度"贴吧""知道""百科"等围绕关键词服务的

---

[1] 中国互联网络信息中心. 第42次中国互联网络发展状况统计报告[R/OL]. 中国互联网络信息中心. http://www.cnnic.cn/hlwfzyj/hlwxzbg/hlwtjbg/201808/P020180820630889299840.pdf.

[2] 孟蕊. 搜索引擎为何稳居互联网应用使用率之首[N/OL]. 中国新闻网. http://www.chinanews.com/it/2011/07-19/3193238.shtml.

社区化产品也应运而生。如"百度知道"是一个基于搜索的互动式知识问答分享平台，它的模式是鼓励用户自己根据具体需要有针对性地提出问题，通过积分奖励机制发动其他用户来解决该问题。这些问题的答案又会进一步作为搜索结果，提供给其他有类似疑问的用户，达到分享知识的效果。"百度知道"的最大特点，就在于和搜索引擎的完美结合，让用户所拥有的隐性知识转化成显性知识，用户既是"百度知道"内容的使用者，同时又是"百度知道"的创造者，通过用户和搜索引擎的相互作用，实现搜索引擎的社区化。

"框计算"是由百度首先提出的一种语义搜索概念。所谓"框计算"，是用户只要在框中输入服务需求，系统就能明确识别，并将该需求分配给最优的应用或内容资源提供商处理，最终返回给用户相匹配的结果。在"框计算"之前的语法搜索阶段，用户只能搜索到包含搜索词的网页信息，但是在"框计算"的语义搜索中，由于可以进行"需求识别"，具体包括语义分析、行为分析、智能人机交互、海量计算处理，因此它可以做到识别后进行大数据对接，实现规模化、同步化、标准化的指令匹配。只要在这个"框"里输入文字，看新闻、网上购物、杀计算机病毒、计算、查日历、查地图、买卖股票等几乎所有信息都可以找到，并被相对精准地推送。这种新的搜索能力因为几乎做到了"即搜即得，即搜即用"，使得用户的搜索体验更佳。

## 二、网络新闻新形式

中国最早在网络上提供新闻的是以新浪、网易、搜狐和腾讯为首的门户网站，但是很快各大中央及地方传统媒体都有了自己的网络版。随着科技的发展，"两微一端"（微博、微信及新闻客户端）渐渐成为最重要的网络新闻传播平台。各大中央及地方传统媒体又迅速纷纷开设了官方微博账号、微信公众号，开发了新闻客户端。通过统计各媒体在微博、微信以及客户端三个平台上发布文章的阅读数、转发数、评论分享等数据，非常容易了解各媒体的网络传播状况、传播效果和影响力。中央网信办的《网络传播》杂志每月发布"中国新闻网站 App 排行榜"，公布中国各媒体在网络上的综合传播力，及 PC 端传播力、移动端传播力、微博传播力和微信传播力的榜单。

### （一）新闻 App

各种新闻媒体的客户端软件和各种新闻聚合 App 通过利用各种算法，将受众订阅的或是可能感兴趣的新闻精准地推送给用户。

现在，中国国内新闻 App 大致有三类，分别为：

**1. 传统媒体 App**

如《人民日报》《新京报》《南方周末》《三联生活周刊》的新闻 App。

由于此类 App 依托的是有着较高公信力的成熟权威媒体，原本就有着强大的采写编人力资源和能力，原有的一些忠诚受众很容易就接受其新的传播方式，直接从传统媒体过渡到数字化的接收方式。所以，此类新闻 App 有稳定的用户群，提供的信息原创比例最高，质量也最高。但伴随着此类新闻 App 的高原创度和高质量，其运营成本也相对较高，而且在个性化方面对用户体验的关注比较不足，在拓展新用户方面反而不能一马当先。

**2. 门户网站 App**

如新浪新闻、腾讯新闻、搜狐新闻和网易新闻的 App。

此类新闻 App 新闻种类多、信息量大、用户数也非常大。因为依托的是四大门户网站，不仅有原来做网络新闻的经验，而且在技术和运营方面更有优势，同时善于利于数据分析掌握用户的偏好，可以方便地为有着不同层次需求的用户量身打造一些新闻专题。但是原本存在于门户网站新闻中的一些弊病也被此类新闻 App 所继承，如信息同质化严重，多而不精，大而不当。用户为获得有价值的信息，需要付出更多的搜寻时间成本。

**3. 聚合类新闻 App**

如今日头条、ZAKER、鲜果。

聚合类新闻 App 背后的团队并不直接从事新闻工作，他们仅通过技术整合网络内容资源，或鼓励用户推荐文章到客户端，通过各种算法估量用户的兴趣点，搜集用户感兴趣的内容，然后进行个性化的新闻推送。相比前两类新闻 App 是直接提供新闻，聚合类新闻 App 主要做的是有针对性推荐新闻工作，在所推荐的信息的个性化方面远高于前两类新闻 App。

## （二）数据新闻

数据新闻，又叫数据驱动新闻，是一种基于数据的抓取、挖掘、统计、分析和可视化呈现的报道方式。数据新闻的萌芽可以追溯到计算机辅助报道和精确新闻学。数据新闻的出现是大数据技术背景下数据技术对新闻业全面渗透的必然现象。从广义上来说，数据新闻就是在新闻报道中用数据说话。具体在操作层面，它是针对相关新闻选题，运用社会统计方法对数据进行收集、过滤、挖掘，然后借助可视化手段对数据信息进行组织和呈现。

**1. 数据新闻的优势**

与传统新闻报道方式相比,数据新闻在信息采集方面能够做到更真实,在新闻呈现方面能够做到更具可视性,受众与叙事主体之间的互动性更强,体验更佳,在描述、判断、预测等方面拥有得天独厚的优势,非常适宜做各种增值性的内容服务。"第一,数据新闻通过对数据的收集、深度挖掘和分析,有利于发现数据之间的联系,揭示出深刻的洞见。数据新闻运用的是立体化的罗列形式,通过多角度、多类别、多层次的数据对比,让更加丰富、更加多元化的信息内容有效地呈现在受众面前。第二,数据新闻能够增加与受众的互动性。作为开放新闻的数据新闻,鼓励用户参与到新闻制作中去,并开启了众包式新闻。它能和受众实现及时互动,及时地进行调整,转化成为受众'定制化'的独特信息服务。第三,将复杂故事简单化。数据新闻借助可视化手段展示诸多关联数据,将数据之间存在的复杂关系非常直观地呈现给受众,增强了新闻报道的易读性,有利于受众更好地理解新闻事件,并留下更深刻的印象。"[1]

数据新闻报道通常经过四个环节,首先是对原始数据进行收集。在收集工作中,有许多网络数据采集软件可以使用,这些软件大大提高了数据的采集效率和准确度。第二步是对数据的分析和过滤。这个步骤也可以利用一些软件节省人力分析的精力和时间成本。第三步是将数据可视化。可视化是数据传播的一种重要手段。人类大脑神经元涉及多种功能,其中三分之二的大脑神经元致力于视觉感知,所以可视化效果对新闻的传播效果有着直接的影响。最后一步是形成具体的新闻报道。因为数据是为讲述新闻服务的,不能本末倒置。

数据新闻一般不以文字为中心,文字往往只是作为辅助用来解释图表信息,内容主要以可视化的方式展示。新闻可视化与信息图形、信息可视化、科学可视化以及统计图形密切相关,是将数据信息和知识以可视化图表、视频动画等形式进行视觉呈现,主要借助图形化手段,清晰有效地传达与沟通信息,让受众能直观体验和感受到新闻故事的方式。这种方式可以减少受众的认知负载,增强受众在阅读和理解问题时所需的记忆能力。

数据的可视化使人们不再局限于通过关系数据表来观察和分析数据信息,而是能以更直观的方式看到数据及其结构关系。大量枯燥的内容被以饼状图、柱状图、折线图、表格、动画、视频等方式形象地呈现,使新闻内容更简洁易懂,还能避免文字阐述可能导致的不必要歧义,提高了受众的信息接收效率。

---

[1] 孙跃. 数据新闻在我国发展现状和方向分析 [J]. 视听, 2018 (6): 193–194.

### 2. 国外数据新闻的发展情况

20世纪中叶,在美国已出现媒体为调查和发现新闻事实,利用大型计算机对政府提供的数据库中的信息进行分析。目前国际媒体在数据新闻制作方面比较突出的有《卫报》《纽约时报》《华盛顿邮报》《芝加哥论坛报》等,而《卫报》在其中可以算既是先驱也是佼佼者,它的几个极具影响力的数据新闻报道有的影响了历史进程,有的则成为数据新闻报道的典范。

2010年10月23日,《卫报》网站曾利用维基解密的数据做了一篇数据新闻,将伊拉克战争中所有的人员伤亡情况均标注于地图之上。图上的每一个红点代表一次死伤事件,网民点击红点后就能从弹窗中阅读详细的伤亡人数、时间和原因等。由于密布的红点多达39万,一经发布触目惊心,促使英国最终作出撤出伊拉克驻军的决定。

2012年1月5日,《卫报》在其网页发布了一个数据新闻报道。报道呈现的是一个动态图表,其时间轴从2010年12月一直到2011年12月,展现了在17个阿拉伯国家发生的后被称为"阿拉伯之春"的政治运动的全貌。不同种类的政治事件用不同颜色来标示,网民只需操纵推拉时间轴或点击不同的国家标识,就可以了解某个国家在纵向时间轴上的政治演变进程。该报道方式将涉及十几个国家、时间跨度长达一年、情况非常复杂的一个政治事件,以非常有条理的动态方式呈现出来,达到了其他报道方式难以达到的直观效果。

### 3. 国内数据新闻的发展情况

国内在数据新闻方面,2011年5月搜狐最早推出了数据新闻栏目"数字之道",2012年,其他知名新闻网站也陆续开辟了数据新闻专栏,如新浪的"图解天下"、网易的"数读"、腾讯的"数据控"等,随后以传统媒体为母体的一些新闻App也纷纷效仿,如澎湃新闻开办了"美数课",新京报有了"新图纸",央视《晚间新闻》于2014年推出名为"'据'说"的系列节目,使数据新闻成为传媒界热点。

2014年中央电视台数据新闻尝试打破我国数据新闻惯用三方数据的方式,直接从百度搜索引擎获得用户数据,实现自主抓取。依靠百度定位技术的支持,利用百度的LBS(Location Based Service,基于地理位置的服务)定位数据,通过分析5亿网民定位信息的大数据,反映出春运人群的迁徙轨迹。从动态的图示中,观众可以轻易地看出全国迁徙的区域带中各种线路的人员流动情况。

在可视化技术动态图表方面做得比较好的是财新网的"数据可视化实验室"。如财新网于2014年推出的《周永康的人与财》,以互动网页形式简洁明了地展现了周永康极其错综复杂的关系网,信息量大但条理清楚。该报道一出,一周就获得了四百万访问量,并成为腾讯传媒大奖首度设立的"年度数据新闻"获得者。之后,2016 年,财新网推出的《2016·洪水暴至》因为聚焦了历年的中国国内洪水灾情,并且在摄影图集、深度报道等传统报道方式基础上又使用了 VR[1]、短视频、解释性交互图表等可视化手段,使受众能感受到很强的沉浸感,为此入围了备受瞩目的 2017 年全球"数据新闻奖"最终获奖名单。

### (三) 机器新闻

机器新闻广义上是指"人工智能技术在新闻写作、采访等新闻活动中的具体运用"[2],涵盖现代领域中使用计算机的各个方面;狭义上则仅指计算机编程写作或生成的新闻,即在初期算法编程完成后,机器在不经人为干预的情况下,用软件或算法自动生成的新闻故事。

机器新闻的雏形一般认为缘于机器自动选编和推荐新闻。2001 年,谷歌公司率先使用此方法。当时,在其"Google 新闻"页面的下方,出现了"所有新闻的选择、排序、分类和搜索均由电脑程序自动决定"的字样。2010 年,美国公司 Narrative Science 开发出一款自动新闻写作软件"Quill",能将相关数据转化为结构性或描述性的文字信息,并能自拟新闻标题、写作新闻报道,还能自动生成基金业绩报告。2014 年 7 月,新闻写作机器人研发公司 Automated Insights 研发的"Wordsmith"平台开始为 300 余家企业自动生成季度财报报道,还与美联社签署了总值 500 多万美元的合作协议,以帮助美联社进行财报报道的自动编写。2015 年 1 月,美联社便利用 Wordsmith 在苹果公司发布 2015 财年第一季度财报后仅数分钟后发布了《苹果第一季度营收超华尔街预测》的报道。此外,著名的新闻写作机器人还有《华盛顿邮报》的"Heliograf"、《纽约时报》的"Blossom"等。

在中国,2015 年 9 月 10 日,腾讯财经推出了开发的自动化新闻写作机器人"Dreamwriter"。Dreamwriter 可以根据算法自动完成稿件内容产出工作,几乎是瞬间将重要资讯和相关解读推送至用户手中。11 月 7 日,新华社推出

---

[1] 英语 Virtual Reality 的缩写,意为虚拟现实,是仿真技术与计算机图形学、人机接口技术、多媒体技术、传感技术、网络技术等多种技术的集合。
[2] 李苏. 机器新闻发展的市场进路及反思——以 Autamated Insights 公司为例 [J]. 新闻界,2015 (18):56 – 61.

了新闻写作机器人"快笔小新"。快笔小新可以参与新华社体育部、经济信息部、中国证券报社的体育和财经新闻报道中英文稿件的写作工作。在2016年里约热内卢奥运会上，一款由今日头条媒体实验室同北京大学计算机所共同研制的新闻写作机器人"张小明"（xiaomingbot）令人瞩目。"张小明"在里约奥运会期间撰写了457篇消息简讯和赛事报道，每天30篇以上，囊括了从小组赛到决赛的所有赛事。新华社旗下新华智云基于媒体大脑智能人机对话系统开发出来的机器人Magic，也叫媒体大脑，在2018年俄罗斯世界杯上被称为是进球机器人，曾入驻新华社微信公众号。在2018年雅加达亚运会期间，升级后的Magic变身微信小程序，能够实时回应用户需求，解答有关亚运会比赛的许多问题，自动发新闻稿。此外，著名的新闻写作机器人还有百度的"度秘"、第一财经的"DT稿王"等。

**1. 机器新闻的特点与优势**

机器新闻的生产由于实现了由人工向机器的转变，所以新闻稿件的生成实现了自动化。在计算机程序编写完成后，传统人工新闻写作中的信息采、写、编、评、发等过程可以自动完成，产出保量保速、结构标准、操作规范，大大地提高了新闻生产效率。

在时效性上，机器新闻将人类新闻工作者远远地甩在了后面。它不仅可以随时待命，而且工作效率奇高。WordSmifh平台可以一秒生成近2 000篇新闻稿件。2015年，腾讯通过机器人新闻写作只用了几分钟的时间就完成了相关新闻稿件的发布。因此，机器人新闻写作在新闻行业中的应用，不仅提高了新闻生产的效率，同时使得新闻报道逐渐透明化、公开化。2015年9月10日，在政府发布CPI资料之后，腾讯财经的Dreamwriter在9时30分将《8月CPI同比上涨2% 创12个月新高》一文送达用户，而当时大多数其他媒体的报道出现在9时32分以后。2014年，美国洛杉矶时报在洛杉矶地震发生后仅3分钟，便率先抢发了这则消息。当时是美国时间3月17日早上6时25分，洛杉矶遭遇一次地震冲击，洛杉矶时报网站旗下的Quakebot在地震发生3分钟后就在其网站上发布了第一条新闻，为所有新闻媒体中最先发布。2017年8月8日21时19分，四川九寨沟县发生7.0级地震。仅8分钟后，中国地震台网的"地震信息播报机器人"便发布了新闻稿件。稿件25秒生成，包含540字、一张地震参数图、四张地形图和十几项重要内容。

除速度快外，人类记者在处理这些数字、图表时，常常会因为各种原因而出错。但是机器凭借强的运算能力不仅可以瞬间处理海量数据，而且一般更加准确。另外，机器不带有任何情感，文章的生成完全依赖于数据。因此，与人类相比也更加客观中立，更能满足新闻上对客观性的要求。

**2. 机器新闻的现有劣势**

虽然机器新闻有着诸多的优点，但是目前与人类新闻工作者的工作相比仍存在着一些明显的不足。

首先，机器尚不能对信息进行深度理解，它无法意会一些言外之意和一些常识，结果就会出现一些人类不太会犯的错误。如腾讯财经的 Dreamwriter 曾因为没能从名字和背景资料上判断出一位分析师是女性，而用了代词"他"。再如，今日头条的"张小明"曾因为没能理解"橄榄枝"一词的所指意义，而将其由"失败女神"来传递。

其次，机器新闻因为都是靠设置的程序自动运行，因此程式化严重，分析和写作方式模式化、扁平化，写出的新闻往往千篇一律，缺乏亮点和重点。如前面提到的 2014 年洛杉矶地震新闻，新闻机器人 Quakebot 发布的内容是这样的：

> 根据美国地质勘探局的消息，星期一早上，在距加州韦斯特伍德约 5 英里地区，发生了震级为 4.7 级的浅表地震。地震发生时间是太平洋时间早上 6 时 25 分，震中约深 5 英里。据地质勘探局的数据，本次地震震中距离加州贝弗利山庄约 6 英里，距离加州环球影城约 7 英里，距离加州 Santa Monica 约 7 英里，距离加州 Sacramento 约 348 英里。在过去 10 天，在该地区附近，并无监测到任何震级达到或超过 3.0 级的地震。

作为应对突发事件的新闻写作机器，它在速度快捷和内容翔实方面确实表现突出。但机器写作的新闻语言大量采用并列式结构，导语和主体段落之间没有明显区分，堆砌感强，可读性差。

再比如，今日头条的"张小明"在 2016 年奥运会报道中，虽然兼顾了几乎每场重要和不重要的比赛，但其报道显得全都千篇一律，结构、角度、用词十分雷同，面面俱到却缺乏文采和风格。

再次，机器新闻写作领域较为狭窄，并非所有类型的新闻都适合机器写作。机器新闻程序大多是为特定类型新闻而设定，其中以突发性短新闻为主。适合通过编程写作的新闻，一般是以各种数据、图表为基础的"硬新闻"，财经、体育、气象和健康是能够应用机器新闻的四大领域。而新闻常常是以"人"为中心的，它涉及对许多特定的背景和意义的理解。所以，尤其在深度报道方面，机器目前还根本达不到与人脑复杂的分析和掌控能力相媲美的计算协调能力。

不过，机器人的学习能力实际是超过人类的。虽然新闻机器人出现的历史还很短，但是稿件内容的发布和推送已经变得越来越个性化、定制化，它们已完全可以做到根据用户偏好在新闻发布和推送时作相应的个性化裁剪，让不同的新闻终端消费者收到不同版本的内容。新一代的新闻写作机器人在语言处理、图像处理、语法合成等方面不断升级，一些新的软件已经能更好地模仿人类语气，图片识别能力已达到自动识别并插入图片，甚至自己选择表情包。

**3. 机器不会完全代替人类新闻工作者**

2015 年 6 月，媒体大鳄默多克旗下澳大利亚著名的民意调查网站 Newspoll 因采用机器人而裁掉了 100 名员工。这些员工的工作均是比较程式化的，如打电话。当程序可以自助拨号并记录分析通话内容时，他们就集体失业。鉴于进入 21 世纪以来传统媒体从业者的失业率一路攀升，有关新闻工作会不会最终被机器代替的隐忧不断浮现。

在这方面，绝大多数新闻人还是自信的。机器强大的数据搜集和处理功能对新闻工作的帮助是显而易见的，机器的帮助可以让记者从一些需要抢时间和简单重复的劳动中得以抽身，从而有更多的时间和精力采写更有价值的新闻。但是无论机器新闻如何发展进步，在新闻报道领域，具有感官体验和感情思维的人类新闻工作者的作用几乎是永远无法替代。在机器的帮助下，记者的工作内容或许会发生一些改变，但好的新闻作品离不开"有料、有趣、有温度"〔1〕，这意味着"除了高效、精准、客观之外，新闻内容的生产还关乎深度、视角、立意、趣味、情感等复杂因素。新闻记者的个性表达、创新精神、探索意识等，是目前技术所无法取代的，也是新闻生产中至关重要的内在要求"〔2〕。

目前人工智能技术在新闻界的发展尚处起步阶段，随着数据技术水平的提高，更深程度的人机互动可能实现。"在新闻生产机制方面，未来人工智能技术的成熟会为新闻内容生产带来多维度的影响，一方面作用于新闻生产主体之上，它会对记者、编辑等新闻人才的培养提出更高的要求，新闻生产主体不仅要具有生产优质深度内容的能力，也要具备与机器形成互动的技术素养，例如大数据挖掘技术、智能匹配与分发技术，以更好地完成新闻生产协作；另一方面则体现在新闻生产流程层面。在智媒时代，新闻生产过程将进一步扁平化，

---

〔1〕 康美权. "机器人"来了，记者该咋办？[J]. 新闻战线，2016 (9)：94.
〔2〕 王玥. 机器新闻 VS 人工写作对比分析——以九寨沟地震事件为例 [J]. 视听，2018 (3)：190－191.

内部压缩人力、物力成本，简化采编、校审流程；外部联动不同媒介主体和生产方式，呈网状而非线性秩序配置新闻资源。"[1]因此，未来新闻工作人机合作的前景是十分乐观的。

### 三、社交网络的发展变化

社交网络平台近年来在网民生活中开始占据越来越重要的角色。此类平台与传统网络平台相比有以下几个特点。第一，更以用户为中心。用户贡献、组织和传播内容，用户的观点和行为成为关注的焦点。第二，传播形式的多样化。是一种基于用户需求的综合化服务平台，以多样化的传播形式和技术手段激发用户的使用兴趣。第三，高效的交流反馈模式。进一步实现了方便快捷的信息共享，网状结构形成了信息多向度的流动。

总的来说，目前最流行的广义上的社交网络传播形式主要有微博、微信等。目前，美国使用人数最多的社交网络平台是 Twitter 和 Facebook，而中国使用人数最多的是新浪微博和腾讯公司的微信。

#### （一）微博

微博，是"微博客"（MicroBlog）的简称，"微博客"中的"博客"（Blog）指的是网络上的一种流水记录形式的私人日志。微博则是一种基于用户关系的信息分享、传播、获取平台，用户可以通过有线或无线网络以及各种客户端组建个人社区，并实现即时分享。最早也是最著名的微博是美国的"Twitter"，是 2006 年 3 月由博客的创始人伊万·威廉姆斯（Evan Williams）推出，英文原意为小鸟的"叽叽喳喳"声，用户能经由手机短信、即时通信、电子邮件、Twitter 网站或 Twitter 客户端软件输入最多 140 个字符。2009 年 8 月，中国门户网站新浪网推出微博，成为门户网站中第一家提供微博服务的网站。

**1. 微博的传播特点**

（1）高效便捷。

微博与传统博客相比，最大的特点在于篇幅短小。通过微博发布的信息往往短小精悍、言简意赅，既方便快捷，也避免了冗长带来的阅读疲劳。

（2）多种发布渠道。

---

[1] 王玥. 机器新闻 VS 人工写作对比分析——以九寨沟地震事件为例 [J]. 视听，2018（3）：190-191.

微博用户可以通过电脑或手机等随时随地发布信息，并通过回复或转发，与好友交流和共享。这种"海纳百川"的网状结构，使微博具备了高效快捷的信息传播能力。

（3）多中心互动。

在微博的世界里，每一个用户都是一个以自我为中心的信息源，"被关注"得越多，信息传播范围就越大。"蜂窝状的信息网络"增加了用户体验的黏度，容易产生忠实的"粉丝群"，大家通过微博就各种话题讨论互动。

**2. 微博与博客传播的区别**

（1）更即兴。

微博的简洁易用使大量原创、一闪念的内容得以被迅速传播。相对来说，博客上的文字更偏向是深思熟虑、逻辑严谨的。

（2）更即时。

当事件发生时，利用微博的发布功能，可以第一时间将文字、图片和影像传到互联网上，其时效性超过博客。

微博以极其简单、快捷的操作方式拥有了比博客更低的准入门槛，变得更加"亲民"。现代社会人们的生活、工作节奏加快，信息呈爆炸式增长，微博提供的浓缩式信息非常符合人们对于信息获取及人际交往的快捷化需求。同时，微博超快的信息更新速度，让信息传播效率大增。

微博的网状、集群、整合式的传播，极大地改变了"点对点"和简单互动的人际传播方式，它的传播方式是"所有人面向所有人"，既满足了网络时代网民们的多元信息需求，同时又赋予每个微博用户以互联网的接近权和话语权。《微博力》一书作者谢尔·以色列（Shel Israel）在评价 Twitter 时感慨："你或许仅仅关注了一小部分人，或者仅仅被一小部分人关注。但是，即便只有一个人关注你，仅仅通过若干分割空间，你便可以同全世界数百万正在使用 Twitter 的人产生联系。"[1]如果内容受关注度高，一条微博信息可以迅速风靡世界，这也帮助这一传播方式迅速流行。

除此之外，微博还由于建立了手机和互联网应用的无缝连接，培养手机用户使用手机上网的习惯，增强手机端同互联网端的互动，从而使手机用户顺利过渡到无线互联网用户，促进了无线互联网的发展。与手机移动终端及多媒体的联结，更是突破了时间和空间的障碍，将这一单纯的信息发布平台转变为灵活度更高的互动平台。

---

[1] 谢尔·以色列. 微博力 [M]. 任文科，译. 北京：中国人民大学出版社，2010：52.

## （二）微信

微信是腾讯公司在 2011 年推出的一款手机应用，是亚洲地区拥有最大用户群体的移动即时通信软件。微信提供免费通讯，仅需少量流量即可进行语音聊天，同时支持文字、图片、视频信息。

相对于微博的更具大众传播特性，微信主要是面对熟人朋友圈的社交网络平台，但同时它也通过"附近的人""摇一摇"及二维码的"扫一扫"等功能来建立弹性社交网络，或设立微信公众号来进行大众传播。能够很好地兼顾强弱关系链、人际传播和大众传播的功能特点使微信的实际被使用率超过微博。

### 1. 微信的传播特点

（1）在熟人圈的强关系链中，所有参与者均为平等的传播主体，通常相互知晓真实身份。

（2）在弹性社交链中，可以随时与周边的人建立起一个临时的社交网络。

（3）作为一个交流互动的多媒体平台，有丰富的非语言符号帮助传达丰富的信息。

（4）能够同时提供交流的公开性和私密性、即时性和延时性。

微信和微博都兼具社交和媒体属性，都使用者众多，但在许多层面上存在着显著差异。虽然所有人都可以轻易通过注册成为这两个自媒体平台的传播者，但是微信和微博排名前 100 位的传播者几乎不相重合，仅此就能说明两个平台的传播特性各不相同。

### 2. 微信与微博传播的区别

（1）社会化程度深浅不同。

微博作为一个浅社交平台，是一个泛传播的平台，内容信息的同质化严重，信息价值相对较低。微信作为一个深社交平台，是一个精传播的平台，更具有朋友圈的特性，虽然用户发布的内容没有限制，但是目前微信公众平台发布信息有限制，由此使得微信公众平台的信息价值更高，用户更精准。微博比较适合社会热点的实时传播，体现媒体的传播特性；而微信信息传播更加精准，用户之间的关系更加密切，对信息了解更加深入，所以更是一个传播深度信息的平台。

微博更像传播媒体，微信更像社交圈子。微博更倾向传播社会化的信息，作为自由媒体平台，它更像是新闻媒体平台，其发布的信息无论是好友还是陌生人都是可以看得到的，其特性是使用户既可以看到关注的人的微博，也可以看到没有关注的人的微博。而微信则倾向于依从社会化关系，注重用户圈子的维系，用户在圈子当中可以相互交流、相互分享。微信的传播是带有私密性的闭环传播，用户发布的信息只能在自己关注的圈子或被关注的圈子当中传播，没有成为好友的陌生人根本看不到朋友圈里的信息，传播更具有隐蔽性。

（2）排版形式上的不同。

微博常见的发布形式是"文字加上图或视频或链接"。在中国，虽然已取消140字限制，但是长文或长图一般较少。此外，虽然微博支持多种视频来源，但用户更倾向于使用无广告且加载快的"秒拍"。微信个人发布的内容一般也是简洁的"文字加上图或视频或链接"，但公众号大部分用篇幅和时间稍长的图文或视频。在排版方面，微信与微博显然不同，微信一般是 H5[1]页面。虽然微信支持大部分的主流视频格式，但是因为有容量限制，所以附带的视频一般都是先上传到一些视频网站，然后再进行链接。

（3）发送和接收生态的不同。

微博用户在发布频次上完全不受限制，而微信用户虽然个人使用上没有发布频次的限制，但是微信公众平台的订阅号用户1天只可群发1次消息，服务号用户1个月内只能发送4条消息。不过，每次发布的时候，可添加多条消息，同时发送。这样一来，微信上的消息就存在头条和非头条的差异，发布者需要思考如何编排各消息的位置，此外，为了提高点击率，微信中的"标题党"现象更为突出。

二者的传播时效性都比较强，持久性都比较差。但是微信的用户对于错过的信息还有非常大的可能会去翻看，而微博上的信息一般错过了就错过了。只有当一些信息被热门推荐时，才较有可能被延时接收。此外，由于微信的内容相对来说一般比微博与其用户的切身关系更强，更不易被错过，因此存在得相对更为持久。

（4）互动设计上的不同。

微博和微信的用户都可通过转发、点赞、评论、收藏、发消息、打赏等方式参与互动。微博和微信在转发时都可添加评论，点赞数量都会对所有人显示，收藏和发消息机制也很类似。但微博公开显示转发量，却隐藏了阅读量，微信公开显示阅读量，却隐藏了转发量。

在评论机制的设计上，微博的所有评论除非博主主动设置选择项都会即时显示，且用户可在评论区通过回复、点赞的方式互动。在显示某人的微博主页的时候，还能插播一条"他/她赞过的微博"。而微信公众号的评论要经过用

---

[1] HTML5 的简称。HTML5 是用于取代早期 HTML 标准的第五代 HTML 标准版本。

户精选后才能在文章底部展示,评论者之间的互动不便直接显示,主要局限在点赞上。

微信在打赏机制上做得比微博早,效果更好。微信的打赏功能需要运营者先持续稳定地创作发表一定数量的原创作品后才能受邀开通。打赏按钮上方可以填写15字以内的打赏引导语,这一定程度上提高了微信用户的打赏概率。而微博一直到2016年才开始做"头条文章"板块,模仿微信在文章底部增加了打赏按钮,从实际使用率来看,远低于微信。

微信和微博上的传播者和受众都存在重合,但微信的重合度更高,即普通人更爱在微信上发布动态信息。在使用目的上,微博用户主要是为了及时了解有什么新鲜事正在发生,而微信用户最主要的目的是和朋友互动。

## 四、新媒介的发展进一步强化互联

早在1967年,马歇尔·麦克卢汉(Marshall Mcluhan)在他的《理解媒介——论人的延伸》一书中首次提出"地球村"(global village)的概念。"地球村"的主要含义不是指发达的传媒使地球变小了,而是指人们的交往方式和人类社会的文化形态发生了重大变化。现代科技的迅速发展,缩小了地球上的时空距离,国际交往日益频繁便利,因而整个地球就如同是茫茫宇宙中的一个小村落。麦克卢汉认为,交通工具的发达曾经使地球上的原有"村落"都市化,人与人之间的直接交往被迫中断,由直接的、口语化的交往变成了非直接的、文字化的交往。而电子媒介又实施着反都市化,即"重新村落化",消解城市的集权,使人的交往方式重新回到个人对个人的交往。[1]

随着互联网的发展,人们越来越容易通过各种网络平台结识有共同兴趣爱好与共同关注点的人,本不熟悉的两个人可以迅速地建立起联系。这使他们的社交圈子可以迅速扩大。社交网络的大量出现和发展进一步使世界因为联系的方便更像一个"地球村",同时也进一步推进缩小了"六度分隔"。

六度分隔理论(Six Degrees of Separation)又称"六度空间理论",也叫"小世界理论"。它是一个猜想,认为任何人和任何一个陌生人之间所间隔的人不会超过六个,也就是说,最多通过六个人,任何人就能够认识任何一个陌生人。"六度分隔理论"说明了社会中普遍存在的"弱纽带"发挥着非常强大的作用。

---

〔1〕马歇尔·麦克卢汉.理解媒介——论人的延伸[M].何道宽,译.北京:商务印书馆,2000:39.

1967年，美国哈佛大学社会心理学的斯坦利·米尔格兰姆（Stanley Milgram）教授想要描绘一个连接人与社区的人际联系网，他做了一次连锁信实验，结果发现了"六度分隔"现象。米尔格兰姆从内布拉斯加州和堪萨斯州招募到一批志愿者，随机选择出其中的三百多名，请他们邮寄一封信函。信函的最终目标是米尔格兰姆指定的一名住在波士顿的股票经纪人。由于几乎可以肯定信函不会直接寄到目标，米尔格兰姆就让志愿者把信函发送给他们认为最有可能与目标建立联系的亲友，并要求每一个转寄信函的人都回发一封信件给米尔格兰姆本人。最终，有六十多封信最终到达了目标投信人，并且这些信函经过的中间人的数目平均只有五个多。也就是说，陌生人之间建立联系的最远"距离"平均大约是六个人。

在电子时代，"六度分隔理论"仍然有效。2001年，哥伦比亚大学社会学系登肯·瓦兹主持了一项利用电子邮件对"六度分隔理论"进行验证的实验。166个不同国家的六万多名志愿者参加了该研究，瓦兹随机选定18名志愿者，这些志愿者们的国别和职业各不相同。由志愿者选择其中的一名作为自己的目标，并发送电子邮件给自己认为最有可能发送邮件给目标的亲友。后来，瓦兹在学术期刊《科学》杂志上发表的论文表明，邮件要到达目标，平均也只要经历五至七个人。

社交网络从发展早期就具有这种通过"六度分隔"连接世界的现象。如电子邮件Gmail的邀请模式，在这个模式下，朋友圈是稳定并不断延伸的。当A收到了B发出的邀请信，注册成为Gmail的用户，则A的Gmail地址就会自动进入B的地址簿。这样，B也会收到一封Gmail的邀请信，而这封信是A的朋友C发出的。如此，B和C这两个原本不相识的人，就有了相识的机会。所以可以说，社交网站拓宽了社交的途径。在现实社会中去认识一个不认识的人很困难，常常有这样的现象：两个人，或许住在一个街区，或许同在一个大单位工作，或许有着相同的爱好，但是可能两个人一生都没有机会接触从而成为朋友。但是，一些20世纪的商人几十年才能积累起的人际关系资源，在网络时代的社交网络上，可能几天就可以建立。

根据"六度分隔理论"，人们很容易将身边的人分为"一度好友""二度好友"……，现在，新浪微博设有"好友热搜"。而腾讯也在其社交网络上设置"一度人脉""二度人脉"等。一度人脉包括好友和同学，二度人脉包括你的好友的好友、同学的好友等。

2014年6月，全称为"ALS Ice Bucket Challenge（ALS冰桶挑战赛）"的活动在短时间内风靡全球。该活动旨在让人们了解被称为"渐冻人"的罕见疾病"ALS（肌肉萎缩性侧索硬化症）"，同时通过募款帮助患者。该活动要求参与者在网络上发布自己被冰水浇遍全身的视频，然后该参与者便可以点名要求其他三个朋友来参与这一活动。规则要求，被邀请者要么在24小时内接受挑战，要么为患者捐出100美元。该活动先是在普通人之间传递，随着参与人数呈几何级数增长，至7月，因为许多美国科技界名人、著名运动员和演员的加入，活动热度剧增。2014年8月18日，冰桶挑战赛活动蔓延至中国互联网圈，小米科技的CEO雷军成为中国"冰桶挑战"的首位应邀者。在雷军被点名之前，前面的几次连接为：美国新泽西州州长克里斯蒂点名Facebook创始人马克·扎克伯格，马克·扎克伯格点名美国首富比尔·盖茨，比尔·盖茨点名俄罗斯投资巨头DST公司的CEO尤里·米尔纳，尤里·米尔纳又点名了他的投资对象之一、小米科技的CEO雷军。雷军于8月18日下午通过微博表示，接受挑战，但一加科技CEO刘作虎率先完成冰桶挑战，成为中国第一位完成此挑战的人。至8月底，ALS协会已经收到400万美元的捐款，是前一年同期的四倍，全球有超过1500万人直接或间接地参与了此活动。该活动成为利用社交网络扩展影响的一个成功案例。

　　麦克卢汉曾说过："一切技术都具有点金术的性质。每当社会开发出使自身延伸的技术时，社会中的其他一切功能都要改变，以适应那种技术的形式。一旦新技术深入社会，它就立刻渗透到社会的一切制度中，因此新技术是一种革命的动因。"[1]许多新媒介的出现有时仅为了满足人们一个简单的需求，但是随着这些新媒介对社会生活方方面面的渗入，从上层建筑到市井生活，它们的身影几乎无处不在。在这些平台上，各种新媒介连接着社会中各个层次的各种需要，它们像社会基础设施一样支撑着社会的发展，并为各种创新应用提供了更多可能。

---

[1] 马歇尔·麦克卢汉. 理解媒介——论人的延伸 [M]. 何道宽, 译. 北京: 商务印书馆, 2000: 30.

# 第二章

## 网络环境中的新传播现象

**内容提要：**

本章主要评述大众传播学的一些经典理论在网络传播环境下发生的新变化。

**重点包括以下四方面的内容：**

1. 网络传播对接近权与话语权的影响。
2. 网络传播对"沉默的螺旋"理论的影响。
3. 网络传播对"把关人"理论的影响。
4. 网络传播对"议题设置"理论的影响。

# 第一节　网络传播中接近权与话语权的变化

大众传播的很多理论在网络传播环境下发生了微妙的变化，这些变化与网络传播的特征密切相关，这些变化不仅对传播学的理论产生了影响，更重要的是，它们对现代社会的发展和变革都起了决定性的作用。

## 一、网络传播对接近权与话语权的影响

在大众传播中，接近权是话语权的基础，一个人首先要拥有利用传媒传播的权利，然后才能让别人听到自己的话语、接收到自己的意见。

### （一）接近权与话语权的定义

**1. 接近权**

接近权，全称是"传媒接近权"（The Right of Access to Mass Media），是指大众，即社会的每一个成员，皆应有接近、利用媒介发表意见的自由。"传媒接近权"的概念出现于20世纪60年代的美国，并在西方国家产生了普遍的社会影响。1967年，这一理论的首倡者美国学者J. A. 巴隆（Jerome A. Barron）在《哈佛大学法学评论》上发表了《接近媒介——一项新的第一修正案权利》一文，首次提出了"媒介接近权"的概念，认为一般社会成员也应该有利用传播媒介阐述主张、发表言论以及开展各种社会和文化活动的权利，同时，这项权利也赋予了传媒向受众开放的义务和责任。1973年，巴隆又出版了《为了谁的出版自由——论媒介接近权》一书，对这个概念进行了系统论述。巴隆认为，美国宪法第一修正案规定的"出版自由"所保护的是作为一般社会成员的受众的权利，而不是传媒企业的私有财产权；在传播媒介越来越集中于少数人手中的背景下，为确保大众的言论自由，必须由宪法确认大众"接近"媒介的权利。

媒介接近权的核心内容是要求传媒必须向受众开放。从传播学角度而言，对接近权的强调意义深远。[1]

---

[1] 李杰. 网络传播文化嬗变与反思［N/OL］. 中国新闻研究中心. http：//www.cddc.net/cnnews/xmt/200909/6317.html.

（1）它将人的自身权利应用于传播学当中，体现一种文化进入大融合时期的人文主义原则，做到了传播以人为主体的扩散，做到了传播过程人性化。

（2）它利于提高传播效率，增加了反馈这一环节，提高了传者与受众之间的信息互动，使传播者的传播更好地满足需要，更充分地被接受。要建立畅通的反馈渠道，就必须保证受众的媒介接近权，使受众可以对媒介的报道进行纠正或补充。

（3）它推动媒介环境的自我完善。传播理论中，在客观环境与人对客观环境的认知之间，存在着一个信息环境。这个信息环境是一个虚拟的环境，它接近真实的程度取决于受众不被动接受，而是主动参与传播过程，对传者有约束力。

（4）它促进了信息在受众中的消化程度。只有信息被受众充分接触和认识，才能反馈于传者，而受众需要接近权的支持对信息进行深层而真实的了解。

（5）它比较妥善地解决了信息源和传者之间的关系。受众接近权的出现为信息赢得了一定的主动性和独立性，使信息源受传播者选择权支配的悖论有所改善。

**2. 话语权**

关于话语权，中国人民大学郑保卫教授曾从新闻学的角度这样定义："是公民运用媒体对其关心的国家事务、社会事务及各种社会现象提出建议和发表意见的权利，是公民的一项不可让与和不可剥夺的民主权利。"[1]

法国学者米歇尔·福柯（Michel Foucault）在《话语的秩序》中最早提出了"话语即权力"的观点。福柯指出，人类的一切知识都是通过"话语"而获得的，任何脱离"话语"的事物都不存在，人与世界的关系是一种话语关系，"话语意味着一个社会团体依据某些成规将其意义传播于社会之中，以此确立其社会地位，并为其他团体所认识的过程"。[2]福柯认为，话语是一种实践活动，在书写、阅读和交换中展开。在任何社会中，话语的生产都会按照一定的程序被控制、选择、组织和再传播，其中隐藏着复杂的权力关系。任何话语都是权力关系运作的产物。[3]

---

[1] 郑保卫. 新闻理论新编［M］. 北京：中国人民大学出版社，2007：101.
[2] 王治柯. 福柯［M］. 长沙：湖南教育出版社，1999：159.
[3] 王治柯. 福柯［M］. 长沙：湖南教育出版社，1999：163.

## (二) 网络传播对接近权与话语权的影响

**1. 网络时代之前大众接近权和话语权所受的限制**

在传统传播形态下，大众对传媒的接近权和话语权受以下条件的限制。

（1）纸质传媒有版面的限制，电子传媒有时间和频道的限制。

（2）传统媒体在选择所要传播的内容时，会有所侧重或回避。

（3）媒体追求新闻价值的本能容易导致新闻价值不高的事件很难获得被传统媒体关注、报道的机会。

（4）普通群众多是只能报料，很难掌握自己对传播内容和形式的控制权。

**2. 网络的普及对受众接近权和话语权产生革命性的影响**

（1）网络技术降低了个人参与大众传播的门槛，并以其开放式结构和海量存储能力为各种讯息意见的进入与共存提供了平台。

（2）网络的普及增强了个人意见传播的广度、速度和力度，网络成为"观点的自由市场"。

（3）受众对网络媒体的接近权打破了传统媒体在信息传播过程中的垄断地位，制约和影响了传统媒体的传播模式和习惯。

（4）网络为一些个人的、非主流的，甚至是极端边缘的话语提供了方便的传播渠道，原本在大众传播语境中处于弱势的信息获得了低成本传播的机会，并更容易得到沟通和交流。

**3. 信息准入门槛降低后的负面后果**

虽然网络对接近权和话语权的开放与解放积极意义远超消极意义，但是这种信息准入的宽松无疑会产生一些负面效应，如接近权与话语权的滥用会导致信息的公信度降低、垃圾信息泛滥，从整体上降低网络传播的影响力和被认可程度。被称为"数字时代的女先知"的埃瑟·戴森（Esther Dyson）曾说过，"数字化世界是一片崭新的疆土，既可以释放难以形容的生产能量，也可能成为恐怖主义者和江湖巨骗的工具，或是弥天大谎和恶意中伤的大本营。"[1]

此外，尽管人人有权建立自己的媒介，建立像博客、微博、微信这样的私人网络空间供大众参与和评判，但这些与专门的网络新闻机构或商业网站相比大多仍显弱势。在大量公众的个人话语自由地出现在网络中的同时，也无法不承认一个事实，这就是——普通网民思想与表达能力有限。网络上大量话语的

---

[1] 埃瑟·戴森. 2.0 版数字化时代的生活设计 [M]. 胡泳，范海燕，译. 海口：海南出版社，1998：36.

平均价值与传统大众传媒发布的信息相比有天壤之别,大多数普通网民由于自身知识水平不高或时间、精力有限等原因,常常并没有对相关公共事务进行深入思考,所说的大都是些主观感受,许多内容没有实际根据。在匿名的情况下,网络上不仅充斥着大量无意义的话,还包含着一些带有侮辱、诽谤性质的污言秽语,许多在大众传播甚至现实生活中不大会出现的非理性谩骂在网络中比比皆是。一些愤怒的情绪和臆测的判断常常会演变成网络暴力,误导舆论,影响到真正的公正。

## 二、网络传播对"沉默的螺旋"理论的影响

### (一)"沉默的螺旋"理论

"沉默的螺旋"是一个政治学和大众传播学理论,最早见于德国学者伊丽莎白·诺尔·诺依曼(Elisabeth Noelle Neumann)于1974年发表的《重归大众传媒的强力观》一文。"沉默的螺旋"的理论基础主要来源于心理学、大众传播学和社会学,建立在对人的社会从众心理和趋同行为的分析基础之上。

1965年,联邦德国进行议会选举,主要竞争对手是社会民主党和基督教两党阵线。在整个竞选过程中,双方的支持率一直处于不相上下的胶着状态,但在最后投票之际发生了选民"一边倒"现象——后者以压倒性优势战胜了前者。诺依曼在对这种现象背后的内在原因进行深入的统计调查和研究后发现,尽管双方的支持率一直未变,但认为基督教两党阵线将会获胜的民众不断增多,到投票前日变成了压倒性的多数。诺依曼认为:正是这种对"周围意见环境的认知"所带来的压力,导致许多人最终改变了投票对象。

在此基础上诺依曼提出了她的以下三个命题:

1. 个人意见的表明是一个社会心理过程。

此命题还包含五个基本假定:

(1)社会使背离社会的个人产生孤独感;

(2)个人经常恐惧孤独;

(3)对孤独的恐惧感使个人不断地估计社会接受的观点是什么;

(4)估计的结果影响个人在公开场合的行为,特别是影响其决定是公开表达自己的观点还是隐藏自己的观点;

(5)综合起来考虑,前面四个假定共同作用,形成、巩固和改变了公众观念。

2. 意见的表明和"沉默"的扩散是一个螺旋式的传播过程。

也就是说,一方的"沉默"造成另一方意见的增势,使"优势"意见显得更加强大,这种强大反过来又迫使更多的持不同意见者转向"沉默"。如此循环往复,便形成了一个"一方越来越大声疾呼,而另一方越来越沉默下去的螺旋式过程"。

3. 大众传播通过营造"意见环境"来影响和制约舆论。

舆论的形成并不是社会公众"理性讨论"的结果,而是"意见环境"的压力作用于人们惧怕孤立的心理,强制人们对"优势意见"采取趋同行为这一非合理过程的产物。

诺依曼后在 1980 年出版的《沉默的螺旋:舆论——我们的社会皮肤》(*The Spiral of Silence*:*Public Opinion——Our Social Skin*)一书中进一步全面阐述了这一理论:人们在表达自己的想法和观点的时候,如果看到自己赞同的观点受到广泛欢迎,就会积极地表达,所表达的观点也会进一步被大量传播;而如果发觉某一观点无人或少有人理会,或该观点会遭受群攻,即使自己深以为然,也会保持沉默。其结果导致:在意见有争议的情况下,如果持相反方意见的人倾向于保持沉默,被表达出的声音中持赞同观点的就越来越多,如此循环往复,便形成一方的声音越来越大,另一方越来越沉默下去的螺旋式发展过程。

### (二)"沉默的螺旋"理论的关键点

"沉默的螺旋"理论基于这样一个假设:大多数个人会力图避免由于单独持有某些态度和信念而产生的孤立,因为害怕孤立,便不太愿意把自己的观点说出来。

**1. "沉默的螺旋"理论的三个关键概念**

(1)"害怕孤立"。从心理学看来,引发人类社会行为的最强烈的动力之一就是"不被孤立",个人会因为害怕孤立而改变自己的行动。

(2)"意见气候"。意见气候即自己所处的环境中的意见分布状况,包括现有意见和未来可能出现的意见。

(3)"准感官统计"。每个人都具有"准感官统计"的能力,这种能力能够判断"意见气候"的状况,判断什么样的行为和观点会被他们所处的环境认同或不认同,什么样的意见和行为正在得以强化或弱化。

**2. "沉默的螺旋"理论持"强传播效果"观**

"沉默的螺旋"理论揭示了一种"强有力"的大众传播观,这种传播的

"强效"包括以下三个要点。

（1）舆论的形成是大众传播、人际传播和人们对"意见环境"的认知心理三者相互作用的结果。

（2）经大众传媒强调指示的意见由于具有公开性和传播的广泛性，容易被当作"多数"或"优势"意见所认知。

（3）这种环境认知所带来的压力或安全感，会引起人际接触中的"劣势意见的沉默"和"优势意见的大声疾呼"的螺旋式扩展过程，并导致社会生活中占压倒性优势的"多数意见"——舆论的诞生。

**3．"趋同原理"**

"沉默的螺旋"理论的社会心理学基础是"趋同心理"——20世纪50年代所罗门·阿什（Solomon Asch）的实验证明，趋同行为发生的概率受到两个重要条件的制约：一个条件为是否有来自他人尤其是来自所属群体的支持，只要当场有一个支持者，趋同行为的概率便会降低；另一个条件为个人对自己的见解或信念的坚信程度。实验心理学研究证明，对自己的观点确信度低的人，往往会通过寻求与他人的类似见解来加强自己的信念，因而比较容易接受多数派的影响，而确信度高的人则具有较强的独立性。而"沉默的螺旋"理论忽略了舆论变化过程中的"少数派"的作用。[1]

通俗地说，"趋同心理"是一种从众心理（Herd Mentality），就是人们常说的"随大流"，指个人受到外界人群行为的影响，而在自己的知觉、判断、认识上表现出符合于公众舆论或多数人的行为方式。从众心理是部分个体普遍具有的心理现象，个人的观念与行为在群体的引导和压力下，不知不觉或不由自主地会与多数人保持一致。

影响从众心理的因素包括：

（1）群体因素。

群体一致性：个体在面对一致性的群体时所面临的从众压力是非常大的。当群体中意见并不完全一致时，从众的数量会明显下降。

群体规模：在一定范围内，人们的从众性随着群体规模增大而增大。

群体凝聚力：群体凝聚力越高，个体对群体的依附心理越强烈，越容易对自己所属群体产生强烈的认同感。

个体在群体中的地位：个体在群体中的地位越高，越具有权威性，就越不容易屈服于群体压力。

---

[1] 郭庆光．传播学教程［M］．北京：中国人民大学出版社，1999：223－224．

（2）情境因素。

刺激性的物质：刺激性的物质是影响从众行为的情境因素之一，人们更容易对模棱两可的刺激物做出从众反应。

时间因素：交互作用的早期更容易发生从众行为。

（3）个体因素。

性别和年龄：人们通常认为女性比男性更容易从众。从年龄上看，儿童和青少年比成人更容易从众。

个性特征：个人的能力、自信心、自尊心、社会赞许需要等都与从众行为密切相关。

知识经验：人们对刺激对象越了解，掌握的信息越多，就越不容易从众，反之则越容易从众。

个人的卷入水平：一旦一种意见被表达出来，人们就会更强烈地意识到自己已经选择了某种态度。

**4. 理论缺陷**

"沉默的螺旋"理论从一开始出现就被认为过分夸大了人的心理中从众行为和趋同心理的作用。有人认为这一理论不能很好地解释异常思想的迅速传播；还有人认为，诺依曼过分强调了人们对孤立的恐惧这个动因，忽略了公众所在社团、群体在调解更大社会影响中扮演的角色。大众媒介拥有着相当的权威性、显著性，因而能够造成一定的舆论环境，"迫使"公众在一般情况下接受媒介所提示和强调的东西，并形成新的舆论。但是这种情况也不是绝对的。当问题涉及较为广泛的公众的切身利益时，如果媒介强调的东西与之过分相悖，当公众对某一个问题较为了解，且处于自由发表意见的文化传统下，如果媒介的意见与公众的意见差距过大，当公众属于某些组织严密的社团、宗族，如果媒介的意见与该社团的宗旨相悖，那么，公众即使在无形压力下公开发表意见，也可能敢于与媒介的意见相左。[1]

尽管争议不断，"沉默的螺旋"理论还是在一定程度上反映了传播中的一种现象，特别是反映了主流意见与非主流意见在传播中各自的状态。

## （三）网络传播对"沉默的螺旋"理论的影响

在网络传播环境中，尽管大众传播媒体的几个特点仍然存在，但与过去相比，传播环境的整个结构发生了巨大的变化，传统大众传播媒介中的那种主流

---

[1] 陈力丹. 媒介对舆论的社会控制机制——沉默的螺旋[J]. 国际新闻界，1998（1）：3.

的声音对舆论的影响力受到一定削弱，网民个人的声音得以有机会传播。

**1. 网络传播对"沉默的螺旋"的弱化**

网络时代被认为是一个尊重个体的时代，它更承认人们个人意见的表达与个性的发展，所以，相对来说，传统的从众心理可能会表现得较弱一些。

（1）"沉默的螺旋"在网络传播环境中的弱化。因为网民通常更倾向于进入与自己观点相同的群组，因而会在较大程度上将自己的意见同时视为其他人的意见。因为网络隐去了交流者的身份、种族、性别等特征，这就造成了一种相对的平等。网民的心理状态更接近"本我"，常常觉得自己不需要对发言后果负任何责任，如果一个人觉得网上的某一个论坛里的观点与自己的格格不入，也大可不必被迫从众，消极沉默以自保，而是可以轻易地离开，另找有志同道合的观点的群组空间。

丹尼斯·麦奎尔（Denis McQuail）和斯文·温德尔（Sven Windahl）在《大众传播模式论》一书中指出，"沉默的螺旋"理论奏效的条件在于：第一，个人不能相互交流私人意见时，这个理论才能成立；第二，媒介意见和受众的观点具有特定的一致并产生过预期的意识积累，持不同意见的人才能出现沉默的螺旋。[1] 而网络本身就是一个交流的平台，网络创造了全新的、平等的、没有强权和中心的信息空间，引起了传播从单向到交互的质变，传统意义上属于可控的信息发布和封锁的权力逐渐丧失，人们之间可以自由地交换意见。因此，在互联网上，由媒介强制推行舆论的可能性大为降低，信息传播的能力为言论自由提供了极大的可能性。

（2）"沉默的螺旋"在网络传播环境中并未消失。尽管"沉默的螺旋"在网络环境中被弱化，但在网络中并没有完全消失。如网络匿名带来的自由被有些人认为是无边际的自由，当人们过于大胆地发表意见时，一旦遇到不同观点，就容易情绪失控，轻者对持相反意见者反唇相讥、恶言讥嘲，重者甚至进行无理谩骂和人身攻击，导致网络暴力现象产生。个人网站、个人言论的自由仍然只是一定程度上的，从社会整体来看，群体的压力在网络传播中依然存在。网络是一个虚拟的空间，而这一空间的本质和现实生活密切相关，这种虚拟是现实的镜像，每个网民的心理反应都是实实在在的，对事物的认识和观点，一般会与现实生活中类似。虽然在网络上不像在现实中那么需要担忧被孤立，但是趋利避害是动物的本能，人们还是会本能地尽量回避被群起而攻、遭

---

[1] 丹尼斯·麦奎尔，斯文·温德尔. 大众传播模式论 [M]. 祝建华，译. 上海：上海译文出版社，2008：39.

受恶言恶语；更不用说，在一些以熟人和自己选择的小圈子为主体的社交网络中，人们是互相认识的，言语是要负责任的。因此，虽然网络环境强化了人们对媒体的接近权和话语权，但是由于存在舆论力量的不均衡，因此并不能完全消灭"沉默的螺旋"。

**2. "反沉默的螺旋"与"群体极化"**

（1）"反沉默的螺旋"与"群体极化"的内涵。在网络上，沉默的螺旋虽被弱化，但仍然发挥巨大的作用，沉默力量的积在一定情况下甚至会导致"反沉默的螺旋"。广泛的参与和互动是网络时代舆论形式的主要特征，一旦自我确信度高的特定"少数派"在网络上发表了与"多数派"观点不一致，但更有道理的意见，往往会引起受众的反向思维，从而使"沉默的螺旋"转向，形成"反沉默的螺旋"模式。由此，少数人的意见借助互联网技术的运作可以突然间迅速演变为多数人认可的舆论，甚至架空已经被定调的媒介舆论。

（2）"群体极化"（Group Polarization）现象最早由詹姆斯·斯通纳（James Stoner）于1961年发现。他发现群体进行决策时，如果存在集体讨论，人们往往会比一个人作个人决策时更倾向于冒险或保守，从而向某一个极端偏斜，背离最佳决策。法国学者塞奇·莫斯科维奇（Serge Moscovici）对群体极化现象进行过深入的研究，他在其著作《群氓的时代》里详细地论述了群体极化是如何发生作用的。他认为，当个人聚集到一起时，一个群体就诞生了。他们混杂、融合、聚变，获得一种公有的、窒息自我的本能。他们屈从于集体的意志，而他们自己的意志则默默无闻。[1]

"群体极化"实际上是传播效果研究理论中的认知一致论的结果，指"团体成员一开始即有某些偏向，在商议后，人们朝偏向的方向继续移动，最后形成极端的观点"[2]。诺依曼"沉默的螺旋"的假设认为大众传播有三个特点：共鸣效果、累积效果和遍在效果。当一个观点本身就存在某种偏向，引来持相同或类似观点的网民发表意见，这是彼此之间有共鸣的结果；共同意见越积越多，产生了观点的累积；观点累积使影响范围不断扩大，产生了遍在效果。这些特点跟网络的群体极化现象有着一定的共通之处："极化是累积的结果，共

---

[1] 塞奇·莫斯科维奇.群氓的时代[M].李继红，薛丹云，许列民，译.南京：江苏人民出版社，2003：14.

[2] 凯斯·桑斯坦.网络共和国：网络社会中的民主问题[M].黄维明，译.上海：上海人民出版社，2003：47.

鸣是累积效果产生的原因，这也就间接成了极化的原因，共鸣、累积使意见遍在，从而加强了极化。"[1]在大众传播的过程中，受众总是在寻求一种一致性或者和谐性，如果自己的意见和大多数人的意见不一致，或者自己的观点并不能得到自我认同，便会感到不安和紧张。因此，为了避免这种不安和紧张，人们更倾向于和所持观点与自己相似的人结为群体。不仅持主流观点意见的人可能出现群体极化，持与主流观点不一致的意见的人也可能向另一极极化。因此，群体极化并不一定是单向的。

## 三、网络"群体极化"可能导致"网络暴力"现象

虽然网络上人人都有平等的话语权，但其"非理性"特征一旦被某些"网络推手"或者网络"意见领袖"所利用和操控，就很容易形成"网络暴力"。美国心理学家萨拉·凯拉尔（Sara Kiesler）在研究中发现：网络中的群体极化现象更加突出，大约是现实生活中面对面时的两倍多。[2]

### （一）导致"群体极化"现象的原因

导致"群体极化"现象的原因，主要有以下五点。

**1. 决策时的规范对决策的结果有着指导和决定性的影响**

决策规范引导和决定着群体决策结果是变得更加保守还是更加激进、哪种观点最后占上风。在传统传播语境下，"少数服从多数"的群体决策规则有时会导致"一边倒"的极化现象。因为决策的责任分散给了大家承担，群体决策使任何一个人不用单独对最后的决策负责任，即使决策失败，也没有一个个人需要承担全部责任。在这种情况下，人们就往往更敢于冒险。

**2. 成员的心理对于决策的结果有着潜在的指向性影响**

在讨论刚开始时，人们都习惯于用挑剔、质疑的眼光来对待事物，但是，一旦主基调确定，大家往往就会在这个方向上提供更多的理由来支撑观点。在社会中，大多数的人都希望获得别人的认同，也习惯赞同别人，因此赞同总是比反对更容易。到后来，大家就会很自然地选择顺从主基调。持不同观点的人常常宁愿三缄其口，也不愿冒"犯众怒"的风险。"信息茧房"一词的提出者美国学者桑斯坦研究发现，网络对许多人而言，正是极端主义的温床，因为志同道合的人可以在网上轻易且频繁地沟通，时间久了，就会让人逐渐相信这个

---

〔1〕 汪燕娟.BBS 的群体极化效应和"沉默的螺旋"[J].青年记者，2010 (7)：79.
〔2〕 戴笑慧，冷天虹.网络群体极化现象简析[J].新闻记者，2009 (7)：22.

舆论场。有些人在群体意识下，往往走向极端，或者铸成大错并带来混乱。[1]

**3. "破窗效应"**

在发生"群体极化"现象之前，通常会有一件事促发"破窗效应"发生。"破窗效应"是一种"开口子"的心理现象，即当一面墙所有的窗子都完好时，它较有可能在较长时间内保持所有的玻璃都完好，但是如果有一扇玻璃碎了，那么这面墙上的窗子就更有可能会不断有新的玻璃出现破损。也就是说，什么事情一旦开了个头，后面就会控制不住地频频出现类似行为。

**4. 信息获得不充分**

网络群体极化现象形成的一个很重要的原因，是网络群体对事实的真相不了解，仅凭借自己的主观臆断发表意见。网络中普遍存在着信息的"协同过滤"（Collaborative Filtering）现象——网站通过信息的同类搜集和网址链接，在提供方便的同时导致了信息"窄化"。

在无法及时深入地调查了解事实的情况下，与"沉默的螺旋"相对应的声音很容易占据主导地位，并广为流传。"因为没有人知道网络群体的确切规模，置身其中的人往往倾向于把意见群体的力量夸大，从而完成自我肯定。"[2]一旦出现从各个角度对事情真相产生质疑的声音，这样的声音很快就会迅速被淹没在简单而极化的谩骂中。随着极化观点势力的不断增强，质疑的声音不断被淹没下去，最后表现得像是"沉默"，最终导致极化的观点彻底占据上风，并且进入一种循环状态，不断地使一种意见越来越专横、夸张，而与之相反的意见受到压制。理论上讲，网络赋予了每个网民对网络传播平等的接近权，但是，实际上，在话语权的影响力上仍然有着不平等，一些网络舆论"意见领袖"起着非常重要的作用，他们通过对议题的控制、对注意力的垄断等，使网络上的一些声音较之另外一些声音更容易被听到。

**5. 从众心理和逆反心理被网络放大**

群体成员如果对需要决策的事件并不了解，或对如何决策还没有形成成熟的观点，在这种时候，模仿与顺从他人是一种谨慎的选择，而故意与他人不同则是抓住了一个出风头的机会。出于从众心理，群体成员倾向于与其他成员保持行为与信念的一致，以获取群体对他的认可及团体归属感；而出于逆反心

---

[1] 凯斯·桑斯坦. 网络共和国：网络社会中的民主问题 [M]. 黄维明，译. 上海：上海人民出版社，2004：28.

[2] 戴笑慧，冷天虹. 网络群体极化现象简析 [J]. 新闻记者，2009（7）：16.

理，群体成员倾向于向其他人表现自己的不同，以显示自己的力量，展示自己的个性，让自己在群体中更醒目。虽然任何一方占了上风都可能使决策极端化，但是如果决策的结果与利益相关，那么激进的一方就更容易具有感召力。在某些网络社群中聚集的网民观点本来就趋于类似，有群体认同感，网络传播的便捷让过去现实生活中难以聚合的个体更容易集群；网络传播的无限扩散性让过去靠口口相传而传播的信息呈现爆炸式传播。因此，在网络中，更容易出现群体极化现象。

## （二）群体极化可能导致"网络群体性事件"

"网络群体性事件"，广义上泛指在互联网上有较多网民参与讨论并产生一定社会影响的事件；狭义上看，特指在一定社会背景下形成的网民群体为了共同的利益或其他相关目的，利用网络进行串联、组织、呼应形成的乃至可能或已经影响社会政治稳定的群体性非正常事件。[1] 曾庆香、李蔚曾从主体、原因、性质、方式、目的、影响六个方面研究网络群体性事件，给网络群体性事件下了如下定义：是由某些利益要求相同或相近的人所组成的群体，因某项具体资源调配不当，或因长期的资源分配不均导致长久积压的相对剥夺感，在突遇偶然事件时，所爆发的通过网络舆论对政府管理造成或大或小影响的机制性抗争，以求纠正和改进不当的资源调配和补偿利益损失或发泄情绪。[2]

在网络上形成的一些陌生人群体，人与人之间的关系通常是临时的、短暂的。这种虚拟世界中的关系较现实世界约束度要大为降低。网络舆论事件中的网民，一般有同情弱者、支持有理者的心理，还有渴望得到认同和渴望成为意见领袖的心理。在网络群体中，由于人数众多，当信息不充分、人们对事情缺乏全面的了解时，焦虑或愤怒的情绪极具传染力，人们很容易陷入一种非理性状态，更容易轻信一些夸张的描述，在言语上容易比在现实中更极端、专横，甚至会进一步引发现实世界中的过激行为。而网络的匿名在隐藏了个体身份的同时，也更容易使人们放弃自己身份的约束和责任，沉浸在一种"法不责众"的心理中。由于是"群"情激愤，因此，每个成员对自己言行所负的责任被减小，甚至完全不用考虑，从而使网络群体行为对他人可能造成的伤害更易被忽视。

---

[1] 李苏楠.网络群体性事件的应对[EB/OL].中国党政干部论坛.http：//www.21ccom.net/articles/zgyj/ggzhc/article_ 201005028789.html.
[2] 曾庆香，李蔚.群体性事件：信息传播与政府应对[M].北京：中国书籍出版社，2010：42.

这种由舆论扮演"公检法",进行"搜捕""审判"和"执行"的例子在互联网上屡见不鲜。2017年年底,一起发生在日本的刑事案件在中国掀起轩然大波。在案发到开庭的一年多时间内多次成为网络舆论的讨论热点。但是,与一般案件舆论不同的是,此事件中的道德讨伐并不只针对凶手,而是将事件中的被害人室友也当作了口诛笔伐的对象。由于个人信息被公布,被害人室友不得不举家搬迁。即便如此,仍有网民爆料称开庭后到被害人室友老家爷爷奶奶家门口,驱赶租户并留下纸条,声称"这里是杀人犯一家,租户立即搬走,不然后果自负"[1]。一些网络大V的文章利用带情绪化的表达公然散布不实信息,煽动网民们对被害人室友的名誉进行攻击。出于对受害人的深切同情,网民们无视"在哪里犯罪就接受哪里法院审判"的基本法律原则,纷纷要求引渡凶嫌,判其死刑。被害人的母亲也在网络上发起了要求日本法院判凶嫌死刑的签名活动,并在开庭前获得了450万网友的签名。但是这种情形却让日本社会讶异,因为"在专业人士看起来,这时应该做的是静候司法判决"[2]。

"群体极化"现象更容易在一个具有强烈群体意识的群体内产生,在这样的群体中,其成员对群体意见常做出比实际情况更一致和极端的错误决定。在群体中,当一群人一起进行观点的论辩时,一些成员会"习惯性反应过度",因从众心理或逆反心理变得更易走极端。虽然一般情况下,保守的人多时,群体决策倾向保守,即谨慎偏移;激进的人多时,群体决策更敢于激进,即冒险偏移,但是,在更多的情况下,人多胆子大,群体决策更易偏向冒险。这种现象意味着,人多的时候群体中的成员更愿意拿集体资源去冒险。虽然高风险常常能带来高回报,但是决策一旦失败,带来的后果可能是灾难性的。

### (三)"群体极化"现象的双重意义

不少学者把网络群体性事件界定为一种单纯的网民负面行为,认为网络群体事件带给国家、社会和个人的只有动荡、不稳定和骚扰,认为这种"错误行为"一旦产生便应立即制止。"这种简单地强调其负面功能的界定既不妥当也不科学,容易把网络群体性事件'妖魔化'。"[3]实际上,这些事件中的"群体极化"现象具有双重的意义。

"网络群体性事件中的非理性,未必可以被视为邪恶。秩序的中断,要从

---

[1] 展江,刘亚娟. 江歌命案何以成隔海打牛的"舆论审判"?[J]新闻界,2018 (1):24.
[2] 展江,刘亚娟. 江歌命案何以成隔海打牛的"舆论审判"?[J]新闻界,2018 (1):22.
[3] 裘伟廷,林亚斐,等. 关于网络群体性事件的新思考[J]. 宁波电视大学学报,2010 (1):14.

日常生活的征象中求解。"[1]从积极的一面来看,它能促进群体意见一致,增强群体凝聚力;从消极的一面看,它可能导致错误更错、极端更极。舆论谴责本来是私人救济的一种有效手段,在一定程度上开辟了一条维护社会道德秩序的监督通道,有利于发挥中国民众的社会责任意识和舆论监督作用。但是,在这种群体极化的网络舆论环境中,偏激的、粗俗的、非理性的语言和行为常常侵犯当事人基本的人身权利,如隐私权,以至于有些"网络义举"演变成"网络暴力","网络善民"演变成"网络暴民"。

因此,"对群体极化现象可能产生的社会影响要作两面观:从正面的情况来说,大量事实表明,极端未尝不是件好事。从美国的情况来看,群体极化让许多重要的价值得以实现,包括民权运动、反奴隶运动以及两性平权运动。对于整个社会来说,当许多不同意见团体彼此辩论时,社会就能听到五花八门的声音,一个信息多元化的社会能让更多人受益。从负面情况看,过于同质化的圈内舆论可能危及社会的稳定。通过社会影响和说服机制,成员会向圈内讨论时可能预见的结果靠拢"[2]。

### (四) 网络群体事件的控制

网络群体事件一旦发生,由于网络传播容量的无限性、网络载体的无形性、信息传播的自由性,很难对其实施及时有效的控制。首先,网络信息传播的即时性和跨地域性,决定了网络群体事件中各种意见和观点的传播在时间和空间上难以受到有效的控制;其次,网络信息量的巨大使人们对其内容进行筛选难度很大,更不要说有许多网站的服务器设在境外。

**1. "3T 原则"**

为避免网络群体事件的发生,可以借助英国著名危机公关专家迈克尔·里杰斯特(Michael Regester)曾提出的危机事件处理时的"3T 原则",即"Tell it your own",主动亲自说明情况,避免要表达的意思因二次传播中夹杂噪音而失真;"Tell it fast",尽快提供情况,迟到的正义不是正义,拖延会使群情更加激愤;"Tell it all",提供全部情况,信息不充分会使推测、臆断和流言占据舆论的前沿。该原则要求危机处理主管部门必须主动寻求与作为信息传播载体的媒体合作,通过媒体进行及时、有效的信息传导,使危机信息比例合理化,避免诱发潜在危机。传统媒体与网络媒体相比,具有信息源更权威、可

---

[1] 刘洪波. 网络群体事件不必防范 [J]. 凤凰周刊, 2009 (21): 5.
[2] 夏临. 我国群体性事件及其研究现状综述 [J]. 东南传播, 2010 (7): 26.

信度更高的优势。因此，传统媒体应该及时跟进，发布真实信息和相关评论以引导舆论，将可能导致网络群体事件的矛盾尽量化解。同时，"为了社会的良性运行，也为了每个人都不会成为网络暴力的下一个受伤者，全社会都应该为营造善意的道德风尚尽一份力，对恶意谣言'零容忍'。这方面，政府责无旁贷，媒体亦应有所担当"[1]。

**2. 预防为主、标本兼治**

我国政府现在应对网群事件一般从以下方面加强疏导：保障信息公开，打造主流网站，听取民间声音；开辟传统媒体的表达渠道，构建协商民主的范式；提高网民素质，加强法律建设与行业自律；发挥网络舆论领袖的作用；等等。坚持"预防为主、标本兼治"的原则，多手段并举，从网上和网下两个方面做好工作。[2]

（1）坚持政府信息公开，预防网络群体性事件。充分利用信息技术的优势，建立权威的政府门户网站，坚持科学的政府信息网络公开制度，构建消除群体性事件的机制，寻求各个利益群体之间的平衡，从而减少政府和民众利益的冲突，减少网络群体性事件对社会稳定的不良影响。

（2）实时监测网络舆情，及时掌握网络群体性事件。为及时有效地实现舆情反馈，应建立全国性的舆情监测网络，使舆情突发事件的处理从即时处置型向事前预警型转变。同时，建设情报信息分析研判系统，强化分析研判能力，科学地作出前瞻性、预测性的研判，提前预警。

（3）建立快速反应联动机制，准确控制和引导网络群体性事件。一旦发现群体性事件进行网络传播的苗头，应在第一时间控制其传播规模，做好网上舆情控制工作，加强网上信息引导疏导。此外，当谣言类信息通过网络传播并发展到一定程度时，政府相关部门必须果断采取措施，建立快速灵敏的联动机制，发布准确信息，及时平息网络传播事态的发展。

（4）建立健全法律法规，重点解决好网络虚拟社会建设管理问题。广泛开展宣传教育，提高广大网民特别是青少年的思想道德水平，加强是非标准的确立，培养个人自制力。坚持建设与管理并重，法律手段、行政手段、经济手段、技术手段并用，最大限度地发挥网络的积极作用，遏制网络的消极影响。

网络传播只是为人们提供了接近传媒、利用传媒发出自己声音的一个平

---

[1] 云龙．拷问公众人物言论边界：不能为一己私利虚构事实［N］．人民日报，2011-09-28（4）．
[2] 李苏楠．网络群体性事件的应对［EB/OL］．中国党政干部论坛．http：//www.21ccom.net/articles/zgyj/ggzhc/article_ 201005028789.html.

台,如今,这样一个看似细微的变化在很短时间内就产生了很深的影响,未来,随着这些影响的积累,网络传播对社会各个方面的影响会更加深远。

## 第二节 网络传播中把关人与议题设置的变化

网络传播的互动性特点给传统传播理论中的一些关于传受关系的理论带来了重大变化。在传统媒体传播中,传播者与受传者之间通常处于一种不平衡的状态,传播者占据主导性地位,受传者相对被动;而网络传播在一定程度上消解了这种不平衡的关系,使一些传统大众传播理论不断面临新的变化,传统媒体对信息的筛选以及议题设置的特权面临前所未有的挑战。

### 一、网络传播与把关人理论

#### (一) 把关人理论

"把关人"(Gatekeeper)又译作"守门人"。把关人理论是由美国社会心理学家、传播学奠基人之一库特·卢因(Kurt Lewin)在1947年提出的。他在《群体生活的渠道》一文中,首先提出"把关"一词。他指出:信息总是沿着含有门区的某些渠道流动,在那里,或是根据公正无私的规定,或是根据把关人的个人意见,对信息或商品是否被允许进入渠道或是否继续在渠道里流动作出决定。把关人既可以指个人,如信源提供者、记者、编辑等,也可以指媒介组织。卢因认为,在信息传播网络中有大量的把关人存在,只有符合传播群体规范或符合把关人价值标准的信息内容才能进入传播渠道。1950年,传播学者 D. M. 怀特(D. M. White)将这一社会学理论引入新闻传播学界,进而发现,在新闻传播过程中,媒介组织中实际上也设置了重重的把关人,如政府、利益团体、广告商、受众以及受众组织、传媒机构的管理者、传媒企业的股票持有人等,他们从自身利益价值出发对新闻信息进行取舍,决定哪些内容最终面对受众。因此,在传统意义上,把关人就是利用信息传播过程中的筛选模式对信息进行过滤和加工,从而形成信息传播的垄断和集权的人。

把关人理论的提出是以社会控制为目的的,但是,随着社会信息化进程的推进和对传播学研究的深入,把关不仅仅是一个控制信息进入传播领域的过程,而且是社会现实通过大众传媒进行的动态建构过程。从传播方式看,传统媒体的传播主要是报刊、广播电视等媒体对无数匿名受众的传播，或是所谓的"一对多""点对面"的传播。报刊与广播电视等传统大众传媒的运作程式，类似一只巨大的筛子，从四面八方汇合的信息流，线状地挤进新闻业这只狭窄的筛子，并由此散播给众多读者或观众。而记者和新闻机构，有时背后还存在政府部门和其他社会集团，是控制筛子的把关人，他们对涌入这种"传媒之关"的各种信息进行筛选过滤。

### （二）网络传播对把关人理论的影响

如果把传统大众传播的媒体把关比喻为一只筛子，那么，网络传播的把关结构就是一种散布型的信息交流结构，一旦进入网络空间，任何传播主体，无论是个人还是组织，都可以凭借数字化的大规模信息交流系统建立多向的相互联系。同一个人或组织既可以是信息的接收者，也可以是信息的传送者。在这张分散型的传播巨网里，任何一个节点都能够生产、发布信息，所有信息都能够流入网络之中。如果说，传统媒体的把关人往往是记者、编辑、管理者和隐藏其后的各种政治集团、利益团体等，把关人与传播者角色既可以是重合的，也可以是分开的，那么，网络传播环境下，把关则出现了明显的角色泛化和不确定性，这种"泛化"和"不确定"使把关被弱化，把关的方式变得多元化，传播者与把关人之间的关系也出现了变化。

具体而言，网络传播中把关人与传播者之间关系的变化表现在如下方面。

**1. 把关人角色弱化，把关可行性降低**

网络的低门槛打破了传统把关人对信息的强控制，网络传播信息的迅捷性和无障碍性降低了把关的可行性。网民可以自由地发布信息，无数个信息发布点在世界范围开放，由此导致网络传播环境下把关人角色的泛化和不确定性，出现了多元化的把关人。把关人角色的多元化并不意味着把关作用的增强，反而导致把关作用的弱化。个性化和匿名性的传播让任何人都可以充当自我传播的把关人。网站管理者虽然有权屏蔽某个帖子或取消某个人在某个社区的传播资格，但这种措施只能在信息发布出来以后进行，其控制程度比起传统传播大为减弱。把关人把关的作用范围随着各种网络传播形式的产生而不断缩小，这就意味着其整体功能相对来说是在不断降低。

网络的海量信息也导致把关难度加大。在传统大众传播条件下，因为存在把关人的严格控制，未经核实的信息是不能被传播的，传统媒体的信息控制通过各个层级的把关人来完成，把关人在传统媒体中处于决定媒介内容的支配地位。一些"小道消息"虽然也有各自不同的流通渠道在少数人中传播，但很难造成巨大的全民性的影响。而网络媒体与传统媒体不同,它是一种"弱控制"的媒介,传播权力从少数人的手中分散到了广大网民手中,网络传播中传播者和受传者的区别在减小。在"人人都有麦克风""人人都是记者"甚至人人都有自己的"电视台"的状态下,大批没有受过专业训练的网络使用者自由地发布信息,其发布信息的真实性、准确性和客观性很难得到保证。网站管理者进行把关时,面对的是海量并且随时变化的信息,不可能充分行使编辑控制权。太多的信息常常混淆把关人的视听,使其目不暇接,管不过来。由于传播和转载非常迅速,网络管理者常常根本来不及作出反应,这些进一步降低了把关的可行性。因此,网络传播使昔日的把关人失去了信息传播中的特权,把关人角色无形中被弱化。网民在获得和传播信息时拥有更多的自主权,既可以自己控制以何种方式获得信息,也可以随时就自己接收到的信息作出反馈。讨论、交流、评价、质疑代替了信息传播的单向垄断,这种便捷的交互性也使把关行为被弱化。

**2. "层层把关"到"自我把关"**

在传统媒介环境中,大量的新闻信息经专业机构的层层把关、筛选,再通过特定的常规传播渠道抵达受众。在整个线性流程中,专业信息机构中的记者、编辑以及决策层"当仁不让"地充当着把关人的重要角色。如果信息的内容或形式与这些把关人的"口味"不符,则根本得不到进行大众传播的机会。而网络传播的低门槛和去中心化,使其传播环境能够容纳在量上更大,在形式和内容上更多元化的信息。价值取向不同、审美旨趣不同、利益倾向不同的人都可以在网络空间中自由发表见解、释放自己思想的力量。网络媒体的"平民化色彩"使每一个网络用户都拥有了信息的传播权,也成为自己的把关人,在传统媒体那里集聚的把关人权力被上述形形色色的传播主体共同分享,传播权力由垄断走向分散。

根据卢因提出的广义的把关人理论,任何参与信息传播的人都对信息进行了一定形式和程度的把关,而这种把关在网络传播中体现得最为明显。网络时代,对信息的优先获得权、选择发布权已不是传统把关人的特权。但这并不意味着把关人在这一时代的没落,而意味着把关人的权威性和号召力要有所保证,要有能力成为网络虚拟社会中公认的组织者和领导者。传统媒体一般的把关模式是"记者→编辑→审核→发布",而在网络媒体中,一些把关人变成"推介人"或"引路人",网络编辑、网络管理员、网络管理职能部门等把关人是技术与人文之间的桥梁,他们要在健康的行为规范和道德自律的约束下,为网络用户提供一种价值观念、审美情趣的标准,以实现虚拟世界的健康、有序、快速发展。所以，在网络时代，把关权产生分化，"自我把关"模式取代了传统媒体的"层层把关"模式，传播权几乎已经完全被大众所分享。广大网民拥有信息采集和发布的权利，享受高度自由的传播权。

### （三）我国主要的网络把关手段

现在我国的网络把关，采取的是"自我把关优先"原则下的"后台关键词监控"与前台"管理员事后审查"相结合的"树状把关模式"。在这种模式下，只要信息的发布者不发布含有需要被屏蔽的关键词的内容，就不会受到任何限制。除此之外，还采取以"用户举报"和"不实信息曝光"相结合的办法来阻断不法或不实信息的传播。

具体而言，目前网络上除了自我把关外，其他的把关手段主要包括以下方面：

（1）引导手段。国家和政府作为把关人，通过扶持重点网站或进行议题设置，对信息进行有效的引导，以此来贯彻自己的意图。

（2）技术手段。通过屏蔽、关闭等技术手段，控制一些"不雅词"或违法内容的搜索及传播。

（3）法规约束手段。我国已经相继出台及更新了《互联网新闻信息服务管理规定》《互联网群组信息服务管理规定》《互联网直播服务管理规定》《互联网论坛社区服务管理规定》和《互联网跟帖评论服务管理规定》等法规条文。

虽然这些把关手段对互联网上的信息传播均起到了约束作用，但是都无法完全杜绝不良信息的出现和传播，所以，网民和网站的自律也是十分重要的。中国互联网各种自律公约对网民的自律起到了一定的引导作用，但是长期地看，从小接受网络媒介教育势在必行。

## 二、网络传播对议题设置理论的影响

### （一）议题设置理论

"议题设置理论"（The Agenda-Setting Theory）是现代传播学的经典理论之一，它是指大众传播对某些议题的着重强调和这些议题在公众中受重视的程度构成强烈的正比关系。换言之，在大众传播中越突出某一事件，多次、大量地报道某一事件，就会使社会中的公众突出地议论这一话题。

议题设置理论最早由美国传播学者麦克斯韦·麦克姆斯（Maxwell Mocombs）和唐纳德·肖（Donald Shaw）于1972年提出。实际上，其基本思想最初来自美国新闻工作者和社会评论家沃尔特·李普曼（Walter Lippmann）。早在20世纪20年代，李普曼就认为，大众传媒的报道活动是一种营造"拟态环境"的活动，他在经典著作《舆论学》（Public Opinion）中说道："我们就像这些囚犯一样，也只能看见媒体所反映的现实，而这些反映便是构成我们头脑中对现实的图像。"[1]也就是说，外在的客观世界与我们头脑中关于世界的图像并不是一致的。这种观点成为议题设置理论的雏形。

1968年，麦克姆斯和肖对美国总统选举期间传播媒体的选举报道对选民的影响进行调查分析，从而使大众传播议题设置功能成为一种完整的理论假说，他们于1972年在《舆论季刊》上发表了论文《大众传播的议题设置功能》，作为他们研究的总结。议题设置理论的主要含义是：大众媒体注意某些问题而忽略另一些问题的做法本身就可以影响公众舆论，而人们一般倾向于了解大众媒体注意的那些问题，并采用大众媒体为这些问题所确定的优先次序来确定自己对这些问题的关注程度。

议题设置理论认为，大众传播只要对某些问题予以重视，为公众安排议事日程，那么就能影响公众舆论。按照这种理论，通过对议题的设置，传媒的新闻报道赋予各种议题不同程度的显著性。虽然大众传播媒体不能直接决定人们怎样思考，但是它可以让人们以为哪些问题是最重要的。大众媒体注意某些问题或者注意一个问题当中的某些因素，而忽略另一些问题和一个问题中的另一些因素的做法本身就可以影响公众舆论。也就是说，大众传媒具有一种为公众设置"议事日程"的功能，通过赋予各种议题不同程度的显著性，媒体以客观报道的表象，影响着人们对社会事件及其重要性的判断。

议题设置的基本作用包括"准备作用"和"构造作用"。准备作用实际上是一种日积月累的潜移默化的作用；构造作用则一方面引起人们注意显示的某些方面，另一方面掩盖可能引导受众作出不同反应的其他方面。这两种做法被称为"突出法"和"选择法"。

议题设置理论分为两个层面：一个方面是议题从媒体议题向公众议题的传播过程；另一个方面是公众在头脑中形成这些议题和对象时新闻媒体所起的作用。第一个层面是媒体在"公众感知什么是当前重要的问题"上有巨大的影响力，媒体通过选择、突出，把公众的注意力吸引到被突出的问题上，使公众

---

[1] 沃尔特·李普曼. 舆论学 [M]. 林珊，译. 北京：华夏出版社，1989：15.

感知此议题的重要性，这就是所谓媒体议题影响公众议题；第二个层面是媒体也可以影响人们怎么想，媒体在突出某些事件时，也会突出事件的某些属性，人们在认知这些属性时就认知了对议题的思考角度，也就学到了"怎么去想"。所以大众传媒议题设置功能是一种"注意力聚焦"功能。议题设置还不完全是舆论导向，但它是舆论导向的关键一步。这也正如大多数议题设置研究所表明的，"媒体并非镜子，即真实地反映社会的实貌；不如说它是探照灯，它照到的地方，可能是被与此有关的特殊利益集团引导的，是被制造出来引起注意的假事件；或者是被新闻工作者的传统、习惯和规则所左右的，是被过分强调而也许并不重要的事件"[1]。

议题设置理论从考察大众传播在人们的环境认知过程中的作用入手，重新揭示了大众传媒的有力影响，为传播效果研究摆脱"有限论"的束缚起到了重要的作用。

### （二）网络传播中，议题设置的主体和传播方向发生变化

在传统大众传播环境中，议题设置一般由传播机构或传播机构的控制主体主导，其传播方向主要为自上而下。而在网络传播环境中，一些有影响的议题的出现、设置和强化常常是先被大数据软件自动抓取后推出，最终在更多的互动中产生更大的影响。如新浪微博的"热搜""发现"等栏目，就是利用大数据算法，把公众搜索和点赞评论转发量大的信息自动按相关顺序展示出来，形成一种特别的 UGC（User Generated Content，用户生成的内容）。此类由下而上的议题设置常常与由上而下的政策性、指导性议题设置形成互动，有时能产生影响公共政策的力量。如一些网络热点事件先是爆料引发关注，随后各种媒体和个人都跟进讨论，形成强大的舆论态势，最后倒逼被爆料方进行表态。

**1. 网络上议题设置的主体十分多元**

网络上议题设置的主体可以包括所有网民，而这些网民中，既有原本就有着传统大众媒体接近权的社会精英，也有原本在传统媒体传播环境中拥有话语权的普通民众，有的连身份都不是很透明。虽然这些传播主体的传播能力和影响能力各有不同，但是所有参与主体在一定程度上都拥有相对平等的发言权，每个人都是议题的设置者，通过事实或各种传播技巧来扩大相关信息的影响力，大量民众议题设置的成功案例也鼓舞着民众更多地参与到相关网络活动中。

---

[1] 郭镇之. 关于大众传播的议程设置功能[J]. 国际新闻界, 1997 (3): 4.

**2. 网络上议题设置的渠道十分多元**

随着网络技术的不断进步，自媒体平台的形式越来越多样，除了文字以外，人们也可以通过语音和视频的发布、转发来推动议题的设置。普通民众可以进行议题设置的渠道从最早的网络论坛、微博等，扩展到微信朋友圈和公众号等多种类型，不断出现的新媒介平台或 App 使普通民众进行议题设置越来越方便，表达态度、提出意见和参与相关议题讨论也越来越便捷，效率越来越高，大大增强了民众的积极性。

**3. 网络议题设置往往更具时效性**

由于网络议题设置的主体人数体量大，所以议题总量相比传统传播环境也显著增加，由此导致有影响力的网络议题不断出现，不断变化，旧的不断被新的盖过风头。而由于网络议题的数量庞大，也使得公众对于单个议题的关注与讨论并不能持续很久，网络议题设置往往具有爆发快、熄灭快的特点，常常一个议题还没有得出最终的结果，公众的关注点已被一个新的议题所吸引，讨论话题迅速转移。如新浪微博的热门话题和热搜每小时就会更新多次，一些热点争议事件中被攻击的对象甚至会突然因为有一个更热的话题出现而被公众暂时遗忘。

**（三）网络传播环境既可以弱化，也可以强化议题设置**

议题设置不仅是大众传播媒体的一个重要功能，更是传统大众传媒运作权力的自然延伸。

**1. 网络传播一方面弱化了议题设置**

在网络传播环境中，议题设置的主体发生变化。议题设置的有效有一个基本前提，即媒体掌握在少数人——包括权力组织、经济集团组织和意识形态精英——手中，传播权被这些人所垄断。媒体通过选择集中的报道对象，以此来制造社会的中心议题并左右社会舆论的形成。在这种情况下，尽管权力组织一再强调公众的信息知晓权，然而这种权利的赋予权依然为少数人所控制，信息渠道的单一使公众必须依赖大众传播媒体才能了解到一些无法亲历的重大事件。

传统大众媒体在议题设置中处于主导地位，他们可以根据自己的传播方针进行新闻的采写和发布，受众的地位相对被动，对媒体设置的议题更多的是只能选择接受或不接受，其自由选择被局限在各种媒体提供的不同信息中。而在网络时代，信息的选择范围较大，受众通过对信息简单、快捷的搜索或链接，可以自主地从海量的信息中选择自己感兴趣的新闻进行阅读，了解事件的来龙去脉，看到不同的观点，这使单个议题设置的影响力减弱。此外，每个网民不仅是接受者，也可以是传播者；每一个网民都可以通过在网上直接发布信息、设置议题，或利用新闻点击、新闻留言、新闻评论等方式，对已设置的议题表达自己的态度，使一些事件成为热点事件，并促成热点事件的解决。

网络时代多元化的传播者、开放的传播渠道、复合式的传播形态都弱化了专业传媒为公众设置议题的效果。在传统媒体中，由于消息来源较为一致，多数媒体报道的内容具有类似性，由此产生共鸣效果；同类信息传播具有连续性和重复性，由此产生累积效果；最后，由信息到达范围的广泛性产生遍在效果。在网络传播环境中，由于媒介种类众多，信息来源五花八门，每个网站和网民都想发独家信息。在众声鼎沸的情况下，新闻性不高的信息想产生较大影响，难度就相对提高了。网络议题设置中的许多议题对于"把关人"来说，往往是突发而没有非预设性的。由于网络议题设置参与主体多元、内容丰富和方式多样，此类议题往往主题分散，其由"赞""评论"和"转发"构成的影响力组织化程度弱，大部分议题只有争论没有结论，呈现碎片化。

**2. 网络传播另一方面强化了议题设置**

议题设置理论的理论背景和前提观念建立在如下三个假设基础上。

（1）大众传播影响的有力性。即认为大众传播媒体能操控公众对社会现实的认识，甚至具有"创造社会现实"的巨大力量。

（2）受众是孤立的个体。即认为受众几乎是无知的，无法掌握丰富的信息资源，没有分拣有价值信息的能力，思考能力弱，轻信权威，只能是信息的接受者。

（3）从众心理让受众对传媒设置的议题以及强势舆论产生趋同行为。即认为受众会按照设置的议题来选择阅读兴趣和观照周围世界，屈服于"多数意见"的压力来选择应持的观点、立场。

网络媒体的出现改变了一些以往的大众规则，网民们不是全知全能的，网络仍然存在从众心理。但是，网络传播的力量是毋庸置疑的，网络的以下特点决定了它会具有议题设置的功能：第一，议题设置假设认为，人们对某些议题的关注程度，主要来源于这些议题被报道的频率与强度。网络信息能快速传播与繁殖，这个特点使网络可以轻易提高对某些事件的报道频率与强度；第二，在网络中，大众传播与人际传播是相互交织的，而在议题设置方面，人际传播对大众传播是一个有力的补充；第三，通过各种互动方式，被议题设置的对象与受众可以建立直接联系，因此，当事人的影响会更直接地传递给受众，这对于提高一个事件的被关注度非常有利。

**3. 网络传播强化议题设置的原理**

网络传播强化议题设置的原理源于四个"效应"：

（1）网络传播会出现"蝴蝶效应"。

"蝴蝶效应"在社会学界一般用来说明：一件不好的事情，即使很微小，如果不加以及时的引导、调节，可能会给社会带来非常大的危害。

在网络传播中，"蝴蝶效应"表现在：受众具备了在网络中制造和传播信息的能力和条件，直接参与到信息的生产和传播过程中来，任何单个网民如果希望或需要某些信息能够为大众所知，可以通过各种网络平台发送内容，或使用一些传播技巧进行议题设置，使个人的事情成为大众的关注对象。而在这个过程中，可能会出现一个或多个意见领袖。意见领袖是传播中经常为他人提供信息、意见、评论，并对他人施加影响的"活跃分子"，是传播效果的形成过程的中介或过滤的环节。在存在自由信息发布者和大量意见领袖的情况下，互联网中很小的事情可能成为公众议题，产生极大的影响。

（2）网络传播会出现"定势效应"。

定势效应是指有准备的心理状态能影响后继活动的趋向、程度以及方式。人们因为局限于既有的信息或认识的现象，在一定的环境中工作和生活，时间长了会形成一种固定的思维模式，这样固定的思维模式使人们习惯于从固定的角度来观察、思考事物，以固定的方式来接受事物。

俄国社会心理学家包达列夫曾做过这样一个实验：他向两组大学生出示了同一个人的照片。在出示之前，向第一组说，将出示的照片上的人是个十恶不赦的罪犯；向另一组说照片上的人是位科学家。然后让两组被试者用文字描绘照片上的人的相貌。结果，第一组的评价是：深陷的双眼证明内心的仇恨，突出的下巴证明沿犯罪的道路走到底的决心；第二组的评价是：深陷的双眼表明思想的深刻，突出的下巴表明在知识道路上克服困难的意志力。实验结果有力地证明了定势的作用。

在网络舆论空间中，定势效应中的刻板效应和晕轮效应常常都会被放大。由于人们在理解网络信息时，可能存在"先入为主"的偏见，所以"反转新闻"一再出现。如：2017 年 11 月 24 日在陕西榆林市第一医院绥德院区，产妇马某在待产时，从医院五楼坠亡。一开始，网民们得知医院三次建议剖宫产均被家属拒绝，激烈的抨击指向了产妇的丈夫和婆婆，认为他们不重视关心产妇。后来，家属发声解释，提出是医生拒绝剖宫产，舆论的声音又转向批评医院"草菅人命"。随后，院方又公布了新的说明和监控截图，称孕妇曾两次"下跪"，是产妇的丈夫拒绝同意剖宫产。一时间产妇的丈夫再次成为众矢之的，许多措辞严厉的批评将其逼上风口浪尖。没想到，死者母亲又回应说：监控中的画面并不是下跪，是因疼痛难忍而下蹲。结果这个事件多次反转，而网络舆论中，因为人们存在对与生育有关的家庭矛盾和医患矛盾的成见，网民情绪非常容易被煽动。在这个过程中，许多媒体人的标签化的写作方式迎合了受众习惯，却简单化了事实，忽视了因此激化社会矛盾的可能性。

（3）网络传播会出现"马太效应"。

"马太效应"（Matthew Effect），语出《新约·马太福音》，其主要内容是：一位国王在远巡前，交给三个仆人每人一锭银子，吩咐他们去做生意。几年后，国王回来。第一个仆人说已赚了十锭。于是，国王奖励他十座城邑。第二个仆人报告已赚了五锭。于是，国王奖励他五座城邑。第三个仆人报告说："主人，你给我的一锭银子，我一直包在手帕里，怕丢失，一直没有拿出来。"于是，国王命令将第三个仆人手里的那一锭银子赏给第一个仆人，并且说："凡是少的，就连他所有的也要夺过来；凡是多的，还要给他，叫他多多益善。""马太效应"实质上是一种优势和劣势积累的过程：一旦存有优势，这种优势局面就会不断加强；反之，若处于劣势，则这种不利情形也会继续加剧。

理论上，网络媒体的渠道容量几乎是无限的，这种"无限"表现在信息数量和表现手段两个方面。这种丰富的渠道容量，在对传统媒体的议题设置内容进行过滤的过程中，极易产生"马太效应"，即当一则信息吸引了较多的人时，更多的人会被吸引，它受到的关注度会越来越高。这样，一旦一则信息在短时间内被迅速置于热点位置，它的影响就会变得更加深远。

（4）网络传播会出现"前10效应"。

复旦大学新闻学院李良荣教授在重大课题攻关项目"网络群体性事件的引导与防控对策研究"中，曾有一个阶段性成果，即"前10效应"假说。

根据该假说，网络的匿名性并没有减轻人们发表不同意见时的社会群体压力，过于自由的言论反而纵容了情绪化和极端化言论的产生。同时，网络舆论整体质量低劣以及议题设置的效应，也造成了网络舆论场的"前10效应"现象。具体来说就是通过研究发现，中国大陆网络空间的舆论存在着这样一种现象——对网络上出现的某些新闻或社会现象，前十位网民的意见和评论决定了后续的数十甚至成百上千的意见和评论的内容与态度，从而形成网络舆论。

"前10效应"有如下假设：前10条评论与后续的评论具有议题上的相关性，在一定程度上影响其后评论的走向；前10条评论与后续的评论存在态度上的相关性，即前条评论若呈一致的正面或负面的意见，则后面的评论也一致正面或负面，前10条评论若存在不同意见的相互争论，则后续评论也会存在争论。[1]

作为一个假说，"前10效应"意指评论先后顺序影响舆论形成过程的传播规律，并不仅限于讨论前条评论与后续评论的关系。这一现象有助于人们理解当下网络空间的种种现象。基于"前10效应"与"沉默的螺旋"理论和议题设置理论的关联性，该假说对如何控制网民心理提出了一种设想。

**4. 网络传播强化议题设置的方法和效果**

在网络传播中，议题设置实际上是十分必要的。因为网络信息量实在太大了，海量的、漫无边际的信息会让网民不知所措，无从入手。那么，如何在网络传播中进行议题设置呢？

（1）网络传播中议题可以融合。1999年，麦克姆斯和肖提出源于而又高于议题设置的新假设——议题融合。这一成果集中体现在《个人、团体和议题融合：社会分歧论》一文中。在此文中，他们首次提出新的议题融合的模式和议题融合的六个阶段：寻求团体阶段、寻求团体的议题阶段、寻求引导阶段、寻求引导传播媒体阶段、大众传媒议题设置的初级阶段和大众传媒议题设置的高级阶段。2000年，肖和助手又在传播效果研究国际学术研讨会上提交了《公共议题的衰落：个人怎样与媒体融合以形成新的社群》一文，对议题融合作了进一步的阐释。一年后，他在罗马举行的世界民意研究学会年会上提交的论文《议题设置理论与后大众媒体时代的民意研究》中指出："我们认为，议题设置理论是一个扎根于大众媒体时代的理论，其焦点在社会效果上。但是就像传播理论中使用与满足取向所暗示的那样，受众变得越来越有经验。个人不仅要了解公共社区，而且也想与他人建立联系。所以传播的目的不仅是在发现和揭示，而且在于关系；重要的不仅是传播，而且是维系共同体（社区）。我们生活在一个各种议题不断竞争的大海之中，这些议题不断地撞击着我们心中的防波大堤。如果说我们在复杂的社会进化中与他人融为一体是一幅更大的图画的话，议题设置只是这幅画的一部分。前一个媒体过程我们称之为议题融合（agenda-melding）。"[2]

议题融合与议题设置相比，与社会学的关系更加紧密，它可以说是议题设

---

[1] 李良荣，于帆. 网络舆论中的"前10效应"——对网络舆论成因的一种解读 [J]. 新闻记者. 2013（2）：50.

[2] 唐纳德·肖. 议程设置理论与后大众媒体时代的民意研究 [J]. 刘海龙，译. 国际新闻界，2004（4）：5.

置的社会化,是一种具有浓厚人文色彩的过渡。议题设置与议题融合的不同点主要有三个方面:其一,与议题设置相比,议题融合关注的内容不再只有新闻,还有生活百科、时尚资讯等内容;其二,议题融合的主体不再只是媒体,还有个人;其三,议题融合的目的不再只是为了感知事物或认识社会,还包括结成关系,去除不和谐。[1]

网络因其容量的无限性,成为议题融合的绝佳平台。如做网络新闻专题就是一个融合各种来源的信息进行议题融合的常见方式。网络新闻专题通常用专门的一个网页,网民通过主页的新闻导读就可进入,专题里面汇聚了所有与该主题相关的信息,从而给予新闻全面、连续、多角度、深入的报道。一个网络新闻专题的容量可以相当于一份报纸,而且还能极大地发挥网络传播的超文本、多媒体、及时性等优势,即网络新闻专题中的相关新闻之间又有链接相连,可以包含文字、图片、音频、视频等多种传播方式。网络新闻专题还可以不断更新,可以涵盖从开始到最后大量相关事件的新闻报道,成为该新闻事件的"大百科"。这样,在一个网页上,受众就可获得与该新闻事件相关的所有信息。这种采用专题的形式在专题网页中进行的大量报道,客观上起到强化新闻事件在信息场中的地位、加深受众对信息的了解度和印象度的作用。

(2) 网络传播在进行议题设置时更具时效性。信息的时效性是影响媒体议题设置效果的重要因素。时效性之所以重要,原因在于存在着"首因效应",即先入为主心理。人们在接受外部信息时,往往更容易相信第一次看到、听到的情况,第一印象一旦建立起来,它对于后来获得信息的理解和组织有着强烈的定向作用。人们对于后来信息的理解,常常是根据第一印象来完成的。首因效应还会带来"晕轮效应"及与之相反的"恶魔效应"。因此,信息传播的时效性在很大程度上决定着媒体议题对公众议题的设置能力。由于网络媒介手段常常可以做到实时更新、实时报道,因此能在第一时间吸引公众的眼球与注意力,给受众留下"第一印象",在一些偶发性和突发性的事件或非公共事件发生时,常常可以在第一现场及时采集信息,第一时间传播信息,抢占传播的先机。

### (四) 网络议题设置需要考虑"使用与满足"

#### 1. "使用与满足"理论

"使用与满足"理论(Use and Gratifications)产生于20世纪40年代,

---

[1] 黄旦. 传者图像:新闻专业主义的建构与消解 [M]. 上海:复旦大学出版社,2005:32.

是传播学领域关于大众媒介的效果与使用的理论，用以研究媒介和受众的关系。当时，随着印刷媒介的日趋成熟和广播、电视等电子媒介的相继诞生，受众对大众传媒的需求和依赖达到了一个新的阶段，传播学者们对受众的媒介接触行为及其背后的心理动机也产生了浓厚的研究兴趣。

"使用与满足"理论从受众的心理动机和心理需求角度出发，结合心理学和社会学相关知识，解释了人们使用媒介以得到满足的行为，提出了受众接受媒介的社会原因和心理动机。传统的理论认为媒介在传播过程中的主要任务是说服受众，认为受众是被动的；而"使用与满足"研究把受众看作是有着特定"需求"的个人，认为他们的媒介接触活动是有特定需求和动机并得到"满足"的过程。"使用与满足"理论十分强调受众的社会和心理需求，认为这是受众接受媒介信息的主要推动力。该理论站在受众的立场上，从受众直接的媒介体验角度对传播行为进行探索，考察受众对媒介的使用动机以及其需求是否得到满足。每个人的需求各不相同，在这样的情境下，大众传媒所传递的信息就不可能同时被所有的受众所接受，受众总是从中挑选出可以满足自己的信息。

"使用与满足"理论的研究是从一些学者考察受众对不同形态媒介的使用开始的。

B. R. 贝尔森（B. R. Bilson）在考察了读者对报纸的"使用"后总结出报纸能够"满足"人们六个方面的需求[1]：

（1）获得外界消息的信息来源，了解外部的变化；
（2）日常生活的工具，了解广播节目、天气、交通、购物等信息；
（3）休憩的手段，在读报中获得安静和休息；
（4）获得社会威信的手段，因为了解新闻或新知识而获得人们的尊敬；
（5）社交的手段，读报可以丰富话题，活跃人们的社交活动；
（6）读报本身的目的化，读报已成为每天的习惯性行为。

赫塔·赫佐格（Herta Herzog）具体考察了听众在收听他们喜爱的广播节目《知识竞赛》中表现出来的三个方面的基本需求[2]：

（1）竞争心理需求——通过抢先猜测答案享受由此带来的竞争的乐趣。

---

[1] Shearon A. Lowery, Melvin L. DeFleur. Milestones in Mass Communication Research: Media Effects [M]. Third edition. New York: Longman Publishers USA, 1995: 111.
[2] Shearon A. Lowery, Melvin L. DeFleur. Milestones in Mass Communication Research: Media Effects [M]. Third edition. New York: Longman Publishers USA, 1995: 111.

（2）获得新知的需求——从节目中得到新的知识，以充实自己。

（3）自我评价的需求——通过猜测答案来判断自己的知识程度，确认自己的能力。

丹尼斯·麦奎尔（Denis McQuail）归纳了观众"使用"电视后得到"满足"的不同特点，从中总结出了四种基本类型[1]：

（1）心理转换效用——电视节目可以提供消遣和娱乐，帮助人们"逃避"日常生活的压力和负担，带来情绪上的解放感。

（2）人际关系效用——通过节目可以对出场的人物、主持人等产生一种"熟人"或"朋友"的感觉，也可以融洽家庭关系，建立社交圈子。

（3）自我确认效用——电视节目中的人物、事件、矛盾冲突的解决等可以为观众提供自我评价的参考框架，并使其在此基础上协调自己的观念和行为。

（4）环境监测效用——通过观看电视节目，可以获得与自己的生活直接或间接相关的各种信息。

**2. 网络传播中"使用与满足"的变化**

与传统媒体的传播相比，网络媒介中"使用与满足"理论出现了以下变化：

（1）受众由偏被动接受信息变成更能主动调控信息的用户。

在传统的大众传播中，受众虽然也可以自由地选择接触的媒体和接受相关的信息，满足自己的各种需求，但可选择面相对狭窄，只能在一个相对有限的框架范围内选择，或者说在主流媒体设置的议题范围内进行选择。而网络的发展使受众变身用户，通过订阅或关注，可以更自由地在一个相对更宽泛的框架范围内接受自己的最需要或最感兴趣的信息。

（2）受众由单纯地接受媒介信息变为可以使用媒介自主传播。

在传统媒体时代，受众从报纸、杂志、广播等媒介中获取信息，但并不是每个人都拥有使用这些媒介进行大众传播的机会。而网络时代现代信息技术的发展让受众拥有了多种多样的媒介使用机会。也就是说，传播中使用的对象从媒介提供的信息扩展到媒介本身。由于像博客、微博、微信、网络直播等各种信息发布平台的出现，受众人人都可以是记者、广播员、电视节目主持人，人人都可以以越来越便捷的方式自主制造或发布信息，并能够相对更加平等地与信息发布者交流互动，从而传播中传和受的界限进一步模糊化。

---

[1] Denis McQuail. Sociology of Mass Communication [M]. London：Penguin Books，1972：29.

(3) 网络传播更能照顾到受众的个性化，使对受众的满足分众化。

根据"使用与满足"理论，所有的受众在接触信息之前就是有个性化观念和个性化需求的，如对于移动新闻客户端的用户，其使用动机就可能涉及获取新闻资讯、休闲娱乐、评论分享、舒缓压力等。在各大移动新闻客户端做得用户认知需求满足表中，"获取最新最快的新闻资讯"往往得分最高。几乎所有的聚合信息客户端都有"个性定制"的功能，有的内容传播标签数量高达近百个，每日原创信息更新量几十万字，为的就是希望满足不同分众群体的使用需求。用户可以决定在何时何地用何种工具浏览何种信息，许多移动新闻客户端在用户使用行为的大数据梳理中都发现，用户使用时间有早中晚三个高峰，使用地点主要集中在家里或者公共交通工具上。所以许多移动新闻客户端会选择在这些时段之前提高更新量，这些都是满足受众个性化需求的体现。如在各种对微博和微信进行的"使用与满足"调查中发现，用户使用这些应用常常有着差异很大的不同需求，更多的时候，则是同时有着好几种需求，既可能是为了获取信息，也可能同时为了娱乐消遣，同时也为了维护和拓展人际关系，或也想通过自我暴露而在社交网络上获得认同，即通过表达，从别人的反馈当中获得对自我的认知，然后调整自己的意识和行为，完成自我认同的建构。而有的用户在使用这些媒介时想要满足窥探他人生活的潜藏心理，还有的人则是利用相关平台进行商业营销，以满足经济上的需要。

(4) 大数据算法的介入。

网络传播中"使用与满足"的变化还反映在大数据算法的介入上。从第一章搜索和新闻提供方式上出现的变化可以看到，支持这些变化的均是技术。各种网络新技术越来越深入地介入到网络信息的获取中，而大数据算法的不断更新成为此类信息获取形式变化的根本驱动，为同类信息的梳理整合提供技术支撑。依托云计算大数据等技术，许多平台都可以同时处理内容生产与内容发布，通过对受众行为的分析，进行个性化内容推送，实现千人千类的多元聚合。

如今日头条 App，打出"我比用户更懂用户""五秒钟读懂你的兴趣"的旗帜，用独特的搜索推送引擎，通过用户新浪、腾讯、人人网等平台的账号，利用软件分析用户曾经浏览过的信息的类型，分析用户的性别、年龄、工作、地理位置等个人信息，了解用户的多维偏好。"聚合新闻客户端作为原生态网络媒体形态，对传媒业、传播主体、传播受体、传播内容和媒介形态五大维度的变革形成了一种全新的网络传播模式，既不同于门户时代的传播特点，又不同于其他类型的移动客户端传播形态。可以说，聚合新闻客户端的个性化推荐机制、机器算法与编辑互动的双重运营模式，不仅符合移动互联网的发展逻辑，而且开创了网络媒体信息生产与传播的新潮流，并逐步进入常态化发展阶段。"[1]由此可见，大数据算法给网络传播带来的改变主要体现在两个方面，一方面，改变了网络用户使用媒体的形式，另一方面，也改变了网络满足用户的方式。

虽然算法技术显然推动了信息传播方式的显著进步，但是就像几乎所有新出现的媒介或传播形式都会带来新的问题一样，算法的推送一方面大大提高了信息的处理效率，但是另一方面，由于一些推送平台对从业人员往往采用的是根据阅读数现金分成的激励措施，这种算法主导的局限性立刻就显现出来。这种个性化推介虽然能迎合受众的心理需要，自动过滤掉用户不感兴趣或不愿了解面对的信息，但是也会导致受众只接收到想要接收到的信息，从而被无形中拘禁在一个个"信息茧房"中。

"信息茧房"（Information Cocoons）是指人们在寻找获取信息时根据个人喜好和需求，只关注某一方面的信息，从而导致所处的信息环境像是一个封闭蚕茧，无法全面地了解世界的更多信息和观点。关于"信息茧房"，早在2001年，美国哈佛大学法学院教授凯斯·R.桑斯坦（Cass R. Sunstein）在《网络共和国———网络社会中的民主问题》一书在开篇中就曾预测到，随着网络信息筛选技术的进一步发展，网络使用者们将能够在海量的信息中更自由地关注自己感兴趣的内容，根据自己的喜好定制报纸和杂志，从而每个人都能拥有一份最能满足个人需要的"Daily Me"（个人日报）。[2]2006年，桑斯坦在其著作《信息乌托邦——众人如何生产知识》又将这一概念形象化。通过对互联网的考察，桑斯坦指出，在信息传播中，因公众自身的信息需求并非全方位的，公众只注意自己选择的东西和使自己愉悦的通讯领域，久而久之，会将自身桎梏于像蚕茧一般的"茧房"中。[3]用户长期沉浸在由自己的选择所建构的拟态环境中，满足于接收自己想接收到的信息，无法更全面地了解客观世界，不知不觉中会难以避免地充满盲目狭隘的偏见。

在"信息茧房"中，非常容易产生"回声室效应"。回声室效应在传播学

---

[1] 徐北春.聚合新闻客户端传播的五大变革——以"一点资讯"和"今日头条"为例[J].传媒．2017（3）：47-48.

[2] 凯斯·桑斯坦.网络共和国：网络社会中的民主问题[M].黄维明，译.上海：上海人民出版社，2003：3.

[3] Cass R. Sunstein. Infotopia：How Many Minds Produce Knowledge[M].Oxford：Oxford University Press．2006.

中是指在一个相对封闭的环境上，一些意见相近的声音不断重复，最终使处于其中的人们以为他们感受到的事实和意见就是客观完整的全部。网络杂志《沙龙》的专栏作家安德鲁·列奥纳德曾在回顾了自己被回声室效应误导的痛苦经历之后说："让我不安的，不是在互联网上用谷歌找到自己所需要的信息的容易性，而是那种随时可以获得自己想要的心态的方便性。"[1]当网络的社交属性越来越增强，在社交媒体中更容易形成回声室效应。因为当人们以社交对象作为信息来源，他们当初在选择社交对象时就已经作了筛选，所以同一网络社交圈中的人们往往立场和态度相似，而且人们往往更愿意固守在符合自己偏好的信息与意见的圈子里，对圈子之外的人和信息自愿或不自觉地隔绝，从而产生更小的信息茧房和更大的回声室效应。"如果根据热门话题的推荐来进行信息浏览，常常会发现社会讨论的焦点总是偏向娱乐和社会化的内容；或者当自身有一定的认知倾向时，关注与互动的博主便常是与自己观点一致的几个。长此以往，看到的都是自己喜欢的内容，听到的都是与自己观点相符合的声音，困在这样的茧房之中，本应借助网络力量实现的认知升级与共情能力提升，便很难实现了。"[2]

2017年9月和10月，人民日报和人民网刊载了多篇评论，对个性化新闻资讯推送服务中出现的乱象进行了批评。其中三篇评论《不能让算法决定内容》《别被算法困在"信息茧房"》和《警惕算法走向创新的反面》产生很大影响。评论认为，技术往往是一把冷冰冰的双刃剑，算法不是王法，算法决定内容更不是王道。只有算法回归到服务内容的角色，才能变得有态度、有深度、有温度。如果我们都沉浸于自己的"舒适地带"的茧房里，就可能进一步缩减理性、开放、包容的公共空间，从而失去在争议中达成共识的机会。智能信息平台带来的最大问题，可能还不是侵权，而是走向创新的反面，甚至可能从根上破坏创新的源动力。

中国人民大学新闻学院宋建武教授通过研究以今日头条为代表的"个性化资讯分发平台"，得出了一些关于现有算法的局限及其改进方法的认识和判断。

其一，内容杂芜。资讯平台为最大规模地占有内容资源，在发展的特定阶段，往往不加甄别地扩充所谓"自媒体"的内容，以致内容数据库中鱼目混

---

[1] 胡泳.公共性的毁坏[N/OL].钛媒体.http://www.tmtpost.com/3982.html.
[2] 周小美.算法无罪？可恶魔的黑手已经伸向了孩子[N/OL].搜狐网.http://www.sohu.com/a/219181288_483391.2018-01-26 21:56.

珠,虚假和低俗信息乘虚而入。平台上大量低品质内容的供给,大规模地"创造"着对低俗内容的需求。而资讯平台对此缺少管理手段,有些平台甚至在主观上还企图借此提高"流量"和"用户数"。

其二,算法单一。目前的各类"个性化资讯分发平台",基本上都是根据用户信息点击的历史数据判断其信息偏好,据此推送更多同类内容。点击量高的内容和内容类别会作为初始设定,被推给更多用户。考虑到用户使用移动终端时大都独处,具有私密化特征,此种状态下表现出来的信息需求,常常会对猎奇和低俗内容较为敏感,这类低质量信息往往点击量较高。

其三,取值偏差。资讯分发平台把对特定资讯的个人点击量和整体点击量作为算法的主要甚至是唯一取值标准,使之成为机器通过算法进行推送的依据。而"热度"指标更多地反映了用户对于特定信息感兴趣的程度,可以映射新闻信息的"趣味性",但无法反映特定信息对于用户个人和社会的选择和决策行为的真正价值,即新闻信息的"重要性"。反映在平台运营方的观念上,就是易误把用户对特定信息的"关注度",当成了"重要性"。[1]

今日头条等聚合新闻 App 被多次勒令整改。确实,算法推荐虽然在信息处理上提高了编辑效率,但是它也很容易把用户的一些偶然行为判断为用户真实的兴趣和需求。过度依赖算法推荐,会让用户的视野变窄,失去培养新关注点的机会。对于内容生产者来说,一味追求被点击转发,容易使标题党或低俗内容泛滥,真正优质内容反而可能得不到被充分传播的机会,无形中打击优秀内容生产者的积极性,最终导致用户整体体验下降。"移动互联网时代,新闻阅读呈现出碎片化和个性化的趋势。但碎片化阅读不等于娱乐化阅读,更不等于标题阅读;个性化并不意味着用同质化内容'投其所好',而是基于用户真实需求和兴趣,在有限时间内为用户提供有用的或感兴趣的高质量内容。目前,人工智能技术在自然语义识别领域还没有取得特别重大的突破,完全让机器来判断一篇文章的标题、文采、深度、价值和适合阅读的人群,显然是不够的。机器算法需要与人工干预相结合,将人和机器的优势充分发挥,补足机器分发的盲目性和人力处理海量内容的局限性。人与机器的互相补位,才能为用户提供真正的价值信息。"[2]

2018 年 9 月,人民日报新媒体中心宣布启动"人民号 1000+"计划,并

---

[1] 宋建武. 个性化新闻资讯推送服务当前算法的局限及其改进 [N/OL]. 人民网. http://media.people.com.cn/n1/2017/0925/c120837-29557429.html.

[2] 秦海波. 机器算法不能包打天下 [N]. 经济日报, 2017-09-14 (09).

且在人民号上线的迭代版本中加入主流媒体价值权重的"党媒算法"[1]。人民号是百度协助《人民日报》搭建的网络平台，能够与多平台对接。而在智能化审核中融入党媒新算法，为反对"失控的算法、混乱的算法、危险的算法"[2]，打造良性传播生态提供了平台和技术保障。"党媒算法"的出台并不会遏制已有的其他大数据算法，但是在作表率和算法探索方面走出了符合中国国情的一步。它让网络时代的媒介坚持发挥把关人作用的同时，尊重用户的主观能动性，以更科学的逻辑让网络用户有更多的选择，避免偏听偏信。

《连线》杂志的创始主编凯文·凯利（Kevin Kelly）在他的《必然》一书里提到，未来的人工智能网络（主要包含算法）将会如同电力一样无处不在，并以暗藏不现的低水平持续存在。[3]如今，算法分发已经逐步成为搜索引擎、社交软件、浏览器、视频网站等几乎所有软件的标配，由于其能高效优化用户阅读体验，增强用户黏性，因此对网络用户传统的信息行为模式冲击很大。但是算法没有价值观，人必须要有基本的价值观。这种趋向极致的"使用与满足"还是要警惕其在最大化地满足了网络受众心理需要的同时所带来的负面影响。

---

［1］李超．人民日报新媒体将推党媒算法 打造良性传播生态［N/OL］．光明网．http：//news.gmw.cn/2018-09/13/content_31143912.htm.

［2］九戒．习主席今天的贺信，这4个字格外重要［EB/OL］．中国国防部．http：//www.mod.gov.cn/jmsd/2018-06/15/content_4817029.htm.

［3］凯文·凯利．必然［M］．周峰，等译．北京：电子工业出版社，2016：106.

# 第三章

# 自媒体与自媒体人

内容提要：

本章介绍了主要的自媒体；公共领域产生的原因及特征；自媒体人与公民新闻。

重点包括以下四方面的内容：

1. 主要的自媒体。
2. 网络会产生公共领域的原因。
3. 几种主要网络公共领域的特征。
4. 公民记者、公民编辑与公民新闻。

# 第一节　自媒体与网络公共领域

各种自媒体的不断出现使得整体传播环境发生变化，许多网络平台呈现出公共领域特征。

## 一、自媒体的产生、发展与影响

互联网是一个共享信息的公共平台，由于其低门槛带来的高接近权和话语权，使"自媒体"的概念得以产生，并得到了越来越广泛的传播和发展。

### （一）自媒体的概念

"自媒体"又称"私媒体""草根媒体"，除此之外，还有像"公民媒体""独立媒体""参与式媒体"这些与之接近或内涵交叉的概念。

自媒体这一概念最早出现在美国著名专栏作家丹·吉尔莫（Dan·Gillmor）对"新闻媒体三个阶段"的定义中。2001年9月28日，吉尔莫首先在自己的博客上提出"新闻媒体3.0"（Journalism 3.0）的概念，将新闻媒体的发展分为三个阶段，即"新闻媒体1.0"（报纸、杂志、广播、电视等传统大众传播媒介），"新闻媒体2.0"（指互联网出现后，新闻的呈现形式起了相当大的变化，受众接受新闻的界面逐渐向电脑等新科技工具转移，然而此时新闻的传播方式并没有太大改变，仍然维持少数媒体向多数受众传播新闻的模式），"新闻媒介3.0"（网络点对点的传播方式，加上分享与链接两大特性，造就了博客这样的工具，也产生了无数的"草根发行人"，受众不仅仅是被动、单向地接受媒体所"喂食"的新闻，也可以主动成为新闻传播者）。

2002年年底，吉尔莫给自己的想法起了一个新名字："We Media"，他在2003年1月出版的《哥伦比亚新闻评论》上撰写了一篇题为《下一世代的新闻："自媒体"来临》（News for the Next Generation：Here Comes "We Media"）的文章。2003年7月，美国新闻学者谢因·波曼（Shayne Bowman）与克里斯·威理斯（Chris Willis）二人联合在美国新闻学会媒体中心出版了一份自媒体研究报告。报告对自媒体一词进一步释义，提出自媒体是一种普通公民经由数字科技与全球知识体系相连，提供与分享他们真实看法、自身新闻的途径。

2004年7月,吉尔莫写作的 We the Media: Grassroots Journalism by the People, for the People 一书面世。2005年3月,该书繁体中文版在中国台湾出版,书名译为《草根媒体——部落格传奇》。书序中写道:有了笔记型电脑、手机,以及数位相机,读者摇身一变成为记者,他们改变新闻的形式,从演说形式变成对话形式。[1]2005年8月,此书的日文版又出版,书名意译为《博客——改变世界的个人媒体》。很快,"新闻媒体的三个阶段"的观点得到了广泛认可,"1.0"指传统媒体或旧媒体(Old Media),"2.0"指新媒体(New Media),"3.0"指自媒体(We Media)。

现在一般认为自媒体是指自愿在网上提供及时的"新闻报道"的个体或组织。个人或非官方机构的组织通过数字传播手段,犹如拥有了自己的媒体,可向不特定的大多数或者特定的群体传送信息,从而出现了"一人一媒体""所有人向所有人传播"的局面。

### (二) 自媒体的产生因素

目前,自媒体的主要载体包括博客(含播客)、微博、微信、直播平台等。

**1. 主要自媒体的出现**

虽然自媒体发轫于即时通信的出现,但是一般认为,真正自媒体时代到来的标志是博客的广泛普及。我国自媒体的兴起一般以博客被引入中国的2000年为起点。网民自此不再满足于只接受传统媒体的新闻报道,主动加入到采集、制作、传播新闻的行动中来。博客的出现意味着普罗大众获得了自由的话语权,标志着新闻传播互动性的巨大改善。它极大地动摇了主流媒体在信息发布方面的垄断地位,把"宣讲"变成了"对话"。任何博客主只要有一台电脑和网络连接,就能实现信息的制作与发表。2005年以后,新浪、网易和搜狐的博客用户数剧增,早期的博客主要支持文字、图片、链接等内容上传,并通过读者留言以实现互动,之后,传播视频信息的技术问题很快得到解决,博客与主打视频信息的播客渐渐融为一体。

最早在中国为大众所熟知的微博是2009年由新浪网推出的"新浪微博"。由于微博相对于博客篇幅简短,更方便用手机浏览和发布信息,其使用率迅速

---

[1] 丹·吉尔莫.草根媒体——部落格传奇[M].陈建勋,译.台北:美商欧莱礼台北分公司,2005:序.

超过博客。相对于博客用户的偏精英化，微博推动了草根群体登上自媒体的舞台。由于微博的影响力很快超过博客，许多原本以博客为平台的网络意见领袖迅速转战微博。

2012年，腾讯公司将试运行一年的微信公众平台正式推出，由此我国自媒体主要使用的终端从电脑逐渐转向手机。微信相对于博客、微博，成为可以更好地实现强弱关系相互融合与转化的网络社交平台。它突破了传统网络社交模式，实现了弱关系向强关系的转化，一方面能确保熟人圈的私密性，另一方面又能方便地进行大众传播。

2016年被称为中国"直播元年"，使用和观看直播的用户达到3亿多人，各类直播平台超过300家，各大互联网公司相继研发或融资直播平台。至此，自制视频成为自媒体重要的表现形式。这些视频的内容除展现自我风采、分享身边动态外，也常成为新闻的原始素材。移动通信技术的改善及费用的降低使个人可以随时随地进行视频的拍摄和分享，"弹幕"等新的传受互动方式出现并被迅速接受。自媒体从"人人都是作家记者"到"人人都有麦克风"，又发展到"人人都有电视台"。

自媒体依托互联网技术和现代通信技术的发展，凭借现代化的电子化和数字化手段，实现了信息在人际传播、组织传播及大众传播层面的便捷连接，极大限度地突破了时间和空间的限制，展现出网络媒体社交化的特征。自媒体作为个人媒体，改变了民众信息传播方式、重构了信息传播格局，使传播活动出现民众化转向，变成与组织媒体同等重要的媒介形式，成为推动国家和社会发展的重要力量。

**2. 自媒体发展壮大的原因**

促进自媒体形成并迅速发展壮大的因素主要有以下几点：

（1）数字化电子设备走向普及。

电脑的普及使得大量普通人拥有电子设备，随着智能手机也越来越普及，网民可以更便捷地传播想要传播的信息。

（2）大众存在"揭示"和"分享"的欲望。

"揭示"和"分享"确实能给人带来畅快感和成就感。大众出于心理的需要，希望揭示真相，分享生活中的点点滴滴。而这些信息如果能随时进行传播，对于信息的创造和分享是一种激励。

（3）传统媒体扩大信息源的需要。

信息源对于传统媒体来说至关重要，几乎每个新闻机构都会开通各种电子联系方式，并用物质鼓励受众提供新闻线索，而自媒体是传统媒体的一个很好的信息源。

### （三）自媒体的特点

传统的新闻媒体将传播者与受众分得很清，传播者与受众是"一对多""自上而下""点对面"的传播互动方式。而自媒体打破了这种不平等的格局，自媒体的传播是一种"共享模式"，不再有传播者和受众的界限，每个人都是传播者，每个人都能做新闻，"人人即媒体"。

**1. 对"人"的强调**

相对于传统媒体，自媒体极大限度地体现了包容性、平等性和参与性，蕴涵着大量的草根智慧，已成为当代传播格局中不可忽视的新力量，并成为传统媒体密切关注的对象。相对于大众媒体来说，自媒体有三个基本特点。

（1）个人性。这种个人性来自传播精神，它不用遵循媒体工业的运作机制，是大众传播媒体在公共领域和私人领域的共同延伸。

（2）随意性。微博上的一段援引、微信上的几段对话，许多自媒体的使用并没有强烈的目的性，却达到了最贴近生活的传播效果。

（3）多级传播。"转发"是自媒体传播的一个重要部分。"转发"信息使信息得以多级传播，同时也将使原本的受众瞬间变成传播者。

从外表看，网络空间展现的是人与媒介之间的关系，但实质上，在它们的发展过程中，其背后隐藏着人与人之间关系的改变。社会的发展脱离不了"人"，同样，互联网的发展也不能和人脱离关系，而人在社会中存在，都有着沟通和互动的心理需要，需要被人理解、与人交流，需要从别人处得到认同感与关注。随着网络媒介的发展，新的媒介也从功能诉求与技术诉求转向关注互联网的使用者"人"的关系诉求。信息传播方、信息接收方与传播工具之间的关系虽然被网络在一定程度上改变了，但它们永远不是传播的主体，也不能自主决定传播的性质，真正的传播主体还是信息的传播者——人。

**2. 个人的公共话语模式**

自媒体作为人人可以参与的媒体，既具有个人性，也具有公共性。其个人性表现在任何个人均可利用互联网，几乎零门槛地申请开设自媒体平台账户，犹如拥有了属于自己的媒体。其公共性表现在，这些私人创作的平台可以起到和大众传播平台一样的传播效果，所发布的信息可以让大众接收到，并参与其中进行二次传播。自媒体都是吉尔莫定义的"草根媒体"。在吉尔莫看来，"草根媒体"不仅可以生产民有、民享的"草根新闻"，而且将带来"新闻业的转变"。

在自媒体时代，由于草根阶层也可以拥有话语权，因此，在多元化的声音中，"主旋律"的声音相对变弱，人们不用被迫接受一个统一思想，每一个人都可以从人际途径获得相对独立的资讯。这种由普通大众主导的信息传播活动，在保持传统的"点到面"传播方式的同时，加强了"点到点"的传播方式。自媒体建构的话语方式，体现了美国新闻学者詹姆斯·W. 凯瑞（James W. Carey）倡导的"李普曼式的'告知新闻'到杜威式的'对话新闻'的转向"[1]。传统的新闻媒体是"把新闻视为演说"，"告诉你新闻是什么"，信息的流向是从上到下，话语方式是"告知"；而自媒体的信息流向是从边缘流向中心，话语方式是"对话"，更显平民化、交流化和主观化，在亲和力方面更有优势。

自媒体的出现是一种新的文化现象，它是对传统媒体的补充，它的出现和繁荣，真正凸显了互联网的知识价值，标志着互联网发展开始步入一个新的台阶。在媒介决定论的时代，"媒介即讯息"强调的是以媒介为本；而在自媒体时代，"我们即媒介"强调的是以人为本。因此，自媒体无形中助推了公民新闻的发展，让媒介真正成为"人的延伸"。

## 二、主要的自媒体

### （一）博客（含播客）自媒体

斯蒂芬·库柏（Stephen D. Cooper）在 2007 年出版的《博客媒体》(Watching the Watchdog: The Fifth Estate) 一书中，较为系统地分析了博客作为一种媒体的价值和定位。此书原名中的"第五等级"是指相对于贵族、教士、中产阶级和新闻界人士的阶层。将博客比成新闻之外的"第五等级"还有另外一个典故——1965 年，17 岁的少年哈维·奥维斯基（Harvey Ovshinsky）在洛杉矶一家报社实习后，创办地下报纸 The Fifth Estate。此报纸作为独立媒体至今尚在，是一家号称"反对主流权威的报纸"，其读者遍布全球。以"第五等级"比喻博客，正是要说明它对第四等级，即传统媒体，所起到的挑战作用。

其实自媒体概念的创始人吉尔莫自己就是一个著名的博客主。他身为《圣何塞水星报》(San Jose Mercury News) IT 技术专栏作家，平时爱在自

---

[1] 王君超. 微博的"颠覆性创新"[J]. 传媒，2011（5）：18.

己的博客"Dan Gillmor s EJournal"中简述一些未能写入他专栏的事情,告诉读者他正在做什么,预告下一个专栏的主题,响应读者的问题,以及推销他在"Silicon Valley.com"的专栏,等等。这些内容相当于是关于平时工作的"内幕",他将许多不适于放入正式专栏的内容放在这里,一方面给他的一些不能发表的东西找了一个发布处,另一方面让他的读者由此可以瞥见他更个人化的一面,了解他真正的想法,并与他进行有效的互动。这样既为自己的杂志带来了观众,也为自己平时无法在杂志上发表的想法和零碎的灵感找到了一个及时、方便的表达平台。

博客作为一种自媒体,有着与其他交流方式不同的传播特性,其传播意义主要有以下两点。

**1. 替代出版**

博客的传播方式对出版业产生严重冲击。当纸媒与影视出版还在操作整个阅读和观赏市场时,博客的网络即时出版显现出来的新型的出版态势,已经快速地对出版业带来了新的冲击。人们不再依循传统的出版的方式去阅读作品,去接受报刊新闻或选择书籍阅读,而是在即时的网络出版发行中,即刻看到最新的作品。它造就了人们对出版的轻视,对出版的重新评估,对传统出版业的怀疑和审视。它还可能影响整个出版行业作出新的选择和调整,对相关的印刷业和新闻监查机构都会带来改变。[1] 关于写作者为什么如此喜欢博客,曾一度被称为"博客女王"的演员徐静蕾在自己的博客中写道:"出书要经过出版社、经过编辑,还要经过商业标准的种种考验,然而这里不需要。每个人都可以是作家,鸡毛蒜皮的事情就可以是天大的事情、津津乐道的事情……因此我喜欢上了博客,它是一种可以比较自由自在表达的载体。"

博客可以说是进一步挖掘了互联网和互联网使用者的潜力,满足了众多网民想当"作家"的梦想。博客改变了编辑、作者和读者的关系。博客实现了编辑与作者的完美统一,使人们成了自己文字的主人。博客在网络传播过程中赋予网民更高的自主性,每一个人都可以进行博客写作,都可以做博客记者,每一个人都有即时发表或出版作品的自由。博客在以自己的方式改变人们生活的过程中,也使一些传播模式和社会形态出现改变。博客写作是博客主的自发行为,博客的传播形式为博客主提供了自由的版面,在这个版面里,写作者自己做编辑、做记者,通过写作自由地表达自己的观点。

---

[1] 詹新惠,刘海梅. 如日中天的博客——垃圾场还是舆论场 [EB/OL]. 新浪网. http://cul.sina.com.cn/t/2005-01-05/104044.html.

### 2. 思想共享

博客的出现标志着网络信息从"信息共享"向"思想共享"发展。共享是博客赖以存在的基础。博客是个自由、个性化的发表平台，带有很强的交流共享的功能，个人的行为、个人的思想是博客吸引博客读者的力量源泉。博客上公开发布的内容都是作者愿意公开的，只要不违法都允许存在。写作者愿意写出来给大家看，读者可以凭自己的兴趣去寻找自己喜欢的、有用的博客来看。但是，作者和读者与在别的交流平台上相比，各自的存在更独立。博客主本人受读者的影响不像在其他网络交流平台上那么强烈与明显。博客更深刻地体现出互联网的文化内涵，它的内容相对于泛泛的信息而言，更呈现出知识和思想的光芒。

博客进一步深化了知识管理的专业化和个人化，让互联网凸显其知识价值，许多门户网站将专业的、有深度的内容以博客的方式来处理安置。这样，一些专业人士可以从专业角度对某一专业领域的问题及时发表看法，这些文章可以成为受众广泛而及时的资料。博客同时被誉为"草根文化"，这是因为它的写作者不一定是精英，它是面向所有人的平民化写作平台，但是，它在面向大众的同时又存在着"精英化"的倾向。一些文化水平和写作能力较高的博客主，其写作的内容在被反复转发后很容易成为虚拟空间中某一领域的"精神领袖"。而一些专业化的和针对某一方面的写作也会让一些有同样兴趣的人们聚在一起，形成一些小范围的文化现象。

博客主的身份无所不包，主要可分为两类：一类博客主只是将博客写作当成是个人表达的方式，这批人的作品可能读者面很窄，他们也并不在乎读者数量的多寡，只是想表达某种思想或感受；另一类博客主则有特定的读者群，以吸引读者为目的，他们的读者很多，读者信息回馈也较多，作者写作的目的就是为了能够产生某种社会影响。

### 3. 多媒体传播

播客，又称"有声博客"，是集文字、声音、图像为一体的传播媒介，用户不仅可以收听、收看各类信息，更可以参与音频、视频的创作和编辑。传统门户网站的视频文件是只能收看、不能修改的，具有封闭性；而播客网站的音频、视频文件是用户创造的，用户的参与度和创造能力很高，因此播客具有开放性。由于播客出现初期借助一个叫"iPodder"的软件和一些便携式播放器实现传播，其英文名称遂被定为"iPod broadcasting"。2005 年成立的全球最大的视频分享网站之一 YouTube 将视频博客的 Video weblog 或 video blog 简称为 vlog。2008 年，全球最大视频分享网站 YouTube 被授予当年度皮博迪奖[1]，被誉为"发言者的角落"。YouTube 的获奖理由是其借由网站技术，使用户能上传、观看和分享视频，也因此同时体现并促进草根民主精神。

从 2010 年开始，停止写作或关闭博客的人越来越多，博客新开用户的增长率逐年下降。随着微博的出现和流行，博客作为自媒体人早期的个性化传播的形式，虽然对传统的传播理念起到了革新作用，但是影响力还是逐渐让位于后来新出现的自媒体。播客在中国流行的时间更短，随着一些实时弹幕视频直播网站（如 AcFun 和 bilibili）的影响越来越大，播客作为一种多媒体的自媒体传播形式，影响力也走向式微。但从中衍生出的一些变体，如一些付费音频网站和 App，视频类的短视频和微电影软件和平台，在各自的方向上仍不断发展，在不断创新中吸引新的用户。

**（二）微博自媒体**

Twitter 的发明者杰克·多西（Jack Dorsey）创造了微博软件，最初只是因为发现人们喜欢知道别人的即时状态，常常在相互打电话时间"在干什么呢"。而这种交流沟通模式现在早已超越了定位各人状态的功能，它一跃成为"分享和发现世界上正在发生的事情"的一个平台。微博带来的这种传播形式上的变化，是创新大师克莱顿·克里斯坦森（Clayton Christensen）提出的"颠覆性创新"。从传播学的角度看，它基于 Web2.0 的网络技术，脱胎于博客，但门槛更低、功能更强，且操作简单，是以使用者为中心的创新性媒介。

**1. 微博作为自媒体的特点**

（1）微博对博客的超越。

相比较博客而言，微博不仅可以通过网页使用，还可以通过手机和平板等移动终端发布信息。在技术上，微博不断对外开放，使用者在其他网络平台只需通过微博的开放应用程序编程接口即可连通微博发布信息。许多微博类产品有 140 字以内的信息发布限制，这反而让用户可以更快、更实时地向他人传播信息。所以可以说，微博具备了传统媒体无法达到的"4A"元素（Anytime，Anywhere，Anyone，Anything），即任何人都可以在任何时间、任何地点发布任何消息。微博相对于博客来说，几乎有着短信之于书信般的革命性意义，

---

〔1〕皮博迪奖是美国表彰在电子传播（包括广播、电视、有线电视及网络）方面做出杰出成就的电子媒介产品的著名奖项。这里的电子媒介产品包括团体的视频产品、教育部门的媒介、家庭录像节目、万维网以及 CD-ROM。

微博的兴起很大程度上使盛极一时的 BBS 和个人博客的使用率发生下降。将一种传播媒体普及到 5 000 万人，广播花了 38 年，电视花了 13 年，微博只用了 14 个月。在微博用户暴涨的过程中，手机微博的使用率也同时暴涨。

微博利用"关注""@""转发""话题制造"等多种手段，让网民在同一时刻关注同一话题，在最短的时间内形成舆论的合力，从而对事件产生影响。微博在传递信息、转发信息的过程中，无意识地实现了某些话题的组织、集合功能。微博就某一话题可以在最短时间内聚集众多博主的关注，引起各方的争鸣与讨论，形成舆论，影响事态的进展。尽管不乏"网络水军"混杂其中、扰乱视听，尽管充斥着个人情绪的肆意宣泄、无根据的猜想与论断，但无论如何，微博都史无前例地使网民获得了最多元、最丰富的信息，最大可能性地使网民接近真实、输出真相，并提出质疑。[1]

（2）微博传播中的三种关系。

在微博中，有关注自己的人，也有自己关注的人，这些关注关系之间形成了微博的三种宏观的用户人际关系。

① 自己关注的用户。在微博里，人们可以自主选择自己感兴趣的人或者话题。这个主动选择关注点的过程就是自己在微博里决定看谁的信息、看什么类型的信息的过程。在这种情况下，自己关注的用户相当于传播者，而自己就相当于受众；在层次上，自己选择了不同信息领域的传播者，而自己又成了不同类型信息的接收者。这就是微博里的第一种人际关系类型。

② 关注自己的用户。这些用户相当于自己的"粉丝"，当自己成为了别人的关注用户，自己在微博里发的每一条状态、每一张图片，或是分享的每一个视频和话题都会展现在关注自己的用户的眼前。与第一种人际关系类型相反，这时自己相当于信息的传播者，关注自己的用户相当于受众。

③ 相互关注的用户。这种关系是前两种关系的综合与叠加，用户之间已经是非常紧密的关系。在网络的人际传播过程中，用户们相互充当着两种角色，可能是此时的传播者、彼时的受众，也可能是此时的受众、彼时的传播者。用户们在接收别人传递过来的消息、情感和愿望的同时，也在向外界传递自己的所见、所闻、所想。

这三种用户人际关系是微博这种媒体形态的核心特征之一，这种灵活的用户人际关系结构极大地扩展了网络中信息传播者以及信息受众的规模，使网络中的人际传播变得更加活跃，并且增加了网络中人际传播的现实影响力。

---

[1] 林靖. 微博与公共新闻的生机 [J]. 网络传播，2011（9）：27.

**2. 微博成为重要的信息源**

微博一出现就成为其他媒体搜集信息的一个重要的信息源,许多社会事件都会在微博上经不断转载而放大。在一些事件发生时,出于各种原因,当事人可能会想要销毁证据,或在后来的解释中歪曲真相。但是像手机这样的便携式的工具可以即时录音、拍照、录像,并可以在第一时间把相关信息公布出去,更加有利于提示事实真相。

2011年7月23日晚,两列满载乘客的动车在浙江省温州市鹿城区发生追尾。20时27分,一条来自家住事故现场附近的居民新浪网友"Smm_苗"发了这样一条微博:"狂风暴雨后的动车这是怎么了?爬得比蜗牛还慢……可别出啥事儿啊。"这条微博还配发了一张照片,照片中可以看到,夜幕中至少有6节车厢亮着灯光。照片的右下角是亮度更大的光源,可能来自高架桥附近的民居。"Smm_苗"的这一条微博成为关于此事故现场的最早的图文记录,很快被转发两万多次,引来近8 000条的评论。11分钟后,"Smm_苗"所描述的这列北京至福州的D301次动车在温州市双屿路段与杭州开往福州的D3115次动车发生追尾,造成大量人员伤亡。

事故刚一发生,正处于其中一辆动车上的新浪网友"袁小芫"发出了一条微博:"D301在温州出事了,突然紧急停车了,有很强烈的撞击。还撞了两次!全部停电了!我在最后一节车厢。"这条微博令数万网民在第一时间得知了这一信息,比国内媒体在互联网上的第一条报道早了两个多小时。"Smm_苗"很快也看到了动车追尾的后果,随即于20时54分更新了自己的微博:"救火车好多好多……动车真的出事故了……一朋友亲眼看到一辆动车开得很慢,后面一辆速度超快地撞了上去……还看到动车冒烟了……那些救火车估计是冲那边去的。"该条微博的转发数超过了2 000条。此后,"Smm_苗"又陆续发表了数条她在事故现场的目击图文记录。当"Smm_苗"发微博传播事故现场情况时,网友"羊圈圈羊"也利用微博求助:"求救!动车D301现在脱轨在距离温州南站不远处!现在车厢里孩子的哭声一片!没有一个工作人员出来!快点救我们!"这条发于23日20时47分的微博,成为事故发生后由乘客最早发出的求助信息。截至24日22时,该微博被转发11万多次,评论达两万多条。《中国青年报》针对该条微博评论称:"微博改变了传播方式,突发事件被'加工'后才告知公众的方式已越来越难横行于世了。"[1]

7月24日夜,湖南电视台台长吕焕斌以微博网友的身份发帖,评价微博

---

[1] 来扬,霍仟.动车追尾事件的微博版本[N].中国青年报,2011-07-25(7).

作为媒体在温州动车追尾事件信息传播中的作用："事发已6小时了，仅以此事件最初的6小时观察，以传统电视媒体对比微博这种新媒体来看（电视很努力了），电视还是完败。无论是时效、更新速度、社会动员还是各种功能，新媒体打败了传统媒体，自媒体打败了公众媒体。"

之后，微博随即成了事发动车乘客的亲友发布寻亲信息的平台。除了新浪微博开辟专门的栏目进行"微博寻亲"外，各大门户网站的微博版块都大量转发乘客亲友寻人帖。

网民甚至发现了一些在本次事故中遇难的人的微博，人们感觉到遇难者们不再是一个个冰冷的数字，而是一个个活生生的个人。这些十分生活化的微博不仅在网民中引发唏嘘，其产生的舆论影响也敦促主管部门快速查明事故真相，并予遇难者家属以更合理的补偿。

**3. 微博的影响力**

微博的出现，打破了传统媒体的"渠道垄断"，人人都可以成为信息的传播者，信息传播的速度和广度前所未有地得到提高，也影响和改变了传统媒体的操作方式。人民大学教授喻国明曾指出："微博是一个个人媒体，是个人如何向社会喊话和向社会表达的工具，它构成一个微观结构，这对于整个社会的信息透明度、意见表达的均衡性和对真相追逐的空间，都提供了一定的可能性。微博是促进社会民主开放和社会健康平衡的一个重要的手段。"[1]

美国耶鲁大学陈志武教授在谈微博的作用时说："第一，微博使下级部门以往的欺上瞒下行为更加困难，使上级领导更能掌握下面的实际情况，降低上下级之间的信息不对称，有利于国家的治理。第二，微博使行政权力体系内的腐败行为更加艰难，因为阳光是最好的杀菌剂。第三，微博带来的信息流畅，使中国公民对社会更了解，这会提升社会理智，有利于良序社会的建立。"

被称为微博元年的2010年，在当年热度居前50位的50起重大舆论案例中，微博首发的有11起，占22%。在诸多热点事件中，微博都发挥了重要作用。对用户经常使用的微博功能统计结果显示，排名前四的功能是："评论"，占近70%；"关注"，占61%；"热门话题"，占57%；"转发"，占约40%。这都体现了信息获取与发布这一基本功能。[2]在2010年的多起公共事件当中，微博的功能展现可圈可点。

根据《2018年上半年人民日报·政务指数微博影响力报告》，微博至2018

---

〔1〕王永强. 微博"意见领袖"少数派的权利［N］. 中国经营报，2011-09-17 (5).
〔2〕周楠，谢耘耕. 微博究竟改变了什么［N］. 解放日报，2011-01-11 (4).

年上半年仍是国内最大的政务新媒体平台。截至 2018 年 6 月，经过认证的政务微博达到 17.58 万个。[1] 根据 CNNIC 发布的第 42 次《中国互联网络发展状况统计报告》，2018 年上半年，随着短视频和 MCN[2] 机构的兴盛，微博在粉丝互动和内容分发等方面的价值进一步强化，用户使用率为 42.1%，较 2017 年年末增长 1.2 个百分点，用户规模半年增长 6.8%。[3]

微博的快速而低成本使加入者众多，而这种众多的无组织的力量却让微博具有了极为强大的组织力量。微博用户不仅是新闻信息的传播者、宣传员、鼓动员，也是集体行动的组织者。这些作用表现在网民可以在网上发起集体声讨或声援、发起集体人肉搜索等。这种经由信息流串联的组织形式，被称为"无组织的组织"。在微博文化中，"围观即参与，分享即表态"。南京大学政府管理学院李永刚说："单就个体网民而言，他的每一次点击、回帖、跟帖、转帖，其效果都小得可以忽略；他在这样做时，也未必清楚同类和同伴在哪里。但就是这样看似无力和孤立的行动，一旦快速聚集起来，孤掌就变成了共鸣，小众就扩张为大众，陌生人就组成了声音嘹亮的行动集团。"[4]

### （三）微信自媒体

微信是由中国腾讯公司开发并推出的一个为智能终端提供即时通信服务的免费应用程序。

**1. 微信的发展历程**

虽然微信项目启动于 2010 年 11 月，但一般认为 2011 年 1 月微信才算正式诞生。从 2010 年年底至 2012 年的一年多中，微信主要完成了对通信、社交等基础功能的开发升级和投入使用。在最初的 1.0 版本中，微信只有简单的导入 QQ 联系人资料支持免费即时通信功能。但是因为它可以替代每时每条收费 0.10 元的短信，所以非常受欢迎，于 2011 年 4 月底便获得了近 500 万的注册用户。之后微信推出了语音对讲功能，很快又拥有了分享照片和更换头像等简单功能，随后可以支持导入手机通讯录并能支持多人会话。之后微信除了以

---

[1] 人民网舆情数据中心. 2018 年上半年人民日报·政务指数微博影响力报告 [R/OL]. 人民网. http://qh.people.com.cn/n2/2018/0810/c382226 – 31919796.html.
[2] Multi-Channel Network 的简称，指多频道网络。一般是在资本的支持下保障内容的持续输出，以整合营销的方式实现商业价值。
[3] 中国互联网络信息中心. 第 42 次中国互联网络发展状况统计报告. 中国互联网络信息中心. http://www.cnnic.cn/hlwfzyj/hlwxzbg/hlwtjbg/201808/P020180820630889299840.pdf.
[4] 李永刚. 互联网上的公共舆论及其生成机制 [N]. 金融界，2010 – 10 – 18 (6).

QQ、手机通讯录联系人和搜索微信号的方式形成熟人关系社交之外，陆续推出"查看附近的人""摇一摇"等陌生人交友功能，其注册账号数量于 2012 年 3 月底首次突破 1 亿。

2012 年 4 月，微信推出朋友圈功能，该功能成为备受用户喜爱的重要功能。从每天占据用户的使用时间看，查看朋友圈成为了微信用户们生活中重要的一部分。2012 年 7 月，微信发布的 4.2 版本中新增视频通话功能，该功能十分方便有效地缩短了交流双方的距离。而在不断增加的新功能中，表情商店和游戏中心等功能让微信的功能从信息服务慢慢地向生活服务拓展。2012 年 8 月，微信推出公众平台。公众平台的推出在一定意义上对微信的功能有着革命性的影响，这意味着微信不再仅仅是一个点对点的人际交往工具，而是成为了一个具有高度开放性的大众传播平台。微信公众平台账号分为订阅号和服务号，许多政府部门、企业和普通公民通过注册成为公众号运营主体。公众平台的出现进一步拉近了微信与社会生活各个方面的距离，使其在中国现代生活中占有了重要的一席之地。公众平台的发展十分迅速，也助推了微信的用户规模，2013 年年初微信用户的数量迅速突破 3 亿，之后在年底迅速突破 6 亿。2014 年 9 月，微信正式发布的公众平台企业号开始向政府、企业等组织提供移动端信息化服务。由于作为微信主要终端的手机是被随身携带的，所以相比较所有其他的大众传播平台来说，微信从一开始进入大众传播领域就有着更高的被使用率，从而为其之后急剧升高的影响力奠定了基础。

2013 年 8 月，微信推出支付功能。该功能的推出，标志着微信迈入金融领域，开启了微信的商业化运作模式。它让智能手机成为一个全能钱包，用户不仅可以通过微信支付购买合作商户的商品及服务，还可以相互发红包及转账。

2014 年 12 月微信推出"城市服务"，实现公众平台政务民生服务向开放平台的集中聚合。微信用户可以在"城市服务"下得到包含医疗、交管、交通、公安户政、出入境、缴费、教育、公积金等非常多的民生公共服务。在这个方面，微信充分展现出资源共享、合作共赢的开放能力。之后，在推进跨界融合、开放共享方面，微信不断增加深度和广度，加大对朋友圈、公众平台、开放平台与社会经济领域的融合创新。

2017 年 3 月 23 日，微信正式上线"微信指数"，标志着微信官方开始提供大数据分析服务。用户可以在微信客户端最上方的搜索窗口，搜索"微信指数"捕捉热词，看懂趋势。之后相关小程序也上线。"微信指数"整合了微信上的搜索和浏览行为数据，基于对海量数据的分析，可以形成一段时间内

"关键词"动态指数变化情况，方便看到某个词语在一段时间内的热度趋势和最新指数动态。通过"微信指数"提供的关键词的热度变化，既可以获取用户的兴趣点及一些兴趣点的变化情况，从而对企业的精准营销和投放提供决策依据，也能对一些品牌的广告投放效果形成有效监测、跟踪和反馈。同时，它还能为有关部门监测舆情动向，形成研究结果提供数据基础。对于网络传播学方面的专业人士来说，它也展示了一些新闻热点事件在微信上的热度发展情况，为专业人士获取大数据进行分析提供了方便。

进入大数据时代后，微信陆续推出更多的硬件平台、生物认证平台等服务入口，从一个单纯的服务用户交流需要的通信工具逐渐发展到"连接一切"，从连接"人与人"和"人与信息"逐渐发展到连接"人与服务"，在用户规模不断壮大、技术不断发展和功能持续升级的状态下，又朝着连接"人与物""物与物"的阶段发展，向着提供物联网的智慧化解决方案迈进，用更多元的方式连接线上线下，渐渐成为一个覆盖现代社会方方面面的大型综合管理系统。

**2. 微信的功能特点**

微信的功能主要有：即时通信功能、多元传播功能、娱乐功能、商业功能和服务功能。

（1）微信的即时通信功能。微信用户只需消耗较少流量，便可通过微信免费实现消息发送、实时对讲、语音和视频通话功能，与单个人或群体进行即时沟通。由此微信可以替代运营商提供的通话、短信和彩信服务的功能。

（2）微信的多元传播功能。微信既可以基于已有联系人建立强连接关系和熟人社交圈，也可以通过"附近的人""摇一摇"等功能与陌生人建立信息沟通。在人际传播、组织传播和大众传播三个方面都能为聊天、分享和广告提供便利传播渠道。被传播的信息既可以是原创，也可以转载，信息被使用的方式十分多元化。

（3）微信的娱乐功能。在各种微信交流中，除有趣的图片和视频外，有趣的表情包也被大量使用。微信中的许多游戏让玩家们爱不释手，甚至着迷。而在微信中分享趣闻趣事、歌曲、视频等，都为用户提供了低成本高效率的放松。

（4）微信的商业功能。自从有了支付功能，微信在商业界的地位就不断攀升。只要用户在微信内关联认证银行卡中有足够的支付金额，向微信朋友和"微信支付"的合作商户付款转账发红包都非常方便。通过微信进行推广、销售等商业活动的成本低，营销精准度高，又由于微信用户基数大，微信成为许多企业青睐的平台，通过微信平台进行经营的微商也应运而生。

（5）微信的服务功能。微信"城市服务"功能的服务范围一直处于不断增扩中。许多城市的政府等公共部门通过申请开通政务微信公众号，利用微信平台发布政务、民生等相关信息，开展政务及拓展服务，加强与民众在公共事务管理过程中的交流互动，为民众提供便捷的信息查询窗口和服务窗口。此外，一些第三方的服务，如一些订票平台和购物出行的服务提供方也将自己 App 植于微信中，借助微信的人气扩展业务。

**3. 微信的传播特征**

（1）多元化的传播范围控制。不同于博客和微博传播环境的相对公开透明，在博客和微博中，粉丝需要关注某个人时并不需要博主的同意，微信的朋友圈则是一个熟人圈，未经同意添加是不可能进入的。在点对点的人际交流中，信息的私密性极强。除非被截图发布，否则外人不可能得知双方互动的信息。因此，在微信传播过程中，用户有着相当大的自由对自己发布信息的传播范围进行选择控制。这种高自由度和高自主性可以减少用户在使用时的各种顾虑，有效提升用户对产品的好感度。

（2）多元化的传播方式选择。在微信的人际传播中，因为相互之间在一定程度上认识，因此属于一种强连接的社交网络。在这部分，用户可以自主选择交流的方式、回应的时间，还可以自由组群或退群。微信的屏蔽功能、分组功能和"提醒谁看"功能，使得用户可以将信息相对准确地发送给接收者，既提高了传播精准度，又通过筛选掉冗余信息而使传播效率得以提高。针对不同的交流对象、不同的情境及不同的时间效率需求，互动时用户可以选择用文字或语音来发送信息，或者选择用音频或视频直接对话，还可以使用不同种类风格的表情包。由于微信中的信息很容易在不同朋友圈和公众号之间被转载，因此，有价值的信息在不同的展示区域和舆论场中是流动的，信息的价值越高，流动性越好。大量的信息共享和链式传播，体现出微信与外部传播生态的交叉性。这些多元化的互动模式使得微信里信息的流动畅通，充满了生命力。

（3）多元化的传播途径管理。相比微信的即时通讯功能，微信公众号更像是一个个的独立媒体。它们既可以像平面媒体一样传播文字、图片信息，也能像广播电视媒体一样，传播音视频等多媒体信息。公众号的用户既可以是政府、媒体、企业和名人，也可以是普通的公民。虽然普通用户需要通过微信官方后台身份核实和粉丝数目考量后，才能创建自己的公众账号，但总体来说，建立自媒体的门槛还是相对较低。目前，微信公众号主要被分为订阅号、服务号和企业号。企业号主要用于帮助一些组织打造内容沟通管理系统，所以在很大程度上更属于组织传播范畴,而更公开的订阅号和服务号则属于大众传播范畴。目前,个人只能申请订阅号。订阅号在公众平台首页被折叠在"订阅号"的二级目录之下,每天只能发送一组信息,不会提示推送,需要订阅者自主点击后浏览。服务号每个月可发四组信息,会被显示在订阅者的聊天列表中。从传播到达效果看,服务号的到达效果优于订阅号,因此那些想要与客户有更多互动的企业组织更愿意使用服务号,但是绝大多数的媒体和自媒体都以订阅号的方式进行大众传播。相比较其他平台,微信上的这种传播方式要靠受众点开才可能被浏览,在更尊重受众的自主性的同时,提高了媒体争夺注意力的难度,所以一些微信订阅号渐渐形成了有自己特色的标题与行文风格,如大量使用流行语、凸显接近性、包含情感倾向、喜欢蹭热点等。

**4. 微信与微博的区别**

微信和微博里面都有一个"微"字,二者都可以用手机这个"微"型的终端来使用操作,所传播的信息相对来说也都主要是碎片化的。但是二者之间还是有许多明显的不同。

(1) 平台属性不同。

虽然都属于社交网络系统,但是微信属于"强关系、弱媒体"平台,它是一个社会化的关系网络,这个网络的纽带是"人际关系",关系的真实度和人们相互之间的熟识度都更高。其订阅号和服务号则兼具了微博与博客的媒体特性。

微博则属于"强媒体、弱关系"平台,它更是一个社会化的信息网络,这个网络的纽带虽然也是"关系",但主要是"信息关系",关系的连接性质更像是媒体与受众之间的连接。所以微博平台的属性更侧重于媒体属性,影响上更加社会化。

(2) 互动方式不同。

虽然二者都可以用来互动,但是微信中更多的是对话、交流与沟通。因为它最早的目的是为了替代收费的短信,而且母公司又是做聊天室起家,因此,其最早的互动形式也主要是为了聊天沟通设计的。在强关系的熟人交际圈中,交流对象本来就有某些方面的亲近性,因此互动是以熟人对话的方式和风格进行的。

微博相对来说则更像进行大众传播,它更重视表达。微博的博主们未必了解其受众的真实情况,在很大程度上他们是在向不特定的人群传播事实信息或观点。而受众们浏览关注微博的行为更像是接触媒体,虽然可以方便地互动与再传播,但是与博主之间没有像微信那样的亲近性,对话方式和风格更像发生在读者与作者之间。

（3）传播范围不同。

虽然微博和微信都需要关注后或加好友后才能接收信息，但是相比较而言，微信的系统是封闭的，不管是人际传播还是大众传播，它都是一对一精准推送，所以是一种闭环交流。微信的用户人际之间连接的关系强，订阅号的受众黏性也更高。

微博的传播系统则相对来说开放性更高，它面向所有粉丝以"广播"的方式发布，但是并不是所有信息都能被粉丝接收到。受众因为大多并不在现实中认识博主，通常仅因为兴趣关注，因此认真查阅内容并与之互动的欲望远低于微信的信息接收者。

（4）信息接收不同。

虽然二者都有被"@"后的实时提醒功能，但是微博用户为避免过多的无关打扰，多将此功能设置为关闭。而微信因为是强关系网络，所交流的信息更可能有切身关系，因此实时提醒功能大多是启用的。这样一来，微信中的信息，特别是人际交流的信息就更能及时精准地被接收和回应。微信中订阅号的信息即使没有被及时查阅，也不太容易因刷屏而被用户略过。

微博在信息的发布上默认为时间排序，虽然可以通过智能排序、热门微博和搜索等功能来突出某些信息，但是总体上来说，信息传播的实时性和有效性要低于微信。绝大多数的信息一旦没有被及时点击，很快就会被别的信息挤走，消失在信息的汪洋大海里。

根据腾讯《2017 微信数据报告》，微信的日登录用户超过 9 亿，日发送消息次数 380 亿，日发表视频次数 6 800 万，日活跃用户 1.15 亿，公众号月活跃账号数 350 万，月活跃粉丝数 7.97 亿。[1] 庞大的使用量为微信成为一个可以达到大众传播程度的自媒体奠定了基础。

### （四）直播自媒体

广义上的网络直播一般可分为两类，一是指在网上提供电视信号直播，相当于"网络视频直播"，二是指在网页浏览器或是手机客户端上发布的实时视频，并伴有实时评论功能的互联网应用。随着移动终端的自媒体直播热席卷中国，现在一般提到直播，更多指的是狭义的第二种。

---

[1] 大数据文摘. 2017 微信数据报告：你需要了解这些数据［N/OL］. 腾讯云. https：//cloud.tencent.com/developer/onticle/1134786.

**1. 直播自媒体的兴起与发展**

论起直播的起源，可以追溯到互联网刚兴起时的视频聊天。2005 年，中国一些网站开始开设视频直播，但是影响不大。直播的普及首先需要科技发展带来的物质和技术支持，其次在经济、文化方面，需要多种促进共赢的催化剂，使信息、用户、资金都流动起来，从而使经济环境和文化环境都能围绕其迅速形成市场。4G 网络的普及使得文字、音频、视频和图像越来越能够得到快速、高质量传输，手机图像传输质量与清晰度渐渐与电视画面的质量旗鼓相当。移动直播的兴起也促使许多智能手机开发商不断升级硬件设备，同时，运营商不断降低网络使用成本。

进入 2014 年，网络直播行业在经济体量、影响力、用户人数等方面都发展迅猛，平台数量呈爆发式增长趋势，网络视频直播迅速发展成为一种新兴创业平台和热门行业。许多媒体和个人纷纷加入进来，借助这个平台推广展示，一些前期的成功者获得的不菲收益吸引着更多人不断加入。在美国，Twitter、Facebook 等纷纷融入巨资打造直播平台。在中国，各类综合网站与专业视频网站涌入网络直播的大潮，虎牙、六间房等传统视频直播平台发展迅猛，映客、斗鱼等新秀也火速崛起，各种直播客户端陆续上线，使得该领域的增长速度一度明显超出互联网的其他领域。直播在 PC 终端时代，主要是做游戏直播和秀场直播。到了移动终端直播时代，直播场景和内容变得非常多元，任何人都可以在任何时间地点采用任何直播平台传播任何内容。智能手机的普及让网民们进入"人人都有摄像机""人人都有电视台"的时代，只要有上网设备，只需消耗一些流量，每个人都可以进行或参与直播，直播成为新兴的热门自媒体。

**2. 网络直播成为自媒体的原因**

网络直播成为流行自媒体的原因有以下几个方面：

（1）门槛低、成本低。

相比成本昂贵、架设费力的电视现场实况直播，网络直播在极大程度上降低了直播的门槛，网络直播既不需要大量专业工作人员，也不需要巨大的设备，一切只需要一部手机，消耗一些流量，人们在电脑端或移动端下载安装直播软件，在网络平台上注册后，就可以开通直播房间，拥有一个"自己的电视台"。低成本、操作简易使"全民直播"成为可能。

（2）便捷自由。

传统意义上的视频节目从制作到播出一般来说需要依据相应的逻辑安排，而网络直播相对来说虽然也会有事先策划，但是通常没有详细的内容脚本，没有太多的流程规定,也不讲究特别的传播技法,甚至连一般的仪式和礼节都可以忽略,自由发挥余地非常大。由于做网络主播不需要像传统的主播那样在现实中寻找表演机会并通过层层关卡和各种把关,甚至也不需要团队来协助包装,更不需要资本来投资支持,从内容到形式都由自己决定。这种低门槛高自由度让许多有着明星梦的主播们乐于花大量的时间沉浸其中,既娱乐大众,又能为自己赢得或多或少的收益。

(3) 受众面广。

传统视频的传播方一般是专业的媒体机构与媒体人,而进行网络直播的播主们占比最大的是自媒体人。传统视频内容的制作往往选题偏向主流,制作精良,逻辑严谨,而网络直播内容常常各个环节随意性很强。传统视频的定位往往是为了迎合大众传播的审美需求,而网络直播的定位往往更多元,既可能是为了追求影响的最大化,也可能只是为了迎合小众群体的审美的一些私密共享。参与人数的众多使得直播内容十分丰富,比其他视频形式能反映出更多的社会面。虽然网络直播也存在台前幕后,但是相对来说,直播的随意性让台前幕后的区别不是特别大。一些家庭环境室内的直播或一些旅游主题的室外的直播,让一些本来应放在幕后的内容也被放在台前接受观众的"审视",满足了观众的窥探欲望和好奇心。

(4) 价值链易形成和管理。

网络直播的经济价值链经过迅速发展,已趋于成熟。为了激发了观众打赏主播的热情,直播系统里往往为观众设计了不同的等级身份。不同的身份可以通过虚拟货币取得,代表着可以享受不同等级的虚拟服务和权力。身份等级越高,不仅拥有的权限越大,而且与主播互动的机率就越大。与现实社会和网络游戏中通过设定等级来建立意义一样,直播平台也通过设置"贡献榜""守护榜"类的等级,吸引观众为攀比和炫耀而不断投入时间和金钱,以获得一时的虚荣。

在网络直播间里,由于人人都能成为传播者,直播间就为一些有表演欲望的人提供了舞台。从东北口音主播明显占比高的现状就可以看出,在东北经济下滑的大背景下,网络直播为许多以善于逗乐的东北籍用户提供了就业和创造经济收益的机会。虽然在知名度和获利方面,绝大多数网络直播主播们并不能像影视明星那样一夜成名、日进斗金,但是说说话逗逗乐或玩玩游戏就能获得收益的赚钱方式还是吸引着越来越多的人加入到直播队伍中来。此外,只要坚持做下去,影响力一旦形成,除了有观众打赏以外,一些主播还能通过出售广告位和时间、向粉丝推销商品、出席线下活动等方式获得收益。

**3. 直播自媒体平台的分类**

(1) 从内容上划分。

自媒体性质的直播平台从内容上可以分为两类，一类是专业性质的直播，如网上教育，或对体育、金融等专业信息的介绍解读或评论。此类直播往往有着专业的制作团队及平台，传播内容相对专业精致。第二类是娱乐性质的直播，通常以游戏、秀场和生活直播内容为主。此类直播有的在后台也有着专业的制作团队，但是其中有很大一部分属于纯个人行为，时间地点的随意性都比较大，内容质量良莠不齐，甚至播客主的工作、吃饭甚至睡觉都能成为直播内容。现在说到"直播自媒体"，一般指的是第二类。

① 游戏直播在直播中发展最为迅速，其观众在整个网络直播受众群体中占比最高。此类直播对各种网络游戏的实时游戏画面进行展示，吸引了大量游戏玩家，导致原本作为游戏爱好者大本营的各大游戏论坛、贴吧的访问量剧减。

② 秀场直播的内容通常是一个主播的个人才艺表演。成功的主播会有稳定的观众，忠实观众与主播之间会形成类似"追星族"与明星之间的关系，而一些非常成功的主播确实可以积累起如现实中明星般的人气，并像明星一样名利双收。

③ 生活直播就其传播主体来说，更是一种"全民直播"。它的内容最为丰富，可以涉及到工作生活的各个领域。虽然有的生活直播是刻意策划安排的，更多的则是很随意的真人生活秀，有时直播中甚至会涉及到非常私人的话题。通过生活直播，现代社会生活的方方面面都被展示出来。

(2) 从形式上划分。

直播平台从形式上主要有三种类型，分别是独立型、附属型和植入型。

① 独立型直播平台上唯一的业务就是直播，此类的网站有斗鱼 TV、熊猫 TV 等。

② 附属型直播平台是在一些综合类视频网站中开设直播子版块，如爱奇艺、优酷、bilibili 中都设有直播版块。

③ 植入型直播平台是在社交或购物 App 的移动客户端上植入直播功能，这样既能为这些平台增添新的交流方式，同时又可以做各种直播。

**4. 直播的功能特点**

直播除了像其他媒介一样能够传播信息外，其突出的特点主要体现在娱乐功能和经济功能。

(1) 娱乐功能。

人们通常会选择更专业的媒体来传播严肃的内容，因此，作为自媒体的直播通常更多的是为观众提供娱乐体验，满足受众休闲放松的心理需求。观众人数最多的游戏直播和通常以女主播为核心的秀场直播，其内容一般都不会涉及国计民生，而多是以玩闹搞笑为主。

（2）经济功能。

直播能够在网络世界火爆兴盛与其流量变现能力有密切的因果关系，直播平台除了能提供各种娱乐服务外，其聚集的人气也能带来经济收益。一方面流量数据走高可以吸引广告投放，另一方面出售各种虚拟道具也能带来可观收入。随着直播热的兴起，许多电商平台纷纷开通直播抢占用户时间和注意力，有的以直播红人模式来带动销售，有的以店铺角度切入直播运营。为了培养有影响力的主播，许多电商平台还成立了专门的经纪公司，打造网络红人。"直播+"的运营模式甚至在很大程度上冲击了传统商业营销模式。

**5. 直播平台的盈利模式**

目前，直播平台的盈利模式主要有四种：

（1）用户打赏。这是个人直播中是最常见的一种获利方式，有些像以前跑江湖卖艺的人向围观的群众收赏钱，是基于表演者为观众提供了服务，然后索求物质金钱回报和鼓励的逻辑。在直播平台上，主播向用户提供观看内容，用户则可以向主播送出虚拟币和虚拟礼物表达喜爱之情，但这些虚拟币和虚拟礼物需要观众付出真实货币进行电子付账。用户打赏的收益最终会由平台、主播等各方按照不同比例分成。

（2）发展付费用户。对于一些稳定用户，直播平台可以通过提供一些特权服务项目来进一步增强用户黏性，如过滤掉广告、享受一些专属的标识、可使用更多的个性化表情包、能与主播直接交流等，按照不同等级收取一些费用。这些稳定用户类似于视频网站的VIP用户，他们的定期付费可以成为直播主播及直播平台相对稳定的收入来源。

（3）广告收入。直播带来了稳定的用户流量，这些用户流量对广告主们有很大的吸引力。在许多直播中，画面的空白处常常会做成广告位，直播的时候广告位会被广告占据。各直播平台有时也会在直播的关键时间点里插入广告。越是成功的直播平台和主播，通过广告收益吸金的能力就越强。

（4）线下推广活动。在积累起足够的人气后，一些直播平台会利用影响力安排受众参加一些线下活动。如游戏类的直播平台，常会与游戏设备厂商和软件开发商合作，搞一些线下的产品推广活动。知名游戏玩家的明星效应、其他受众的热情带来的从众心理，都会对拉动相关产品的消费起到促进作用。

**6. 网络直播的优势**

（1）同一时空的现场感。

与其他所有传播方式相比，直播的真实性和现场感更强。因为在网络直播中，所有的图文声音影像都以实时同步的方式呈现，相比较经过处理的信息，它能给予受众以更强的真实感。在大多数媒体上，信息的制作存在一个"后台"，直播的内容虽然也可以提前策划和准备，但是在直播中，因为没有为突发状况留有处理的时间，因此，常常会出现一些不在预计之中的情况。正是这些突发状况最能体现出直播的魅力。主播的一些意料之外的失误、场景中突然的外人闯入等，都能成为直播中有趣的花絮，给直播受众以更强的在场感和真实感。

直播的实时传播还会产生共时性现象。所谓共时性现象，在心理学上指的是两种或多种本来毫无因果联系的事件同时发生，于是当事人就会觉得这些事件似乎隐含着某种联系。因此，实况直播能够显著提升受众的同在感、参与感。

（2）即时直接的沟通感。

网络传播中的互动通常比传统媒体高效。受众想要评论传统视频，通常需要到专门的评论界面发表意见，因此总的来说，这是偏向于延时和转换时空的反馈。在传统视频播放过程中，如果受众突然想了解他人评论，一般说来需要终止视频播放，转到专门的评论界面。而网络直播中的弹幕可以使受众得以在同一时空中，让观看视频内容和评论内容同时进行。传统视频网站的评论，因为往往是观看视频播完后才会进行，所以内容上基本以概括性质的居多。相比较而言，直播中的弹幕可以让观众在观看过程中随时表达意见或抒发情感，或对他人的评论再进行评论。网络主播经常会查看弹幕内容，对观众提出的话题挑选一些进行回应，有时还会根据观众的要求及时调整直播内容，所以网络直播的反馈更即时、集中和直接。

在网络直播过程中，因为观众的声音也可以通过连麦和弹幕的方式即时传播，因此有互动行为的观众也是直播的一部分。此外，因为所有人都可以进入直播平台充当主播进行直播，因此传播者和受众之间的界限随时可以发生变化。直播现场的透明度非常高，在主播的用户名旁边往往有同时在线观看的人数显示。所有受众都既可以看到自己发出去的评论和礼物，也能够看到别人的评论，并与别人进行互动。这使得传统视频传播的一对多、点对面、单一中心化、延后反馈，变成了多对多、点对点、多中心化、即时反馈的多向交互式传播。这种传播的速度、广度和维度相比非直播的视频都得到了进一步深化。

当然，由于视频的弹幕容量有限，当评论数量太大，甚至覆盖住视频内容时，许多评论性信息还没有来得及被阅读就被滚动覆盖。此外，由于弹幕信息不像传统视频网站里的评论信息那样可以被长久保存，直播中的弹幕评论存在时间短暂且内容常常缺乏深度的问题。

(3) 亲切有趣的陪伴感。

由于网络直播平台的前身就是网络聊天室，因此，在交流方面，它仍然有着聊天室的一些特征，如对不同的直播室分类以指引不同心理需求的受众。用户要做直播，需要像进入聊天室一样注册一个账号，选择一个昵称。但是不同于文字和语音的聊天室，因为直播间中的主播们本人会出镜，因此并不完全是以虚拟的身份和状态与观众交流。

由于网络直播中未经加工处理的真实场景更容易拉近主播与观众之间的距离，双方更容易产生共鸣，这使得网络直播的观众与主播之间会产生一种类似社会交往的状态。这种状态相对于其他社交网络自媒体来说有更强的真实感，既亲切，又自由宽松。一些观众如果经常停留在某个直播间，特别是与主播和其他观众互动一段时间之后，这个直播间里的群体会因为有共鸣而渐渐地产生一种特殊的情感纽带。这种情感纽带让人们把这个直播间当作一个虚拟社区来构建和维持，同时由于其充分的社交属性，确实能让一些有心理需求的人获得陪伴感，从而对这个空间产生心理上的依赖。

**7. 网络直播中的弹幕评论**

网络直播中的直播视频并不算是新事物，但是以"弹幕"的形式进行评论却改变了人们交流和互动的方式。网络直播的重点常常并不在于视频内容本身，而在于弹幕中的评论。

(1) "弹幕播放机"技术。

弹幕视频系统的出现最早源自日本视频分享网站 Niconico。Niconico 最早开发了这一基于 Flash 播放器的功能，依赖一种嵌入式技术，使受众的评论能够即时地出现在屏幕上，让用户在观看视频的同时就可以发表评论。每条弹幕通常在画面上的停留时间为 3 秒钟，通常由屏幕右侧向左侧滚动，也可以通过设置将弹幕固定在视频的某个位置。大量吐槽评论在屏幕飘过时看上去像是飞行射击游戏里的子弹幕墙，所以 Niconico 的用户们将这种大量吐槽评论出现时的效果戏称为"弹幕"，该技术被称为"弹幕播放机"。严格地说，只有当大量评论同时出现在屏幕上时才能叫弹幕，但是后来因为单条的评论也常被误称为弹幕，最终所有从视频屏幕上飘过的评论都被约定俗成地称为"弹幕"。虽然弹幕给观众感觉完全是一种实时互动的感觉，其实在很多时候也并不是真的实时互动。一些不同时间发出的弹幕会在视频中特定的某个时间点同时出现,以达到特别的评论效果。

(2)中国的弹幕技术应用。

中国国内首先引进"弹幕播放机"的是仿 niconico 的视频网站 AcFun(常被简称为 A 站),后来居上的 bilibili(常被简称为 B 站)则因为人气更盛将弹幕发扬光大。此后,各大视频网站和影视制作机构也相继开始利用该技术,让受众的评论与视频内容一起呈现在屏幕上。对于直播来说,弹幕作为一种新兴的评论互动方式,改变了传统的跟帖评论模式。这种直观的信息互动不仅存在于用户与主播之间,用户之间也可以方便地互相提问、评论或对话。如常常会有人用弹幕问网络主播直播背景中的一样东西是什么,结果主播没能及时回答,弹幕上显示的是其他了解此物的观众给出的答案,之后主播再对此答案给出肯定或否定的回答。此类互动直接生动,亲切有趣,能够拉近人们之间的心理距离。因为弹幕能够和视频内容一起呈现,从受众的角度来看,弹幕直接被加入直播视频中,成为视频信息的一部分,这样的形式大大强化了受众的参与感。弹幕技术在直播中的应用进一步激发了观众们的评论欲望,增强了用户的黏性,并为直播平台们吸引了更多的用户。

(3)弹幕传播方式的优点和缺点。

① 优点:以视频的方式评论传播效果最佳。

可视性是直播平台中弹幕信息的重要优点。弹幕信息与直播画面存在着信息呈现时互相解释、相辅相成的关系,用户可以充分利用视觉和认知能力处理信息,弹幕信息有时会对画面信息进行画龙点睛般地描述,画面信息有时也会演绎着弹幕信息所描述的画面。直播平台中的弹幕信息可视性是指弹幕信息与直播画面有高度的匹配性,即弹幕的文字信息是被图像化的。这种文字与画面相结合的信息传递方式,降低了用户的信息处理难度,信息呈现绘声绘色,对用户接受信息有积极的刺激效果,从而发现信息之间的关系,增强对信息本质的认知。[1]

从传播效果来说,一般视频强于图片,图片强于文字,文字强于音频,因此,以视频的方式展示信息,比以图片、文字、音频的方式显示信息传播效果强。视觉是人类获得信息的最主要途径,人类大脑三分之二的神经元致力于视觉感知,人类大脑处理视觉信息比处理其他形式的信息在速度上更快,在所能

---

〔1〕喻昕,许正良. 网络直播平台中弹幕用户信息参与行为研究——基于沉浸理论的视角[J]. 情报科学,2017(10):148.

担任的多任务操作项方面的容量也更多。而且，人的眼睛本能地对处于动态中的信息更敏感，目光常不自觉地会跟随视野中发生位移的东西移动，因此视频中出现的弹幕甚至比字幕都更能吸引受众的注意力。

② 缺点：喧宾夺主，干扰视野。

虽然弹幕作为一种视频实时互动方式有着传播效果最强的优点，但是在实际使用中，这种优点并不能一直处于最佳状态。因为如果任由弹幕自动发送，那大量弹幕的出现常常是无法预料的。当大量弹幕同时飘过屏幕，有时甚至会出现原视频内容被完全遮挡的情况。而且，虽然这种评论反馈方式是即时的，但是并不能保证所有观众同时都处于同样的思考角度。因此，并不是所有的弹幕内容都能唤起其他受众的内心共鸣，许多内容普通或仅是情绪发泄的弹幕不仅没有多大意义，而且会对视频内容造成干扰，让观众的注意力分散，视觉疲劳。

无论如何，直播中的主角本应该是主播，原直播内容应该是直播的主要部分。但是有时弹幕内容的精彩度会盖过原内容的风头，导致内容和弹幕的受关注度本末倒置。有时，一些直播视频被人们疯狂转载，宣传噱头就是让观众注意某个时段的弹幕。在这种情况下，传播效果最好的不再是内容，而是弹幕，原本作为评论对象的视频反而成了配角。虽然反过来蹭着弹幕的热度，也能提高原内容的传播效果。但在大多数情况下，从原传播主体的角度出发，弹幕的干扰会影响到用户对传播内容的沉浸感。在观看过程中，用户的注意力和思维不断地被弹幕牵扯着从主体内容中抽离出来，这势必影响到对相关内容的理解和记忆。因此，现在的弹幕播放器一般都有一套屏蔽、管理和举报系统，通过对一些内容进行事先把关，筛选掉过多过杂的内容，也过滤掉一些不文明的弹幕。

根据 CNNIC 第 42 次《中国互联网络发展状况统计报告》，2018 年上半年，我国网络直播用户规模达到 4.25 亿，较 2017 年年末微增 294 万，用户使用率为 53.0%，较 2017 年年末下降 1.7 个百分点。[1] 增幅减少及使用率下降的原因是短视频应用的迅速崛起，直播平台进入精细化运营阶段。

## 三、自媒体的不足之处

自媒体作为传播平台，是中性的。但是，自媒体相对于大众传播媒体在信

---

[1] 中国互联网络信息中心. 第 42 次中国互联网络发展状况统计报告 [R/OL]. 中国互联网络信息中心. http://www.cnnic.cn/hlwfzyj/hlwxzbg/hlwtjbg/201808/P020180820630889299840.pdf.

息传播过程中，在有优势的同时，也存在着一些不足。如微博和微信虽然在网络人际传播活动当中显示出便捷优势，但其不足还是比较明显的。首先，碎片化使信息的系统性不强；其次，信息之间无组织。这些不足决定了它们在很大程度上是大众传播方式的几种补充，它们的风行体现出传统媒体渠道缺失导致的补偿性满足。在实际的大众传播活动中，单靠自媒体很难对某一重大事件进行较为详尽的报道。

在信息真实性方面，传统媒体所传播的信息都是通过层层把关、审核通过后再发布的，而自媒体中的信息在传播速度更胜一筹的同时，牺牲了对信息真实性的核实、认定，往往存在信息不完整、不平衡、不客观的情况，甚至出现误报和失实。而且，自媒体评论和转发的功能，可能导致以讹传讹，使失实的几率更高。因此，与传统的媒体相比，自媒体传播中存在失实信息的可能性更大。

因此，究其发展前景，虽然自媒体会走向进一步的繁荣，但是它们并不能完全代替传统大众媒体，而只是使信息传播形式更加多元化。

## 四、网络公共领域

### (一) 公共领域

"公共领域"（德语 Offentlichkeit，英语 Publicsphere）这一概念是当代西方学者在对政治哲学问题进行系统思考的过程中提出来的。德裔美国学者汉娜·阿伦特（Hannah Arendt）在分析人的条件、极权主义的起源和现代宪政困境等问题的过程中最早对公共领域进行了研究，并由此拉开了公共领域理论研究的序幕。

**1. 公共领域的内涵**

1961年，德国著名哲学家尤尔根·哈贝马斯（Jürgen Habermas）出版了《公共领域的结构转型》，对公共领域理论进行了深入研究，认为"公共领域"指的是一种介于市民社会中日常生活的私人利益与政府权力领域之间的机构空间和时间，其中个体公民聚集在一起，共同讨论他们所关注的公共事务，形成某种接近于公众舆论的一致意见，并组织对抗武断的、压迫性的政府与公共权力形式，从而维护总体利益和公共福祉。[1]

---

[1] 尤尔根·哈贝马斯. 公共领域的结构转型 [M]. 曹卫东，等译. 上海：学林出版社，1999：4.

哈贝马斯在1964年更加详细地给出了公共领域的定义：公共领域首先意指我们的社会生活中的一个领域，某种接近于公众舆论的东西能够在其中形成。向所有公民开放这一点得到了保障。在每一次私人聚会、公共团体的谈话中都有一部分公共领域生成。然后，他们既不像商人和专业人士那样处理私人事务，也不像某个合法的社会阶层的成员那样服从政府官僚机构的法律限制。当公民们以不受限制的方式进行协商时，他们作为一个公共团体行事——也就是说，对于涉及公众利益的事务有聚会、结社的自由和发表意见的自由。在一个大型公共团体中，这种交流需要特殊的手段来传递信息并影响信息接受者。今天，报纸、杂志、广播和电视就是公共领域的媒介。[1]

公共领域在哈贝马斯的理论中，是政府和社会之间的空间，是用来缓和社会矛盾和提供接触空间的。大众传播媒介是建构公共领域空间的主导力量。哈贝马斯指出，具有政治功能的公共领域首先是在18世纪初的英国出现的。17世纪末，新闻检查制度的废除标志着公共领域发展到了一个新的阶段，使理性批判精神有可能进入报刊，并使报刊变成一种工具，从而把政治决策提交给新的公众论坛。[2]

从此"公共领域"成为欧洲主流政治话语的一部分，欧美各国学者的专题性著作和论文层出不穷，公共领域与传播媒介的关系受到高度审视。20世纪90年代，世界范围内形成了研究公共领域理论的热潮，加拿大学者查尔斯·泰勒（Charles Taylor）和美国学者托马斯·雅诺斯基（Thomas Janoski）等都对这一主题进行了认真研究。

**2. 公共领域的存在前提和构成要素**

公共领域是政府与社会之间、公共权力领域与私人领域之间的中间地带，是公众参与公共事务、对公共事务进行讨论和批判，并对政府与社会之间的关系进行协调的公共空间。公共领域存在的前提条件是政府与社会之间存在一定的分离，并且在政府与社会之间能够形成一个既不依附于政府也不依附于社会的由公众组成的对公共事务进行话语交往的领域。

公共领域的存在一般要满足五个前提。

（1）必须具备保障参与者充分沟通的媒介，必须保障受众对该媒介有普

---

[1] Jürgen Habermas. Democracy and the Public Sphere [M]. London: Pluto Press, 2005: 116.

[2] 尤尔根·哈贝马斯. 公共领域的结构转型 [M]. 曹卫东，等译. 上海：学林出版社，1999: 68-69.

遍的接近性，也就是要能建立一种大众通过群体方式普遍参与的联系模式。

（2）有公共议题。

（3）言论自由有体制方面的空间和法律保障。

（4）有允许展开公共对话的自由和空间，这个对话空间是一种能独立于政府与经济体的空间。在这个空间里，民众被视为公民，而不是消费者。对话是公共领域最核心的概念。

（5）辩论是理性的、非支配性的。

公共领域的构成必须具备以下三个要素。[1]

（1）具有批判意识的公众。他们具有独立人格和批判精神，能够在理性基础上就公共利益问题展开讨论。

（2）拥有自由交流、充分沟通的媒介。单向的、非沟通的媒介可能导致信息的匮乏和沟通的欠缺，在此基础上私人的"独立"与"理性"难以充分体现，从而不能形成公共领域。自由交流和充分沟通的媒介对于公共领域十分重要。

（3）能够形成共识和公共舆论。在公共领域中，公众能够就公共事务自由讨论、充分交流，并在理性批判的基础上达成共识，形成公共舆论，从而影响公共事务的处理进程。

公共领域相对独立于政府与社会组织，不具有像政府与社会组织那样严密的组织结构和组织制度，但是，公共领域中讨论的问题与公共事务相关，具有明显的公共性。"公共领域最核心的含义，是独立于政府政治权力并介于政府与社会之间的公共交往和公众舆论，它既监督制约政府政治权力，同时又为政治权威提供合法性基础。"[2]同时，公共领域是公众交往的一种开放性空间，并且在这一空间中，公众交往主要以话语交往的形式展开，公众交往的形式主要是对话、商讨、辩论等形式。

**3. 公共领域的特征**

公共领域的生命力在于它可以作为一个具有理性和批判性的公共话语空间存在。印度学者尼拉·甘德霍克（Neera Chandhoke）认为：只要参与者满意于让理性作为主宰，并且只要参与者不认为要使用武力或者其他形式的暴力手段达到目的，公共领域就能够作为理性交流和协商的场所。[3]首先，公

---

[1] 熊光清. 中国网络公共领域的兴起、特征与前景[J]. 教学与研究，2011（1）：43.

[2] 杨仁忠. 公共领域论[M]. 北京：人民出版社，2009：341.

[3] Neera Chandhoke. Exploring Mythology of the Public Sphere [M]. New Delhi: SAGE Publications，2005：328.

领域的参与主体必须是单独的"个体"。其次,公共领域为参与者们提供能够进行充分讨论与沟通的公共场所。再次,参与主体能够无拘束地进行批判性讨论。公共领域的精髓就在于它的批判性,能在讨论、批判、论辩的基础上达成共识。在公共领域里,公共事务和公共问题接受具有批判意识的公众监督,自由、平等和公开的讨论构成了这一领域的基本特征。同时,公共领域使大量公共事务进入公众的批判视野,公众对公共权威、公共政策和公共事务进行批判,塑造了一种更为开放、更加自由、更能呈现真实意见的批判机制。

当代社会的一大特点就是公共领域和私人领域的不断模糊,私人领域的公共化与公共领域的私人化是同步进行的。私人性是日常生活的一部分,但它在生活中存在的合理性并不等于在公共符号空间中存在的合理性,长期以来,公共符号空间被认为应当是一个被精心选择的领域。单纯的私人性在中国传统的符号传播空间中,是一种备受贬抑,被视为低级的、非合法化,从而也是被极度边缘化的东西,与个人性的命运大不一样。决定个体的生活感受与生活印迹是否具有载记与展示价值的是其对某一公共谱系提供的意义,每个谱系都会有一选录的原则,这些公共谱系首先对个体的入选身份会有一基本的确认,即将这一个体谱系化之后,个人的各种经验状况才能获取进入公共传播领域的通行权。[1] 而网络传播的一个重要特征,就在于它打破了公共领域与私人领域的界限。

### (二) 网络公共领域

互联网这一新媒介的产生和信息通信技术的广泛使用,为人类的交往和交流提供了不少新的方式,从而为塑造一个全新的公共领域形态——网络公共领域创造了重要条件。在网络媒体兴起之前,虽然哈贝马斯认为"任何具有言说及行动能力的人都可以自由参加此对话",但实际上弱势群体的意见很难进入公共领域。网络第一次降低了公共讨论的门槛,成为一种人人可利用的媒介。弱势群体也能自由地进入公共领域发表自己的意见,而网络在赋予弱势群体权利的同时并没有削弱强势群体的权利。

**1. 网络公共领域形成的条件**

网络媒体具有公共领域存在的空间,网络媒体为公共领域的形成创造了得天独厚的条件。

网络媒体和传统媒体的关键区别可以概括为"信源的扩张",其中"信

---

[1] 黄卓越. 博客写作与公共空间的私人化问题 [J]. 文学评论,2008 (3): 141-146.

源"是指"参与主体","扩张"是指"参与程度"。网络实现了从少点对多点的传播方式到多点对多点的传播方式的跳跃,这是网络受众作为传播信源在总体数量上的扩张。从互联网的发展历史来看,网民参与网络公共空间的途径主要是各种聊天工具、网络论坛以及博客、播客、微博、微信等。其中多种形式符合哈贝马斯的"任何具有言说及行动能力的人都可以自由参加此对话"以及"对别人的论点加以质疑"的要求。也就是说,网络媒体的使用具有公共性,在最大范围内提供了对话讨论的空间,并符合公共领域公平、公开的原则。

在否定网络媒体公共领域存在可能的观点中,常常提到这样一个问题,即网络媒体的匿名性和网络话题的广泛致使无法涉及较广大的公共利益,网络的虚拟性可以带来不安全、不真实。但从实际情况看,网络媒体的匿名性和虚拟性并不影响公共空间的形成,匿名反而给公众以随性表达自己主张的勇气,虚拟反而给公众以真诚表达自己意见的空间。公众在网络上根据不同的旨趣、专业和关注对象,利用讨论的形式结成"群体",成员的加入和退出不受限制,不需要身份检查,因此更可以自由地利用媒介接近权挥洒自己的话语权。

公共领域的精髓在其批判性。这里的批判是指公众在理性精神的指引之下,基于"公"的目的而进行的交往过程,是在理性的层面上参与讨论,并以此形成对公共事务的一致性意见。目前的网络媒体受众总体素质参差不齐,理性的批判大概是缺乏的。但是,网络媒体作为交换意见和快速获取信息的平台,也能形成或已经形成了不少具有理性精神的区域。正如哈贝马斯认为在18世纪欧洲的咖啡馆和沙龙里产生了资产阶级的公共领域一样,网络媒体中虽然充斥着大量杂乱的领域,但也使闪烁着理性之光的"网上咖啡馆"成为今天的公共领域。

公共领域的参与者,必须是具有独立人格、能够就"普遍利益问题"展开理性辩论的独立的"私人"。这种独立性要求参与公共领域的私人属于独立自主的、不受旧权力制约的私人。他们既能够自由地进入或者离开公共领域,也可以自由地选择或更换议题、发表意见或保持沉默。参与者是公共领域的主体,他们的身份、素质和兴趣决定了公共领域议题的范围、辩论的质量和媒介的使用情况。如果参与者之间过分异质化,那么他们往往会因难以找到涉及他们普遍利益的议题而形成利益竞争的或统治与被统治的关系。而网民们身份的独立与多元通常能够满足这些条件,使网络中产生公共领域成为可能。

**2. 网络公共领域的特征**

网络公共领域在一定程度上是传统公共领域的延伸,网络公共领域与传统公共领域一样，具有一定的空间范围，并由人们的社会互动关系所构成。但是，网络公共领域除了具备传统公共领域的一般特征之外，还具有其他一些特征。[1]

（1）虚拟性。网络公共领域的虚拟性特征主要表现在三个方面，即网络空间的虚拟性、网络行为的虚拟性和网络行为者身份的虚拟性。网络行为者身份的虚拟性是指网络交往主体的身份是虚拟的，行为者可以按照自己的兴趣和爱好设计自己的网络身份。但是，网络公共领域的虚拟性并不意味着网络公共领域就完全是非真实的、虚幻的和不存在的。实际上，在网络公共领域中，参与者、参与者的活动及其产生的社会影响都具有真实性，网络舆论和网络民意都是现实世界中大众对公共事务意见和观点在网络世界的反映，又会对现实世界中的公共事务产生重要影响。网络的这种虚拟性使网络公共空间中聚集了大量的网络行为者，他们敢于直接坦率地表达自己的观点和意见，为网络公共领域的形成创造了很好的条件。

（2）互动性。在互联网所拥有的各种优势中，互动性被认为是最为显著的特征。可以说，每个网络社区都是一个互动的平台，人们可以在这里发布信息、结识朋友、交流思想、阐述观点或者进行评论。网络媒体打破了传统媒体中传播者与受众的严格界限，网络传播中二者可以互换角色，受众可以成为信息的传播者，信息的传播者也可以成为受众。网络媒介的互动性是其他传统媒介无法比拟的。虽然传统公共领域存在一定的互动性，但是与网络公共领域的互动性不可相提并论。后者因其形式的多元化和内容的丰富显示出鲜明的去中心化的多向特色，其互动的有效性已远超出传统公共领域中的互动的有效性。

（3）开放性。开放性是互联网最根本的特性。开放性意味着任何人都能够得到网络上的任何信息，开放性也意味着任何个人、任何组织（包括各种类型的政府组织与非政府组织）都不能完全控制互联网。这也使网络公共领域的开放性极强，成为人人得以参与并自由表达观点和意见的公共空间，任何进入这个空间参与讨论的个人不存在地位的贵贱和等级的高低，不同的观点和意见在这里被自由辩论、深入讨论。网络公共领域的这种开放性为不同意见和观点的沟通与交流提供了重要的平台，也为形成自由、平等和宽容的网络讨论机制创造了条件。

（4）现实关怀。网络公共领域表现出强烈的现实关怀感，网络公共领域很大程度上就是通过对现实问题的关怀，特别是通过对社会敏感问题的关怀而

---

[1] 熊光清. 中国网络公共领域的兴起、特征与前景 [J]. 教学与研究, 2011 (1): 45.

发展的。网民这种强烈的现实关怀感、网络空间与社会现实的强烈互动，构成了网络公共领域的显著特征。网络公共领域是介于政府与社会之间的中间地带，它并不完全受制于政府或者社会，具有相对独立性。具体而言，网络公共领域的发展领先于传统公共领域的发展状态，主要是由于在现实中，普通公民参与政治的途径较为缺乏，政治关注难以有效体现出来，而网络空间的相对开放和相对自由状态为公民参与政治提供了重要的渠道。

**3. 网络公共领域的意义**

随着信息技术的发展，网络公共领域有可能成为信息时代公共领域的主流形态。互联网最大限度地扩大了参与者的来源，调动了参与者的积极性，并在沟通、交流与讨论过程中体现了最大限度的公平、公开、平等原则，成为网络民意和公共舆论的聚集地。从发展前景看，网络公共领域的独立性会增强，它已经开始打破原先舆论一律、主流话语一统天下的局面，开始建构具有相对独立性的公共领域。

网络公共领域的发展为公民参与社会议题提供了十分便捷和廉价的渠道，培养了公民参与社会问题讨论的主动性，有利于促进政治文化由传统的非参与性政治文化向现代参与型政治文化转型。网络公共领域的兴起和发展对于塑造公民的政治信仰和政治意识，平衡政府与社会的关系，推进政治体制改革，增强政府管理与公共政策决策过程的透明度，都起到一定的积极作用，并有望在社会发展进程中发挥更大的作用。

## （三）典型的网络公共领域

可以被称作网络公共领域的平台很多，在这里，以早期的 BBS、博客、正流行的微博和微信为例。

**1. BBS 公共领域**

BBS 一出现就为许多平时并没有大众传播话语权的社会群体提供了一个对话的平台，使他们有可能构建自己的公共领域，与主流的传统公共领域展开对话与争辩。

在互联网发展早期，BBS 成为人们发布信息及对别人发布的信息发表意见的一个重要阵地。网上舆论主要通过 BBS 发帖和跟帖两种手段实现。BBS 可以迅速而集中地反映公众的意见和言论，使民间舆论或民意得以展现。由于网络民意的生成和传播非常迅速，有时 BBS 上的一些言论，短时间内就能产生很大的影响力和冲击力。

BBS 的出现也使一些原本发生在私人领域、具有隐秘性、和公众利益没有联系的私人事件,在这个领域得以公开,成为一个公共事件。具有重要意义的是,相对而言,在 BBS 中发表意见的个人,既不是作为某种职业的从业者,也不是作为某种物品的消费者出现的。因而他们往往是具有独立人格的个体,而这些个体一旦就普遍利益问题达成共识,那么他们的共识就不再是普通心理学的个人意愿,而是可以在一定程度上反映出社会学和政治学的公共舆论。网络时代"平等开放"和"赋予权力"的特点,使每个人都可以根据自己的喜好自由地选择加入或退出某个论坛,可以听己之欲听、言己之所欲言。由此,BBS 成为网络上第一个典型的公共领域。

### 2. 博客公共领域

在早期网络交流方式中,E-mail、IM 可以说是相对私人的,它们一般排斥第三者的介入,BBS 则具有明显的分享和公共性的特征,博客则综合了这三种交流方式的特点。传统的日记是非发表性的、自闭式的,最多只在几个好友之间传阅,而以记录私人生活与心情为主的博客日志则是在公共网络上发布和传播的,实际上已渗透到了公开符号空间中,成为公共交流系统的一个重要部分。博客在内容上是私人的,可以是纯粹对私人的日常生活的记录,也可以是基于个人立场对社会生活的评价,但是博客的写作通常又是出于一种信息共享的目的,它在传播形式上又是公共的,因此可以说是私人空间的公共化。和私人空间的被窥视和被动公开化不一样的是,博客是一种主动的公共化。

2006 年,中国青年报社会调查中心曾与搜狐新闻中心联合实施了一项共有 988 人参与的网络调查。对于"博客到底是私人领域还是公共空间"这一问题,网友们的回答势均力敌:49.2% 的人认为"博客是私人空间,每个人都可以在其中自由地表达";另外 50.8% 的人则坚持说,"博客是公共空间,博客上的每一个字都是需要负责任的"[1]。这种势均力敌的结果也显示出博客同时具有私人领域和公共空间的双重性质。

### 3. 微博公共领域

微博的属性也糅合了私人领域和公共领域的法则,微博上的信息既可以是个人私密,也可以是公共传播。在微博刚兴起的 2010 年,北京大学新闻与传播学院胡泳曾感慨道:"有了微博,任何地方的新闻都变成全国的新闻;它是公共话语的策源地,有了微博,中国破天荒地形成跨越地域和阶层的全国性的公共领域;它也是公民行动的产生地,有了微博,公民得以团结起来,不论在何处,你都能看见中国人走到一起彼此分享,共同工作,或是发起某种公共行

---

[1] 李松涛. 私人博客屡屡震动公共空间,今天你博客了没有[N]. 中国青年报,2006-04-10(4).

动。在中国历史上,第一次,我们的交流工具支持群体对话与群体行动。纵观一年多来的发展,我们可以说,一种可观的微博政治在中国业已形成。"[1]

微博从某种意义上说就是"永不闭幕的新闻发布会"。现实公共事务的参与空间有限,不少热衷公共事务的人于是在微博上找到了自己的一方空间。很多名人通过微博来与公众自由交流,消除不必要的误解,或防止传统媒体对其进行"过度诠释"。

美通社(亚洲)2010 年 10 月至 11 月对 2 503 名中国记者的调查显示:90%的记者在使用微博,其中三分之一的记者每天使用,他们通常在微博上寻找有价值的信息资源,与同行交流互动。[2]记者是对微博兴趣最大的人群之一,他们成为积极的微博用户,与其职业特征有重要关系——媒体是专门从事以新闻和舆论为代表的信息的采集、制作和发布的机构,通过微博,记者能以最低的成本发现、获取新闻线索及推广自己和自己的媒体。

但是,由于微博融合个人写作与对公众传播的功能,记者的微博应用,可能在有意无意中消解了其职业身份中应有的把关机制。记者在使用微博的过程中,面临着与普通公众不同的规范和责任。由于微博的把关门槛远低于传统媒体,记者可能"在微博上发布重要的,但是无法在传统媒体上刊发的新闻信息","很多暂时不适宜通过大众传媒传播的重要消息,记者会选择使用微博将其发送出去"[3]。相对于普通公众而言,记者在微博上发布信息和言论的空间反而要窄小。路透社要求记者"工作账号和私人账号分开",不得"利用社会化媒体贬损路透或有任何让路透蒙羞的行为"。路透社发布的《网络报道守则》特别指出:网络打破了记者作为自由人和作为专业人士之间的界限,记者应该明白,在社会化媒体上,职业行为和个人行为是不能截然分开的。记者同样应该意识到,即便是使用隐私设置等方式,在社会化媒体上张贴的内容仍然会被公众获知。

很多媒体规定记者不能随意在微博上发布新闻信息。如路透社在其发布的《网络报道守则主要内容和要求》中规定:路透记者如果要在 Twitter 中发布新闻,必须保证该新闻是在新闻线路已经播发过的。另外,记者在微博上对公共事件发表个人评论时,需要声明不代表所在媒体的立场。美国《华尔街日报》

---

[1] 胡泳. 微博,看客如何实现落地[N]. 时代周报,2010-11-25(4).
[2] 张明新. 自由与责任之间[J]. 青年记者,2011(6):26.
[3] 刘峥. 试析记者微博客使用特征与专业身份的建构——以新浪微博记者博主为例[J/OL]. 人民网. http://media.people.com.cn/GB/22114/150608/150617/13455632.html.

对于员工如何使用微博或社交网站也有类似的规定，如："在网上代表集团工作的时候，必须使用真名""不要（在 Twitter、Facebook 上）讨论尚未发表的文章、已经参加或者准备参加的会议、曾经做过的采访""当你把秘密的线人加为关注者之前，要请示编辑"。

**4. 微信公共领域**

在早期的信息传播语境中，私人领域与公共领域是相互独立的。微信可以说重塑了网络公共空间的格局，为几乎各种传播需要都提供了更合适的方式。

微信的传播结构对各种传播情境几乎都能根据需要模拟，在这个平台上，传播的内容有一部分属于公共信息，与公共利益密切相关。微信的公众号就是一种大众传播平台，而即便是微信的朋友圈也不单纯是一个私人领域，它同时也是一个向群组中不定人数的成员传播的平台。大多数微信的群组传播中体现出公共领域中所允许那种平等意见交流，打破了传统传播模式中传者与受者二者之间偏单向的传播模式，形成了良好的信息发布和接收的互动状态。

微信用户作为"积极的受众"，信息的自主选择能力显著提高。微信群组相对独立封闭的空间可以让信息发布者更有安全感，群组中的互动共享行为对发展更亲密的关系和信任有促进作用。微信用户可以根据自己的个人偏好选择进入哪些群组，对哪些信息进行点赞、评论或转发。在朋友圈中，个人主题的信息经常会经过精心处理，如大量的自拍美照是被美化过的，许多对事件的描述可能是冠冕堂皇的。这些信息表现出的个人特质常与实际的个人特质存在差异，更多反映出的是当事人主观想建树的社会形象。而"点赞""评论"甚至"转发"这样的互动能确立和强化信息发布者的社会自我认知，在他人的承认和欣赏过程中获得自我身份建构。

在微信上，个人领域与公共领域之间的界限可以不断调整变动。个人可以主动将一些私人性质的内容展示出来，由他人旁观。除许多活动轨迹、生活细节外，对许多事物的观点态度都可以被向外传播。虽然大都算不上是大众传播，但是几乎与自己相关的人都能接收到。"微信朋友圈中圈层关系的存在，使不同的朋友圈通过特定的节点交叉重叠，构成了特质的微信社会网络与公共空间。这样，微信的公共领域和私人领域实现了交融。"[1]因此，在一定程度上微信的传播模式模糊了私人领域与公共领域的边界。

微信群组是一个相对独立的社会空间，每个群组都有自己相应的文化氛围和价值逻辑。但是这种独立性是相对的，微信群组中的每个成员都有自己的圈

---

[1] 顾明正. 微信隐私：关系网络与边界管理 [J]. 青年记者，2018 (3)：9.

子,每个圈子与该群组的文化氛围和价值逻辑总会有所不同。一些有意无意的转发常常会导致一些意想不到的情况发生,一些本来只准备分享给本群组的信息可能会发生泄漏,引发信息发出者并不想导致的后果,并且让当事人对事情的发展失去控制。

这方面典型的一个例子,就是2015年9月中国人民大学一位教授声明与学生断绝师生关系。其实学生只是在自己的朋友圈里表达观点,但是内容被截图、转发,使影响骤然扩大化。随着事件又被别的网络媒体甚至传统媒体关注评论,这样一件本在私人空间中的小事骤然衍生为公共空间的一个话题。学生认为朋友圈是一个私人空间,在私人空间里说话自然随便一些,是可以被理解的。而他的导师却为事件产生的公共性影响而深有顾虑。[1]

可见微信中的私人空间可以瞬间转化为大众传播意义上的公共领域。这种信息的外溢使得朋友圈本身的私密性受到了冲击,用户进行个人信息表达时会有更多顾虑,甚至会偏向表达和转发更具公共性的信息,这使得朋友圈的生态发生了变化。[2]在不确定群组中的成员价值观是否均与自己一致的情况下,许多慎重的人会主动减少发布信息或转发体现出价值观或态度的信息来相对隐藏自己。

综上所述,可以看出,在网络上不仅可以形成公共领域,而且不同形式的网络公共领域各有其特点。随着科技的进步,在信息时代的开端,公与私的含义和边界都出现了不容忽视的游移。经由新的共有媒体的作用,传统的公私两分会在社会和政治的双重压力下产生消长和易位。[3]无论如何,这些网络公共领域很好地弥补了现实公共领域的一些不足,对社会中的良性沟通起到良好的促进作用。

## 第二节　自媒体人与公民新闻

网络的普及和网络传播的迅速发展带来了自媒体的出现和发展,自媒体的

---

[1] 刘艳.微信朋友圈:互联公共领域的新奥论圈[J].新媒体研究,2016(2):15.
[2] 任锟.公共领域还是私人领域——当前微信朋友圈的角色定位探析[J].新闻研究导刊,2017(8):98.
[3] 胡泳.众声喧哗:网络时代的个人表达与公共讨论[M].桂林:广西师范大学出版社,2008:108.

出现和发展模糊了内容生产者、传播者和接受者之间的界限，许多自媒体的用户成为信息的"prosumer"。"prosumer"（产消者）是"producer"（生产者）和"consumer"（消费者）融合在一起的一个合成词。伴随着传受之间的角色在技术上越来越容易相互转换时，一些新的媒体人角色，如公民记者和公民编辑也应运而生，公民新闻再次兴起。

## 一、公民记者

所谓"公民记者"，是指在新闻事件的报道和传播中发挥了类似记者的作用，却非专业新闻传播者的普通民众。"公民记者"背后所体现的是"参与式新闻"的理念，即民众在收集、报道、分析和传播新闻和信息的过程中发挥主动作用。

"公民记者"的概念，一般认为始于20世纪90年代的美国。1998年，美国人麦特·德拉吉（Matt Drudge）的个人网站先于所有传统媒体曝光克林顿总统性丑闻事件，这使德拉吉最早获得了全球"公民记者"的称号。德拉吉的影响也因此深入政坛，前总统克林顿夫人希拉里在参与2008年美国总统大选活动的时候，对德拉吉礼遇有加，其目的无非是希望他"网下留情"，多帮忙，少添乱。另一个和德拉吉名气不相上下的美国公民记者是嘉勒夫。嘉勒夫善于写博客，并能通过博客影响成千上万的美国人，美国白宫不敢小觑他的影响力，为他颁发了全美首个博客记者采访证。[1] 公民记者在美国的地位可见一斑。

在公民记者这个概念出现之前，新闻界存在着一个类似的职业"新闻自由撰稿人"。新闻自由撰稿人不附属于任何一家新闻媒体，但常常也被允许自由进出新闻现场。在美国，新闻自由撰稿人可以获准进入包括白宫在内的新闻现场。这类新闻自由撰稿人通常从事过新闻工作，而且已有一定的名气，其新闻写作或评论已得到广泛认可。因此，成为新闻自由撰稿人的门槛是相对比较高的，而成为公民记者门槛要低很多。

公民记者扎根于现实生活的土壤，更有条件接触到丰富的第一手的新闻素材。正由于公民记者生活在社会的各个阶层，在新闻事件发生时，常常就在"第一现场"，因此往往是最有发言权的人。由于人数众多，他们更有机会成为某些突发性事件的现场亲历者或目击者。无论从地域性还是行业性来说，公

---

[1] 程义峰，庞元元. 中国公民记者左右舆论走向，部分人无视信息真实性 [J]. 瞭望新闻周刊，2010（1）：25.

民记者都极大地扩展了传统职业记者的内涵与外延。在现代传播环境下，公民记者与职业记者可以互为补充、相互促进，公民记者的信息可以为传统媒体设置某些议题，而职业记者的一些新闻可能引发一些知情人通过提供更多信息而成为公民记者。

微博的出现几乎宣示着"全民记者时代"的到来。微博将流动中的信息与个体的社会网络实现高度整合，成为用户积极创造内容并彼此交换信息的平台，每个人皆有可能成为影响信息流动的关键节点。微博用户很容易成为积极的新闻首发者和转发者，成为公民记者，从而推进公民新闻发展，使新闻成为各社会参与方的共同产品。

通过微博促进公民新闻的发展有其积极意义：首先是可以弥补专业记者不足或"不在场"的缺憾，为实现"新闻全覆盖"提供了保障；其次是借助"一对多、多对多"的传播模式，可以在突发性事件中迅速、及时地传播新闻；再次是方便专业新闻工作者从微博中发现新闻与收集舆论；最后，采取民生的视角，可以体现贴近精神，为主流媒体改进文风提供借鉴。[1]

在有了便捷的传播工具的情况下，任何现场的公民都可以把文字、音频和视频第一时间传到网上。

美国东部时间2011年5月1日，微博因为直播本·拉登被击毙的新闻而名声大噪。据英国媒体报道，巴基斯坦人苏哈比·阿塔尔在Twitter上直播了美国特种部队击毙本·拉登的全过程。之后微博在传播本·拉登死讯方面的速度，足以令传统新闻媒体刮目相看。5月1日22时45分到2日0时30分之间，Twitter的发帖量创下了历史最高纪录，平均每秒达到3 440个。英国广播公司全球新闻节目主编彼得·霍罗克斯介绍道："我们派驻在喀布尔的记者向阿富汗的安全部门官员询问情况，他们回答说：'你们来晚了，现在满大街都在传本·拉登的死讯了。'"《华盛顿邮报》的克里斯·西利扎在Twitter上写道："如果还有人不相信微博作为新闻传播工具的实力的话，那么这次的表现足以让你改变主意。"在这次"新闻竞赛"中，CNN（美国有线电视新闻网）、BBC（英国广播公司）等著名的传统媒体被远远地甩在后面。多年前，CNN曾在海湾战争时期即时、持续性地播发现场图片，在报道新闻的速度和信息量方面都完胜纸质媒体，而在本·拉登事件的报道中，却被微博击败。

---

[1] 王君超. 微博的"颠覆性创新"[J]. 传媒, 2011 (4): 61-62.

## 二、公民编辑

一般来说，公民记者在传播原创信息之前需要对信息做一些编辑，而处理转发信息的过程则主要是一种编发行为，于是，在"公民记者"一词出现后不久，紧接着"公民编辑"一词也应运而生。《现代汉语词典》解释"编辑"一词为对资料或现代作品进行整理、加工，或做编辑工作的人。从新闻传播学的角度来看，"公民编辑"是一群非职业新闻传播工作者在发布信息时，不仅可能参与信息的采编播，同时对相关信息也进行了编辑工作。从社会学和政治学的角度，这一名称的出现意味着公民在现代网络社会中不仅能够自由积极地表达个人观点，还能够将之进行处理后分享传播给社会大众。综合这两个方面，对公民编辑可以这样定义：公民编辑是在信息传播过程中对图文及音视频等各种信息进行编辑的人。

由此可见，"公民编辑"的概念与公民记者的概念一脉相承，它指的是"非专业新闻传播者依托数字媒体平台，自发、协作式地对社会精神产品进行选择和加工，是一种公民自觉意识意义上的自组织编辑行为。"[1]如果说公民记者的率先兴起，是由于互联网出现后，特别是社会化媒体发展早期所出现的一种公民自发的内容生产活动，"公民编辑概念则是在社会化媒体高度发展、社会协作式内容生产和传播成为常态的今天，民众积极参与到当今社会丰富多彩的精神文化产品的生产和传播活动中，日益成为一种与专业内容生产相互补充、相互引申阐发，甚至在某些情况下可以分庭抗礼的一种方式和力量，从而重构了社会整体的媒介生态环境。从侧重而言，公民记者更侧重于创作和内容生产，而公民编辑侧重的是对信息（包括原创和非原创）的编撰或基于网络既有内容再编创的传播行为。"[2]

作为网络平台用户的普通民众，通过个人化的定制和采编设置，对各种信息的点赞、转发、评论和分享都客观上实际是对相关信息进行了编辑行为，在一些如聚合新闻App式的内容协作平台上，原本在传统传播环境中处于受众地位的用户还自动成为内容采编推荐系统的一部分。再如，很多网上知识社区就是靠集合广大网民们的知识储备，协同聚合各类知识，最终共建各种实时更新的动态百科。比如，各种被冠以"百科"的平台，都是所有网民都可以参与词条的创建、编写和修改。此类协作平台可以集合起许多公民编辑的知识和

---

[1] 金兼斌，李晨晖. 社会化媒体时代的"公民编辑"：概念与形态 [J]. 编辑之友，2018（1）69.
[2] 张品良，陈滢. 自媒体时代"公民编辑"的生成及其引领 [J]. 东南传播，2012（9）：36.

能力，通过在全球范围内募集各方面的专业人士，发挥群体智慧来编撰整合内容。再如一些社会问答社区，所有人都可以提问，所有人都可以回答，其中高质量的问答会被推荐，从而被更大范围地共享。这些平台都既没有规定严格的准入机制，也没有规范化的编辑流程，不仅信息输入是开放的，连之后的编辑也是开放的。因为可以即时更新，所以相比传统同类信息的传播状态，它更是动态的，还可以自动规模化生产和分享。从维基百科在世界范围内的成功可以看作是这种 UGC 模式的成功，虽然最初只是一些碎片化的解答，但是当各种微内容汇聚成大数据，就能够产生巨大的社会知识生产力，让其中每一个参与编辑分享的用户也从中感受到一种自我价值的体现。

在工作方式上，公民编辑也不需像传统编辑一样上班，在固定的时间地点完成相应的工作。凭借手机或平板电脑等随身工具，他们可以在任何时间及地点编辑发布包括文字、图片、音频、视频在内的各种信息。公民编辑要处理的信息相对于传统编辑要处理的信息通常更碎片化、更多元化，其评估、选择、编辑、发布的过程既可能是严谨的，也可能是随意的。但是在自由和开放程度上，公民编辑的"尺度"要远超传统编辑。互联网本身就是一个包容性极强的多元文化平台，而网络内容随时随地都可以修改，公民编辑的行为都是开放的。公民编辑永远可以自由判断、处理获得的评论，更新或修改发布的信息。

公民编辑相比职业编辑有着明显的个人化特点。虽然职业编辑也可以有个人化的风格，但是公民编辑显然可以在工作中凸显更多的个人价值观。互联网时代信息源十分广泛，信息量巨大，人数众多的公民编辑面对海量的信息，在如何接收信息，选择接收怎样的信息方面，每个人都会有自己的选择和标准。由于一般人更关心与自己有关的事情，所以公民编辑处理和转发的内容一般也是自己感兴趣的。公民编辑所编辑的内容通常以个人为中心，围绕自身和自身的观点展开。由于每个人的兴趣爱好和人生观价值观世界观都不可能相同，而在相对自由的网络平台上，公民编辑的行为不受传统媒体中对编辑行为的限制，可以更多地依照自己的喜好来自由地进行，所以其风格化程度之高非传统媒体的职业编辑可比。传统编辑一般还需要考虑到所编辑信息的大众传播效果，而公民编辑则相对较少考虑大众群体，其传播行为常常只针对一些小众群体。如一些对青年亚文化感兴趣的年轻编辑，在编辑发布和评论时，大量使用网络语言，甚至常使用只有身边几个人明白的"圈内语言"。虽然一些"圈外人"可能会看后不知所云，但是这种风格却能有效地形成群体认同，增进小群体内部成员之间的感情。

传统媒体的编辑是信息传播过程中重要的把关人，他们遵循着严格的信息筛选规定,像"筛子"一样过滤经手的信息,对哪些信息可以进入大众传播领域有决定权。由于他们的工作一般都有着一个明确的定位或纲领,因此编辑工作总是按预定的方案将相关信息向预定的方向塑造并推送。在公民编辑的编辑工作中,把关环节大大减少。很多情况下,公民编辑是自己信息的唯一把关人。公民编辑不是职业媒体人,编辑工作不是其主职,但是,在传播环节中,他们却在事实上能发挥着编辑的作用。公民编辑可以通过利用各种采集工具在互联网采集信息,然后对相关内容进行再次整合。通过此类行为,他们既可以直接或间接地表达个人观点,同时还扮演了"把关人"的角色,通过对相关信息的处理和筛选,在不同程度上左右相关信息的内容方向。

有的公民编辑本身也是公民记者,即使不是,他们对信息的处理都自由度也更高。公民编辑可以让所有的编辑原则按照自己的价值观设定,并在内容输出中发表代表了自己的倾向性的观点。这些原则既可以保持长期稳定,也可以随时调整。

在传统编辑工作中,除自己校对外,他人的校对也是所传播信息的质量保证。但是他人校对环节在公民编辑的工作中实际上是缺失的。有时为抢时间,公民编辑通常是快速地随编随发,出错率相对较高。好在一旦发现问题,在网络平台上及时调整更正也十分便捷,在很大程度上还是能弥补一些疏忽。因此校对缺失的缺陷对于公民编辑来说并不是特别严重。

虽然绝大多数的个人自媒体平台的编辑工作都是由个人自己打理,但是一些原本就有影响力的意见领袖和一些成功的个人平台也存在着商业化的运作。在个人自媒体平台的商业化运作中,相关的编辑工作就不再是由一个人,它常常需要一个团队。这样的团队和传统媒体的编辑部一样,会制定一些规章,对内容风格会有准确的定位,不管是对原创作品的编辑,还是对网上已有内容和素材进行二次加工的再创作式编辑,常常都需要进行选题的规划和设计。在内容被生产出来后,团队成员会根据需要进行选择编辑加工,而这些环节是为之后的信息推送服务的。因此一个成功的自媒体账号要想运营良好,还是会像传统媒体那样,对采、编、营销等多个环节有严格的要求,相对来说,对编辑也会有较高的编辑素养要求。

### 三、自媒体人的影响与存在的问题

自媒体人的出现对整个世界的社会传播形态都产生重大的影响,并由此也带来一些问题。

## （一）自媒体人的影响

### 1. 信息更加碎片化

当人人都可以记录、创作、编辑和发布信息，信息的总量随之增加了。由于公民记者和公民编辑本身都是普通公民，他们人数众多，能在现实中直接接触到丰富的第一手素材，因此他们所传播的信息的广度是传统媒体人无法比拟的。但是公民记者公民编辑的兴起并不会让职业记者和职业编辑失业，作为大众传媒的补充，为大众传媒提供更多的信源，与大众传媒形成互动。公民记者和公民编辑为大众传媒提供了取之不尽、用之不竭的"信源"。一般来说，大众传媒有自己的专职记者队伍，但任何媒体的记者力量都是有限的，任何先进的交通条件和通信技术都无法保证记者在新闻发生的当时出现在现场。而公民记者和公民编辑正好弥补了大众传媒在这方面的不足。[1]相对于采写编能力较强，有能力关注宏观事物的传统媒体人，自媒体人的视角和注意力相对更多地聚焦于身边的微观事物。虽然公民记者们生产出来的新闻产品往往只是零碎随机的半成品，缺乏严谨的逻辑和深度分析，然而恰恰是这些更加原生态的内容更真实地展现出个人的风格和一些本真的观点。

### 2. 拟态环境更接近于事实

沃尔特·李普曼（Walter Lippmann）的拟态环境（pseudo-environment）理论认为，大众传播活动形成的信息环境，并不是客观环境镜子式的再现，而是大众传播媒介通过对信息的选择、加工和报道，重新加以结构化处理以后向人们所提示的环境。从这个角度可以看出，受众通过媒介获得的对世界的认识永远不可能是绝对客观真实的。但是，就像多边形的边越多就越接近圆形一样，当媒介的数目增多后，对世界不同角度的展示机会也增多。由于自媒体人数目的庞大，他们产生的信息量也巨大，由此，受众得以有机会从更多的层面和细节认知世界，更多角度地了解世界，从而更有可能获知客观世界更真实的一面。

自媒体人的工作使媒介信息构成的拟态环境更接近于事实。美国微软—全国广播公司（MSNBC）高级主管罗瑟米奇认为，公民记者和公民编辑为主流媒体"增添了声音，而且是不经加工的真实声音"。由于自媒体群体的体量巨大，其中的个人差异度也巨大。受限于自身社会角色、生活环境、工作条件、文化水平、认知能力、思想信仰和思维方式等各种主客观因素，公民记者和公

---

[1] 赵志立.公民记者和公民编辑兴起的意义与挑战 [J].中国编辑，2006（9）：39.

民编辑所推送的信息的深度相互之间差别巨大。有的公民记者和公民编辑可能本身就是职业媒体人，只不过是在工作之外的时间里在个人的社交网络空间中编辑发布一些私人的个性化内容。但是更多的公民记者和公民编辑是分布在各行各业、各个年龄层和有各种身份背景的人。虽然他们不具有新闻传播领域的专业性，但却可能有着各自行业各自领域的专业性，对各自工作生活中的一些他人接触不到的细节有着最直接的感受，他们发布的内容可以构成一幅更全面生动的社会图谱。

### 3. 出现反向议题设置

各种自媒体的纷纷出现，为并非是传统职业信息传播者的普通网民们提供了各种便捷的传播平台，这从根本上改变了普通网民在传播中原本处于受众位置的被动地位和状态。公民记者和公民编辑的出现，重构了新闻采写编的操作模式，传播者之间的传受地位虽然还不可能达到平等，但是因为可以互相转换，所以不再像以前那样，处于一种双方对话相对艰难的强弱分明的对垒状态。

公民编辑的大量涌现进一步弱化了传统媒体对大众的议题设置能力，传统媒体中的编辑常常不仅是议题的设置者，同时还是议题讨论的主导者。但是不同的公民编辑对同一事物的观察的角度差异度都很大。在匿名的情况下，许多公民记者和公民编辑有时会表现得更勇敢、大胆、直白，而此类风格有时会更具吸引力和影响力。此外，自媒体人采用各种传播技巧创作和发布的信息，有时因为与大众的利益或兴趣息息相关，会被大数据算法自动列为热点，从而获取更多的点击量，在事实上实现了大众对大众媒体议题的反向设置。

## （二）自媒体人存在的问题

### 1. 忽视媒介伦理规范

从公民新闻发展的实际情况看，公民记者和公民编辑的素养参差不齐。由于在互联网时代，单位时间内同时产生的信息总量越来越大，因此受众的注意力反而成了稀缺资源。因为马太效应，有影响的自媒体内容的影响急剧上升和放大，而这些影响力可能会给相应的自媒体人带来有时是超出预计的名和利。在利益面前，或是因为虚荣，或是因为急功近利，一些公民记者和公民编辑有时会有意无意地罔顾事实，违反新闻写作的真实性原则，或为了哗众取宠而滥用辞藻，导致违反新闻写作的客观性原则，损害社会或他人的利益。此外，许多自媒体人对信源不明的信息不经核实轻易转发，为吸引流量争当"标题党"。虽然此类问题也存在于传统媒体的工作中，但是在自媒体中各种忽视媒介基本伦理规范的情况更为突出，而断章取义、指鹿为马、混淆视听的行为则可能成为社会的隐患，也严重影响了自媒体的公信力。

**2. 忽视知识产权规定**

在自媒体人每天推出的庞杂的原创内容中，除了夹杂着大量不合媒介伦理规范的内容以外，还存在着大量不经原作者同意而盗用、转载、删改的内容。

专业的新闻传播者一般在接受专业规范的新闻写作训练的同时，也了解如何规范地处理各种信息。但是相当多的自媒体人不仅不是职业新闻传播者，而且有的自身文化素质就不高，甚至价值观念还存在偏差。因此在自媒体的信息中，常常存在着大量侵犯他人知识产权的内容。虽然几乎所有自媒体平台都会标明要求作者遵守知识产权，但是这些规定往往根本没有被读一遍就被点了同意，然后再被无视。

在各种自媒体平台上，常常会看到抱怨自己的文章或图片或视频被未经同意就擅自使用的檄文。最常见的情况是文章被换个标题就重新发布，有的竟然还超过了原作者在原平台上阅读量。此外，为了达到搞笑或讽刺的效果，自媒体人随意整合删改恶搞著名作品的情况也比比皆是。

虽然公民记者和公民编辑创作的内容都个性化风格浓重，但是个性化的定位，并不意味着不用顾及社会的公序良俗等基本规范。被冠以"公民"的称呼其实就意味着，这种新闻传播行为具有了一定的大众传播的公共属性，公民记者和公民编辑的私人空间就同时也具有了公共空间属性。由此，公民记者和公民编辑需要担负起公民社会的媒体人社会责任和社会功能。因此，虽然大多数公民记者和公民编辑们管理的只不过是影响力有限的个人社交媒体账号，对于自己采集、创作、处理、发布的信息也需要负最基本的社会责任。

## 四、公民新闻

虽然现在公民新闻的兴盛被认为是源于互联网的发展和自媒体的兴起，但其实从内核上，网络时代的公民新闻在精神上承袭着20世纪90年代初在美国新闻界兴起的公共新闻学（public journalism）社会运动，该运动出现的背景是社会大众对当时的新闻界提出许多批评，并出现了信任危机。该运动提出应由公众而不是专业的媒体人来设置新闻报道的议题。纽约大学的教授杰·罗森（Jay Rosen）被称为"公共新闻学之父"，他提出新闻业应当变得更加开放，成为公众的民主论坛。虽然由公众设置议题现在看来十分平常，但是在当时这种观点对传统的新闻规范还是产生了强烈的冲击。

在新闻史上,"公共新闻运动"被誉为"美国新闻史上最有组织的内部社会运动",据统计,1994—2001年,美国有超过两成的报社执行了某种形式的公共新闻,但是在传统媒体大众传播时代,做公共新闻程序烦琐,耗费大量人力物力,效果相对于付出却不够明显。

公民新闻(Civil Journalism)又称参与式新闻、市民新闻,是一种公众参与度较高的新闻报道形式。有人将公民新闻理解为"公民(非专业新闻传播者)通过大众媒体、个人通信工具,向社会发布自己在特殊时空中得到或掌握的新近发生的特殊的、重要的信息"[1]。有人把它称为"来自业余新闻工作者的第一手新闻报道"[2]。一般来说,公民新闻就是在新媒体环境下,公民在新闻传播过程中起主导作用的新闻传播方式。

公民新闻的出现有着革命性的意义。公民新闻的诞生,打破了"传播者"与"受众"之间的传统界限,从根本上改变了受众群体在传播中的地位,传播者和受众群体不仅完全处于平等的地位,而且在意义上可以互换,实现了传播主体的位移。建立在双向传播基础上的公民新闻促进了民间话语体系的崛起,颠覆了"舆论一律"的传播格局,是一种民主化的媒体形式。因为有了大众的参与和影响,主流媒体的报道将会变得更加客观,更加理性。新闻将不再是几家媒体的发言,而会成为全社会共同的声音,公民新闻是新闻业的一场革命。[3]

网络传播的便捷化及社交化激发了公民参与新闻传播的兴趣和积极性,由于公民新闻的参与都是自发的主动行为,因此从这个意义上来讲,公共新闻的公共性精神和对话主义在网络时代的公民新闻中仍被自动继承。只不过在网络时代,它更多地是一种参与和共享,交流与互动。公民新闻与公共新闻的精神内核是一致的。在传统媒体时期,受限于传媒技术的发展和公民的媒介素养,公众参与社会事务讨论的渠道是狭窄的,效率是低下的;但新媒体技术的发展可以让公民记者跨时空地参与社会公共事务和进行新闻报道,这就为发展公民新闻的参与性奠定了技术基础。在互联网空间中,每个公民记者的身份在形式上是平等的、自由的,他们参与社会公共事务讨论的渠道也是多元自由的。[4]

---

[1] 郭涛. 公民新闻,传统新闻的颠覆者[N/OL]. 新华网. http://news.xinhuanet.com/newmedia/2008-02/03/content_7560019.htm.

[2] 杜向菊. 我国公民新闻的发展现状与前景[J]. 新闻世界,2010(7):19-20.

[3] 郭颖. 网络时代公民新闻存在的问题及改进策略[J]. 前沿,2011(12):151.

[4] 李欣人,何明敏. 走向社区新闻:公民新闻发展路径的反思[J]. 编辑之友,2017(9):53

虽然网络时代公民新闻的历史并不长，但是此类公民新闻的影响已凸显。这种影响首先使传统新闻机构日益受到公民新闻的冲击，越来越多的报纸读者或电视观众借助互联网、可拍照手机、摄像机及其他科技工具参与新闻制作。公民新闻使传媒与受众的互动方式发生了变化，公民新闻为舆论场增添了声音，而且是更加原生态的声音。公民新闻在"重构事实真相"方面具有先天的优势。在一些突发事件现场，在场的普通人可以第一时间用所携带的手机等工具将信息相对最本真的状态记录下来，而且可以采用文字报道、图片解说、视频呈现、VR展示等多种方法立即发布。而中国"天网监控系统"中几乎无处不在的监控摄像头、一些车辆上配备的行车记录仪、警察或城管的执法记录仪等工具，也在还原事发情况中起到很大的帮助。

网络时代的公民新闻常常被称为"公共新闻2.0"。美国的两位传播学者谢恩·波曼和克里斯·威利斯在他们的《自媒体》一书中如此描述公民新闻：一群公民扮演主动角色，他们主动进行新闻及资讯的收集、报道、分析及传送过程，旨在提供民主社会所需的独立、可信、正确、广泛且相关的资讯。

近年来，中国公民新闻事业在数字技术的推动下发展迅速，热点公民新闻事件频出。除自媒体外，中国商业新闻网站也纷纷搭建公民新闻平台。而在这个过程中，公民新闻与传统专业新闻互相促进，出现了融合趋势，公民新闻成为传统的专业新闻机构重要的信息源，为一些新闻大事件提供亲身体会的信息和事实细节。而公民新闻的影响往往也需要传统专业媒体的转发和评论，在一些有影响力的意见领袖的二级传播中扩大影响。在这个过程中，公民记者的"记者意识"可以得到强化，而传统媒体工作者的"公民意识"也被更多地激发出来。从目前公民新闻的发展情况来看，公民新闻呈现出自然融入主流新闻业的趋势，大众已渐渐习惯公民新闻是现代大众传播结构中重要的组成部分的这一现状。

# 第四章

# 网络舆情管理与网络道德自律

**内容提要：**

本章主要讨论网络舆论的特征、影响及引导方法、网络自律式管理的办法。

**重点包括以下五方面的内容：**

1. 网络舆论的基本特征。
2. 引导网络舆论的方法。
3. 网络舆论引导方法。
4. 网络行为道德规范。
5. 中外互联网自律机构及其作用。

## 第一节　网络舆情管理

舆论是公众对现实社会与社会中的各种现象、问题所表达的信念、态度、意见和情绪的总和。网络舆论是公众在互联网上公开表达的对某种社会现象或社会问题的具有一定影响力和倾向性的共同意见。

网络媒体形成舆论的区域是网络上的各种信息发布平台，其中最主要的是微博和微信，网民通过发帖或跟帖表明自己的立场和观点，交流思想，很多网民的观点集合在一起，就形成了网络舆论。不过，在网民人口与全国人口仍不等值的情况下，网络舆论并不等同于大众舆论，不能轻易把网民的意见视为舆论。中国人民大学教授陈力丹认为，不能简单地认为网民就是整个社会公民的全体，网民也代表不了全社会的公众利益。[1] 使用网络舆论的概念要慎重，一般情况下，使用"网络意见"较妥当。但是，由于人们的使用习惯已固定，本书仍沿用网络舆论一词。

### 一、网络舆论的基本特征

《时代周刊》封面

因为网络舆论融入了互联网的一些特征，如有海量的信息，有独特的交流性、开放性、及时性以及更强的针对性，呈现出与传统媒体舆论不同的特点。

#### （一）网络舆论传播形式上的特点

**1. 网络舆论传播者可以是所有网民**

互联网与其他大众传播媒介相比，让使用者获得更多的传播机会，它可以是网民充分展现自己观点的平台。在网络社会里，每个人都可以成为舆论的主体，可以自由讨论、交流意见，参与舆论的形成过程。

---

[1] 陈力丹. 解析中国新闻传播学 2008 [J]. 上海：上海交通大学出版社，2008：53.

确实,随着网络的普及和网民人数的不断增加,普罗大众拥有了传播话语权,越来越多的人可以利用网络传播自己的观点,这些促使"草根阶层"不断崛起。网络舆论监督促使国家管理层工作更加透明,大众有了更多参与社会管理的权利及能力,整个世界的民主化进程得到了有力的推动。

**2. 网络舆论有更高的传播自由度**

传统传播自由的观点源于新闻自由,指的是在法律规定或法律未加禁止的范围内,公民拥有按照自己的意愿发表意见交流信息的权利。在数字时代之前,公民的自然舆论力量相对于媒体的"强势"显得较为"弱势",而网络这一传播方式为信息传播者和接受者之间的互动提供了更多的机会,互联网也为普通民众提供了一个打破更多限制的平台,对提高传播自由度有明显的促进作用。

出于保护隐私的考虑,互联网自建设之初,没有必须实名的相关制度,网络匿名、自由和交互的特点为网民提供了隐藏身份的机会。网民在上网时,不管是在注册时,还是在交流时,都可以自由地更换"马甲",任意设定自己的身份。匿名使人们在网上的行为格外大胆。许多网民在网上公开、坦白、毫无顾忌地发表观点、意见,不担心由此可能产生的影响。当然,发布信息和控制信息影响度的自由也不是绝对的,这种自由即便是在网络环境中也是会受到限制的。由于互联网领域的信息监督和惩罚更多集中在事后,因此,相对于传统媒体的传播环境,这种自由度已经得到显著提高。

**3. 网络舆论形成迅速并较难控制**

由于受众享有极大的选择权和主动权,因此,在网络环境中,传播权力开始向普通网民倾斜。在网络环境中,人们能够听到多种声音而不是一种观点,网络自然地成为人们喜欢的"言论自由的市场"。网络传播打破了时间和空间的界限,因此,每当有一个事件发生时,很快就会在网络上形成舆论场。如果某个信息传递的内容能引起网民的兴趣,这一信息很快就会被跟帖或反复转载,最终成为网上的一个热门话题,在一段时间内产生巨大的舆论效果。

2018年4月5日上午,一篇帖子出现在网络上,原北京大学1995级社会学系学生李某实名举报前北大中文系教授、现任南京大学文学院教授沈某,称沈某20年前曾性侵北大中文系1995级本科生高某,并致使高某于1998年3月11日自杀身亡。

许多媒体迅速联系当事人沈某。5日下午,沈某给红星新闻记者发短信声明,对此事予以澄清,他强调当年北大和警方对此事有调查和明确结论,保留控告权利。沈某称,他已向南京大学文学院党委发信就此事发出声明。他在声明中提到，网络上的"指责"均为恶意诽谤。

4月6日上午，北京大学党委宣传部部长、北京大学新闻发言人对红星新闻记者表示，北大校方目前正在跟进了解此事。

4月6日下午，北京大学官方微博就此事发布说明：经查阅相关材料，1998年3月，北京市公安局西城分局曾针对这一事件有过一份调查结果；1998年7月，北京大学对沈某给予了行政处分。此外，北京大学官微表示已经要求教师职业道德和纪律委员会立即复核情况，依法依规开展工作。

4月7日，南京大学文学院在官网发布《南京大学文学院关于北大校友网上发文的声明》，建议沈某辞去南京大学文学院的教职。同日，上海师范大学公开发出声明，明确终止此前与南京大学文学院教授沈某所签订的校外兼职教师聘任协议。

在此事件中，从发帖到当事人回应，只隔了几个小时的时间，而三所高校所发表的相关声明，也都集中在两天之内。而且在这个过程中，沈某现在和以前的同事、教过的学生也都主动发帖或接受采访，对此事及沈某本人从各个方面进行了评论。

**4. 网络舆论有时会变成"网络暴力"**

这种舆论控制的弱化有时会导致"网络暴力"的发生，而"网络暴力"的相关行为中，除了有指向或无目的的谩骂外，更有杀伤力的是"人肉搜索"。人肉搜索不是在电脑上输入关键词后由搜索引擎自动查找，而是由一名网友提供搜索目标，然后众多网民互相提供印证信息。

人肉搜索在2007年的周正龙"华南虎照"事件、2008年周久耕"天价烟局长"事件中都发挥了巨大的作用，但是它所包含的"全民狂欢"式的成分最终也产生了负面的效果。无辜的人被误当作众矢之的，还有很多被无故"人肉"的人的家属也被连累。

2014年，最高人民法院公布的《最高人民法院关于审理利用信息网络侵害人身权益民事纠纷案件适用法律若干问题的规定》首次明确"人肉搜索""网络水军"属违法。2017年，国家互联网信息办公室公布《互联网跟帖评论服务管理规定》，并明确指出，互联网平台不得向未认证真实身份信息的互联网用户提供跟帖评论服务。

## （二）网络舆论传播内容上的特点

**1. 网络舆论的内容涉及面更广**

在传统社会，人们由于害怕被孤立，会对优势意见采取趋同行为，进而把某种观点确立为主导意见从而形成舆论。但在网络传播环境中，这种情况得到了改变。网民在网络社区中大都会主动提出自己的意见和观点，这种传播的个性化使舆论主体呈现分众化趋势。

在网络平台上，所有传播者都有话语权，且不能对别人的话语权进行限制，因此，网络媒体成为个人意识自由扩张的空间。个人想获取和传播的大都是个性化的信息，个人的价值观念不同，这就保证了互联网舆论领域里观点的多元化。互联网上内容五彩纷呈，丰富的信息和多样服务的功能确实给人们的生活带来了便利，但多元的价值观有时会和社会传统价值观产生冲突。网络传播对普通网民话语权限的解放，激发了人们想说敢说的欲望。由于网民可以在网上对任何事情畅所欲言，既可能有积极的建设性的观点意见，又可能有消极的偏激性的谩骂攻击，网络舆论内容鱼龙混杂。

**2. 网络舆论更感性，体现出更多的个人主观情绪**

由于网络舆论自发性更强，因此有着更多的非理性成分，许多网民的言论片面、偏激，充满个人情绪，而网络的低门槛给这种情绪的发泄提供了载体。由于网民大都使用虚拟的网名，隐匿了真实的身份，因此，有些网民出于自身利益或是为了引起注意，往往更倾向于发布一些偏激的言论。互联网的高效传播为普通公众的不满情绪提供了一个展示和放大的平台，很多非理性的观点聚合在一起，产生一种"共鸣"效果，让偏激的情绪很快就蔓延开来，并越来越偏离事实真相。而这些非理性的牢骚情绪的集体爆发，有时可能导致舆论谴责并不完全公正合理。

2010年10月16日晚9时40分，在河北大学生活区内发生一起交通事故，导致一死一伤的严重后果。20日，某网站的杂谈版块上，网名为"河大义工"的一篇帖子引爆了网络讨论。该帖称："当时车速很快，大约80至100码。被撞女生腾空特别高，而且这辆车撞人后并没有减速，后轮从一名女生的身上碾过⋯⋯在撞到人后，他竟然继续行进，想从大门口逃跑，后被学生及保安拦下。下车后，肇事者未表现出丝毫的歉意，他竟然说：'看把我车给刮的！你知道我爸是谁吗？我爸是李刚！'⋯⋯大家努力转载啊，搜索李刚，人神共愤，力灭其嚣张！"[1]

肇事者及其宣称的父亲"李刚"迅速遭到了网民的人肉搜索。搜索结果显示：肇事者李某某是河北传媒学院2008届播音主持专业的学生，其父李刚

---

[1] 何涛，张莹. "李刚门"目击者集体沉默，我爸是李刚成流行语[N]. 广州日报，2010-10-21（A9）.

是保定市公安局北市区分局主管刑侦的副局长。许多网民很自然地将李某某与"官二代"的刻板印象联系起来。很快，一些关于李刚如何贪腐的消息在网络上流传开来。

后保定市公安局调查表明，"李刚有五套房产""李刚岳父是某副省长"等网上"爆料"均系谣言，但所有的调查结果未向媒体和社会公布，因为在彼时的网络舆论氛围中，任何的澄清都有可能招致网民的嘲讽和谩骂。而"我爸是李刚"这句话也被偷换了语境，迅速成为2010年网络最热流行语。事件发生后，保定市公安局曾先后四次召开新闻发布会介绍案件进展，但他们的声音完全被铺天盖地的质疑和责骂所湮没。许多相关的造句大赛和恶搞MV更是将"我爸是李刚"塑造成典型的"官二代语录"。

## 二、网络舆论的监督作用

在一些问题、事件、案件的解决过程中，网络舆论的推动作用效果显著。网络平台显现出公共领域的特征，在某种程度上也起到监督国家权力并影响国家公共政策的作用。越来越多的事例显示出网络舆论不仅可以与传统媒体一起发挥舆论监督的功能，促进社会管理的公正、公平和公开，而且其监督功能已经得到社会充分肯定。

### （一）2003年——网络舆论年

2003年被称为"网络舆论年"，也就是在这一年，中国互联网上的舆论相继聚焦到三大新闻事件上："孙志刚案""刘涌案"和"宝马撞人案"。这三个事件一次又一次地在互联网上掀起巨大的波澜，而网上舆论对这三个案件的关注对整个社会舆论产生了重大的影响。

**1."孙志刚案"**

2003年3月17日，27岁的大学毕业生孙志刚因被警察查到没有暂住证，被广州黄村街派出所送到收容站收容，于3月20日被殴打致死。4月25日，《南方都市报》的《被收容者孙志刚之死》首次披露了孙志刚惨死一个多月却无人过问的事件经过。当天，文章被各大网站转载，并立即引起强烈反响，点击率仅次于当时与"非典"相关的报道。尽管传统媒体一开始对孙志刚案报道不多，但网上排山倒海般的谴责和抗议给公安部门和行政机关带来了无形的压力。"中青论坛"就孙志刚事件以"天堂不需要暂住证"开设了主题，引发了近两万网民参与的讨论。网民们对行政执法和暂住证制度中存在的问题予以讨论与抨击，强烈要求有关部门公开、透明地处理孙志刚事件，形成声势颇大的舆论浪潮。

孙志刚案在网络上引起的巨大反响，一方面推动了案件的侦查进度和对相关人员的处理，另一方面还引发了民间对已经走样的收容遣送制度的质疑。最终，网络舆论的压力与传统媒体舆论的压力汇聚一起，不仅为一个无辜冤死的青年讨回了公道，并且直接推动了原有城市收容法规的废除。2003年6月18日，温家宝主持召开国务院常务会议，审议并原则通过了《城市生活无着的流浪乞讨人员救助管理办法（草案）》，同时废止了1982年5月由国务院发布的《城市流浪人员乞讨收容遣送办法》。

### 2."刘涌案"

刘涌原为沈阳嘉阳集团董事长，因涉嫌一系列"黑社会"行为，于2000年7月11日被沈阳市公安局刑事拘留，同年8月10日经沈阳市人民检察院批准逮捕。2003年8月16日，刘涌二审被改判死刑缓期两年执行。这则在传统媒体上只是公布性质的消息却在互联网上引起了轩然大波。对于刘涌一审被判死刑、二审判为死缓的改判，网络上爆发了各种声讨与争论，网民对二审判决书中一些不够详细的信息提出了强烈的质疑。在新浪网、新华网、搜狐网、人民网等网站，与此事件相关的留言在一天之内就超过30万条。许多网民在帖子中表达了他们的愤怒，一些知道事件细节的人和一些法律专家也在网上对此案进行了详细分析。几乎所有论坛中有关此事的帖子都反映着同一种认识，即认为缓期的判决背后可能存在司法腐败。

由于社会反响太大，2003年12月18日，在辽宁省锦州市，最高人民法院对"刘涌案"进行了提审。这是新中国成立以来最高人民法院第一次对一起普通刑事案件进行提审。22日，最高人民法院作出判决：以故意伤害罪，判处刘涌死刑，剥夺政治权利终身。

"刘涌案"的改判，网络媒体发挥的作用不容忽视，甚至有人称刘涌为第一个被网络灭掉的败类。互联网给予无数个普通民众参与讨论案件的机会，虽然每一个网民的声音是微弱、有限的，但是，很多网民的声音聚合在一起，就形成了一股强大的力量。

### 3."宝马撞人案"

2003年10月16日上午，黑龙江省农民代义权驾驶拉大葱的农用四轮车沿哈尔滨市道里区抚顺街自西向东行驶，行至人才市场门前，与同向停靠在路边的牌照为"黑AL6666"的苏秀文的宝马车左侧倒车镜相剐。事故发生后，苏秀文下车辱骂并殴打代义权。后围观群众劝说苏秀文向后移动车辆，以查看倒车镜的受损情况。苏秀文遂上车启动宝马车，结果汽车向前冲出，将站在汽车前方的代义权之妻刘忠霞当场撞死，并致围观群众七人轻伤，五人轻微伤。

公安机关于当日在现场将苏秀文捕获，在经过一系列举证、质证、控辩双方辩护等司法程序后，苏秀文被判犯交通肇事罪，判处有期徒刑两年，缓刑三年。但是，审判时，包括代义权在内的所有受害人和证人无一人到席，苏秀文被"判二缓三"。网民据此认为苏秀文必定有"后台"才有能力让证人甚至受害者"封口"。诸如此类的传言随着时间的推移越来越多，网民们自发形成的一些讨论，甚至出现了"苏秀文是多位领导的儿媳妇"等多个版本，许多网友为死者喊冤叫屈，于是有一些网民在网站论坛里作出推断：这是一起典型的司法不公审判，这其中肯定存在着司法腐败。网络上质疑的声音最终促使黑龙江省相关机构对与此有关的一系列情况进行了反腐调查。

### （二）网络舆论是现实社会大众心理的反映

网络舆论有褒有贬，但总体来说褒少贬多，其原因与现实社会大众心理有微妙的关系。

#### 1. 现实中客观存在负面因素

根据唯物辩证法，物质是第一性的，意识是第二性的，意识是物质的反映，社会舆论也是现实社会中的一些事实及人们对这些事实在意识上的反映。网络舆论属于社会舆论的一部分。

网络舆论与传统的舆论一样，起到反映事实和人们对事实的认识的作用，它能够有效地帮助执政者了解真实的社会大众心理，从而调整自己的工作方向和方法。应该说，网络舆论的存在是必然的，也是一个健康的现代社会所必需的。

网络使普通民众拥有了更广泛的话语权，每当有社会问题发生，而且这些问题一时间又没有得到合理有效的解决时，互联网上的一些平台就很容易成为人们发泄不满和失望情绪的地方。人们制造舆论的目的就是希望获得事情的真相，想通过合理的怀疑促使可能被掩盖的事实浮出水面。一方面，社会现实是网络舆论的基础；另一方面，网络舆论也能够反作用于社会现实。网络舆论的反作用对社会现实中的一些消极、负面因素起了施加压力的作用，对提高社会管理的透明度、增强政府执政能力有着积极的作用。

#### 2. 网络舆论体现了大众对风险的合理恐惧

虽然网络舆论不一定全都准确，但是一些即使是并不准确的网络舆论往往也能反映出人们的某种心理或对现实的看法。因此，虽然有些网络舆论本身不一定是基于事实和理性的，但是它们体现了大众对现实风险的合理恐惧。

2011年2月10日凌晨2时，有传言称江苏省响水县陈家港化工园区有化工厂发生毒气外溢，面临爆炸，一些不明真相的群众产生恐慌情绪，纷纷逃往县城。在逃离过程中，由于道路过于拥堵，发生交通事故并导致4人死亡。

这种恐慌背后有原委——产生爆炸谣言的陈家港化工园区周边群众普遍反映，他们平时能闻到一些刺鼻的气味，有时甚至"连窗户都不敢开"。而且，2007年园区内的一家公司就发生过爆炸，导致8人死亡，数十人受伤。这次因谣言而起的出逃事件反映了当地居民对园区的化工企业能否做到安全生产充满质疑，对政府的监管机制也缺乏信任。

**3. 网络舆论体现了大众对现实的刻板印象**

2004年3月14日，昆明一女子企图自杀时被消防队员救下。云南《都市时报》摄影记者黄兴能，在事发现场拍下3名联防队员将女子带走的照片并发在网上。该照片从此在网络上以惊人的速度疯传，"协警救人"渐渐被误读为"城管抓摊贩""协警抓小姐"，甚至有艺术家据此照片创作了引起轰动的雕塑。在照片被误读的过程中，尽管拍照的记者和相关媒体一再澄清，却始终无法阻挡流言的传播。

2010年，中国人民大学新闻与社会发展研究中心的陈力丹、李敏在《新闻实践》上发表了《一张照片被误读六年的社会心理历程》一文，分析了从"救人"到"抓人"这一过程中流言是怎样形成的。作者认为，长期以来，公众对城管已经形成了刻板印象，人们在现实生活中看到太多的城管与商贩们的冲突，看到太多的协警执法的简单粗暴；当看到照片中代表着某种组织权力的制服，看到那3个大男人的"野蛮动作"，人们理所当然地想到这是"协警抓小姐"或"城管抓摊贩"，照片中呈现出来的毫无人情味的画面，正好符合了这种刻板印象。[1]

网络舆论对一些事物的看法可能会有所偏颇，但是，在这些偏颇或者误读中，也在隐隐透露着社会中暗涌的情绪，相关政府执法部门需要做的是以此为鉴，改变工作作风，改善自身形象。

## （三）网络舆论受到政府重视

互联网刚普及时，网络新闻工作者仿佛还不能与传统媒体的新闻工作者"平起平坐"，如今，网络媒体也成为新闻报道不可或缺的一部分。

---

[1] 陈力丹，李敏. 一张照片被误读六年的社会心理历程 [J]. 新闻实践，2010 (10): 6-7.

2014年2月27日,习近平在中央网络安全和信息化领导小组第一次会议上表示:做好网上舆论工作是一项长期任务,要创新改进网上宣传,运用网络传播规律,弘扬主旋律,激发正能量,大力培育和践行社会主义核心价值观,把握好网上舆论引导的时、度、效,使网络空间清朗起来。

2016年02月21日,习近平在党的新闻舆论工作座谈会上强调"做好党的新闻舆论工作,事关旗帜和道路,事关贯彻落实党的理论和路线方针政策,事关顺利推进党和国家各项事业,事关全党全国各族人民凝聚力和向心力,事关党和国家前途命运。"同样,在互联网快速发展的大背景下,网上舆论引导工作尤为关键,必须划清是非界限、澄清模糊认识。[1]

2016年4月19日,习近平在网络安全和信息化工作座谈会上说,领导干部要学会通过网络走群众路线,"网民来自老百姓,老百姓上了网,民意也就上了网。群众在哪儿,我们的领导干部就要到哪儿去,不然怎么联系群众呢?各级党政机关和领导干部要学会通过网络走群众路线,经常上网看看,潜潜水、聊聊天、发发声,了解群众所思所愿,收集好想法好建议,积极回应网民关切、解疑释惑。"[2]

2017年10月18日,习近平代表第十八届中央委员会向中共十九大作的报告时再次强调:加强互联网内容建设,建立网络综合治理体系,营造清朗的网络空间。

现在,每到"两会"前夕,各大网站都会推出类似"我有问题问总理""总理请听我说"等互动平台,吸引广大网友参与。法律规定,每个普通网民都可以通过各种形式自由表达意愿,并对党和政府的政策提出合理的意见和建议。

越来越多的地方政府官员意识到让公众参与反腐的重要性,通过互联网等渠道接受群众举报和投诉,其实质是让民间反腐力量得到制度认可,并形成新的监督体。早在2008年7月16日,时任湖南省株洲市纪委书记的杨平,在人民网强国博客注册实名博客,与全国网友探讨网络反腐问题,开始网络反腐的新尝试。此后,河南省新密市市委书记王铁良、江西省万安县纪委书记万建中还公开QQ号码,与广大市民在线交流。2010年1月,在安徽省亳州市政协

---

[1] 王凤标. 牢牢把握网上舆论引导主动权 [N/OL]. 新华网. http://www.xinhuanet.com/comments/2016-04/10/c_1118577995.htm.

[2] 新华网评. 领导干部要善于在网络上听取民意 [N/OL]. 新华网. http://www.xinhuanet.com/2016-04/21/c_1118696272.htm.

二届五次会议上，三位经常在当地网络论坛上发帖的"铁杆网民"被增补为该市政协委员，开创了安徽省政协委员网络选拔的先河。2011年全国两会召开前，300多位全国人大代表、政协委员开通微博，征集民意，一些地方代表委员也将网络当作征询公众意见的重要窗口。

2010年年底，中国社会科学院在发布的社会蓝皮书《2010年中国社会形势分析与预测》中提出，互联网已成为新闻舆论独立源头，与手机结合在一起的网络成为目前最强的舆论载体。在传统媒体因为种种顾虑而缺席或反应迟钝的情况下，互联网成为网民自发爆料和集结舆论的平台。各种网络热点事件涉及面广泛，体现了广大网民积极的社会参与意识。

2018年，为贯彻落实李克强总理关于"开门搞督查"的重要指示精神，配合开展2018年国务院大督查，国务院办公厅开展了"我为大督查提建议"活动，面向社会公开征集政策措施不落实、政府管理服务不到位、有关部门和单位不作为慢作为乱作为等问题线索以及相关意见建议。征集活动采取线上与线下相结合的方式，而相对于线下的邮寄方式，线上渠道实际成为重点，群众可以登录中国政府网"我为大督查提建议"专栏，也可以关注中国政府网微信公众号，进入"我为大督查提建议"微信小程序，还可以登录中国政府网"政务服务举报投诉平台"留言。

## 三、网络舆论公信力问题

新闻的第一性是真实性，但新闻总是人写的，人具有主观能动性，因此必然具有倾向性。绝对的真实是不存在的，网络的弱把关性使得网络信息的相对真实性也更加弱化，从而使网络信息的公信力也相对不足。不实之词在网络时代出现之前就存在于各种媒介，而在网络时代，由于信息的传播者可以是任何人，任何信息都可能得到几何级数的传播，传播手段多种多样，成本低、便捷性高，因此存量的社会信息总量就非常高。在海量信息中，如果信息不够吸引人则可能得不到足够的关注，因此为了得到关注，各种不实信息更容易以夸张的面目示人，这对于监督者和受众来说，都是十分令人头痛的问题。

### （一）塔西佗陷阱

"塔西佗陷阱"（Tacitus Trap）的意思是当政府部门失去公信力时，无论说真话还是假话，做好事还是坏事，都会被认为是说假话、做坏事。这个词来源于古罗马执政官塔西佗所著的一本书中的一段表述：一旦皇帝成了人们憎恨的对象,他做的好事和坏事就同样会引起人们对他的厌恶。但历史上塔西佗本人从未提过"陷阱"一词,而是中国美学家潘知常在2007年出版的《谁劫持了我们的美感——潘知常揭秘四大奇书》一书中,首次提出了"塔西佗陷阱"一词。从此,"塔西佗陷阱"便成为了一个与塔西佗有关但并非塔西佗提出的描述社会现象的词汇。

2015年5月2日,黑龙江省庆安县的公民徐纯合在庆安县火车站候车大厅与庆安站派出所民警发生冲突后,被民警开枪击倒身亡。随即有关"警察能不能不开枪射击""徐纯合为啥堵门赶旅客""徐家是不是上访户""监控视频有没有作假"等问题开始被网友热议。5月3日,庆安县委常委、副县长董国生代表省市领导慰问了事件中的受伤民警。报道称,董国生对民警为保护群众生命、财产安全,在负伤情况下坚持与歹徒搏斗的行为给予了肯定。结果这位官员的做法使网民的激愤和质疑情绪更为高涨,该官员立刻被网民"人肉"出户籍年龄、学历造假以及妻子"吃空饷"等问题。

许多传统媒体也开始倒向"死者是受害者"的舆论方向。2015年5月8日,《南方都市报》发表社论《庆安车站枪案亟待还原真相》,文中指出,家属收到铁路公安以"救助"名义发来的一笔钱,随后死者遗体被火化。据《北京青年报》报道,当地政府与死者家属达成了"不再继续追究"的协议。老人被送往养老院,孩子被送往福利院,患精神病的妻子被送去了精神病院,这些据说是农民徐纯合多年上访的主要诉求,在其本人被击毙后得到了"实现",但这个"实现",让人心酸,感到残忍,而且莫名地忧伤。2015年5月9日新华社发文质疑,追问该案件既然事发在众目睽睽之下,现场也有监控录像,并呼吁更权威中立的部门参与调查。

5月12日,黑龙江省绥化市委纪检委证实网上曝光的副县长董国生年龄、学历造假以及其妻子"吃空饷"等问题属实。之后,庆安县民办教师在网上发帖举报该县大批官员涉嫌买卖教师编制,举报帖还列出了"官员买编卖编名单"。

5月14日,央视播出了庆安枪击事件现场的监控视频。同时,枪击事件调查结果公布。经查,5月2日,黑龙江省庆安县丰收乡农民徐纯合(男,45岁,持当日庆安—金州的K930次列车硬座客票),与其81岁母亲权玉顺携3名子女去大连金州走亲。12时许,徐纯合在庆安站候车室进站入口处故意封堵通道,并将安检通道的旅客推出候车室外,关闭大门,致使40余名旅客无法进站,扰乱车站秩序。保安人员经制止无效后到公安值勤室报警,民警李乐斌接报后前来处理,对徐进行口头警告,责令其立即停止违法行为。徐纯合不听劝阻,辱骂并用矿泉水瓶投掷民警。民警随即对徐的双手进行控制,迫使其离开通道,让被挡的旅客进站。民警跑到值勤室,徐纯合追赶并且踹门,后民警用防暴棍制止徐纯合。期间,徐先将其母向民警方向猛推,后又将自己6岁的女儿举起向民警抛摔,致其女落地摔伤。徐抢夺防暴棍,并拳击民警头部,把警帽打飞。民警使用拳脚还击,在连续出击五次后打翻徐纯合在地。因倒地的徐纯合握住防暴棍,民警松开防暴棍,并掏出枪,徐趁机抢走防暴棍,抢打民警。民警取出佩枪开枪将徐击中。车站派出所随即拨打120急救电话,25分钟后120急救医生赶到现场,确认徐已死亡。调查认为,民警李乐斌开枪是正当履行职务行为,符合人民警察使用警械和武器条例及公安部相关规定。

但网络舆论并未平息,各种谣言仍然满天飞。如网名为"超级低俗屠夫"的吴某并未去过现场,却于5月20日在网上公布所谓"真相",称死者徐纯合"这次去火车站出门就是要去北京上访",还称当地政府和媒体造谣徐纯合向警察抛摔女儿,事实是他女儿为了保护爸爸不被打,抱住爸爸,然后被徐抱起放在另外一边"。还有网民柴某捏造事实,在网上发布新华社记者在庆安事件报道中"收好处费"。但各种谣言最终被一一揭穿。5月22日合肥市警方将柴某以涉嫌寻衅滋事罪被警方依法刑事拘留。27日,福建公安机关以寻衅滋事罪、诽谤罪,将吴某依法刑事拘留。

5月30日晚,央视"新闻调查"栏目又播出专题节目《庆安枪击案调查》,通过开枪民警、死者亲属、老乡、记者、专家等多方视角对案件经过进行了详细地复盘。巧合的是,有媒体人还找到了在事件发生几乎正好一年前,大连当地媒体2014年5月8日的一篇报道:

5月5日傍晚,在大连金州新区友谊派出所辖区,一位80岁的老太太领着三个幼儿在街头乞讨,引起众人围观,也引起了警察的注意。当晚,这一老仨小被警车护送到大连市救助站,一进门就被工作人员认出,"权大娘,你怎么又领孩子来乞讨了?"经了解,老人乞讨,是为了供养在家酗酒成性的懒汉儿子。

权老太今年80岁,黑龙江人,三个孩子分别3岁、4岁、5岁,都是她的亲孙女、亲孙子。她上一次领孩子在大连乞讨被救是4月10日。救助站工作人员张军向记者介绍,当天4人在站北广场轻轨站附近乞讨,也引起了大量群众围观,一些市民还跟警察和救助站工作人员一起照顾孩子,等了躲起来的权玉顺老人1小时,甚至还有市民往老人身上塞了好几百块钱,让她给孩子买些吃的穿的。

昨天，市救助站与权老太家里取得联系，当地安庆市丰收乡丰满村李官屯的李姓村长介绍了情况。老人家有六口人，除老人和仨孩子外，还有儿子、儿媳，6人在当地享受低保待遇。住房是村里给租的，米面油等生活用品也由村里提供。据了解，权老太的儿子酗酒成性，虽然身体健康，但整天就是赌博吸烟、玩电脑游戏，是出了名的懒汉；老人的儿媳妇有智力残疾，是城镇户口，享受城镇低保待遇。

既然当地政府已经给权老太一家做了救助安排，那老人为什么还要几次三番外出乞讨？李姓村长说："她说在大连乞讨一天能要到1 000块钱。"经村长介绍，原来权老太一直在外乞讨，近年来这位村长接到过很多地方救助部门护送其返乡的电话，"儿子知道她在外面要了很多钱，就问她要，不给就抢啊。"村长说。

据工作人员介绍，权老太并不亏待孙子孙女，她也给孩子们买火龙果、榴梿等高档水果，吃肉、虾、鱼齐全的高档快餐。而她乞讨的收入也的确不菲，每天多则上千少则七八百。

救助站工作人员告诉记者，目前在大连街头的乞讨人员，绝大多数都是职业乞讨，他们的日收入少则一二百多则上千。

虽然此事件是个悲剧，但是从多角度的充分调查已可以得出结论：政府在此事件中并没有责任，甚至在许多方面做得很好。然而，事发后的网络舆论却一度让政府陷于被动境地。这说明我国政府的一些工作仍然有不完美之处，这些瑕疵虽然总的来说瑕不掩瑜，但是处理得不好还是可能会影响到整个政府的公众形象，影响到政府的公信力。习近平总书记也曾多次提到"塔西佗陷阱"。他说："我们当然没有走到这一步，但存在的问题也不可谓不严重。如果真的到了那一天，就会危及党的执政基础和执政地位。"[1]所以维护党和政府的形象及公信力，及时消除可能带来"塔西佗陷阱"的隐患非常重要。

## （二）"标题党"现象

由于网络时代的信息总量达到了天文量级，在这种传播氛围中，如果要获得网民更多的注意，常常需要增加信息的新闻性，以奇取胜，哗众取宠。与事实相比，想象力在网络环境的竞争中就极容易占上风，一些虚张声势、以偏概全的标题大量地出现，以至于出现了一个专有名词——"标题党"。

---

〔1〕桑玉成. 提升政府公信力，避免掉入"塔西佗陷阱"[N/OL]. 新华网. http：//www. xinhuanet. com/politics/2016 – 09/07/c_ 129272542. htm.

标题对内容一般具有准确概括性,至少应与内容的意义相一致。但是互联网上一些标题纯粹是为了吸引关注,标题内容通常与文章内容完全或部分地不相符,或故意夸张,或故意曲解,或故意制造歧义。创作这类标题的人被戏称为标题党。

标题党现象并不是网络时代才出现的。在中国古代,最初,文章根本没有标题,后来,为了方便查找,才慢慢出现了各种风格的标题。进入大众传播阶段后,由于书籍、报刊的种类越来越多,为博得人们的眼球,有的标题越来越"语不惊人死不休"。其实在"标题党"这个词出现之前,就有类似"知音体"这样的戏称。由于《知音》杂志的封面标题常常用煽情的语句来吸引读者的兴趣,虽然在杂志业的竞争中收获颇丰,但也被读者冠此称谓,隐含了对其写作方法的讽刺与批评。

在网络世界中,由于信息量巨大,对"眼球"的争夺更是趋于白热化。同质同类的网站往往在相互竞争中展开"注意力大战",而能够表明各家吸引力的就是点击率。在这样的背景下,很多网站有时会不顾事实,在标题上大做文章,动用各种技巧,以求被关注。如一则网络信息的标题是"超生少妇当街喂奶,导致交通堵塞",而点击后看到的是一头猪在乡间公路中间给很多小猪喂奶,而且也只有一辆车过不去。

2017年,《南方周末》3月23日发表《刺死辱母者》一文,但一开始影响不大。3月23日的《南方周末》官网上对此仅仅有54条评论,也并未引起其他媒体的太多关注。3月24日下午,凤凰网将原先的标题《刺死辱母者》,改为《山东:11名涉黑人员当儿子面侮辱其母1人被刺死》发布。网易将标题改为《女子借高利贷遭控制侮辱 儿子目睹刺死对方获无期》发布。在客户端发布时,网易又将标题变成了《母亲欠债遭11人凌辱 儿子目睹后刺死1人被判无期》。之后,网易新闻客户端根据用户跟帖的产生速度将此稿提到首页。截止到3月30日12时,网易上的跟帖量高达239万。之后,涉及该事件的报道中,没有任何一条报道的用户评论数超越网易。其实,从新闻学专业角度看,明显《南方周末》原来的标题更客观,但是从之后的影响看,显然后面的标题更能煽动读者,特别是网易新闻客户端的标题,直接导致其互动指标远超其他媒体和社交平台,促使一周内"于欢故意伤害案"的网络舆论在全国范围内被引爆。

随着网络上的总信息量的不断增加,网络标题的第一目标开始不是受众,而成为搜索引擎。因为首先要能被搜索引擎优选出,被受众点击到看到的机率才会更大。在巨大的竞争压力下,各大网络平台为了抢夺流量各出奇招,形成了一些具有自己特定风格的标题套路模式。典型的有：UC 头条动不动就出现"震惊！"；网易有时打情色的"擦边球"，如标题为"这绝对是今年最黄的一部电影"，但实际上介绍的是动画电影《小黄人大眼萌》；腾讯喜欢总结"五大""十大"之类；今日头条则喜欢在标题后面加上"不看后悔"四个字，但有时被网友调侃：不看后悔，看了更后悔。

虽然标题党的做法不可取，但是标题中产生了一批让人印象深刻的表达方法，还不断催生了一批又一批的网络流行语，在一定程度上促进了中国语言的发展，它们的趣味性和娱乐性也丰富了网络文化。

### （三）网络谣言

谣言，又称谣诼、谣传。关于谣言的定义，两位美国谣言研究的奠基人戈登·奥尔波特（Gordon Allpost）和利奥·波斯特曼（Leo Postman）认为："谣言是一个与当时事件相关联的命题，是为了使人相信，一般以口传媒介的方式在人们之间流传，但是缺乏具体的资料以证实其确切性。"[1]谣言一般有三个特征：首先，它必须在一定数量的人群中流传；其次，它必须为众多人所相信；再者，它属于与事实有出入的消息。

**1. 网络谣言的定义和特点**

网络谣言作为谣言的一种，主要特征是信息传播的平台和环境是互联网。互联网的使用者利用网络平台传播一些虚假的或未经证实的信息，由于此类信息通常是人们比较关心或感兴趣的，因此十分容易扩散开来。在口头传播时代，谣言虽然通常比别的信息传播得快，但总还是要经过由一个人到两个人、两个人到多个人的过程。而与一般谣言比起来，网络谣言从形成到泛滥，这个过程需要的时间通常较短，有的在一夜之间甚至在几小时之内，就可以在全国甚至全世界形成声势。

在互联网之外的传播环境中，谣言信息与事实信息的传播渠道往往大相径庭。谣言信息通常通过人际间的口头传播进行，而事实信息往往通过传统媒介以大众传播的方式进行，一个在"暗处"，一个在"明处"。而在网络这个平台上，谣言信息与事实信息常常处于并行传播的状态。有时，在一个群组里，各种声音齐上阵，真实信息和虚假信息，甚至一些介于真实信息和虚假信息之间的信息均同时存在。因为许多人的想象力一齐发挥作用，因此，谣言的内容常常十分丰富。

---

[1] 卡普费雷. 谣言[M]. 郑若麟, 边芹, 译. 上海：上海人民出版社, 1991：6.

网络的准匿名性助长了谣言的滋生，网络的影响力扩大了谣言的传播范围，从众心理往往会导致谣言进一步传播。谣言在传播过程中往往会被网民加以增删和修改，大家都把自己知道的情况公布出来，或者根据自己的不同心理，发泄自己的情绪，在发布的信息中透露自己的态度和倾向性。但是，社会上又总是存在理智人群，因此，从一个谣言诞生到灭亡，不断会有一些思维客观、行事谨慎的人对其进行质疑。谣言信息在网络上传播的过程往往同时也是对这类信息进行评论和质疑的过程。这些人的存在，让一些有明显漏洞的谣言还未存在多久就无声无息地湮灭了，而一些可能有所依据的谣言则会提醒当事人或有关部门注意，从而及时还原事实真相。

**2. 网络谣言发生的原因**

网络谣言主要来自四个方面。

（1）网民将一些分属不同时间、地点的信息移花接木地混在一起，达到更高的轰动效果。如自从微博流行后，一些使用者为提高转发率、吸引人们关注，常常发布一些骇人听闻的信息。为此，新浪网开设一官方微博，安排一些工作人员专门核查辟谣。在所辟的谣言中，相当一部分都是将不同时间、地点的事件混在一起，或改变人名，或改变发生原因，或将旧图片重新解释，以达到震撼人心的效果。

（2）一些已存在的事实信息，通过网络留言或帖子，经过网民的讨论或凭想象捕风捉影地再加工，一些微小的可能性被迅速放大，结果可能反而离事实越来越远。而这些不实信息一旦被一些别有用心的人所利用，就会导致非常严重的后果。例如，2011年3月，日本地震和核电站爆炸，各种担心我国是否会因此受到核污染影响的相关消息在BBS、QQ、手机短信中被大量传播。其中一些信息完全是部分人由于无知和恐惧而产生的推测，但这些信息被一些游资所利用，最终竟然匪夷所思地导致全国人民在两天之内疯狂抢购食盐。

（3）有些信息相互之间本来就存在着一些相似之处或因果关系，网民凭主观意愿，将这些信息联系到一起。如著名的苹果公司的标志——"被咬了一口的苹果"，网上盛传是为了纪念计算机学的创始人阿兰·麦席森·图灵（Alan Mathison Turing），说当年图灵吃沾氰化钾的苹果自杀后，床头还剩下半个苹果。苹果公司的创始人史蒂夫·乔布斯（Steve Jobs）因为崇拜图灵，所以把公司取名为"苹果"，并且以被咬了一口的苹果作为标志。此说法后被苹果公司及其标志设计者否认。

（4）一些职能部门信息不够公开、不透明，或公开的信息不充分、不准确，不能满足网民们的心理需要，网民因逆反心理想象出他们认为可能是事实的内容，并将之公布在网上。传播学中有一个谣言公式。谣言公式最早是由美国社会学家奥尔波特和波斯特曼于 1947 年总结出：R（rumor）= I（importance）×A（ambiguity），即谣言的杀伤力＝信息的重要度×信息的不透明程度。传播学者克罗斯将这一公式发展后提出：谣言＝（事件的）重要性×（事件的）模糊性÷公众批判能力。这个公式的分子和分母说明，谣言的传播强度和效度是由真实信息的透明度和受众的判断水平决定的。当信息不够公开透明，受众的判断能力又存在缺陷时，谣言就会有机可乘。如 2011 年的"郭美美"事件。因为一个 20 岁的女孩在微博上炫富，引发网民对其"中国红十字会商业总经理"身份认证的种种猜疑，各种推测和不实信息满天飞，严重地影响到了中国红十字会的形象。最后，在网络舆论压力下，中国红十字会逐步公布账目明细。

**3. 网络传谣出现行业化**

原本网上传播谣言的主体通常是个人，这些人大多只是抱着娱乐、发泄的心态，少数有一定的政治或商业目的。但随着网络传播的发展，在网络谣言的传播上出现了"行业化"。这种"行业"被俗称为"网络黑社会"。他们打着网络公关公司的名义，在网上建立起一个利用发帖等方式制造网络热点谋利的产业链，不顾事实，为一些企业和个人提供品牌炒作、诋毁竞争对手的服务，控制舆论，干扰大众视线。近年来，很多热点事件最终都被发现背后存在着此类"推手"。

### （四）网络假新闻

与一般网络谣言不同，网络假新闻是以新闻的面目出现的。因为在普通受众的心目中，新闻比起一般信息来说有着更高的权威性，因此，与一般的网络谣言相比，网络假新闻通常有着明确的新闻来源和新闻发布机关，有着更高的蒙骗性。如前面提到的 2011 年日本"3·11"地震后一些有关核辐射威胁的各种虚假信息打着 BBC（英国广播公司）的旗号。

随着网络的普及，一些传统媒体上的假新闻被迅速转载和更大范围地传播。同时，网络传播的迅捷和泛传播主体特性也使它成为原生假新闻滋生的温床。网络的出现使新闻对于时效性的竞争增强，在拼时效的过程中，常常来不及认真地审核新闻内容就急着发布，以致网络新闻的真实性和准确性常常受到质疑，有时甚至影响到整个网络传播环境的公信力。此外，由于提高点击率是每个网站都竭力追求的目标，每当有轰动性的消息，为了多赢得关注度，他们常常在描述时添油加醋，标题哗众取宠，以偏概全、断章取义也在所不惜。

由于数字技术的不断发展,网络传播中不断有新的传播形式出现,而这些新的传播形式,往往更容易被用来传播未经严格审核的信息。《新闻记者》杂志自 2002 年以来每年都会推出年度十大假新闻评选,并会逐年分析虚假新闻新出现的基本特点。2018 年其分析称,总体来说虚假新闻总体数量、影响力较几年前有明显下降的迹象;虚假新闻主要集中于社会新闻领域,因而容易放松警惕引起忽视;社交媒体往往既是虚假新闻出现的源头,又不时在传播过程中成为助推器;很多假新闻首先发布在自媒体,但专业媒体也存在失守问题,无意中成为假新闻扩散的帮凶,损害了自身的信誉和权威。

### (五)网络炒作

炒作也是在网络时代之前就存在的一种现象,它通过大力宣传某些人、事或物,达到提高其影响度的作用。互联网的面广人多和网络传播的幂级数传播能力常常可以让一则信息迅速扩散,在较短时间内达到成为热点。由此网络一出现就成为炒作的重要平台。网络炒作的本质是网络事件营销,是一种策划性的传播推广。相对于网络谣言和假新闻是发布不实信息来说,网络炒作更多的是制造事件或红人,或将相对普通的事件中的一部分信息夸张放大,从而提高事件的戏剧性,吸引更多的注意。

2016 年 11 月 25 日,一篇《罗一笑,不要跑,你给我站住》的文章在微信朋友圈中被大量转发以致达到了"刷屏"的效果。文章作者是一名叫罗尔的作家,他的女儿罗一笑在 9 月被查出患上白血病,罗尔便开始在自己的公众号上发文记录一家人与白血病抗争的历程。《罗一笑,不要跑,你给我站住》一文说的是 11 月 24 日罗一笑病情突然加重,身为父亲他心急万分,于是和小铜人理财合作,在小铜人理财的微信号上将有关罗一笑小朋友的文章整合在一起,每有人转发一次该公司就会给罗一笑小朋友捐一元钱。这篇图文短时间被大量转发,同时单日打赏也连续两天达到了 5 万的限额。此时,突然有人曝料说罗尔是个作家,家住 7 万一平的房子,而且名下有三套房产。医院方面则说,整个救治费用自费部分只需 2 万。而据不完全统计,仅腾讯开通的捐款通道,就已收到捐赠 200 余万。后 2016 年 12 月 1 日,罗尔发布声明,将 260 余万捐款全部捐出。

在这个炒作事件中,当事人女儿生病是真的,但是当事人真实的家境却被有意隐瞒,出于思维定式,网友们一般会以为当事人是因为贫困无力承担医药费而募捐。当更全面的信息被披露后,网友的情绪产生反转,这也是大量网络炒作事件都会产生的后果。

网络炒作首先要制造能够造成网民集体围观的事件，通常是根据被炒作对象要求或特点先制作出策划方案，制造争议点。如被炒作对象明明长相欠佳，却故意说她自认为很美，明明文化程度偏低，却自认为才比天高，故意放大当事人的错误和缺点，让其怪异行为赢得关注。发帖之后有的是付费给网络平台，以保持内容不沉，甚至被置顶，有的则是雇"水军"跟帖。当一个帖子在某网站上成为热点后，一般自然就会被别的网站转载，并受到传统媒体的关注。由此，一些企业的产品可以得到热捧，对手企业的产品可能受到质疑；一些网络红人可以利用名气拍广告、参加商业演出获得利益；推手或传播公司可以成为网络红人的经纪人或经纪公司，从中提成；而网站及网站的管理员因为点击率上去了，也可以跟着名利双收。

由于网络炒作成本低，回报大，网络炒作事件层出不穷。虽然有的网络炒作是各方共赢，但是也有不少炒作内容低俗，利用"星""腥""性"来博功利，在社会文化导向上产生不良的后果，如导致一些人怀着投机心理，为出名甚至不惜出"臭名"。而社会上一些机构只重视知名度，不重视美誉度，是非不分，助长了这种浮躁风气，阻碍了网络媒体舆论导向功能的健康发挥。

### （六）网络信息真实性的核查

#### 1. 核查网络信息真实性的重要性

虽然网络对不实信息有一定的自更正功能，但是，大量的不实信息还是严重地损害了网络媒体的整体公信力。很多人一看到网络上有惊人的消息或有人走红，第一反应就是怀疑会不会是标题党，会不会是假新闻，会不会是炒作。对于一些当事人来说，生活会因此而遭受无谓的困扰。

#### 2. 核查网络信息真实性的方法

因为网络信息的发布者不一定是新闻专业人士，因此往往不能像新闻专业工作者那样，在提供信息的同时提供新闻来源，对当事人的自然信息介绍得清清楚楚。但是，还是有一些方法可以帮助人们核查网络信息的真实性。

（1）逻辑还原法。逻辑还原法首先要核查六要素是否真实准确，这六个要素是5个"W"和一个"H"，即 Who, When, Where, What, Why 和 How（人物、时间、地点、事件、原因和过程）。六要素的细节有一个不真实或不准确，就不能算是真实的信息。当六要素都确定无误后，可以把所有的情景串联起来，思考其是否符合正常逻辑，核查其中是否存在不合常理之处。

（2）了解传播者与信息的关系。在网络炒作盛行的背景下，一些信息的制作和发布或许能给制作者或发布者带来某种利益。因此，了解传播者的身份背景、被传播的当事人和相关事件的关系，对正确认识、理解该信息会有帮助。有的传播者本身是职业"推手"，有的供职于某传播公司或网站，他们传播的信息可能存在着商业利益驱动。例如，2010年在网络走红的被称为"马屁神曲"的MV《县委书记》，虽然创作者称是真心地想赞颂当地的县委书记，但是该MV作品是在创作者刚考完公务员、等待考试结果的时候里创作的。虽然不能因此就全盘否定作品中县委书记的工作实绩，但这种身份联系的确影响到了创作者在创作时独立客观的心态。

（3）专家审定。如果网民和网站工作人员都无法直接认定某信息的真伪，那么请教专业人士是一个较好的选择。这一方面避免了擅自理解评论可能带来的以讹传讹，另一方面也可有效地分担责任。专业人士作为信息的提供者相对于普通人士来说更具权威性，他们的专业知识也可以加强受众对信息的科学理解。如网络上常常有各种"灵异"照片，请教摄影方面的专业人士就可以得到科学的解释，不至于使更多的网民迷信"灵异"现象。

（4）求助专门核查虚假信息的机构和网站。有需求就有供给，网络上不实信息泛滥，一些专门针对这一现象的打假机构和网站就应运而生。在美国有"Snopes"，而中国的"果壳网"也设了"谣言粉碎机"专栏，并开设了"科学松鼠会"官方微博、"果壳"微信公众号。因为社交媒体本身是一个不实信息的"大卖场"，因此这些社交媒体通常也设有辟谣专区，及时对微博上出现的可能存在问题的信息进行核实，尽量在最短的时间内纠正不实信息并公布真实情况。微信上不但有一些辟谣的公众号外，还有专业事实查证平台，如"微信辟谣助手""较真辟谣神器"等小程序，只要输入关键词就能迅速查证信息的真假。

## 四、网络舆论也需要监督引导

网络舆论对社会的监督作用已毋庸置疑，但是正因网络舆论并不能完全代表大众舆论，其内容也未必能保证客观真实，因此，网络舆论本身也需要被监督和引导。

### （一）监督引导网络舆论的必要性

#### 1. 网络舆论具有不准确性

网民的组成在社会人群中并不是平均分布的，通常只有那些有一定文化水平并有一定经济基础的人才能自由地在网上发表言论，获取最新的资讯。因此，网络舆论反映民意的准确程度并不一定精确。

组成网络舆论的"大众"传播其实是无数个网民的"个人"传播，构成舆论主体的网民被看作是每个人的叠加，而不是只有一种性格的整体。网络舆论突破了大众传播由点到面的单向的线性传播方式，实现了信息传播的双向互动。网络传播的交互性让每一个网民不仅可以做传播者，而且可以较快地了解到他人对自己所传播的信息有着怎样的反馈。由于可以容易地变换沟通的对象，不必介意给他人留下什么印象，网络沟通产生了一个特别现象，就是大多数的上网者在与他人交流时，更多的想做传播者的角色，也就是大多数人会想以急迫的心情发表自己的意见，抒发自己的情感，而较少愿意花时间了解事实的全部。因此，在信息获取不充分的情况下，网络舆论有的时候是片面的。

随着我国政治、经济的不断发展和人民民主意识的增强，人们对于"知情权""言论自由"的要求也在不断提高。"但是，绝对的自由只能带来绝对的混乱，从而走向自由的反面。换句话说，自由又是需要秩序给予保障的。法律并不一定带来民主，但没有法律就没有民主；控制并不一定导致自由，但没有控制就没有自由。"[1]现代人主张个性，对于一些事都会有自己的主见，不愿轻易受到别人思想的控制，而网络又是一个可以让他们直抒胸臆的平台，这无疑加剧了网络舆论形成中和形成后的难控性。因为网络传播具有相当大的随意性，很多网民使用互联网，只是为了娱乐或发发牢骚。网民中有相当一部分人上网仅是为了获取信息，并没有行使话语权。而占据网络舆论支配性优势的人控制了舆论倾向的原因往往只是因为他们有较多的上网时间，可以靠发帖数量取胜。这也导致了网上存在着民意放大和失真的现象，大量网络舆论是非理性的，一些话语并不能准确地代表民意。

**2. 制造不实网络舆论也需要负责任**

每年因为在互联网上过度发泄情绪而被告上法庭的当事人都有很多，而如果这些当事人制造的舆论信息内容有侮辱、诽谤性质，他们还需要承担相应的刑事责任。

2010年7月16日，蒙牛的雇员为宣传一种儿童奶产品，制订传播计划，安排一些博客主在博客上发表文章，并雇网络写手撰写帖子攻击竞争对手伊利。蒙牛方面通过在近百个论坛上发帖炒作，煽动网民情绪；联系点击量较高的个人博客博主撰写文章发表在博客上；采取"推荐到门户网站首页""置顶""加精"等手法扩大影响力；以儿童家长、孕妇等身份拟定问答稿件，

---

[1] 杨新敏. 自由：网络传播的神化 [J]. 现代传播, 2001 (6)：82.

"控诉"伊利集团。蒙牛为引导信息,事先占据维基问答、百度知道、搜搜问问、天涯问答、新浪爱问、雅虎知识堂里有关鱼油 DHA 的提问和回答,在大众论坛热门版块持续发布和重点维护,并将主要论坛中的亲子、育儿版全面覆盖,用消费者的口吻和角度,发起"万人签名拒绝鱼油 DHA"的签名运动,并通过草根博客对相关新闻进行大量转载。他们所用的标题都具有强烈的感情色彩,如"出奇的愤怒!残害儿童!伊利 QQ 星有深海鱼油""深海鱼油不如地沟油""抵制伊利集团,让我们的行动救救孩子"等,引发公众对于鱼油及相关添加产品的抵触情绪。

伊利集团售后服务部门曾试图与这些发帖者联系,但收不到回复,随后报案,并展开网络舆情监控。警方经过为期两个多月的调查发现,这起看似商战的事件,确系一网络公关公司受人雇佣而为,有组织、有预谋、有目的、有计划。随后网络安保民警查获了超过 30G 的电子证据,包含超过 500 页的网页,其中点击量最高的一个帖子点击次数超过 20 万次。

2011 年 3 月 14 日,内蒙古呼和浩特市回民区人民法院判决:蒙牛的六名员工为宣传产品而采取恶意攻击手段,通过网络媒体捏造和散布虚假事实,严重诋毁和损害了伊利集团公司的商业信誉和相关产品的商品信誉,其行为构成了损害商业信誉、商品声誉罪,依据《中华人民共和国刑法》第二百二十一条、第二十五条第一款的规定,对他们分别判处了有期徒刑、拘役和罚金。为其服务的网络公关公司北京博思智奇公关顾问有限公司也受到惩处。

这起没有一个赢家的网络公关事件说明,以事实为基础是在网络发表舆论的第一要素,在网络上的行为也必须遵守现实社会中的法则,否则就会遭受法律的严惩。

**3. 对网络舆论进行有效监管是国家利益的需要**

媒介与传播的社会控制是一个复杂的社会系统工程,它体现了社会结构和社会关系的复杂性。网络传播的特性使在传统新闻媒体上无法实现的个人表达自由和言论自由得到空前的展现,但是网络传播缺乏有效的监管,这让一些不健康的个人意识在网络中被放大,网络传播在大多数情况下处于一种没有约束力的状态,信息传播者往往可以想方设法绕开各种障碍来发布消息,网络管理者也不可能对互联网上的言论逐一进行检查评价,这些监管方面的缺失都不同程度地造成了网络舆论的混乱。

网络"言论自由市场"的出现使我国传统的以"主旋律"宣传性质为主的媒介传播行为受到冲击,"主旋律"的声音在一定程度上受到削弱。人们甚至可以看到这样的状况:越是"主流"的观点,在网络上就越不受重视。舆论是社会的皮肤，舆论的杂乱会影响到整个社会机体的和谐。网络时代虽然是一个舆论多元化的时代，但是仍然需要一定的主流舆论。进行网络舆论引导可以最大限度地发挥网络舆论的潜在优势，并将其消极影响控制在最低程度。2013年，习近平在全国宣传思想工作会议上强调："要深入开展网上舆论斗争，严密防范和抑制网上攻击和渗透行为，组织力量对错误思想观点进行批驳。"坚持正确的舆论导向是网络编辑必须遵循的宣传规律，也是网络媒体生存发展的前提。建设成熟的舆论环境对互联网的健康发展和我国政治民主化进程的推进都有着重要的意义，因此，对网络舆论进行有效监管是必需的。

## （二）进行网络舆论引导的方法

习近平在第二届世界互联网大会上谈到"如何构建良好秩序"时指出：网络空间同现实社会一样，既要提倡自由，也要保持秩序，自由是秩序的目的，秩序是自由的保障，我们既要尊重网民交流思想、表达意愿的权利，也要依法构建良好网络秩序，这有利于保障广大网民合法权益，网络空间不是"法外之地"，网络空间是虚拟的，但运用网络空间的主体是现实的，大家都应该遵守法律，明确各方权利义务，要坚持依法治网、依法办网、依法上网，让互联网在法治轨道上健康运行，同时，要加强网络伦理、网络文明建设，发挥道德教化引导作用，用人类文明优秀成果滋养网络空间、修复网络生态。习近平指出，伴随着互联网发展，社会治理模式正由单向管理转为双向互动，由线下转为线上线下融合，由政府监管转变为社会协同。我们要深刻认识国家社会治理中互联网的重要作用，运用信息化手段感知社会态势、畅通沟通渠道、辅助决策施政。互联网的开放性决定了网络作为一个舆论平台必是有利有弊，在网络化过程中，各级政府要做好预防措施，兴利除弊，将网络开放性带来的不良后果减少到最小。

### 1. 主管部门应该及时对网络舆论作出正面回应

虽然对网络舆论的控制有较大的难度，但是采取积极措施对其引导还是有办法的。网络虽然是一个虚拟平台，但是网络舆论所涉及的问题实质上是现实社会中本身存在的问题。在互联网出现之前，这些构成舆论的信息就存在，而互联网只是为这些信息提供了一个表达出来的空间。信息盲区和信息的传播机制的不公开和不透明使谣言和假新闻有了市场。谣言和假新闻本身常常具有一定的欺骗性，人们在没有其他信息源的时候很容易相信谣言和假新闻。因此，当有较大影响的突发事件和重大案件发生时，政府部门、主流媒体更应保持与民众之间的信息沟通渠道畅通有效，及时了解舆情动向，对大众提出的疑问及时解释，从正面积极主动地引导舆论。

2011 年的"7·23"特大动车追尾事故的处理就是一个巨大的教训。在人们最需要了解事实真相的时刻，铁道部的发言人没有及时对事实作出合理解释，参与处理此事件的一些部门拒绝接受媒体采访，这让本来在社会舆论引导中扮演主要角色的主流媒体因缺乏足够的信息来源，无法充分地进行报道。于是，在微博上，各种质疑的声音越来越多，逐渐演化成愤怒的舆论声势，各种不实信息也开始四处流传。各种与此事有关的信息被网民们集中贴在了网上，配上现场照片，再加上无数网民们根据自己的理解、分析和推断作出的认定或假设，铁道部门的公信力受到重创。虽然最后事实证明一些网民的理解和推断是感情用事，但是，当一些与人们生活息息相关的事情发生时，相关主管部门如果能及时公开透明地发布相关信息，就不会让一些不负责任的不实信息占领传播阵地。

在数字时代来临并已经深入人们的社会传播生活的今天，政府管理部门和主流媒体需要与时俱进，了解和适应这些新传播模式，重视和强调正面引导的作用，保证整个社会舆论得到健康有序的发展。2010 年 8 月 2 日，中共中央办公厅、国务院办公厅印发了《关于深化政务公开加强政务服务的意见》，并发出通知，要求各地区各部门结合实际认真贯彻执行，抓好重大突发事件信息的公布公开，及时回应社会关切。对于网络舆论中的谣言，尤其要通过及时沟通主动澄清。提高政府公信力。及时发布政府及公共事务、突发事件信息，用正确的信息抵制谣言。当前，各地各部门在加强网站建设上动作很大，但是在维护网站上跟进不平衡。尤其是以信息技术为支撑，以网络管理为平台，整合政府职能资源，形成及时发现问题、及时履行职能解决问题、及时回复问题的机制很不够。有的职能部门甚至对焦点问题、热点问题、敏感问题顺其自然，不处理不回复，漠视网民关怀，导致官方无声，谣言横流。因此，在政府大量公共管理事物、公务活动中，制度性的及时发布政务信息，及时回复网民问题，是防控谣言的重要手段。[1] 我国宪法赋予公民知情权、话语权，在互联网的舆论影响日益扩大的情况下，社会的管理者们应充分利用网络渠道完善与民众的双向交流，通过电子政务、新闻发言人制度等推进阳光政府的建设，树立政府的公信力。

---

[1] 郭慧. 如何防控网络谣言？[N/OL]. 人民网，2011-12-08. http：//opinion. people. com. cn/GB/16537403. html.

**2. 采取多种方法引导网络舆论**

（1）依法引导网络舆论。

引导网络舆论要有一个尺度，而这个尺度只能以法律法规为标准。只有以法律法规为准绳，才能充分发挥网民进行网络监督的作用，才能有效净化网络环境，使网络成为一个健康的公众发表意见的平台。在保证公民言论自由的前提下，也可以通过教育网民增强法律意识，依法引导网络舆论。

我国已有的规范网络舆论方面的法规主要有《互联网信息服务管理办法》以及《互联网站从事登载新闻业务管理暂行规定》。2017年8月25日国家互联网信息办公室公布《互联网论坛社区服务管理规定》和《互联网跟帖评论服务管理规定》，均自2017年10月1日起施行。

《互联网信息服务管理办法》第十五条规定互联网新闻信息服务提供者转载新闻信息，应当转载中央新闻单位或省、自治区、直辖市直属新闻单位等国家规定范围内的单位发布的新闻信息，注明新闻信息来源、原作者、原标题、编辑真实姓名等，不得歪曲、篡改标题原意和新闻信息内容，并保证新闻信息来源可追溯。第十六条规定互联网新闻信息服务提供者和用户不得制作、复制、发布、传播法律、行政法规禁止的信息内容。

《互联网站从事登载新闻业务管理暂行规定》规定：新闻单位建立新闻网站（页）从事登载新闻业务，应当报国务院新闻办公室或者省、自治区、直辖市人民政府新闻办公室审核批准；而非新闻单位登载新闻需要具备严格的条件，否则不得从事登载新闻业务。实际上，一些未经核准的非新闻单位的网站、公众号和App也常常登载一些新闻信息。由于网络上信息的海量，对这些信息——甄别、——依法处理绝非易事。因此，即便有了法律法规的规定，真正要做到对网络舆论的绝对监管几乎还是不可能的。但是，这些规定是引导舆论的指针，只要长期不懈地努力，是可以将网络舆论控制在社会可以接受的范围内的。

根据《互联网论坛社区服务管理规定》，互联网论坛社区服务提供者应当与用户签订协议，明确用户不得利用互联网论坛社区服务发布、传播法律法规和国家有关规定禁止的信息，情节严重的，服务提供者将封禁或者关闭有关账号、版块；明确论坛社区版块发起者、管理者应当履行与其权利相适应的义务，对违反法律规定和协议约定、履行责任义务不到位的，服务提供者应当依法依约限制或取消其管理权限，直至封禁或者关闭有关账号、版块。

根据《互联网跟帖评论服务管理规定》，按照"后台实名、前台自愿"原则，跟帖评论服务提供者对注册用户进行真实身份信息认证，不得向未认证真实身份信息的用户提供跟帖评论服务;对新闻信息提供跟帖评论服务的,应当建立先审后发制度;提供"弹幕"方式跟帖评论服务的,应当在同一平台和页面同时提供与之对应的静态版信息内容;跟帖评论服务提供者要建立健全跟帖评论审核管理、实时巡查、应急处置等信息安全管理制度,及时发现和处置违法信息,并向有关主管部门报告。

除此之外,《侵权责任法》的第三十六条规定:网络服务提供者知道网络用户利用其网络服务侵害他人民事权益,未采取必要措施的,与该网络用户承担连带责任。网络用户利用网络服务实施侵权行为的,被侵权人有权通知网络服务提供者采取删除、屏蔽、断开链接等必要措施。网络服务提供者接到通知后未及时采取必要措施的,对损害的扩大部分与该网络用户承担连带责任。

对于在网上散布虚假言论,情节严重的,《刑法修正案(九)》第三十二条规定,在刑法第二百九十一条之一中增加一款作为第二款,《罪名补充规定(六)》将该款的罪名确定为编造、故意传播虚假信息罪:制造虚假的险情、疫情、灾情、警情,在信息网络或者其他媒体上传播,或者明知是上述虚假信息,故意在信息网络或者其他媒体上传播,严重扰乱社会秩序的,处三年以下有期徒刑、拘役或者管制;造成严重后果的,处三年以上七年以下有期徒刑。

(2)利用多种传播技巧引导网络舆论。

如果能巧妙地运用传播技巧,网络传播也可以达到好的舆论引导效果。根据"使用与满足理论",媒体在多大程度上能满足公众的心理需求,就能在多大程度上影响公众的态度,也就能在多大程度上引导舆论。为此,网络媒体可以分析网民上网的不同心理特征和心理需求,从尊重网民主体需求的角度出发来安排传播内容和形式。

议题设置也是引导网络舆论的重要途径。管理者们可通过有意识地设计主题或话题,把相关部门的政策议题转化为公众关心的公共议题,把网民的注意力引导到特定的方向,让受众在潜移默化中获得启示,接受引导。每一个网站都应积极地培养网民的自律精神,规范网民的传播行为,鼓励网民在使用网络传播信息时坚持道德准则,对网络上出现的各种问题进行理性探讨和批判,对于不符合网络道德的行为进行公开谴责,并让这些引导行为本身也形成舆论。对一些热点问题,网站可以主动组织一些网上访谈等多种多样的活动,吸引受众的注意,并有意识地反复重申某些重要观点,强化主导舆论的影响力,以形成积极稳定的舆论气候,把公众对相关事实关注的重点和方向引导到有利于解决问题的方向上来。

(3)提高网络把关人责任意识。

许多网站对于采编人员的工作都有速度和量的要求，一个网络新闻编辑每天通常要求有几十篇的发稿量。而过分追求速度容易损害网络媒体的公信力。社会公信力是媒体的立足之本，避免传播不实信息是网络媒体的社会责任所在和公信力的体现。真实不仅是新闻的生命，也是所有传播工作秉承的基本点。

提高识别虚假信息的能力，首先要有足够的道德和社会责任感，避免对其他媒体的报道不经过严格的核对就复制转载。其次，要建立严格的审稿制度，堵住虚假新闻的源头。"为了真实的报道，除了调查、调查、再调查，深入的调查、全面的调查、细致的调查外，别无他途。"[1]其实，对于信息真实性的调查工作也可凭借互联网进行。互联网提供了强大的搜索和链接功能，网络编辑可以从相关数据库里了解有关事实的背景材料，追根溯源地对新闻中引用的资料、史实、引语、数字等查证落实，通过反复的比较和鉴别，对事实作出准确的判断。

鉴于一些知名网络平台在网络舆论和社会风气的引导上扮演重要角色，这些平台的管理者们的职业操守就显得尤为重要。平台的管理者们和平台所雇佣的监督人员，要不断提高自身素质，加强行业自律，恪守职业道德，提高业务水平，明辨是非真伪，发现问题就予以及时处理。网络媒体只有建立了责任制度，提高媒体把关人的责任意识，才能充分发挥其舆论引导职能。

（4）建设舆情监测系统。

舆情监测系统，是在一定的时空内，围绕社会事件的发生、发展和变化，针对民众在网络上表达出来的态度意愿等进行计算机监测的系统，它是通过相关的专业舆情软件按照一定的规则和方法将互联网上繁杂的信息当中关注的舆情信息抓取出来，并通过分析过滤等方式加工处理最终呈现出与需求相匹配的舆情信息。

一般舆情监测系统包含舆情自动监控、信息自动采集、信息自动分析和信息数据的自动管理。其中舆情监控系统应能根据用户信息需求，设定主题目标，使用人工参与和自动信息采集结合的方法完成信息收集任务；信息采集系统主要是通过网络页面之间的链接关系，从网上自动获取页面信息，并且随着链接不断向整个网络扩展。目前，一些引擎可以对全球范围内的网页进行检索；信息分析系统使用系统的观点和方法，把复杂对象分解为简单组成部分并确定这些组成部分的基本属性和关系；信息数据管理系统对收集到的信息进行

---

[1] 闵大洪. 是范例, 还是教训？——对《迎接广播的又一次重大变革》一文中所举实例的质疑[J]. 中国广播电视学刊, 1999 (6): 5.

最终处理，并可以对数据按照要求进行相应的维护。

具体而言，使用包含人工智能技术的舆情监测主要可以完成以下工作：

① 热点话题、敏感话题识别。根据新闻出处权威度、评论数量、发言时间密集程度等参数，识别出给定时间段内的热门话题；利用关键字布控和语义分析，识别敏感话题。

② 倾向性分析。对于每个话题，对每个发信人发表的文章的观点、倾向性进行分析与统计。

③ 主题跟踪。分析新发表文章、评论的话题是否与已有主题相同。

④ 自动摘要。对各类主题，各类倾向能够形成自动摘要。

⑤ 趋势分析。分析某个主题在不同的时间段内，人们所关注的程度。

⑥ 突发事件分析。对突发事件进行跨时间、跨空间综合分析，获知事件发生的全貌并预测事件发展的趋势。

⑦ 报警系统。对突发事件、涉及内容安全的敏感话题及时发现并报警。

⑧ 统计报告。根据舆情分析引擎处理后的结果库生成报告。

使用包含人工智能技术的舆情监测系统有着比人工监测更全面准确的优点。它采用分布式异步高并发的爬虫技术，可以定向采集新闻、论坛、贴吧、问答、电子报、视频、博客、微博、贴吧等区域的信息，能自动调节采集频率，既保证重要信息优先采集不丢失，又可以通过向主流搜索引擎进行搜索补充，既保证重点网站优先采集，保证采集的及时性，又保证信息收集的全面。通过自然语言处理技术，舆情监测系统可以同时保证抓取信息的准确度、分类的准确度和负面判断的准确度。舆情监测系统还能自动识别相似文章，无需制作模版，随时增添采集源，也不受网页改版影响。

（5）加强主流新闻网站建设，发挥权威网站的引导作用。

传统主流媒体长期以来有着较高的公信力，在受众脑海中已经形成了一定的权威性和品牌优势。这种权威性和品牌优势在相当长的一段时间里还不是一般的新闻网站可以比拟的。传统媒体在舆论造势方面的优势是显而易见的，而一些传统媒体上网后，这种优势就被带到了网上。传统媒体的新闻网站因为拥有雄厚的专业背景，在信息的选择和传播方面有着更让人信服的影响力。

为此，整合传统媒体和网络媒体的力量，发挥主流媒体把握舆论的优势，培育网络品牌媒体，精心打造、培养一批主流新闻网站的优秀强势论坛，可以使一些主流媒体的新闻网站成为大部分网民的首选，让主流、权威、真实、可靠的声音抢先占领公众意见市场。目前，有一部分政府网站论坛已经在网民心中产生了权威性，如人民网的"强国论坛"，新华网的"发展论坛""新华论坛"，国际在线的"管窥天下"，红网的"红辣椒评论"，千龙网的"千龙评论"，东方网的"东方评论"，等等。

加强对重点新闻网站的扶持力度，对提高我国政府对网络舆论的引导能力和引导水平有着重要的作用。加强重点新闻网站的建设，有助于提高网络在公众心目中的公正性和权威性，有助于利用传统媒体的优势，在舆论引导中发挥各种媒体的合力。当一些事件发生时，如果权威媒体沉默或声音微弱，传闻和猜疑就可能占领舆论市场。而主流新闻媒体的适时介入，可以对网络舆论进行及时的引导。主流媒体可以在新闻报道过程中适时地对网民中存在的不良情绪进行合理引导，使网络舆论的建构成型立足于人们对新闻事实的理性分析之上，减少不必要的误会。营造健康交流气氛，有利于培养网民理性的态度。

对于主管部门来说，也要做好对互联网，尤其是重点新闻网站和网上论坛的指导协调工作，按照国家有关规定控制非新闻网站登载新闻，加强对互联网信息的监控和管理。网络媒体在进行舆论监督时应该坚持实事求是的原则，不能为了吸引受众眼球、顺应极少数人的偏激情绪而夸大问题，甚至为了片面地制造所谓轰动效应和追求点击率渲染炒作，而应当采取冷静的、客观分析的态度报道事实，使舆论有助于事件得到公平公正、合法合理的解决。

## 第二节 网络道德自律

网络提供网民以高度的接近权和话语权，而要正确地使用这种接近权和话语权，除了受到法律法规的约束外，网络使用自由中的道德与自律也十分重要。

### 一、网络道德

所谓网络道德，是指以善恶为标准，通过社会舆论、内心信念和传统习惯来评价人们的上网行为，调节网络时空中人与人之间以及个人与社会之间关系的行为规范。网络道德作为一种实践精神，是人们对网络持有的意识态度、网上行为规范、评价选择等构成的价值体系，是一种用来正确处理、调节网络社会关系和秩序的准则。

当人们在网络空间中做出一些举动时，相应地，在现实社会中存在的伦理道德问题也会在网络空间中产生。在网络发展初期，由于网络空间中的伦理道德建设也处于初始阶段，不同的价值观念、道德思想在网上交汇、碰撞、冲突，诸多网络道德难题也由此产生。

## （一）网络道德是现实道德的延伸

在各种网络伦理道德问题中，最基本的问题就是真实与虚拟的问题。可以说，这个问题涉及物理空间与电子空间。物理空间就是人们熟悉并生活其中的实实在在的现实社会；而电子空间则是基于认同的，由于电子计算机的兴起而出现的，以"数字化""非物质化"的方式进入人类信息交流的虚拟社会。在网络时代，它们共同构成人类的基本生存环境，交相辉映。

互联网营造的是一个数字化的环境，它不具备现实社会那种具体的时空位置和形态，网络帮助人们突破了传统社会中狭小的人际交往的限制，人们可以更大地扩展自己的人际互动范围。在虚拟的交往中，网民们在互联网上都是以虚拟身份活动，大多数人在使用网络的过程中完全匿名，网友之间难以进行身份鉴别，交流变得无所顾忌，传统道德的规范作用显得比较弱化，因此在控制、管理方面往往遇到极大的困难。

网络信息传播的瞬时性、隐蔽性和超地域性致使其可控性差，公共道德约束机制显得乏力。例如，许多人并不认为网上聊天时撒谎是不道德的，认为偶尔在网上说说粗话没有什么大不了。由于缺少他人在场，快乐原则支配个人欲望，网络行为相对更毫无顾忌。因此，网络的出现和发展给人们在真实物理空间中的生存逻辑带来了冲击，网络的虚拟性使一些人在网络中更加放松甚至放肆。各种虚拟关系，如"虚拟情人""虚拟夫妻"，看似只是玩笑，有的人却可能沉迷其中，最终导致各种问题的发生。网络空间在拓展人类交往空间的同时也带来了一定的人际情感的疏远。随着高度信息化、自动化的"虚拟社会"的到来，以及家庭办公、网上学校、电子银行等的出现，人们越来越多地是和一些个人终端打交道，而更亲切的人际交往则显著减少。如果放任网络空间与现实社会道德规范的冲突发展，最终会危及社会现有道德体系的维系。

网络和现实其实应该是一致的，网络仅仅是一种信息化的联络工具和交往平台，网民们在网络中的交往是现实交往在虚拟平台上的延伸。虽然在技术的角度上网络行为是数据的传递交换，但是每一个虚拟角色的背后，都隐藏着一个真实的行为主体。网络空间中的伦理道德也是现实空间中伦理道德的延伸，是网络时代社会的一个重要组成部分。

网络空间与现实社会环境一样，由于人们要在其中进行某种运作，所以也设置了一些有法定意义的或约定俗成的规范。人们如果感到网络上发生了道德危机,其实其背后还是现实社会中的道德危机。"直观地看,网络空间展现的纯粹是数字信息之间的关系。实质上,其背后存在的无疑是被数字信息所遮蔽的人与人之间的关系。数字化生存不只是技术问题,更蕴涵着复杂的伦理文化问题。人们不仅需要以高度发达的信息技术维系数字化生存,而且必须为数字化生存构建合理的伦理文化空间。否则,数字化生存就会发生危机。"[1]纯粹的虚拟社会是不存在的,现实社会中大多数的问题都反映到了虚拟的网络空间。

### (二) 网络道德的建构

在现实社会中,人们总是不由自主地依据一定的社会规范来约束交往行为,如诚实、礼貌等,如果有人违背了这些规范,现实的社会道德环境就会作出一些相应的反应,让当事人自然地感到这种行为的不适当,从而迅速地进行自我纠正,并为其行为的后果承担一定责任。网络传播却难以用统一的行为规范与标准约束网民。虽然在某些地区有些组织为了网络正常运作而制定了协会性、行业性的规范,但是,到目前为止,世界上还没有形成一种全球性的网络规范,甚至大多数国家也没有以文字方式规定网络道德规范。现有的约定式规范只考虑了一些最基本的道德要求。

20世纪70年代,美国计算机界使用了"计算机伦理学"这个术语,解决在生产、传递和使用计算机过程中所出现的伦理问题。1986年,美国管理信息科学家梅森(R. O. Mason)提出信息时代有四个主要伦理议题:信息隐私权(Privacy),信息准确性(Accuracy),信息产权(Property),信息资源存取权(Accessibility)。这四个议题被通称为"PAPA"议题。20世纪90年代,"信息伦理学"正式成为一个学术术语,相关的学术成果越来越多。1996年2月,日本电子网络集团推出《网络服务伦理通用指南》,以此来促进网络服务的健康发展,避免毁誉、诽谤及违背公共秩序、违背伦理道德等有关问题的发生。美国政府为了保护儿童免受互联网上不良和有害资讯的影响,1996年2月1日,时任总统克林顿签署了《通信行为规则法令》(CDA,Communications Decency Act),该法令于签署之日起实施。但到1997年6月,该法案因最高法院认为违宪而失效。

从法律的角度严格地讲,任何一个网民在进行网络传播行为时,最终都要为他的行为负责任。信息伦理和信息法律一样担负着调节网络行为的重任,而

---

[1] 李钢,王旭辉. 网络文化 [M]. 北京:人民邮电出版社,2005:2.

且，在一些特别环境中，信息伦理的作用更大些。网络时代的道德规范反映了人类对网络社会道德关系的基本要求。因此，当网络成为人类真正的生活环境时，网络发展中最符合人性的东西自然应是网络道德原则中最基本的内容。

**1. 国外网络道德规范**

国外一些计算机和网络组织为其用户制定了一系列相应的规范，其中比较著名的是美国计算机伦理学会制定的 10 条"戒律"：

（1）不应用计算机去伤害别人；

（2）不应干扰别人的计算机工作；

（3）不应窥探别人的文件；

（4）不应用计算机进行偷窃；

（5）不应用计算机作伪证；

（6）不应使用或拷贝你没有付钱的软件；

（7）不应未经许可而使用别人的计算机资源；

（8）不应盗用别人的智力成果；

（9）应该考虑所编的程序的社会后果；

（10）应该以深思熟虑和慎重的方式来使用计算机。

美国计算机协会希望它的成员支持下列一般的伦理道德和职业行为规范：

（1）为社会和人类做出贡献；

（2）避免伤害他人；

（3）要诚实可靠；

（4）要公正并且不采取歧视性行为；

（5）尊重包括版权和专利在内的财产权；

（6）尊重知识产权；

（7）尊重他人的隐私；

（8）保守秘密。

此外，不同的机构和团体对于自己领域中的网络行为也有自己的界定。如南加利福尼亚大学网络伦理协会指出以下 6 种类型的网络行为是不道德的：

（1）有意地造成网络交通混乱或擅自闯入网络及其相连的系统；

（2）商业性地或欺骗性地利用大学计算机资源；

（3）偷窃资料、设备或智力成果；

（4）未经许可接近他人的文件；

（5）在公共用户场合做出引起混乱或造成破坏的行动；

（6）伪造电子函件信息。

## 2. 我国网络道德的四个基本规则

遵守网络的规则和程序是中国网络用户的义务和责任。在网络文明和网络道德方面，不同的专家和网民给出了不同的意见，但都认为网上行为应该注意爱国、守法、文明和诚信。[1]

（1）爱国本来就是我国社会主义道德的基本要求，是调整个人与国家行为关系的基本道德规范。这一准则体现在网络道德上就是指不在网络上发布有关损害集体、国家和民族的言论，不做任何危害集体、国家和民族的事情，坚决同一切煽动分裂国家、破坏国家统一和民族团结，破坏、颠覆社会主义制度的敌对势力作斗争。

（2）守法是每一个公民必须履行的义务，也是网络道德最基本的要求。在上网时，网民应遵守计算机网络管理方面的有关规定，不对网络系统功能或储存、处理、传输的数据和应用程序进行删除、修改等破坏，不利用网络从事危害国家安全、泄露国家秘密等违法犯罪活动，不擅自进入未经许可的计算机系统，篡改他人信息；不制造、传播计算机病毒及从事其他侵犯网络和他人合法权益的活动，同时，当自己的合法权益受到侵犯时，也能采用正确、合法的手段解决。

（3）文明指的是不在网络上宣传封建迷信、庸俗、淫秽、色情、暴力、凶杀、恐怖等有害信息，不在网络上查阅、复制和传播有碍社会治安和损害善良风俗的不良信息，不用侮辱性的语言、文字、图像等对他人进行讽刺、谩骂甚至人身攻击或者捏造事实诽谤他人，不在网络上编造和传播黄色、政治笑话等庸俗信息。

（4）诚信则指不在网络上捏造或者歪曲事实，故意散布谣言，扰乱社会秩序。对此，许多网站的论坛和一些网上业务都要求实行实名制，从技术和程序上防止一些别有用心的人利用网络钻法律的空子。当然，反对网络诈骗，从根本上需要每一个网民都有较好的自觉性和警惕性，既对自己的所作所为负责，也对一些网络陷阱有所防备。

根据网络道德的基本原则，相关部门可以积极建立网络法规教育网站和健康的文化教育网站，引导初涉网络的人们特别是青少年自觉地遵守网络伦理和网络法规，正确地选择和运用网络文化知识。

## 3. 中国网络道德的三个斟酌原则

从社会学的角度说，道德是约定俗成的规则，会随着时代的变迁而不断发

---

[1] 李炳毅. 网络也要讲"网德"[N]. 人民日报，2002-04-10（11）.

生变化。对于网络道德而言,目前还没有适合它们的原则。有专家根据人们使用网络时自然形成的一些普适的规范,提出了一些建议性的原则,这些原则被称为"斟酌原则"。

网络道德的三个斟酌原则是全民原则、兼容原则和互惠原则。[1]

(1) 全民原则是说一切网络行为必须服从于网络社会的整体利益。网络社会决策和网络运行方式必须以服务于社会一切成员为最终目的,不得以经济、文化、政治和意识形态等方面的差异为借口,把网络建设成只满足社会一部分人需要的工具,并使这部分人成为网络社会新的统治者和社会资源占有者。网络应该为一切愿意参与网络社会交往的成员提供平等交往的机会。

全民原则包含两个基本道德原则:一个是平等原则,即每个网络社会成员享有平等的社会权利和义务,从网络社会结构上讲,他们都被给予某个特定的网络身份,即用户名、网址和口令,网络所提供的一切服务和便利他们都应该得到,而网络共同体的所有规范和义务他们也都应该遵守并履行;另一个是公正原则,即网络对每个用户都应该一视同仁,不应该为某些人制定特别的规则或给予某些用户特殊的权利。

(2) 兼容原则认为,网络主体间的行为方式应符合某种一致的、相互认同的规范和标准,个人的网络行为应该被他人及整个网络社会所接受,最终实现人们网际交往的行为规范化、语言可理解化和信息交流的无障碍化。兼容原则要求网络共同规范适用于一切网络功能和网络主体,网络的道德原则只有适用于全体网络用户并得到其认可,才能被确立为一种标准和准则,要避免网络道德的"沙文主义"和强权措施。

兼容原则的要求和目的是达到网络社会人们交往的无障碍化和信息交流的畅通性。如果在一个网络社会中,有些人因为计算机硬件和操作系统的原因而无法与别人交流,有些人因为不具备某种语言和文化素养而不能与别人正常进行网络交往,有些人被排斥在网络系统的某个功能之外,那么,这样的网络是不健全的。从道德原则上讲,这种系统和网络社会也是不道德的,因为它排斥了一些人参与社会正常交往的基本需要。因此,兼容不仅仅是技术的问题,也是道德的问题。

(3) 互惠原则表明,任何一个网络用户必须认识到,他(她)既是网络信息和服务的使用者和享受者,也是生产者和提供者;网民们享有网络社会交往的一切权利时,也应承担网络社会对其成员所提出的责任。信息交流和网络

---

[1] 戴汝为. 关注网络行为的规范和道德问题[N]. 光明日报,2005-06-30(5).

服务是双向的，网络主体间的关系是交互式的，用户如果从网络上或其他网络用户处得到某些利益和便利，则应同时给予某些利益和便利。

互惠原则集中体现了网络行为主体道德权利和义务的统一。网络社会的成员必须承担网络社会赋予的责任，有义务为网络提供有价值的信息，以此去帮助别人，也有义务遵守网络的各种规范以推动网络社会的稳定、有序运行。

要建立一套长久适用的伦理守则是不现实的。但是，根据网络上不断出现的一些伦理道德问题，加强公共教育、唤醒和培养网民的网络道德意识，特别是着重加强对未成年人网络行为的规范和网络文明意识的教育是必要和必需的。网络伦理除了和法律一样具有普遍性外，还具有开放、自律的特点，如果网民都能把网络道德重视起来，网络中有违道德的行为将会逐步减少。

## 二、互联网的自律式管理

与传统道德相比，网络空间里的道德管理的一个突出特点或发展趋势，就是从"道德他律"发展为"道德自律"。网络社会中的道德不像传统道德那样主要依靠舆论来规范个体行为，而是靠网民自觉地"慎独""自律"。

### （一）国际互联网协会

20世纪90年代以来，特别是进入21世纪，我国先后颁布、实施了一系列关于互联网管理的法律法规，为科学有效地管理互联网，创造公平、诚信、健康的网络环境提供了必要的法律保障。但随着互联网技术的飞速发展和各类互联网内容服务的不断出现，互联网的管理越来越复杂，新情况、新问题不断出现。有的问题属于法律范畴，可以依法解决；有的则属于道德范畴，需要依靠行业自律加以约束。

成立行业协会是与国际惯例接轨，早在1992年1月，国际互联网协会（The Internet Society，ISOC）就在美国成立，这是一个非政府的行业性组织。它的职能是推动互联网的全球化，加快网络技术、应用软件的发展，提高互联网普及率。ISOC兼顾各个行业的不同利益和要求，注重国际互联网络上出现的新功能与新问题，主要任务是发展国际互联网络的技术架构。ISOC的宗旨是：积极推动互联网及相关技术的发展，推进、普及互联网的应用，同时促进全球不同政府、组织、行业和个人进行更有效的合作，充分、合理地利用网络通信手段。ISOC的目标是：统一互联网及其网络技术与应用的标准；改善互联网结构；对全球的互联网进行有效的管理；进行与互联网相关的研究和教育活动；协调国际性活动，以促进互联网的发展和普及；收集和传播包括发展史和资料在内的关于互联网和互联网络的信息；协助发展中国家、地区和人民改善互联网基础设施，促进互联网的使用；联系其他政府、机构、社会团体共同协作，完成上述目标。目前，ISOC 仍是全球最大的互联网行业协会。

### （二）中国网络自律组织

我国加入世界贸易组织以后加速了与全球共享信息资源的进程，成立我国的互联网协会是与国际惯例接轨的第一步。为了贯彻政府有关"积极发展，加强管理，趋利避害，为我所用"的重要方针，尽快建立我国互联网行业的自律机制，推动我国互联网行业健康、有序发展，2001 年，中国互联网的自律机构——中国互联网协会宣告成立。2003 年，国务院新闻办公室、中国互联网协会和全国主要新闻网站共同组建了互联网新闻信息服务工作委员会。

**1. 中国互联网协会**

2001 年 5 月 25 日，中国互联网协会由国内从事互联网行业的网络运营商、服务提供商、设备制造商、系统集成商以及科研、教育机构等 70 多家互联网从业者共同发起成立。协会的业务主管单位是信息产业部，成员单位包括企事业单位、研究院所、高等院校、学术协会和其他各类组织等 190 多个团体，以及一些在中国互联网界有较高影响的个人成员。

中国互联网协会的宗旨是：团结互联网行业的相关企业、事业单位和学术团体，组织制定行约、行规，维护行业整体利益，保护互联网用户的合法权益，加强企业与政府的交流与合作，促进相关政策与法规的实施，提高互联网应用水平，普及互联网知识，积极参与国际互联网领域的合作、交流，促进中国互联网健康发展。

中国互联网协会的基本任务是：

（1）宣传国家政策、法律、法规，向政府部门反映会员和行业的愿望、要求；

（2）提出对于互联网发展政策的意见和建议，协助政府有关部门制定有关政策、法规及国家和行业标准；

（3）制定并实施互联网行业自律公约；

（4）协调会员间关系，促进会员间的交流与沟通，加强会员之间、会员与政府之间的协作；

（5）维护国家、行业和用户利益，反不正当竞争和侵权行为，提高行业服务质量；

(6) 开展行业调查和信息收集、整理、统计与分析工作,向会员及政府部门提供互联网发展状况、市场发展趋势、经济预测等信息,做好信息咨询服务和政策、技术、产业、市场导向工作;

(7) 开展互联网学术交流、教育普及和技能培训;

(8) 积极参与国际互联网组织的活动和事务,加强国际合作与交流,为互联网在全球的健康发展做出贡献;

(9) 承担会员单位及其他社会团体或政府部门委托的事项。

在信息产业部等国家有关部门的指导下,中国互联网协会在广泛征求各方面意见的基础上制定了《中国互联网行业自律公约》(以下简称《自律公约》),分别对我国互联网行业自律的目的、原则,互联网信息服务、运行服务、应用服务、上网服务,网络产品的开发、生产以及其他与互联网有关的科研、教育、服务等领域从业者的自律事项等做了规定。公约所称的互联网行业是指从事互联网运行服务、应用服务、信息服务、网络产品服务和网络信息资源的开发、生产及其他与互联网有关的科研、教育、服务等活动的行业的总称。

《自律公约》提出了13条自律条款。其中包括:自觉遵守国家有关互联网发展和管理的法律、法规和政策,大力弘扬中华民族优秀文化传统和社会主义精神文明的道德准则,积极推动互联网行业的职业道德建设;鼓励、支持开展合法、公平、有序的行业竞争,反对采用不正当手段进行行业内竞争;自觉维护消费者的合法权益,保守用户信息秘密,不利用用户提供的信息从事任何与向用户作出承诺无关的活动,不利用技术或其他优势侵犯消费者或用户的合法权益;互联网接入服务提供者应对接入的境内外网站的信息进行检查和监督,拒绝接入发布有害信息的网站,消除有害信息对我国网络用户的不良影响;互联网上网场所经营者要采取有效措施,营造健康文明的上网环境,引导上网人员特别是青少年健康上网;互联网信息网络产品制作者要尊重他人的知识产权,反对制作含有有害信息和侵犯他人知识产权的产品;全行业从业者共同防范计算机恶意代码或破坏性程序在互联网上的传播,反对制作和传播对计算机网络及他人计算机信息系统具有恶意攻击能力的计算机程序,反对非法侵入或破坏他人计算机信息系统。

自律条款还对互联网信息服务者提出了四条自律义务:不制作、发布或传播危害国家安全、危害社会稳定、违反法律法规以及迷信、淫秽等有害信息,依法对用户在本网站上发布的信息进行监督,及时清除有害信息;不链接含有有害信息的网站,确保网络信息内容的合法、健康;制作、发布或传播网络信息，要遵守有关保护知识产权的法律、法规；引导广大用户文明使用网络，增强网络道德意识，自觉抵制有害信息的传播。

自律条款还号召全行业加强沟通协作，研究、探讨我国互联网行业发展战略，对我国互联网行业的建设、发展和管理提出政策和立法建议；支持采取各种有效方式，开展互联网行业科研、生产及服务等领域的协作，共同创造良好的行业发展环境；鼓励企业、科研、教育机构等单位和个人大力开发具有自主知识产权的计算机软件、硬件和各类网络产品等，为我国互联网行业的进一步发展提供有力支持；积极参与国际合作和交流，参与同行业国际规则的制定，自觉遵守我国签署的国际规则；自觉接受社会各界对本行业的监督和批评，共同抵制和纠正行业不正之风。

**2. 互联网新闻信息服务工作委员会**

2003年12月8日，国务院新闻办公室、中国互联网协会和全国主要新闻网站在北京共同组建了中国互联网协会互联网新闻信息服务工作委员会，着重开展互联网行业的道德建设。

互联网新闻信息服务工作委员会的职责是：

（1）宣传、贯彻国家有关互联网法律、法规和政策；

（2）配合和支持相关政府部门的工作，服务成员单位，维护成员单位权益；

（3）组织制定互联网新闻信息服务自律规范并组织实施，开展自律教育活动；

（4）组织开展业务交流与合作，为促进我国互联网新闻信息服务事业的健康发展做出贡献；

（5）承担政府部门、中国互联网协会和成员单位委托或提议办理的有关事务。

中国互联网协会互联网新闻信息服务工作委员会成立后，有两项工作在社会上产生了较大影响。

首先，开通了互联网"违法和不良信息举报中心"网站。"违法和不良信息举报中心"于2004年6月10日向公众开放。之后，该网站每天都接受各种举报。这些举报主要与境内外淫秽色情网站、宣扬邪教、网上欺诈行为、网上赌博、侵犯知识产权有关，还涉及造谣诬蔑、攻击党和政府、违背公共道德的事件。举报中心根据公众举报，经过核查，向国家有关执法部门和行政机关转交督办，同时针对公众举报反映的一些突出问题，在全国范围内开展了一些专项行动。在这些行动中，大量非法网站被依法关闭，许多违法犯罪分子受到法律的制裁。

其次,制定了几项行业自律规范,如《互联网新闻信息服务自律公约》《互联网站禁止传播淫秽、色情等不良信息自律规范》及《互联网搜索引擎服务商抵制淫秽、色情等违法和不良信息自律规范》,强化了互联网新闻信息服务行业的自律意识。这些自律规范有利于促进我国互联网的健康快速发展,营造健康向上的网络环境,树立互联网行业"自我约束、互相监督、公平竞争、健康发展"的风气。

中国互联网协会互联网新闻信息服务工作委员会于2006年4月13日向互联网新闻信息服务单位和从业人员发出"提供文明服务,创建和谐网络"倡议书。倡议书提出以下八项要求。

(1) 提倡正确导向,反对不良网风。要始终以马克思主义新闻观为指导,坚持正确的政治方向和舆论导向,坚持团结鼓劲、正面宣传为主的方针,为党和国家的工作大局服务,摒弃违背公众利益以及背离中华民族优良传统的不良网风。

(2) 提倡遵纪守法,反对违规违纪。要遵循爱国、守法、公平、诚信的基本原则,自觉遵守国家有关互联网的法律、法规和政策,坚持依法办网,传播合法内容,杜绝违规从事互联网新闻信息服务。

(3) 提倡客观真实,反对虚假新闻。要坚持客观、公正的报道原则,建立健全管理制度,规范信息采集、制作、发布流程,提供客观、真实的新闻信息,防止虚假新闻和有害信息在网上传播。

(4) 提倡先进文化,反对愚昧落后。要把互联网办成宣传科学理论、传播先进文化、塑造美好心灵、弘扬社会正气的阵地,传播有益于提高民族素质、推动社会发展的健康内容,不为有悖人类和社会进步的言论提供传播渠道。

(5) 提倡格调高雅,反对低级媚俗。要处理好社会效益与经济效益的关系,始终把社会效益放在第一位,自觉接受公众监督,坚持高品位、高格调,抵制淫秽、色情、暴力等有害信息,摒弃低级趣味之风,净化网络环境。

(6) 提倡公平守信,反对恶性竞争。要遵循诚实、守信、公平竞争的经营原则,坚持维护公众利益和行业整体利益,反对不正当竞争行为,实现共同发展。

(7) 提倡科技创新,反对墨守成规。要主动适应互联网的新发展,积极使用新技术、新手段,努力开发新业务、新领域,为提供迅速及时、内容真实、生动活泼的新闻信息服务。

(8）提倡团结协作，反对损人利己。要努力增进业界的相互理解和支持，自觉维护我国网络媒体的良好发展环境，使互联网新闻信息服务行业的全体从业人员形成合力，为我国互联网快速健康发展做出贡献，为全面建设小康社会服务。

这些在互联网普及之初提出的自律公约和倡议，因为指出了基本的正确导向，符合社会营造公序良俗的基本要求，在之后的互联网发展中，被长期沿用。

## （三）网络自律式管理不足时的他律介入

**1. 对搜索引擎竞价排名中存在问题的处理**

2011年8月15日到18日，央视《经济与法》《经济半小时》《环球财经连线》《经济信息联播》《今日观察》等多档重点栏目播出了名为"诚信是金"的系列报道，接连曝光了中国最大的搜索引擎平台百度存在的一系列问题。报道指出百度的核心广告推广系统提供虚假搜索结果信息并使消费者权益受损。百度无视这些曝光，回避记者采访并继续进行违规推广。实际上，这些矛头指向的百度的搜索竞价排名及"点击率为王"的问题早在2008年就十分严重，也曾被当年的央视《新闻30分》栏目连续多天曝光，但是，在巨额的经济利益面前，网络上许多供应商唯利是图的情况比比皆是。

2016年，百度两次被推上"风口浪尖"。一次是2016年1月9日爆出的"血友病吧"被卖事件。该"血友病吧"的管理成员被撤换成曾多次被网友举报的所谓"血友病专家"。之后，百度被爆出其旗下40%的热门疾病吧已经被卖，而大多数用户都会通过百度搜索医疗信息甚至完全信任这些信息。有的网友找出了福建莆田市委书记梁建勇2014年的公开发言，指出莆田系医院的客户来源主要就是百度的搜索结果。此外，有网友调查发现，根据百度2015年第三季度财报，网站的该季度总营收为人民币183.83亿元，其中有176.80亿元来自网络营销的营收，占总营收的96%，是百度网站收入的主要来源。

在各方的声讨下，百度在2016年1月12日上午正式发出声明：病种类贴吧全面停止商业合作，只对权威公益组织开放。

另一次是2016年5月1日刷爆朋友圈的魏则西事件。西安电子科技大学2012级学生魏则西在2014年体检查出患晚期滑膜肉瘤，这是一种恶性软组织肿瘤，治愈率极低。但是魏则西通过百度搜索，查到一所名为武警北京总队第二医院的医院，该医院声称可以用生物免疫疗法治愈此病。但在花费将近20万元医药费后，魏则西仍不治身亡。网友爆出许多类似武警二院的科室其实被莆田系民营医院承包,"莆田系"在百度竞价排名中投入巨额费用,误导网民。

2016年5月2日,国家网信办会同国家工商总局、国家卫计委成立联合调查组进驻百度公司。5月9日,调查组得出结论:因百度搜索相关关键词竞价排名对魏则西选择就医产生影响,百度竞价排名机制存在付费竞价权重过高、商业推广标识不清等问题,影响了搜索结果的公正性和客观性,容易误导网民,必须立即整改。百度随即承诺,撤除疾病搜索置顶推广。

然而,2018年,有网友注意到,竞价医疗广告改头换面、变换载体,又卷土重来。而且有问题的不只是百度,在多款主流搜索网站检索与疾病相关的关键词,虽然下方用很浅的底色将这些广告与其他网页进行了区分,但置顶的仍都是所谓"专科医院"和"新型疗法"。排名前几位大多是医院的广告,点击进入即出现聊天界面。而许多广告中宣称的"饿死肿瘤""不化疗"的疗法实际上早就被证明是"伪科学"。

虽然竞价排名是各国的搜索引擎都采用的一种重要赢利方式,但是由于受众处于信息不对称的弱势一方,如果没有良好的后台监督管理,仅是让宣传资金是否充足来决定是否被置顶或放在前列,不仅用户可能是受害者,对于搜索引擎平台来说,受损的更是宝贵的信誉。

**2. 与社交网络不良信息的斗争**

(1)微博大V和微信公众号管理。

由于有些微博和微信公众号的粉丝数达到数千万之多,影响力甚至超过一些权威媒体,因此国家对一些特别有影响的微博用户和微信公众号在管理上也会特别重视。

2017年9月21日微博博主"达山麓人"发布题目为"哈尔滨机场恐怖事件"的博文,并内附2分10秒现场视频,正文内容为"哈尔滨机场发生一场恐怖事件,有人员伤亡,犯罪分子被警方抓获带走,具体事情还在调查中!"该视频在微信群内被大量转发。哈尔滨市公安局网安支队发现后立刻进行核实,确认该视频内容为哈尔滨市机场公安局组织的一场反恐演习,并非真实事件。虽然微博博主很快删除了这篇博文,但因这位博主粉丝数较多,已造成不良影响。9月22日下午,博主因造谣被处拘留7日,罚款500元。

2018年5月11日,微信公众号"二更食堂"就此前发生的"滴滴司机杀害空姐"一案发布了一篇文章《托你们的福,那个杀害空姐的司机,正躺在家数钱》,因为文中存在不当内容,多位读者举报该文,文章下线。浙江省网信办会同杭州市网信办于第二天就此事约谈该公众号主要负责人,要求全面清理违规有害信息,严肃处理有关责任人,并限时提交整改报告。同时,"二更食堂"公众号被微信平台封号 7 天。5 月 13 日，创始人丁丰在朋友圈就此事进行了回应，主动永久关停该公众号并深夜再次致歉。同时，另一位"二更食堂"创始人李明被免去二更网络公司担任的一切职务。

（2）群组信息服务的责任落实。

相对于进行大众传播的博客、微博、微信朋友圈、公众号，一些以群组方式在小圈子中传播的信息往往更加隐秘。而此类小圈子中，常常也会有各种价值观不正确或不符合公序良俗的信息被肆意传播。

2017 年 9 月 7 日，国家网信办印发《互联网群组信息服务管理规定》，并于 10 月 8 日正式施行。《规定》中所称的互联网群组，是指微信群、QQ 群、微博群、贴吧群、陌陌群、支付宝群聊等各类互联网群组。

互联网群组建立者、管理者应当履行群组管理责任，即"谁建群谁负责""谁管理谁负责"。《规定》强调，互联网群组信息服务提供者应当对互联网群组信息服务使用者进行真实身份信息认证，建立信用等级管理体系，合理设定群组规模，实施分级分类管理，并采取必要措施保护使用者个人信息安全。对于违法违规的平台方，有关部门将依法依规采取处理措施。对于违法违规的互联网群组，由平台方依法依约采取警示整改、暂停发布、关闭群组等处置措施。对于违法违规的群组建立者、管理者等使用者，由平台方依法依约采取降低信用等级、暂停管理权限、取消建群资格等管理措施。同时，平台方要建立黑名单管理制度，对违法违约情节严重的群组及其建立者、管理者和成员纳入黑名单管理。

**3. 对直播平台中低谷现象的整改**

如果说前面几种自媒体赋予了大众"自己的出版社""自己的麦克风"，直播则赋予了大众"自己的电视台"，直播平台传播的多媒体效果明显强于其他自媒体。然而与此同时，直播平台规模的不断扩大和使用直播的人数激增使直播领域鱼龙混杂，有关网络视频直播的负面新闻事件频频出现，这使得在相当长的一段时间中，直播平台的整体声誉显著低于其他自媒体。

虽然直播平台都会根据相关法律法规和自身的定位发布严格的准则，但是许多直播平台在实际运营中都出现过主播违规现象。由于本身就是现场实时直播，因此相对于其他传播方式，网络直播难以对内容进行事前把关，只能当发现不良问题出现后才作出反应，但此时影响往往已经造成。一些主播以为自己的言行举止在直播中是自由的，在说话用词和动作方面过于随意。有的主播以直播为生，在巨大的潜在利益诱惑下会故意越界，以一些出位的言行博取人们的关注。这些不仅影响到了直播平台的声誉，而且对整个社会风气都会产生不好的影响。

为整顿直播平台乱象，从2016年4月18日起，所有网络直播的主播都必需实名认证。2016年4月，全国20家网络直播平台共同发布了《北京网络直播行业自律公约》，并于5月公布首批主播黑名单。2016年9月9日，国家新闻出版广电总局发布了《关于加强网络视听节目直播服务管理有关问题的通知》，强调必须遵守已有的一些相关规定，要求网络视听节目直播机构依法开展直播服务，对整个直播行业进行整改。该通知要求各直播平台必须持"信息网络传播视听节目许可证"才能开展直播运营活动，而新申请单位必须为国有独资或国有控股单位且注册资本1 000万元以上。注册门槛的提高立刻让在线直播平台行业洗牌，一些实力不够但想靠恶俗信息博取注意力出位的小型企业被挡在直播行业的"门外"。

2016年11月4日，国家互联网信息办公室宣布发布并正式实施《互联网直播服务管理规定》。《规定》明确要求互联网直播服务提供者"后台实名、前台自愿"，对互联网直播发布者进行基于身份证件、营业执照、组织机构代码证等的认证登记。2017年3月3日，北京市文化市场行政执法总队展开行动，"夜魅社区"成为北京首个因涉黄而被关停的直播平台。与此同时，六间房、映客等三十余家网络直播企业应要求进行集中学习，开展自查自纠。2017年4月14日，文化部对斗鱼、虎牙直播等主流直播网站的涉黄涉暴内容进行了处罚。2017年7月，国家网信办发出通知，要求全国互联网直播服务企业自7月15日起，向属地互联网信息办公室进行登记备案工作。2018年2月12日，知名网络主播李某被《焦点访谈》点名批评，并被跨平台封禁。

经"整顿"后的直播平台都必须直播和审核同步进行，专业审核人员对直播间中所有内容全天候进行实时巡视监督，一旦发现违规行为，迅速处置。除对视频直播环节进行监管过滤外，大的直播平台还都利用图像大数据识别的方法建立了视频大数据系统、敏感词过滤机制，并采用大数据统计的方法对直播结束后的内容全部复审。此外，各平台对于主播的仪态也有了更严格的细节要求。

网络道德自律和他律所涉及的问题多且复杂，除上述谈到的问题以外，还存在着信息独占与共享、个人隐私与信息公开、传播自由与社会控制、信息内容的地域性与信息传播方式的超地域性等矛盾。在许多情况下，还需要根据具体问题和最新的形势发展不断调整相关政策。

# 第五章

# 网络信息的安全管理与产权保护

内容提要：

本章主要讲述各种涉及网络信息安全的问题、防范办法及网络产权问题中知识产权与虚拟财产权的保护。

重点包括以下五方面的内容：

1. 各类网络信息安全问题。
2. 如何保障网络信息安全。
3. 中国目前常见的侵犯网络知识产权的行为。
4. 我国关于保护网络知识产权的规定与措施。
5. 虚拟财产保护。

## 第一节　网络信息安全管理

在人类生活高度依赖网络的今天，网络安全正被越来越多的国家提升至战略高度。2011年2月底，美国哈佛大学教授、"软实力"理论首倡者约瑟夫·奈（Joseph Nye）在《纽约时报》上发文称，对美国而言，目前最大的经济损失是网络间谍行为和各类网络犯罪造成的，但在未来10年，网络战和网络恐怖主义可能成为更大的威胁。中国互联网安全企业360集团创始人兼CEO周鸿祎在2017国家网络安全周高峰论坛上曾表示，大安全时代的网络安全就是国家安全、社会安全、基础设施安全、城市安全、人身安全等更广泛意义上的安全。大安全时代，整个社会都运行在互联网之上，互联网已经和水、电、空气一样，成为社会的基础设施。

### 一、网络安全的特征与重要性

网络安全是指通过采用各种技术和管理措施，使网络系统的硬件、软件及其系统中的数据受到保护，不因偶然的或者恶意的原因而遭受到破坏、更改、泄露，系统连续可靠正常地运行，从而确保网络数据的可用性、完整性和保密性。网络安全从其本质上来讲就是网络上的信息安全。

#### （一）网络安全的特征

从广义来说，凡是涉及网络上信息的保密性、完整性、可用性、真实性和可控性的相关技术和理论都是网络安全的研究领域。

**1. 完整性**

完整性指信息在传输、交换、存储和处理过程中保持非修改、非破坏和非丢失，即保持信息原样性，使信息能正确生成、存储、传输，这是最基本的安全特征。

**2. 保密性**

保密性指信息按规定要求不泄漏给非授权的个人、实体，强调有用信息只被授权对象使用。

### 3. 可用性

可用性指网络信息可被授权实体正确访问，按要求能正常使用或在非正常情况下能恢复使用，即在系统运行时能正确存取所需信息，当系统遭受攻击或破坏时，能迅速恢复并投入使用。

### 4. 可审查性

可审查性指通信双方在信息交互过程中，确信参与者本身以及参与者所提供的信息的真实同一性，即所有参与者都不可能否认或抵赖本人的真实身份。

### 5. 可控性

可控性指对流通在网络系统中的信息能够实现有效控制，即网络系统中的任何信息要在一定传输范围和存放空间内可控。除了采用常规的传播站点和传播内容监控的形式外，最典型的有密码的托管政策，当加密算法交由第三方管理时，必须严格按规定可控执行。

## （二）网络安全的重要性

网络系统安全与系统开放是一对矛盾体。如果某个系统不与外界进行任何的连接，既不能提供任何服务，也不能浏览下载任何信息，甚至不能用任何软件和移动存储设备，一般来说，它是不会受到网络信息安全威胁的。但是，严格地说，世界上没有完全安全的网络操作系统，不同的用户需要从不同的角度考虑自己的安全等级和平时在操作中需要注意的事项。从网络运行和管理者的角度说，他们希望对自己的网络系统的访问、读写等操作进行保护和控制，避免受到病毒的攻击或出现非法存取、非法占用等非法控制和威胁。

由于互联网将世界变成了一个"地球村"，社会作为整体，变得越来越依赖于各种数字管理系统，网络的安全成为维系社会秩序的先决条件。网络已不仅是信息传递的工具，而且是社会控制系统的中枢。网络数据已成为一个国家经济发展与社会运行的生产力要素之一，而且由于网络几乎连接一切，所以网络也关系到国家政治安全、经济安全、军事安全和文化安全。不仅国防设施要靠网络指挥，电话网、油气管道、电力网、交通管制系统、国家资金转移系统和卫生保健系统等事关国计民生的各个方面也都越来越依赖于计算机网络的正常运行。于是，互联网与国家安全紧密地联系在一起。因为通过破坏和操纵计算机网络上的信息流可能对国家国防和基础设施实施破坏，美国学者已经针对这一安全漏洞提出了"战略信息战争"的概念，将其列为与核战争和生化武器战争并列的、对国家安全最具威胁的三大挑战之一，称其为"不用枪弹的战争"。

## 二、危害网络安全的主要形式

科学技术是一把双刃剑,信息技术的发展对社会除了有积极的推动作用外,也带来不少负面的问题。在巨大的互联网络的一些角落中存在着一些以非法目的运营着的网站;以手机为代表的现代数字通讯工具的普及,和以地图搜索为代表的现代卫星图像检索功能的广泛应用,使窃听与偷窥变得十分容易;网络黑客的行为、电子病毒和垃圾邮件会对网络系统正常运转和信息安全产生极大的破坏;在网络世界中,个人的隐私权也更容易受到侵犯;一些不法商家利用网络进行的不法赢利行为,对整个社会的诚信度都会产生不良影响;色情、暴力等不良信息对青少年身心健康的危害也不容忽视。

### (一) 暗网

在日常可见的全球互联网络之外,还有一个不易可见的网络世界,它被称为"深网"(Deep Web)。"深网"是指互联网上不能被搜索引擎抓取到的内容。现在一般认为最早的深网概念缘于1990年美国海军实验室为保护情报通信而开发的"Tor"浏览器。1996年5月,美国海军研究实验所的三位科学家提交了一篇论文,题目是《隐藏路径信息》,提出打造一个系统,让使用者在连接互联网时不会向服务器泄露身份。2003年10月,这一想法开始正式实施,系统就命名为"洋葱路由"(The Onion Router,简称 Tor),从此,非专业的网民也可以浅层访问深网。

一般来说,"深网"并没有多少的神秘之处,很多网站考虑到版权保护或个人隐私等因素,屏蔽掉许多的搜索引擎,一些私下的微信聊天记录或个人存在云盘里的内容,搜索引擎也是抓取不到的。而且虽然互联网发展迅速,但事实上迄今人类世界的信息仍然只有极少部分实现了网络化,有相当多的已经数字化的信息并没有联网或处于局域网中,普通搜索引擎能抓取到的信息量比例仍然很小。因此,处于"深网"中的数据量相当庞大。根据2015年软件服务公司 BrightPlanet 发布的技术白皮书《深网——打捞潜在价值》 (The DeepWeb——Surfacing the Hidden Value)提供的数据,深网信息量在2012年就已经是公开网络的40倍,有效高质内容总量至少是后者的1 000倍到2 000倍。这本身不会带来什么问题,但是在"深网"中还存在着一个被称为"暗网"(Dark Web)的部分。

第一个被公认的成熟、商业化、黑社会化的暗网是2006年诞生的"农夫市场"（The Farmer's Market）。非专业的用户可以利用洋葱路由进入暗网，而警方想要查到用户的 IP 地址则需要像剥洋葱一样穿越一层又一层的防线。美国缉毒局（DEA）数据显示，2006—2009 年，农夫市场在美国的 50 个州和其他 34 个国家、地区发展了用户，总用户数逾 3 000 人，至 2011 年起年营业额突破 100 万美元。农夫市场经营几乎所有种类的违禁品，其中又以毒品和管制药品为主，靠提取佣金维持运转，全盛时期号称"非法交易领域的亚马逊"。除了不使用虚拟货币外，农夫市场已具备当代暗网的一切特点，其营业范围至今仍为新兴暗网所沿袭。2012 年 4 月，DEA 和荷兰、哥伦比亚、苏格兰等地警方和情报部门合作，关停农夫市场并逮捕威廉姆（Marc Willems）等不同国籍的 8 名网站组织者，2014 年 9 月，首犯威廉姆以贩毒、洗钱罪名被判处有期徒刑 10 年，其余 7 人除 1 人死于狱中外均被定罪。

此后有影响的暗网是"丝绸之路"（Silk Road）。由于暗网允许信息交互平台上不泄露个人信息，而比特币可以让资金流动处于匿名状态，这些共同需要使比特币迅速成为暗网通用货币，而且促进了暗网的疯狂生长。丝绸之路创始人乌布利希（Ross Ulbricht）制作了详细的资料告诉买家如何密封毒品，躲避追查，结果两年就狂赚 77 亿，但 2017 年 5 月 31 日被判终身监禁。影响仅次于丝绸之路的暗网 AlphaBay 并不像前几代暗网那样直接经营非法生意，而是通过类似网店平台的角色吸引授权大量供应商和客户，从中收取手续费和服务费。2017 年 6 月 20 日荷兰警方抓获了两名世界第三大恶性暗网 Hansa 的两名经营者，缴获大量资料，在这些资料里发现了 AlphaBay 的蛛丝马迹，并随机顺藤摸瓜抓获了 AlphaBay 联合创始人、加拿大人亚力山大·卡兹（Alexandre Cazes）。7 月 12 日，卡兹在泰国境内关押地自缢身亡。

中国为了保证政府监管，原则上不允许使用深网协议浏览器，而深网中的暗网部分则是重点打击的对象。

## （二）窃听

窃听工具在网络时代之前就有，但是自从手机成为通讯及网络终端，它就在给人们的生活带来便利的同时，也给信息安全带来了隐患。随着智能手机的普及，手机信息安全的问题日益突出，量上的积累已经开始逐渐显现质上的影响。在某些方面，手机已成为不容忽视的一大泄密工具。

手机窃听技术和黑客手机的技术手段也随着智能手机的进步不断发展。这些窃听设备有的像对讲机，有的像笔记本电脑。一种产品本身带有硬盘，可同时存储 100 个待监听的电话号码。一旦其中一部手机有呼出或呼入电话，即有不同的铃声提示并自动监听，屏幕上还可以显示被监听电话号码与被叫号码及其制式等详细资料，并自动录下通话内容和时间，随时都可以调出回放。还有些手机具有隐蔽通话功能，可以在不响铃、不显示的情况下偷偷地进入通话状态，将周围的声音传递出去。甚至在有的情况下，使用者将手机关闭，监听人员通过特殊仪器仍可遥控，将其变为开启状态，收听一定范围内的声音并进行定位。

无线电波对地域距离的消融，使通过卫星传送的国际长途电话也能被窃听。日本北部三泽航空基地被多个国家用来进行窃听活动。美国利用"猎户座"系列间谍卫星，可以跟踪微波传输，窃听到有关国家的电话通讯。早在2000年，欧盟的一份报告就指出，美国国家安全局建立的一个代号为"梯队"的全球电子监听侦测网络系统一直在窃取世界各国的情报，已使欧盟遭受了至少200亿欧元的商业损失。由于怕被窃听，许多国家的情报部门、军方和重要政府部门都禁止在办公场所使用移动电话，即使是关闭的手机也不允许带入。

2013年6月，曾供职CIA（美国中央情报局）的技术分析员爱德华·斯诺登（Edward Snowden）将一个绝密文档披露给了英国的《卫报》和美国的《华盛顿邮报》。该绝密文档是关于美国国家安全局（NSA）自2007年起实施的一个名叫"PRISM（棱镜）"的电子监听计划。该计划不仅能够对即时通信信息进行监听，同时还可以获取既存信息，许可的监听对象包括任何在美国以外地区使用参与计划公司服务的客户，或是任何与国外人士通信的美国公民。不久，斯诺登又曝光英国的Tempora秘密情报监视项目，根据斯诺登的曝光来看，英国情报机构政府通讯总部（GCHQ）开展的窃听计划比美国国家安全局的窃听计划范围更大也更深入。GCHQ在公众完全不知情的情况下对承担传送全球电话和互联网流量的电缆系统进行了秘密监控，其中涉及大量涉及敏感信息的个人信息流，并将大量个人信息与NSA分享。

## （三）偷窥

西格蒙德·弗洛伊德（Sigmund Freud）认为，每个人潜意识中都有偷窥他人的欲望。对他人言语行动的好奇心保持在一个适度的范围内，是正常的也是合法的，但是如果超过一定道德规定的范围就可能给他人带来伤害，超过法律规范的范围就是犯法。随着地理数字技术的日益进步，各种电子地图和卫星影像地图软件开始从网络走进人们的日常生活。通常，人们会在网络上通过电子地图软件查找交通路线、展示旅游图片、标注自己在当地长居或游玩的心得体会，但是，有时这种对卫星影像软件的利用很可能超越国家法律所允许的界限。谷歌街景服务曾被指是"为强盗提供服务",因为这样的平台方往往会因为提供过于详细的信息,而增加街头犯罪的概率。

搜索引擎的地图技术使普通网民足不出户就能看到过去"连鸟都飞不过去"的禁地,如自从搜索引擎 Google 推出"Google 地球"(earth.google.com)站点以来,对各国军事基地的保密工作受到了巨大冲击,很多国家都指责它有泄露军事机密之嫌。"Google 地球"上提供的卫星照片清晰度很高,不仅能够让使用者看到准确位置,而且能够掌握周边的军事部署情况。如"Google 地球"的卫星图片中就有印度首都新德里国际机场的高清晰图片,而印度的巴勒姆空军基地就在周围。"Google 地球"是一个开放软件,任何人都可以在搜索引擎上直接使用。伊拉克的武装分子曾用它获取英军驻巴士拉基地的卫星地图,这些图片详细标明了巴士拉英军驻地里的建筑物和易受攻击的区域。这种情况对国家安全形成了巨大的挑战,各国都在重新考虑在网络时代如何调整涉及国家安全的保密观念、保密制度和保密技术。

2010年,中国国家测绘局等多家部门对全国地理信息市场进行专项整治,互联网地图泄密成为被整治的重点。被查处的多是军事爱好者经常光顾的网络社区,如"月光论坛"。和普通军事论坛相比,"月光论坛"最显著的特点在于,它能直接链接到"Google 地球"上,其会员可以免费浏览全球各地的高清晰卫星图片,并在上面标注出军事地点的地理坐标和相关信息。再如"上帝之眼"网站是一家基于"Google 地球"软件运行的模拟飞行平台,在这个平台上,任何人都可以驾驶虚拟的小飞机,从一个地点飞到另一个地点,在飞行过程中看到的地面景物与现实地理面貌几乎完全一样。类似"月光论坛"和"上帝之眼"的网站和论坛在国内疯狂增长,在 2010 年,类似网站与论坛就已经达到 42 000 多家。

那么,利用这些卫星影像软件,合法与违法的"边界"在哪里呢?根据中国国家测绘局的解释,网站上呈现出来的某一区域的卫星影像甚至航空影像都不能叫电子地图,因为它没有坐标,也没有人文或者自然的属性。但是一旦用户在这个区域获取了一些应该保密的军事设施的地理坐标或被重点标注的目标,包括军用机场、导弹阵地、雷达阵地、海军港口、部队驻地和一些重要的敏感目标等,这一行为就构成了泄密。

数字化技术的发展也让许多小机器有了摄录功能,如行车记录仪、测速拍照系统、执法记录仪、监控摄像头等,使用者可以随时随地将眼前的一切拍摄下来,数字化图像信息的保存、传递都十分容易。这种随时的摄录虽然常常为举证或制作公民新闻、个人小视频等提供了方便,但是这也使许多并不情愿被随意拍摄的人不得不身处摄像镜头的"汪洋大海"中。

### (四) 黑客行为

**1. "黑客"的两个义项**

黑客这一身份在互联网史中有两种指代，一是指精通计算机技术，善于从互联网中发现漏洞并提出改进措施的人；另外，此词也指通过互联网非法侵入他人计算机系统查看、更改、窃取保密数据或干扰计算机程序的人。黑客对计算机有着狂热的兴趣和执着的追求，他们不断研究计算机和网络知识，喜欢挑战高难度的网络系统并从中找到漏洞。黑客们对于网络既可以有建设性，也可以有破坏性。现在"黑客"一词后一义项更为常见。

组成黑客的主要群体通常都是年轻的男性，很多甚至是在校学生，有着很强的计算机爱好和充足的时间，好奇心强，精力旺盛。

**2. 黑客对国家安全的破坏**

黑客们常常未经准许，擅自入侵计算机信息系统，其行为表现形式多种多样，入侵他人系统的目的和动机也各不相同。一旦黑客入侵国家政治、经济及军事等要害部门，盗取国家机密、商业秘密，对整个国家的安全或重大企业的利益会造成无法估量的损失。在互联网构成的虚拟空间中，虽然黑客本身所做的事情似乎是一个虚拟的游戏，但是能在现实中造成危害社会的后果。

早在1994年，美国国防部就曾遭到一个自称"美国国家安全第一号威胁"的黑客的侵袭，联邦调查局的特工人员对此案无计可施，长时间无法侦破。后来，由于这个黑客平时老爱在网上表现，竟然还留下了真实的电话号码，根据这名黑客的电话号码，美国特工人员发现他来自英国伦敦。最后，当这名黑客再次入侵五角大楼网络系统时，美国在英国国际刑警的帮助下将其抓获，发现他竟是一个年仅16岁的音乐学院的普通学生。

1998年2月2日，我国发生了第一起非法入侵中国公众多媒体网络案，24岁的吕某和22岁的袁某利用手提电脑非法获得网络系统管理的最高权限，修改密码和口令，给国家造成重大损失。2005年，美国超过300万的信用卡用户资料外泄，导致用户财产损失。几乎与此同时，中国工商银行、中国银行等金融机构的网络主页先后成为黑客们模仿犯罪的对象，他们设计了类似的网页，通过网络钓鱼的形式获取利益。这一现象使很多用户对网络交易的信心大减，也使世界各国的银行都提高了对网络交易安全的重视程度。2009年7月7

日,韩国遭受有史以来最猛烈的一次网络黑客"DDoS攻击"[1]。韩国总统府、国会、国情院和国防部等国家机关,以及金融界、媒体和防火墙企业网站受到了攻击。9日,韩国国家情报院和国民银行网站无法被访问,韩国国会、国防部、外交通商部等机构的网站一度无法打开。2010年1月12日上午7时开始,全球最大中文搜索引擎百度遭到建立以来持续时间最长、影响最严重的黑客攻击。网民访问百度时,会被定向到一个位于荷兰的IP地址,百度旗下所有子域名均无法正常访问。2017年10月,瑞典运输管理局网络遭遇黑客DDoS攻击,导致该局负责管理的列车订单IT系统瘫痪,电子邮件系统与网站宕机,影响了旅客预定或修改订单。2018年5月,每年接纳近两亿次乘客的丹麦国家铁路网络遭受黑客DDoS攻击,客户无法通过其应用程序、网站、售票机和车站的某些售票机购买机票,大量旅客的行程陷入混乱状态。这还仅是购票系统受到攻击,如果驾驶系统也被攻击,后果更加不堪设想。

**3. 对个人信息的侵犯**

除一些重要机构外,一些名人的电脑和手机也会成为黑客入侵的对象。

2008年,在美国,奥巴马开通了Twitter为自己的选举造势,没想到他的Twitter账号在竞选时被入侵,入侵的黑客冒充奥巴马向选民承诺,要给Twitter上的15万粉丝每人价值500美元的免费汽油,事后一名18岁的黑客承认对该次入侵负责。

2011年8月3日,英国《太阳报》向读者发送电子邮件,称读者的地址、生日和电话号码等信息可能在一次黑客攻击中被泄露。虽然《太阳报》同时表示在此次攻击中黑客没有获得财务信息和密码,但是仍然导致了一些混乱。如黑客创建的一个链接至《太阳报》网站的页面称,新闻集团CEO鲁伯特·默多克已经死亡。

2013年8月美国互联网巨头雅虎网站被黑客入侵,在这起已知的对单个企业计算机网络的最大规模入侵中,雅虎被盗信息包括用户姓名、电子邮件地址、电话号码、出生日期、密码和安全问题及答案。之后此事件的影响不断扩大。2016年9月,雅虎公司宣布黑客于2013年的损失为至少5亿用户的账户信息。当年12月,雅虎又表示,被盗账户数量约10亿个。2017年雅虎公司宣布,此事件中实际有30亿个用户受大影响,被媒体惊呼"半个世界都被盗

---

[1] DDoS是"Distributed Denial of Service(分布式拒绝服务)"的缩写。DDoS攻击指借助于客户/服务器技术,将多个计算机联合起来作为攻击平台,对一个或多个目标发动攻击,从而成倍地提高拒绝服务攻击的威力。

了"。雅虎因此面临至少41个联邦或地方法庭的诉讼,因为失窃账户数量增加会导致诉讼数量的增加。2017年6月13日,雅虎核心业务被美国大型通信企业威瑞森通信收购,闪耀互联网世界22年的光环黯然熄灭。

2018年7月20日,新加坡一保健集团健康数据遭黑客攻击,150万人的个人信息被非法获取,新加坡的总人口约600万人,这意味着新加坡平均每四个人,就有一个人的信息遭到泄露,这其中包括新加坡总理李显龙,甚至连李显龙本人的配药记录、门诊信息等也遭到外泄。这起事件也被当地媒体称为"新加坡遭遇的最大规模网络安全攻击"。

黑客的行为无疑是一种严重的犯罪,人们对待黑客犯罪的态度却往往不同于传统的犯罪。长期以来,在很多人的印象中,电脑黑客都是一些异常聪明的年轻人,他们熟练掌握着计算机知识。许多黑客在实施犯罪时都还不满20岁,因此,许多犯罪分子常常被人们称为"神童""大侠"。而这种态度往往让公众忽视了黑客攻击巨大的社会危害性,对于辨别是非能力较差的未成年人,更有可能引诱他们尝试同类活动。

### (五) 病毒

#### 1. 计算机病毒

计算机病毒,根据《中华人民共和国计算机信息系统安全保护条例》,被定义为指编制或者在计算机程序中插入的破坏计算机功能或者破坏数据,影响计算机使用,并且能够自我复制的一组计算机指令或者程序代码。

计算机病毒最早出现在电脑中,通过互联网进行传播。犯罪分子制作、传播病毒的目的虽有不同,造成的危害却都很大。自从1971年发现第一例计算机病毒以来,计算机病毒就以惊人的速度增长,而互联网的发展助长了计算机病毒的扩散,往往一个小小的病毒在一瞬间就能传遍全球,危害极大。

1988年11月3日被称为"黑色星期四",一个美国年轻人罗伯特·莫里斯(Robert Morris)把一个"蠕虫"程序放到了互联网上,导致上千台网上计算机瘫痪,而出现这一后果还是以当时世界上上网计算机数量较少为前提的。从此之后,各种互联网病毒层出不穷,"杀毒"成为一个赢利颇丰的行业,并且在互联网上有着庞大的市场。各种病毒程序的出现改变了许多人对互联网安全性的看法,引起人们对网络安全问题的重视。

1999年4月,在全球范围内爆发的"CIH"病毒是由我国台湾青年陈盈豪制作的。当初他的目的仅是出于恶作剧,但是这个病毒造成全球近6 000万台计算机瘫痪,仅中国大陆地区就有几十万台计算机硬盘受损,损失超过10亿元人民币。

2011年4月，曾攻击伊朗核电站、进行过工业破坏活动的"Duqu"蠕虫，转而变身系统中的后门程序，窃取了多国高科技企业机密技术资料。

2017年5月13日，全球多国爆发电脑勒索病毒WannaCry及其变种，两天时间便有100多个国家超过10万台电脑遭受了攻击。受害者电脑会被黑客锁定，提示支付价值相当于300美元的比特币才可解锁。该病毒在一年后仅在中国每天仍有近千台设备受其感染。

目前病毒传播已经形成产业链，并且控制在少数集团的手里。这些集团通过软件下载、网盘传播、视频播放器播放、木马程序传播、游戏外挂、小说下载等方式传播推广病毒，获取经济利益。

**2. 手机病毒**

人们原来认为电子病毒仅存在于计算机中，但是实际上，任何有内存并处于网络操作系统中的电子产品，只要与外界有数据交换，就可能感染并传播病毒。

2004年6月，手机上传播的病毒被首次发现以后，手机恶意程序的数量大幅提升。手机病毒主要采用短信发送、电子邮件发送、微博传播、链接个人电脑以及浏览互联网下载安装软件等多种方式传播，破坏多表现为损坏联系人名单、损耗电池、盗取资料和耗费话费等。

手机短信也可传播病毒。短信病毒总的来说不多，破坏力也不高，如一种名为"洪流"的程序专门利用一些能够发送手机短信网站的功能漏洞，使网站自动向被攻击者的手机发送大量短信，用户可能会一下子收到上百条垃圾短信，不仅干扰正常通信，而且会耗费手机电力，清除这些垃圾短信也要浪费用户不少时间和精力。有的"洪流"病毒还利用网站的"免提"短信发送功能，不管用户愿意不愿意看，都使短信不断地出现在手机屏幕上，让人不胜其烦。

根据诺基亚发布的《2017年度威胁情报报告》，Android设备是2017年恶意软件的主要目标，智能手机占所有移动网络感染的72%，Android设备感染率已高达69%。

现在，在移动通信中蓝牙的安装率很高，黑客可以利用蓝牙手机漫游技术上的一些设计漏洞，直接向被侵入的手机发送带病毒的信息，使被侵入的手机自动拨打某些电话号码，或用自己的手机浏览、下载被侵入手机中存储的所有资料。即使用户的蓝牙手机没有与其他设备相连接，手机中的资料仍可能被具备蓝牙功能的电脑远程连接入侵。一些存在于蓝牙标准加密技术中的更深层次的缺陷和技术漏洞可能会带来更严重的安全问题，一旦黑客发出攻击指令，控制住被害者的手机设备，只要攻击目标在手机服务区内，就可能产生破坏效果。

### (六) 电子垃圾邮件

现实世界中的垃圾邮件在互联网出现之前就存在，而网络传播的低成本使电子垃圾邮件的数量急剧增加。垃圾邮件一般具有批量发送的特征，可以分为良性和恶性的。良性垃圾邮件是各种宣传广告等对收件人影响不大的信息邮件。恶性垃圾邮件是指具有破坏性的电子邮件。

《中国互联网协会反垃圾邮件规范》从以下四个方面定义垃圾邮件：收件人事先没有提出要求或者同意接收的广告、电子刊物、各种形式的宣传品等宣传性的电子邮件；收件人无法拒收的电子邮件；隐藏发件人身份、地址、标题等信息的电子邮件；含有虚假的信息源、发件人、路由等信息的电子邮件。

**1. 垃圾邮件危害巨大**

垃圾邮件具有反复性、强制性、欺骗性，严重干扰个人的正常生活，浪费用户的时间、精力和金钱。在互联网上传输的垃圾邮件占用了传输、存储和运算资源，不但造成网络资源浪费，而且会造成巨大的存储需求，对信息安全系统的有效性造成威胁。

有的垃圾邮件携带病毒或散播各种虚假信息或有害信息，严重危害了社会的稳定，并严重影响网络服务商的形象。在国际上，频繁转发垃圾邮件的主机会被上级国际互联网服务提供商列入国际垃圾邮件数据库，从而导致该主机不能访问国外许多网络。而收到垃圾邮件的用户会因为服务商没有建立完善的垃圾邮件过滤机制，而转向其他服务商。

**2. 垃圾邮件的新特点及难以控制的原因**

垃圾邮件屡禁不止的原因主要有两个方面：一方面，垃圾邮件可以形成连锁"垃圾邮件经济"；另一方面，电子邮件低廉的发送成本吸引了一些资金不够雄厚的企业。如果说在 20 世纪垃圾邮件发送者还只是帮一些商业、企业和不法网站滥发邮件并从中牟利，或者发送虚假信息以骗取钱财，那么，进入 21 世纪后，随着许多企业开始部署反垃圾邮件软件系统，越来越多的垃圾邮件发送站点被列入"黑名单"，于是垃圾邮件发送站点纷纷把合作的目标转向黑客。与其合作的黑客一般先利用邮件散播病毒，攻击进入一些电脑系统，种植非法程序，然后把这些已被攻破的计算机系统信息转让给垃圾邮件发送者，从中牟取利益。这种系统中毒的计算机通常被称为"僵尸计算机"，它们一旦被垃圾邮件发送者"唤醒"，就会成为垃圾邮件的"中转站"，不断向外发送大量垃圾邮件，计算机主却毫不知情。

### (七) 网络不良信息

网络信息安全还涉及一些信息内容存在不符合公序良俗或引诱不良行为的问题。

**1. 网络色情**

互联网上有一个说法：电脑是 21 世纪的"性玩具"，网上检索率最高的前 10 个词中至少有 5 个是色情词汇。网络相对其他传播方式，最重要的特色就是更开放、更自由，把关人功能被弱化。这些传播特点决定了它极易被利用来传播色情信息。

自从互联网开始在普通公民中普及，就有人利用其制作、传播和出售淫秽物品，随着电脑和手机的普及，网络迅速成为"扫黄打非"工作主战场，网络淫秽色情信息是打击重点。网络色情的形式与传统的色情业相比更为复杂多样，文字、图片、视频、直播等各种类型无所不及，网络的互动功能更是为色情信息泛滥与升级推波助澜。色情信息泛滥的原因是经营者为非法利益所驱动。因为网络上的一些色情内容能为服务供应商们带来利益，因此，"打擦边球"现象在各种网站上一度普遍存在。网络色情传播技术灵活、途径多样，因此控制较为困难。

**2. 网络暴力**

网络传播中宣扬暴力的信息主要出现在网络游戏中。目前在中国市场销售的网络游戏，魔幻、武侠内容的占了一半以上，常以刺激、暴力和打斗为主要内容。在作战格斗类游戏中，血腥、暴力的画面频频出现，玩家的鼠标一点就可以"杀人"。网络游戏往往设置为积分制，"杀人"越多分值或等级越高。网络暴力游戏中设置的一些对抗情境，要求玩家出招必须快、狠、准，这样才能置"敌"于死地。

在虚拟情境下，人们根本体会不到杀人的残酷性，意识不到在现实环境中这样的行为可能导致的后果。长时间进行这种近似真实的体验，一些网络游戏爱好者习惯了厮杀与血腥场面，甚至分不清虚拟网络和现实世界的区别，把游戏与生活实际混同。一些年轻人受到潜移默化的影响，他们无视生命价值，情绪变化剧烈，富于攻击性，并带来了一系列的社会问题，如逃学、校园暴力等。2007 年 4 月 16 日，美国弗吉尼亚理工大学发生了美国历史上最严重的恶性校园枪击案，枪击造成 33 人死亡，凶手本人也饮弹自尽。发生这一惨剧的原因可能很复杂，但是 23 岁的韩裔凶手赵承熙酷爱打《反恐精英》游戏后来被媒体反复提及。《反恐精英》是一款暴力游戏，玩家使用各类枪械互相射击，常常在屠杀过程中不断嚎叫、狂笑和辱骂，而赵承熙在他留下的日常视频中亦体现了这种情绪。

### 三、保护网络信息安全的措施

互联网已经成为现代社会十分重要的基础设施，层出不穷的网络信息安全事件不断影响到人们生活的方方面面。在现代社会，网络虚拟世界和物理的现实世界之间的界限不断模糊，对网络虚拟世界的攻击可以直接影响到物理的现实世界的安全。网络安全问题不仅仅关系到互联网本身的安全，更关系到国家、社会、城市基础设施、公民个体等各个层面的安全。

#### （一）习近平的网络安全治理思想

现在，任何国家都不再简单地将网络视为一种技术现象，探索网络安全治理是国家治理的重要内容，网络空间安全问题已上升到国家战略层面。

2014年，习近平在中央网信领导小组首次会议上指出，网络安全和信息化是一体之两翼，驱动之双轮，必须统一谋划、统一部署、统一推进、统一实施。以安全保发展、以发展促安全，实现长治久安。概括起来，就是"一体两翼双轮驱动"的网络安全治理战略观。所谓"一体"，即网络强国的目标主体，这是国家战略，也是目标愿景；所谓"两翼双轮驱动"，即"网络安全"和"信息化"。习近平同志网络安全治理观的主要内容集中体现为：实施"一体两翼双轮驱动"的战略观，构建"网络空间命运共同体"的共建观，实现"以人民为中心发展"的利益观，坚持"核心技术自主创新"的技术观，倡导"尊重网络主权反对霸权"的国家观，推行"聚天下英才而用之"的人才观。

总结下来，习近平的网络安全治理思想有三个维度：

第一个维度是把网络安全放在与国家安全同等高度，认为网络安全是国家安全的前提，没有网络安全就没有国家安全；

第二个维度是从现代化发展的历史高度来看待网络安全，认为国家的网络发展水平和信息化程度与国家发展以及广大人民群众的工作生活密不可分，如果没有信息化就没有国家发展和人民生活的现代化；

第三个维度提出通过建设网络强国来维护网络主权的战略决策，强调要立足于国际国内两个大局，总体部署、统揽各方、创新发展。

在三个维度的基础上，习近平着重提出要"加快构建关键信息基础设施安全保障体系，全天候全方位感知网络安全态势，增强网络安全防御能力和威慑能力"[1]。

### (二) 保护网络安全的具体措施

针对网络发展中出现的各种问题，网络信息安全的技术发展和保护措施有时是与问题同步推进，有时则是领先一步。

**1. "阿拉丁计划"**

针对网络上存在许多有价值，可以公开但是尚不能以普通搜索引擎抓取的内容，百度公司推出了一个"阿拉丁计划"，旨在对包括众多未纳入搜索引擎检索体系的"深网"信息进行更深一步的分析融合和处理，使更多的信息能更高效地被用户通过搜索引擎检索得到，从而超越现有网络内容的限制，广大网民只用一个最简单的搜索框，就可以打开最为丰富多彩的信息世界之门。

**2. IPv6**

窃听、偷窥和黑客常常弄得广大网民心理紧张，开了实时防病毒程序还不够，还要继续使用防火墙，打开实时防木马程序。但是，这种问题仅局限于IPv4网络。IPv6在设计的时候充分研究了IPv4的各种问题，安全性得到了显著提高。当然，IPv6并不是就没有安全问题了，只是因为IPv6的地址空间实在是太大了，如果还想通过扫描地址段的方式来找到有可乘之机的其他主机，犹如大海捞针。所以，在IPv6阶段，虽然不能完全排除受黑客攻击的可能，但是大范围的网络瘫痪的可能性已经微乎其微。

**3. 云安全**

从互联网发展的历程看，各种软件不断升级的过程也是与电子病毒不断作斗争的过程。作为信息产业的一部分，手机也无法避免地要与电子病毒进行一场持久战。未来，随着手机功能的增多，手机软件的功能越来越强，软件接口标准也趋于统一，手机病毒的传播范围可能会扩大，破坏性也会增强。如果仅是跟在病毒的后面，见一个杀一个，这种亡羊补牢的做法显得太过被动。只有在提高杀毒能力的同时，未雨绸缪，防患于未然，积极地防止此类事情发生，才能够将可能发生的损失降到最低。这就像人类对待疾病的态度，防病的意义不管从哪一方面都大于治病，防毒这种处理方式也比染毒后再杀毒成本更低、效率更高。

---

〔1〕 王思北，胡浩，吴晶，等. 习近平在网络安全和信息化工作座谈会上的讲话 [N]. 人民日报，2016-04-20 (2).

由网络产生的问题往往还是需要从网络上解决，现在一个由"云计算"演变而来的"云安全"的概念开始为人们接受，它通过网状的大量客户端对网络中软件异常行为的监测，获取互联网中木马、恶意程序的最新信息，推送到服务器端进行自动分析和处理，再把病毒和木马的解决方案分发到每一个客户端。这种网状的结构意味着，用户越多每个用户就越安全。因为一旦出现新木马病毒，用户群越庞大越能在最快的时间里发现和截获入侵者。

2016 年 9 月，英国政府通信总部创建了"国家网络安全中心"（National Cyber Security Centre，简称 NCSC），以保护个人、公共和私营机构以及重要基础设施安全，抵抗网络攻击。NCSC 的第一个主要任务是与英国央行合作，制定新的英国金融领域网络安全标准，以应对可能会影响英国经济发展的网络威胁。英国政府将 2016—2021 年间的网络安全预算翻倍到 19 亿英镑，并为国家情报机构增加近两千名网络安全专业人才编制。

**4. 量子密码**

量子密码，又称量子密钥分发（QKD，Quantum Key Distribution）是利用量子物理中的量子纠缠来实现传统的加密算法的密钥分发。它本身并不是一种密码算法，而是不断给用户更新密钥。由于量子纠缠状态的"不可测性"这一基本物理定律，从理论上保障了系统的安全。目前使用最广泛的公钥密码体制是 RSA 体制，其安全性是基于"大数因子分解"的计算复杂性。现代公钥密码体制都基于一个共同信赖的点，即理论上如果要对一个 300 位的阿拉伯数字进行因子分解，使用万亿次的计算机耗时约 150 000 年。但是 1995 年，美国贝尔实验室的数学家彼得·秀尔（Peter Shor）发明了一种量子分解算法，从理论上证明该算法能够迅速破解现代公钥密码。采用这种量子算法，使用量子计算机耗时仅 1 秒，这意味着一旦量子计算机研制成功，RSA 公钥密码体制立刻土崩瓦解。2012 年之后，设计制造量子计算机的关键技术接二连三取得突破。量子计算机一旦真的被制造出来，如果人们不能尽快找到现代公钥密码体制替代方案，网络空间安全将受到致命的威胁。2015 年 8 月 19 日，美国国家安全局在其官方网站上宣布"8.19"声明，正式启动"抗量子密码体制"。2016 年 8 月 16 号，中国的量子科学实验卫星"墨子号"在酒泉卫星发射中心发射成功。中国政府非常重视量子密码技术的研发，在技术方面已领先世界。

**5. 反垃圾邮件技术和管理**

防垃圾邮件需要从技术和管理两方面同时入手。一方面，从技术上提高垃圾邮件堵截能力。垃圾邮件的产生主要是由邮件服务器缺少设置开放转发功能所致，邮件服务商的技术水平是决定垃圾邮件是否继续泛滥的重要环节。美国的微软公司就一直开发过滤垃圾邮件技术来对付垃圾邮件，普通用户只要使用这类软件就能过滤掉几乎全部的垃圾邮件。中国的邮件服务商也不断推出新的反垃圾邮件技术，而中国互联网协会也定期公布查封的垃圾邮件服务器。另一方面，在法规上加强处罚力度也十分重要。国际上大多数国家都制定了反垃圾邮件的相关法规。例如，澳大利亚的《反垃圾邮件法规》规定，反复发送垃圾邮件的商业企业在停止发送垃圾邮件之前每天最多被处78万美元罚金。美国的《反垃圾邮件法》规定，垃圾邮件制造者的最高刑期可达5年，对每封垃圾邮件的罚金最高为250美元，罚金最高可达600万美元。美国加州高等法院认为邮箱为用户的动产，随意向他人邮箱发送邮件的行为构成非法侵入他人动产的侵权行为。中国于2006年3月20日实施《互联网电子邮件服务管理办法》，成立了"中国互联网协会垃圾邮件举报受理中心"，向全社会公布了垃圾邮件举报公益热线电话及举报邮箱和举报网站的地址。凡是被列入"黑名单"的服务器，如果继续发送垃圾邮件，会遭受中国互联网协会成员网站的联合封堵。

**6. 网络隐私保护**

在保护网络隐私方面，在美国目前的联邦立法中，涉及网络隐私保护的联邦立法主要有《公平信用报告法》《电子通讯隐私法》《隐私法》《联邦电信法》《儿童网络隐私保护法》《驾照信息隐私保护法》等，其中，以《电子通讯隐私法》最为重要。《电子通讯隐私法》规定：原则上，除了政府及执法机构基于公务需要或网络服务提供者按照商业扩张规则或商业一般途径，或一般人事先获得同意外，禁止任何人未经授权擅自监听、披露和使用用户的电子通信内容；禁止故意向除收信人或指定的接收者之外的任何人披露用户的电子通信内容；禁止任何人未经授权故意进入他人的电子通信设施或系统，获取、窜改存储于该电子通信设施或系统的电子通信；禁止提供电子通信服务者蓄意放纵他人登录、使用存储于其通信系统中的电子信息；禁止向公众提供远程计算机服务者蓄意放纵他人登录、使用其传输或存储的电子通信内容。

被称为"史上最严的欧盟隐私法案"的《通用数据保护条例》2018年5月25日生效，如果网络平台违反处理个人数据的基本原则或不保护数据主体权利，将被罚款最高2 000万欧元或全球营业额的4%。该条例首次明确了"被遗忘权（Right to be Forgotten）"。被遗忘权指数据主体在具备一定合理理由的情况下，有权要求数据控制者删除或停止传播关于其个人信息的数据。被遗忘权的提出和规范表明了现代社会已认可个人信息权就是信息主体对其个人信息所享有的进行支配并排除他人非法使用的权利。

目前，我国对于隐私权的保护主要是在最高人民法院的司法解释中作为名誉权的一种。在我国现行法律中，《侵权责任法》第二条民事权益范围中包括了隐私权。但法律是道德的最后底线，为保护网络隐私权，除了需要培养网民的法律意识外，作为信息平台的管理者，网络服务商制定的网络隐私权保护规则应不违反法律的强制性规定，应具有操作性并且公开明示，采取的技术措施要科学、合理，管理制度要完善，在保证网络空间信息自由流通的同时实现对互联网络的合理、合法使用。在2017年6月1日生效的《中华人民共和国网络安全法》中，个人信息保护被再次强调和明确。2018年3月，中国互联网安全企业奇虎360科技有限公司CEO周鸿祎提出了"用户隐私信息保护三原则"，受到业界、学界和政界的广泛肯定。"三原则"为：明确用户数据信息是用户个人资产的原则；保障用户对数据信息使用的知情权、选择权原则；明确互联网公司保护用户数据信息安全责任的原则。这三个原则清晰地阐明了数据保护中的责权利界限，为今后国家在数据管控上采取更细化更易执行的措施提供了基础界定的相关参考。

### 7. 打防结合应对网络违法犯罪

在防范网络犯罪方面，我国公安部公共信息网络安全监察局在打击和防范网络违法犯罪活动方面，把事前防范放在了最重要的位置上，采取的方针是"预防为主，打防结合"。网络发展速度太快，相应的法律法规的产生本身具有一定的滞后性，通常是在有问题发生之后才能修改或制定出新的法规条例来。网络的发展有一个过程，而网络所涉及的法律问题，要在法律法规和人们的意识上有效地建立起规范的体系，常常有一个不确定期和调整期。

2004年9月26日，中国公布了《中国青少年网络协会绿色游戏推荐标准》，这是中国第一套网络游戏分级标准。2011年10月1日，我国又推行网络游戏实名制。全社会的伦理道德建设和教育是净化网络环境的重要手段，尤其对广大青少年非常重要。学校、家庭和社会都在加强对青少年的法制教育、网络道德教育和网络安全防范教育，增强广大网民的法律意识，让他们自觉守法，同时要增强广大网民的自我保护意识，增强网上自我防范能力，从根本上遏制网络犯罪案件不断上升的趋势。特别是各级学校，不仅有义务教育学生如何使用网络，如何在上网时自觉不浏览非法、色情、暴力网站，还要及时进行网络安全防范教育，以提高和增强学生自我保护的意识和能力。

2015年6月，为实施国家安全战略，加快网络空间安全高层次人才培养的进度，国务院学位委员会决定在"工学"门类下增设"网络空间安全"一级学科。学习内容以网络空间安全专业理论和技术为主，还借助新闻学、法学、情报学等学科的优势，培养既具有扎实的网络空间安全基础理论、专业知识和技术技能，又具有一定网络信息传播知识，且懂法律及管理的复合型人才。

## 第二节　网络信息产权保护

网络信息产权保护主要包括对知识产权、数据所有权及虚拟财产权的保护。

### 一、网络知识产权保护

知识产权是智力成果的创造人依法所享有的权利和生产经营活动中标记所有人依法所享有的权利的总称，包括著作权和工业产权。知识产权是创造者对自己的智力活动创造的成果和经营管理活动中的标记、信誉依法享有的权利，它是一种私权，本质上是知识产权的拥有者依法专有的无形财产权，其客体是人类在科学、技术、文化等知识形态领域所创造的精神产品。保护知识产权的目的，是鼓励人们从事发明创造，并公开发明创造的成果，从而推动整个社会的知识传播与科技进步。网络知识产权就是由数字网络发展引起的或与其相关的各种知识产权。

#### （一）对侵犯网络知识产权的鉴定

很多人认为互联网是一个完全开放的网络，其资源本来就应是共享的。换个角度看，就可以发现，互联网其实只是信息传播载体的形式之一，其本质与报纸等传统媒体没有任何区别。网络作品并不是法律新创设的作品类型，而是受《著作权法》保护的各类作品在网络上的表现形式，它既包括网络原创作品，也包括传统作品的数字化形式。因此，在知识产权等问题上，网络环境下的知识产权侵权是传统的知识产权侵权行为在网络媒介中的延伸。在网络上应该遵守其他媒体遵守的游戏规则，否则，对于信息的创造者和传播者来说就有失公平。

网络侵犯知识产权的主要形式是侵犯版权，最常见的是一些网站把别人的未经著作权人许可的作品在互联网上公开发表，还有一些报纸、杂志等传统媒体直接从网上下载文章登在自己的刊物上,一些广播电视机构直接从网上下载音乐或视频短片对公众播放。盗版的电影、音乐和软件对于互联网来说,不过是一些字节和数据流;但是,侵权者只要上网,就可以把任何能够转变为字节和数据流的东西都变为侵权盗版的工具和对象。在互联网上,大到操作系统和一些辅助设计软件,小到个人共享软件和一些小游戏,几乎都可以搜寻到盗版软件并直接下载安装,并能够像正版软件一样使用。这些下载后再传播的行为侵犯了原信息发布者的版权和信息创作者的知识产权。

鉴定互联网上的信息是否侵犯知识产权,主要看网站是否把转载或者上传的文章、图片、音视频文件用于商业目的。如果是用来赢利,必须取得著作权人的许可,并且支付一定费用,否则可以被视为侵权。目前,大多数国家的一种默许的做法就是:一些公益性网站,只要对所转载的信息注明出处和著作权人的姓名,即使未支付或不支付著作权人报酬,也不视为侵权。这种做法在一定程度上保护了互联网信息的自由流通。

## (二) 网络知识产权遭受侵害的原因和后果

### 1. 网络知识产权易受侵害的原因

互联网传播中出现的侵犯知识产权问题是一个世界性的问题,到如今,即便是一些互联网发展得较早、较发达的国家,也没有能找到有效的根治途径。随着网络的发展,防盗版和盗版的技术都在不断翻新,不被侵权成为一件十分困难的事情。从实际情况看,侵犯知识产权的行为因为变得越来越容易而越来越难被控制住。

(1) 从技术上,网络的易操作性使侵权行为的实施显得异乎寻常地简单。只要具备最基本的计算机常识和网络操作技能,在任意一台可以连接互联网的电子设备上可以完成,整个实施过程往往只需要短短的几秒钟。这成为网络侵权盗版问题日益严重的重要原因之一。

(2) 从观念上,因为网络知识产权侵权行为太多见,常常会被熟视无睹。网络上的内容常常要快速更新,为了加快更新速度和降低成本,许多网站大量摘录现成的资料。网站使用未经授权的他人作品、链接他人网站、网页,下载和转载信息,等等,这些侵权行为已让大多数网民见怪不怪。

(3) 维权难。为知识产权问题闹上法庭的毕竟还只是少数,实际上,大多数网民都知道依照知识产权保护的相关规定,擅自使用未经购买版权的任何信息都是违法的。但是,在现实社会中,出现这种情况太多了,绝大多数时候根本难以管得过来,被侵权的单位和个人很难有精力、时间和金钱去一一追查盗用其有知识产权的作品非法牟利的情况，这种现实情况反过来助长了网络知识产权侵权行为。

应当说，大多数网站的主办者应该还是知道知识产权这回事的，因为在几乎所有的正式网站都会看到类似的声明如"本网站内容未经允许，不得转载"或"如转载，请注明出处"。但是，缺乏尊重他人著作权的意识，对网络法规了解不够，运用著作权保护方面的法律法规参与市场竞争的准备不足，维护自身合法利益的能力、经验的不足，等等，都是造成网络知识产权遭受侵害的原因。

**2. 网络知识产权遭受侵害的后果**

只要是数字出版物，几乎都会有知识产权受侵的困扰。数字化出版物，与传统的以纸张为载体的出版物不同，它是利用计算机技术将一定的文字、图片、声音、影像等信息，通过数码方式记录在以光、电、磁为介质的设备中，借助于特定的设备来读取、复制、传输的。保存和传播方式决定了此类信息极易被复制、下载，从而使创作主体得不到应有的经济报酬。

几乎每一个新数字终端或新功能的出现都会带来大量的关于知识产权的案例，受创最严重的是音乐和电影，音乐和电影的制作成本通常很高，却被大量免费使用。媒介对知识产权的侵害主要在其复制和下载功能，而大多数的数字媒介都有这两个功能，并且常常越是新的数字媒介产品，越是复制和下载更加便捷，这种免费所带来的自由是建立在损害开发商和制作者利益基础上的。

过度自由的免费下载所带来的后果，从表面上看，好像只有生产商和制作者利益受损，但是，从长远来说，这种影响不会只是单方面的，对使用者也有着无形的影响。对于内容制作商来说，往往投入越大，在产权方面的损失就越大，这使许多人在一些大手笔的制作面前望而却步。毕竟制作和生产是文化产品之源，一旦源头因所得甚少、顾虑重重而生产积极性受到打击，生产的产品不管是在量上还是在质上就都会受到影响，最终受害的还是受众。

另外，每个国家对知识产权的保护关系到该国家政府的公信力和国家形象，这种影响是巨大而长远的。只是对于每个网民来说，因为这种影响不是那么显见，因此，许多消费者、使用者还是存在着只顾眼前利益的心理，忽视了对网络知识产权的尊重。

## 二、网络知识产权保护新领域

**（一）数字阅读**

数字阅读有两层含义：一是阅读的内容是以数字化的方式呈现。如电子书、网络小说、电子地图、数码照片、博客、网页等；二是阅读方式是数字化的。即阅读的载体、终端不是传统的纸张，而是带屏幕显示的电子仪器，如电脑、手机、阅读器等。由于数字化的电子信息具有使用方便、存储量大等优点，日益受到人们的欢迎。

数字版权保护是电子书出版中最重要的技术基础，只有通过它，电子书的作者和出版社才能得到相应的收益，电子书销售数量才可计数。电子书销售网站从出版社得到电子书的销售许可，读者通过网上支付购买电子书，出版社也可以把电子书通过销售渠道卖给图书馆，图书馆购买电子书就像购买纸质书籍一样，按复本数购买，对读者提供借阅服务。

进入二十一世纪以来，世界各国的数字出版业都呈快速发展态势，美国畅销小说作家斯蒂芬·艾德温·金（Stephen Edwin King）在 2000 年 3 月 14 日出版了第一本只出数字化的电子版、不出印刷版本的图书作品。之后，数字出版产业飞速发展。现在我国数字出版总量已经超过美国跃居世界第一位。

每年的 4 月 23 日是联合国教科文组织确定的"世界图书与版权日"，在中国一般被称作"世界读书日"，中国新闻出版研究院每年都会发表国民阅读调查报告，在"世界读书日"前夕公布。2018 年 4 月 18 日，中国新闻出版研究院发《第十五次全国国民阅读调查报告》。该次调查 2017 年 7 月启动，2018 年 2 月结束，覆盖我国 29 个省、自治区、直辖市，可推及我国人口 12.84 亿。调查数据显示：2017 年我国成年国民人均纸质图书阅读量为 4.66 本，我国成年国民中，10.2%的国民年均阅读 10 本及以上纸质图书，此外还有 5.4%的国民年均阅读 10 本及以上电子书，有两成以上的国民有听书习惯。2017 年我国成年国民的网络在线阅读接触率、手机阅读接触率、电子阅读器阅读接触率、平板电脑阅读接触率均有所上升。

随着信息技术的快速迭代更新，数字阅读产业技术经历了数字化、移动化、智能化的发展。智能创作、场景沉浸、千人千面成为数字阅读行业的流行用语。智能阅读技术为用户的阅读过程增添许多乐趣。虚拟现实和增强现实技术提升了用户的沉浸式体验，通过专家分析、排行推荐和精准画像完成的智能推荐，实现了"千人千面"的内容定制功能，成为用户自由定制的"理想型图书馆"。

2018 年 4 月 13 日，在第四届中国数字阅读大会上，由中国音像与数字出版协会编著的《2017 年度中国数字阅读白皮书》发布，通过对全国 10 余家主流数字阅读企业进行数据采集和深度访谈，对全国 229 个城市数字阅读用户展开随机抽样，发现 2017 年数字阅读行业市场规模达到 152 亿，较上年增长

26.7%。以音频为主要传播载体的知识付费服务发展迅猛,2017年有声阅读市场规模达到40.6亿元,借助音频媒介开展的综合类知识付费服务贡献了约10亿元的收入规模,成为推动市场增长的中坚力量。用户为电子书付费的意愿也在大幅提升,愿意为单本电子书支付的金额从2016年的8.9元提高到13.6元,超过半数的人会因为内容质量高、价格合理而付费。"80后""90后"付费意愿最强烈,他们会因为阅读体验好和喜欢的作者而付费,付费意愿超过6成。

数字阅读虽然在技术进步和产业扩张方面发展迅速,但是也存在着如内容不够精练,版权评估缺乏体系,版权交易模式不规范,机构操作不够专业的问题。这些问题常常造成交易效率低下、交易成本过高的现象,有时甚至导致资源浪费。未来,数字阅读在服务方面会更加公共化,传播渠道更加多元化,版权运作更加精细化,内容质量更加精品化,在价值评估方面也会更加体系化。行业协会、版权方、下游企业及独立第三方平台会在政府指导下,共同建构IP评估标准,形成高效有序的交易模式。

## (二) 知识付费

数字出版取得长足发展的同时,也不可避免地出现了许多版权保护方面的问题。因为互联网上绝大部分的信息都是免费的,因此,电子阅读兴起时走的也是"免费"之路,电子信息的读者也逐渐养成了"看网上的东西不用花钱"的意识和习惯,这使数字信息的版权保护处于一个非常不利的环境。但是进入21世纪第二个十年,我国人均收入快速增加,人们的消费结构中生存型消费比例逐渐降低,发展型消费和享受型消费的比例稳步提高。在文娱领域,伴随着主流视频网站的会员制度及音乐平台的数字音乐专辑等消费形式的不断推出,市场对于付费获取内容的接受程度显著提高,网民逐渐养成了为互联网内容付费的习惯,这一趋势也预示着知识付费时代的到来。

知识付费是一种共享经济形态,也就是知识共享的付费形态。知识共享即"通过将社会中分散盈余的知识技能、智力资源进行整合,以免费或付费的方式将其传递给众人或特定平台的一种共享传播形式。"[1]而知识付费是在知识共享发展到出现开放型内容社区之后,由个人面向网络大众提供有偿内容服务的传播模式,是把知识变成产品和服务来实现商业价值。

知识付费并不是在数字时代才出现的,但随着移动互联网的发展,用户生

---

[1] 王传珍. 知识付费奇点与未来 [J]. 互联网经济, 2017 (1-2): 70.

产内容大量涌现，网络信息量爆炸式增长，人们在碎片化的时间中渴求专业高质量的知识。免费让信息传播趋于垃圾化、泡沫化，而互联网内容提供方要生存，也有着需要将流量变现的压力，而网上支付手段越来越多，越来越方便。人工智能的发展为各个平台细分受众、设置个性化议题提供了更多的可能。此外，伴随着各种网络意见领袖带来的网红经济、网民消费能力的提高及网络小额付费的便捷，技术赋权使得知识付费应运而生。

知识付费有三大特性，分别是开放性、共享性和有偿性。开放性是指第三方平台是一个自由开放的结构，UGC 和 PGC[1]内容可以共生共存，保证用户参与的积极性。共享性是指知识的供应来源于互联网的"分享"精神和知识生产的零边际成本，用户愿意分享自己的知识积累和认知盈余。有偿性是根据市场规律，优质信息和知识有着更高的需求，而提供这种需求自然地可以索求报偿，一定的收益成为保证价值链形成和发展的基础。

2016 年被称为知识付费元年，在这一年，随着"得到""知乎""喜马拉雅FM"和"分答"等平台的相继入场，知识付费行业实现了爆发式增长。2017 年中国知识付费产业规模约 49 亿，预计在 2020 年将达到 235 亿。[2]随着知识付费的普及度不断提升，市场的发展潜力十分可观。

知识付费产品大致可以分为五类，分别为：专业化垂直内容、生活化实用内容、以社群为基础的知识付费App、基于平台的付费模块、内容社区的打赏模块。

专业化垂直内容做得较好的是"喜马拉雅FM"和"得到"App。"喜马拉雅FM"是国内发展最快、规模最大的在线移动音频分享平台。"得到"是"罗辑思维"团队推出的主打知识服务的App，通过订阅专栏、付费音频、电子书等方式为网友每天提供有价值感的知识内容。从产品内容侧重模块来看，此类平台侧重人文社科类专业内容，系统性强，需要安排长期的时间来学习，模式更类似于传统教育培训机构。这种形式的知识付费产品的优势是知识更专业、更系统化，易增强用户黏性，能吸引和维持稳定的用户。

生活化实用内容做得较好的是"分答"和"荔枝微课"。"分答"是果壳网旗下的"在行"在微信公众号上线的一款付费语音问答产品。"荔枝微课"

---

[1] UGC：User-generated Content 的缩写，指用户生产的内容，也称 UCC，全称为 User-created Content；PGC：Professionally-generated Content 的缩写，指专业人士生产的内容，也称 PPC，全称为 Professionally-produced Content。

[2] 艾瑞咨询.2018 年中国在线知识付费市场研究报告 [R/OL]. 艾瑞网. http：//report. iresearch. cn/report_ pdf. aspx? id = 3191.

是微信内最大的微课平台，首创 PPT 语音同步直播，录制音频、视频，能够协助老师分销课程。从产品内容来看，此类内容偏向于生活类知识技能的输出，涉及知识比较实用，并且具有碎片化学习的特点，很符合现在互联网时代快速学习的趋势。

以社群为基础的知识付费 App 做得较好的是"小密圈"和"贵圈"。"小密圈"是由深圳市大成天下信息技术有限公司开发的一款知识社群工具。"贵圈"是一款基于娱乐的兴趣社区看娱乐八卦、扒明星关系、追星追剧的 App。此类知识传播形态特点主要是形成紧闭的生态圈，补救了工具属性产品用户黏性不足的问题。

基于平台的付费产品做得较好的是"知乎 live"和"新浪微博问答"。"知乎 live"和"新浪微博问答"都是我国有较大影响的网络问答社区。由于这种类型是基于平台的模块产品，拥有平台自带的用户和作者，推广运营方便，能保障用户黏性，在内容定位上也比较精准。而且很多用户和作者本来就长期使用平台，并且已经在内部形成了一个稳固的圈子，对平台信任度较高，因此用户转化成本相对来说较低。

内容社区的打赏模块做得较好的是微信公众号和"简书"。不同于前面四类知识付费产品，此类打赏模块都是主动型的知识付费模块，完全依靠读者用户根据文章内容的认同感，从而主动形成的知识付费过程。这一类知识付费产品，如果想产生好的商业效益，对知识的内容要求较高，在不同的用户个体中会形成不同的差异性。

在知识付费行业蓬勃发展的同时，各类型的平台呈现差异化发展且差距显著——移动互联网第三方数据挖掘和整合营销机构艾媒咨询调查数据显示，41.6%的受访者使用音频类产品，位列知识付费三大媒介之首，成为行业的领头羊。

## 三、网络知识产权保护中存在的问题

### （一）影视、音乐作品的版权问题

网络吸引网民的一个重要原因就是网络上有数不清的影视、音乐作品可免费下载。提供这种打着"免费"旗号的下载服务，实际上是利用别人的知识产权资源为自己获利。为此，一些网站不断地被告上法庭。相关案件也让百度等搜索引擎不得不在技术和管理上进行改革，提高对知识产权的重视度。

影视作品被侵权的一个主要原因是：一些技术上的突破，流媒体技术和一些快速下载及信息共享软件的广泛应用，为一些对于网络知识产权观念淡薄的人利用这些技术进行非法赢利活动提供了便利。如 BT 是一种多点下载程序，每个下载点都提供整个文件的一部分。它采用多点对多点的原理，同一时间下载软件或档案的人数越多，速度就越快。它为互联网用户提供了高速下载的手段，让他们可以轻易交换、共享音乐、电影和软件。这样，BT 实际上就以互助的方式帮助网友们进行了信息交换，许多网民都知道可以用这种方法看免费的电影。

实际上，类似的下载技术和用于下载的科技产品在不断出现，并且其功能也不断翻新。各种文件共享活动让电影、音乐和软件厂商等行业每年损失数十亿美元。

对于网站盗用电影赢利的情况，国外有的单位与个人往往比国内更敏感，更快地作出反应。例如，2007 年 3 月，美国媒体公司维亚康姆起诉 YouTube 及其母公司 Google 侵犯其作品版权，并提出 10 亿美元的赔偿要求。公司负责人指出，已发现超过价值 15 万美元的未经授权的影片能直接在 YouTube 上免费观看。2008 年 7 月，维亚康姆赢得了法院的裁决。

2017 年年初，财视传媒发现一个名为"恩美路演"的公众号擅自播放了《梦想三分钟》节目，非但未注明来源，并且更名换姓，篡改了制作权属信息，而其关联微博"恩美路演平台"也配合传播了上述视频。对于《梦想三分钟》系列视频，财视传媒经历采访挖掘、脚本制作、现场拍摄以及后期剪辑包装等多项流程，每期制作时间往往超过 2 周。而在恩美路演的公众号中，几十期节目短短 4 个月就播放完毕。在盗播的后几期视频中，片尾还删除原制作人名单、加入商务合作的联系方式，证明其行为并非单纯分享而是意在牟利。2018 年 6 月 13 日，北京市石景山区人民法院判定被告"恩美路演"著作权侵权事实成立，其盗播《梦想三分钟》共计 38 期节目的行为侵犯了财视传媒对《梦想三分钟》享有的网络传播权。根据著作权法相关规定，判令侵权方"恩美路演"赔偿财视传媒经济损失 76 000 元以及因本案做出的合理开支 38 020 元，两项赔偿共计 114 020 元。但是对于财视传媒来说，由发现到取证，再到庭前谈判与庭审，维权也消耗了大量的精力及一年半的时间。

## （二）网络游戏被架设"私服"

由于大多数经典游戏的服务器都设置在国外，国内的游戏爱好者登录速度较慢，再加上官方服务器收费较高，因此出现了大量的"私服"现象，即私人私自架设服务器。游戏产业在中国刚起步,客户服务不是很完备,尤其在面对大量玩家时,相应的网络管理不够,而许多"私服"在服务上还要超过"官服"。有些"私服"靠广告来获得收入,玩游戏免费,因此更有吸引力。

"私服"的存在对于原本较为成熟的网络游戏价值链形成冲击,本来设置游戏账号的模式可以说既解决了收费问题,又解决了很大一部分的软件盗版问题。而"私服"的出现完全打破了用账号经营游戏的模式,游戏使用者市场被分流。"私服"为帮助玩家闯关,利用源代码修改游戏规则,这一做法也损害了游戏的完整性。

早在2011年,仅在上海一地就破获过多起架设"私服",运营山寨网游的案件。如2011年8月,黄浦区法院以侵犯著作权罪判处架私服的郑某拘役6个月并处罚金3.6万元,周某拘役5个月并处罚金1.6万元。这两个年轻人看到《海盗王Online》是一款深受年轻玩家喜爱的在线网络游戏,便私自架设服务器,开起了"山寨海盗王"网站。郑某先从网上下载了《海盗王Online》游戏的源代码交给周某修改,然后又花了1 700元租了两台服务器用于游戏运营。很快,经过简单修改,《逍遥海盗王》《追梦海盗王》《无极海盗王》三个山寨游戏上线运营。运营不到一年,游戏就有注册用户近万人,郑某通过银行转账、支付宝账户等共收取交易货款6万余元。2011年3月,公安人员在无锡将两人抓获,法院审理后认为,两被告人以营利为目的,未经著作权人许可,共同复制发行其计算机软件,情节严重,其行为已构成侵犯著作权罪,依法应予刑事处罚。2016年5月,中国在线游戏开发和运营商畅游公司旗下3D手游《秦时明月2》与江苏常州警方联手,破获一起非法架设运营手游服务器的私服大案。这是行业内破获的第一起较大手游私服案件。2018年11月,在网易游戏法务团队的协助下,江苏宿迁警方"净网行动"打掉了一个"90后"黑客团队利用网络经营私服游戏的犯罪团伙。该团伙在QQ群及贴吧上推广运营的名为"82西游"的端游私服,无论从画面、玩法还是人物设计,均与网易公司运营的《梦幻西游》完全相同。该私服用户数一年时间即超过4 000人,每月非法获利超20万元。

游戏私服看似能够让玩家得到便利的体验,实则经常暗藏木马病毒,通过诱骗玩家下载盗取用户的计算机资料、手机号码和个人隐私,这些损失后果都需玩家自己承担。

### (三)经典作品被任意改编

由于现在电脑、录音设备和影视编辑软件都很容易获得,而网络技术以及与音频、视频相关的一些数字技术都变得较容易掌握，因此，对一些经典影像资料进行改编也变得十分容易。许多人怀着娱乐的目的将一些经典的或流行的音视频作品进行改编，并将改编后的作品放在网上供人们欣赏，从中感受另类的快乐，而这种快乐不断吸引着更多的人加入这一改编大军。

2006年1月3日，一个名叫胡戈的人将电影《无极》的一些片段模仿央视法制节目《法治在线》的框架重新剪辑，节目预告、插播广告、段落提示、图文说明等元素一应俱全，甚至连解说词都严格遵循典型的《法治在线》风格。令胡戈本人没有想到的是，他一夜成名，这部20分钟短片的受欢迎程度一时超过当时所有的电影。于是，出现了这样一个只有在网络时代才会出现的尴尬：投资3.4亿人民币、耗时3年制作的电影《无极》在网上的点击率败给了根据其盗版碟画面制作的，仅仅花费6元、耗时9天改编的搞笑小品《一个馒头引发的血案》。

为此，《无极》的导演陈凯歌曾声称要将胡戈告上法庭，而网络上竟然出现了"一边倒"的民意倾向——几乎绝大多数人都支持胡戈，而对陈凯歌的感受重视不足。其实谁都明白，如果司法程序启动，胡戈必输无疑。但是，很多人都希望改编电影情节的娱乐行为能够少受些限制。许多网民想当然地将是否以营利为目的作为判断是否侵权的标准。从法律的角度严格地讲，维护知识产权重点打击的是以营利为目的的商业性侵权活动，但是，就像偷别人的钱捐给慈善部门也是犯法一样，即使是属于非营利性质的传播，使用未取得使用许可的信息也是不被允许的。

2018年6月7日，以"几分钟看完电影"系列短视频走红并跻身自媒体名人行列的谷阿莫被台北地检署正式起诉，称其未经授权使用电影片段重制，涉犯"著作权法"。原告方之一的我国台湾视频网站KKTV的披露，他们2017年买下韩国电视剧《W——两个世界》的网络播放权，但谷阿莫通过剪辑将其缩成11分钟的解说短片，扭曲剧本原意，并通过YouTube、Facebook、微博等平台公开传播，将电影剧情全部"破梗"，十分影响票房。一位来自我国台湾开南大学的教授在《中国时报》中评论此事道："如果大家都抢着当谷阿莫，就没有一次创作，加工创作者要从哪里生出'二次创作'呢？"

除一些著名的电影被改编外，一些流行歌曲也没能逃脱被网络戏谑的命运。每当有一些新闻事件发生时，歌曲的曲调就被拿来套上新写的词和从各处剪辑来的视频片段，制作出各种版本的改编版。这种现象在民间草根创作中屡见不鲜，但是此类改编显然没有征得原创作者的知识产权授权许可。

## （四）域名被抢注

所谓域名，是一种互联网上用于识别和定位计算机的地址结构。互联网上的每一个 IP 地址由四个被句点分割的数字组成，如 203.113.26.67。这种地址表示方法的缺点是缺乏直观性，人们很难一看这一串数字就立刻明白该网址的内容性质。域名可以说是对这个问题的补充，它可以被地址服务器解释为网络上使用的 IP 地址。而与 IP 地址相比，用域名定位计算机的方法有利于人们更好地识别与记忆。

**1. 域名的特点**

域名具有以下特点。

（1）域名由英文字母、数字、句点及其他特殊符号组成。

（2）域名体系采用层次结构设置，因而域名具有不同的级别。

（3）根据后缀的不同，域名还存在着类别的差异。常见的有".com"（适用于工、商、金融企业）、".ac"（适用于科研机构）、".gov"（适用于政府部门）、".edu"（适用于教育机构）、".net"（适用于互联网络、接入网络的信息中心和运行中心）、".org"（适用于各种非营利性组织）；此外，还有以行政区的缩写作后缀的，称为"行政区域名"，如中国注册的顶级域名为".cn"，美国的顶级域名为".us"，山东省域名为".sd.cn"，等等。

（4）在同一等级水平内的域名必须是唯一的。

（5）域名注册手续十分简便。

域名在互联网中的作用相当于门牌或地址。在全世界，没有重复的域名，无论是国际域名还是国内域名，全球接入互联网的用户都能准确无误地访问到。

**2. 域名的重要性**

企业和个人都可以注册国际顶级域名，不过，对于企业来说，域名的意义更加重要。如果一个企业还没有域名，那就意味着其在网上还没有一个正式的"门面"，其他企业或用户就无法在网络上找到该企业。域名是企业在互联网上的标志，是企业进入互联网、网络用户访问和联络企业的唯一途径，它不仅可以有效保护企业的公众形象和无形资产，而且是企业迈入信息化社会，融入国际大市场，进行电子商务应用的标志，有着巨大的商业价值。国内视频网站六间房在成立之初，使用的域名是"6rooms.com"，但这个域名很难让用户一下子记住。为让六间房互联网品牌易记易用，六间房于 2007 年 8 月通过域名交易花了几十万购得新域名"6.cn"，结果网站流量在短时间内实现了翻番。2014年4月22日,小米手机官方网站启用新域名"mi.com"。小米科技公司创办人雷军透露该新域名花了2 300万元,但"mi.com"比双拼的"xiaomi.com"对于不同国家和地区的用户来说更简短好记,也对应了小米的徽标和英文名称。

### 3. 抢注域名现象

因为域名对企业有着十分重要的作用,所以全球互联网域名体系从它出现的第一天起就带来很多商机,由此在"先注册先使用"及"允许转让及交易"的域名管理制度下变相促进了投机行为。域名抢注就是一个域名在被别人注册之前,抢先将此域名以注册人的名义注册下来的行为。

互联网产生自美国,因此最早的域名管理机构也出现在美国。美国在其他国家认识互联网之前,就已经注册了".com"".net"".org"等大量顶级域名。从20世纪90年代中期开始,一些美国企业和个人就在全球高价炒卖域名。在中国,保有一个域名所需费用一年不过人民币几百元,转让费却可能是几十万、几百万甚至上千万元。像美国著名的国际企业"美国在线"由于忽视了其知名品牌"icq"在中国的网络品牌保护,没有及时注册带有中国标志的".cn"域名,而痛失了"icq.com.cn"的所有权,并为此损失了上百万元人民币。

在中文域名遭抢注的案件中,受害者不光是跨国公司旗下企业,我国一些企业的品牌同样也遭到过境外公司抢注。不过,值得注意的是,利用域名谋利并不完全是件坏事。域名交易市场的兴起,正好与域名注册形成互补,能够让互联网资源得到更合理的配置,发挥市场经济资源分配的优势。在西方,企业通过交易市场购买域名已成为常态,域名交易市场也成为许多企业获得好域名的重要途径。谷歌公司的"g.cn",以及微软独立搜索品牌"bing"的"bing.com.cn",都是通过交易在中国市场上获得的。域名交易在我国也是一种正常的经济现象,并逐渐发展成为服务完善、从业人数众多的一个综合性服务行业。

### 4. 抢注域名的界定

根据《域名争议解决办法》,同时存在以下三种情况,才会被认定为是"恶意抢注":

(1) 被投诉的域名与投诉人享有民事权益的名称或者标志相同,具有足以导致混淆的近似性;

(2) 被投诉的域名持有人对域名或者其主要部分不享有合法权益;

(3) 被投诉的域名持有人对域名的注册或者使用具有恶意。

北京国网信息有限责任公司，就曾因为掌握 10% 的中国互联网域名而震惊互联网界。它通过 CNNIC 注册了几千个域名（其中包括与数百个国际著名公司品牌字母相同的域名），从而成为 CNNIC 上域名注册的第一大户。此举让很多著名公司陷入恐慌，多家大公司对其提出了诉讼。最终，几乎在所有的诉讼中，该公司都被认定为侵权而败诉。

传统互联网域名领域还在跑马圈地，尘土飞扬，无线互联网域名的抢注又已狼烟四起。各类抢注域名的行为导致目前世界上大部分的域名资源实际上闲置，每年仅投入在这上面的管理费就高达数亿元，不仅可能会干扰正常的市场秩序，对网络经济的发展可能也会带来不利影响。

自 2018 年 1 月 1 日起，工信部进一步规范互联网信息服务域名使用，要求备案域名必须完成域名实名认证，从事互联网信息使用的域名应为其依法依规注册所有，个人性质备案域名注册者应为本人，单位性质备案域名注册者应为单位（含公司股东）、单位主要负责人或高级管理人员。

### 四、一些合作共赢的网络知识产权保护模式

网络版权保护需要同时达到两个目的，一方面，要加强对著作权的保护，尽力扩大传统媒体版权经营的空间，为生产优质产品、内容创造健康的网络环境；另一方面，又要考虑到网络新技术的发展和运用，特别是要给新媒体发展提供创新空间，鼓励技术创新、模式创新和方式创新。[1]即既要能保护版权，又能推动知识信息的顺畅流动。一方面，为了不限制新技术的发展应用，现行著作权法已做了合理的安排，规定了一定的免责条款，为新兴技术的发展应用留下了足够的空间，新媒体的发展可以改变作品传播和使用的产业链条，提升作品的社会经济价值，催生新的商业模式；另一方面，版权具有创作、文化和财产属性，是新媒体赖以生存和发展的基础资源。在知识经济时代，无视或轻视版权，新媒体就会是无源之水、无本之木。无论技术如何发展，规模化、商业化传播他人作品，都必须获得许可并支付报酬，这是合理的商业原则，也是著作权法规定的基本原则。[2]

制定措施本身不难，但保护网络知识产权的管理规范至少要保证使用者们为知识产权买单的渠道通畅，保证对违法者的侦缉查处易于操作。否则，即使网络内容供应商的法律意识较强，想为自己用网络下载的信息产品一一找到其

---

〔1〕 吴学安. 新媒体版权保护需构筑合作共赢机制［N］. 知识产权报，2014-11-2 (4).
〔2〕 吴学安. 新媒体版权保护需构筑合作共赢机制［N］. 知识产权报，2014-11-2 (4).

当事人，也是有相当难度的。而且这样一来，成本就高了，且这些成本是不应该由某一家内容供应商来负担的。如果现在只是一部分的内容供应商主动保护知识产权，而另一部分擅用的组织和个人不负任何责任，那对于遵纪守法的人是不公平的，也无法带动他们坚持承担著作权费用的积极性。对于全社会来说，这也助长了不正之风，扼杀了内容制造者创作发布相关信息的积极性。

## （一）建立知识产权合作模式的必要性

维护知识产权的根本目的是促进社会科学、文化和艺术的进步。知识产权是在权利人和社会公众的利益平衡之下而确立的，而开放分享的互联网环境与专有的版权权利在一定程度上是对立的。美国最高法院大法官奥康诺在论述版权的作用时说："版权法的首要目的并不是回报作者们的劳动，而是促进科学和有用的艺术的进步。为此目的，版权法一方面保障作者们对他们的创造成果所拥有的权利，另一方面也鼓励其他人不受限制地在此著作所表达的思想基础上进行再创作。"[1]文明的发展需要信息得到充分的传承，如果对网络知识产权的保护卡得过严，可能会妨碍社会的进步。因此，各国维护知识产权一般追求的还是共赢的理念，即在保护知识产权的同时注意调节知识产权权利人与社会利益的平衡。世界各国普遍认为，知识产权保护的核心应该是制止对作品的侵权行为，网络环境中不应有限制作品的功能性使用、内容阅读和欣赏等行为。

就信息产业本身的发展来说，一方面需要得到法律对知识产权的保护；另一方面，也需要法律对一些信息的利用与再利用有条件地予以宽容。打击互联网上侵犯知识产权的活动只对被侵权者一方有利，对于互联网价值链的其他各方来说，由于他们往往要依赖互联网上一些免费的或廉价的内容，因此对于相关的知识产权保护肯定表现得相当消极。

在网络的开放环境中，传统的知识产权保护方式受到了挑战。海量使用者零星使用海量作品成为主要模式，使用者从海量作品中寻找的内容往往只占该作品内容的很少一部分，因此每次实际使用的信息总量和所创造的效益都很少，使用者数量却十分可观。互联网环境中的使用者一般不以一部作品为单位使用，而是在海量作品汇集成的信息海洋中选取所需信息。而这些信息可能会分属数百家、数千家甚至更多的知识产权权利人或单位，其对应的著作权人数

---

[1] Sandra Day O'Connor. The Majesty of the Law: Reflections of a Supreme Court Justice. New York: Random House Publishing Group. 2004: 24.

量就成了一个巨大的数字。如果对每个使用者都按工业时代对出版商那样的标准来收取版权使用费，显然难以操作。作家、著作权人、出版商等权利人维护和行使自己的著作权及相关权利，与各类图书馆和广大读者对著作权合理使用原则的理解和运用就会产生分歧。在很大程度上，这其实是网络环境下如何平衡双方利益的问题。

现在，对于网络知识产权保护问题的解决，一般认为有两个途径，一是设置技术壁垒，二是签署版权协议。而不管是哪一个，"解决版权保护问题的关键在于作者著作权的确认、侵权行为和侵权主体的确认"[1]，然后依赖于技术手段建立完善的原创保护机制。

### （二）从技术上实现知识产权合作的可能

在技术上，世界各国普遍采用的主要是 DRM 和 DCI 技术。虽然技术细节上会各有所不同，但总体上都是通过对相关信息进行标识、识别、追踪，以方便使用方和提供方分配利益。

数字产权管理（Digital Right Management，简称 DRM）技术是采取包括信息安全技术手段在内的系统解决方案，在保证合法的、具有权限的用户对数字信息（如数字图像、音频、视频等）正常使用的同时，保护数字信息创作者和拥有者的版权，根据版权信息获得合法收益，并在版权受到侵害时能够鉴别数字信息的版权归属及版权信息的真伪。数字版权保护技术就是对各类数字内容的知识产权进行保护的一系列软硬件技术，用以保证数字内容在整个生命周期内的合法使用，平衡数字内容价值链中各个角色的利益和需求，促进整个数字化市场的发展和信息的传播。具体来说，包括对数字资产各种形式的使用进行描述、识别、交易、保护、监控和跟踪等各个过程，如数字水印技术、数字指纹技术、密码技术、认证技术等，能有效地识别、追踪作品，防治使用者非法复制和传播，从而减少侵权问题。数字版权保护技术贯穿数字内容从产生到分发、从销售到使用的整个内容流通过程，涉及整个数字内容价值链。

一般来说，数字产权管理可以实现六大功能：

（1）数字媒体加密：打包加密原始数字媒体，以便于进行安全可靠的网络传输。

（2）阻止非法内容注册：防止非法数字媒体获得合法注册从而进入网络

---

〔1〕余人，何丽琼．微信出版的盈利模式与潜在危机——基于微信公众号的分析[J]．出版广角，2017（3）：29．

流通领域。

（3）用户环境检测：检测用户主机硬件信息等行为环境，从而进入用户合法性认证。

（4）用户行为监控：对用户的操作行为进行实时跟踪监控，防止非法操作。

（5）认证机制：鉴别合法用户和对数字媒体的行为权限授权。

（6）付费机制和存储管理：包括数字媒体本身及打包文件、元数据（密钥、许可证）和其他数据信息（例如数字水印和指纹信息）的存储管理。

顺应互联网版权保护第二次革命的浪潮，中国版权保护中心在多年从事版权公共服务的经验积累和对国际国内互联网版权保护模式研究与探索的基础上，创造性地提出了以自主创新的数字版权唯一标识符（Digital Copyright Identifier，简称 DCI）体系为核心的数字版权公共服务新模式。

DCI 体系基于数字版权唯一标识技术，能够实现以数字作品版权登记、费用结算、监测取证。它既可以通过 DCI 技术在数字作品版权登记与费用结算等领域进行利益整合与分享，又可以通过标识技术进行网络版权的监测取证，建立快速高效维权机制。这种兼顾利益分享和快速维权的方式从技术上可以达到高效保护网络知识产权的作用。但是，任何技术都不是万能的，一些电子版权保护技术，虽然可以减少盗版问题的发生，但是逐利之徒利欲熏心，为了得到商业利益的最大化，任何技术壁垒都有着被攻克的危险。因此，合理的授权方式显得更有意义。这种协议就是电子书企业与著作权人或出版单位签署的法律意义上的版权协议。但是，根据我国的规定，由于电子阅读器生产企业并不具有出版资质，因此它们无法与著作权人直接签署合同，还必须绕经正规的出版社。而版权授权不规范，著作权人的合法权利就难以得到基本保障和有效维护，尤其经济权利很难得到合理保障。

立法的根本目的是促进社会进步。在网络传播领域，由于互联网的发展十分迅速，因此相关的立法需要有一定的前瞻性，要充分考虑新技术带来的社会环境变化，慎重地平衡社会各方利益。在原则上，许多法学界人士建议既要符合社会公众利益，对权利人利益影响并不大的创新服务也要有相当的宽容度，对新技术发展过程中的一些探索行为，特别是对并不实质性损害著作权人利益的行为可以给予一定的免责处理。知识产权立法需要在激励创新、保护智力成果创造者合法权益和鼓励文化技术广泛传播中寻找最佳的平衡。

## （三）避风港原则

1998年的美国《数字千年版权法案》详细规定了关于临时信息化网络传输、系统缓存、信息定位工具、非营利性教育机构等的多种免责条款，这就是著名的"避风港原则"。按照此原则，发生网络侵权案件时，如果服务提供商只提供了信息传播平台而没有制作专门的内容网页，那么，如果被告知侵权，只要删除就行了，拒不删除才会被视为侵权。而如果侵权内容既不在服务提供商的服务器上存储，又没有被告知哪些内容应该删除，则服务提供商不承担侵权责任。在避风港原则的保障下，美国数字信息服务产业获得了巨大的发展自由。在这方面，欧盟制定了相应的两项权利，即提取权和再利用权，来保护一些非版权性质的权利。即如果有人把网上的一些纯数据性资料或者调查结果进行提取，但是对于这种资料的使用还没有达到侵害版权的程度，就适用于侵害提取权和再利用权。当然，这两项权利的提出更多的是考虑到使用者的利益，对信息原创者和原发布者的利益保护比起知识产权保护来要宽松得多。

2005年5月，中国在《互联网著作权行政保护办法》中对此类避风港原则有所吸纳，但相对来说所涵盖的范围要小得多。《著作权法》第四章规定的著作权演绎使用方式仅有图书报刊的出版、表演、录音录像和广播电台及电视台播放四种。禁止擅自转载、摘编的规定适用范围仅限于"著作权人向报社、期刊社投稿的"。《互联网著作权行政保护办法》第十二条规定："没有证据表明互联网信息服务提供者明知侵权事实存在的，或者互联网信息服务提供者接到著作权人通知后，采取措施移除相关内容的，不承担行政法律责任。"可见，在网络上投稿或在自己的个人网页上发表作品，法律并没有明令禁止他人擅自转载、摘编，网站或者其他人任意转载网上文章，可以视为不构成侵权。

2013年修订的《信息网络传播权管理条例》继续借鉴和吸收了"避风港"原则，其第十五条明确规定，网络服务提供者接到权利人的通知书后，应当立即删除涉嫌侵权的作品、表演、录音录像制品，或者断开与涉嫌侵权的作品、表演、录音录像制品的链接，并同时将通知书转送提供作品、表演、录音录像制品的服务对象；服务对象网络地址不明、无法转送的，应当将通知书的内容同时在信息网络上公告。此外，明知或者应知所链接的作品、表演、录音录像制品侵权的，应当承担共同侵权责任。

## （四）授权要约

知识产权虽然主要属于私权，但它又与一般的私有物不一样，有着很强的公共性。知识的传播对推动社会进步的意义十分重大，版权保护不是为了像古代的藏书楼那样把一些文化产品束之高阁，而是既要保护权利人的利益，又要让更多的人愿意创作作品，从而使社会有更多的文化产品。版权授权通道狭窄会对知识传播、社会发展造成严重的制约和阻碍，它会导致版权供给不足，使权利人愿意作品被传播、使用者愿意使用该作品而又有传播者愿意促成该传播行为时，却受制于授权通道而无法合法完成知识的传播。这样的结果对哪一方都没有好处。

其实，对于知识产权的所有者们来说，大多数人也是希望自己的作品能够最大程度地传播开来。采取"一对一"的授权，肯定不能适应信息化快速发展的要求。随着互联网的发展，不断有新软件用更新的方式处理信息，这需要内容供应商们采用新的方式为广大读者提供方便、内容合法的服务。为此，有些国家采用了"授权要约"模式。

要约是合同的一种形式，要约方在要约中列出合同的实质性条件，如果受要约方接受这些条件，双方即达成合同关系。采用这种方式，可以实现双方不洽谈就能达成合同关系。

授权要约模式，是指在图书中包含权利人版权声明，该声明以要约方式规定公众能以何种条件、何种方式使用某作品，任何个人或机构只要愿意接受该条件即可自动达成与权利人的合同关系，并按照约定的方式合法使用此作品。

授权要约模式倡议权利人在所出版的图书中直接自行发表版权声明，只要任何个人或机构愿意接受声明中所规定的授权条件，即可自动达成与权利人的合同关系。权利人可授权给出版单位，也可授权给著作权集体管理组织。任何组织或个人只要按照约定的方法合法使用该作品并按照约定的方式付费即可。这种模式给权利人和使用者双方都提供了极大的便利，免去了一对一签订授权协议的麻烦。

作为中国第一部包含授权要约的图书《最后一根稻草》（钟洪奇著）作者在其扉页中发布了明确的数字版权使用声明，其声明如下：

任何个人或机构均可在满足以下条件的情况下使用本书
授权范围：数字形式的复制权、发行权和信息网络传播权
授权费用：收入的5%
支付方式：在收入产生6个月内支付给中华版权代理总公司收转
使用方式：保持作品完整性，必须注明作者和来源
保留其他权利

以前都是使用者首先对受要约人是否为作品的合法权利人进行辨别，然后

对其直接发出要约。而由权利人直接发出的授权要约可以跟随其作品一同发行,保证了要约人一定就是作品的权利人,从而免除了与每位作者分别一对一洽谈协议的麻烦,同时也极大地降低了交易成本。

这种授权方式表面上看起来是著作权人放弃了对版权的控制权,但实际上是把版权维护工作委托给了专业机构来完成。这意味着进行数字图书的传播不再需要与作者本人做任何交涉。授权要约模式使权利人可以更加有效地行使权利,使社会有更多的知识得到传播,使传播者有更大的产业发展空间,能够形成一种多赢的局面。而低版权门槛有利于作品更大限度地传播,使其社会价值最大化,这也使作者可以获得更高的名利回报。

采用授权要约模式的前提是知识产权权利人愿意采用这种模式,而且使用者愿意接受权利人开列的条件。事实上,绝大多数权利人都是希望其作品被广泛传播的,中国国内出版的图书中自费出版的占一半以上,对于大多数的作者来说,即使是免费传播他们的作品,他们也会愿意。国内的一些图书网站,如书生、中文在线、超星等在多年的实践中也发现,他们在与作者签订一对一的授权协议时,90%以上的作者都表示愿意签署。

授权要约模式是知识产权发展中出现的一个重要的管理模式,这种模式将版权授权成本最小化,使成本降到了几乎为零,使授权范围最大化,而且符合当前版权方面的所有理念、国际公约、法律法规,简单易行。尽管它是为满足数字内容产业的需求而发明的,但是几乎可以涵盖所有版权授权的领域,因此有着很高的推广价值。

### (五)授权专业维权服务机构

社会越发展,分工就越细。当现实中存在着网络知识产权的维权需要时,一些专业的维权服务机构就应运而生,如"维权骑士"网站。

"维权骑士"网站的诞生,缘于一场网上维权拍卖。2015年4月,身为知乎"大V"的"chenqin"在网上抱怨自己的不少回答被无授权地转载成千上万次,而自己从未从中获得收益。于是他发起了一个"请你来维权,收益全归你"的拍卖活动,将自己文章的"收益权"在知乎上按篇拍卖,单篇文章出价高者即为该篇文章的"维权使者",维权使者在维权活动中要到的稿酬全部归维权者本人。"维权骑士"网站的创始人是网名"陈敛"的陈梓荣,他当时花120元拍下了两篇文章,然后和朋友们一起找到侵权公众号,收回了1 000多元。"首战告捷"让这几个平均年龄仅23岁的年轻人产生了以此创业的想法。于是,他们一起组建起的一家为中国原创者提供有效、便捷的版权管理和保护服务的网站——"维权骑士"。

"维权骑士"网站的工作是在受到原创作者委托后,以技术手段查找侵犯作者权益的抄袭与非法转载行为,并代理进行后续的维权活动。原创作者自愿与网站签约,从侵权内容搜查、已授权内容管理,到维权沟通、补救及举报整个流程,全包下来。若收取到侵权赔偿款,原创者与网站平台方五五分成。[1]"维权骑士"签约的原创用户网络主页上会注明:"本人已委托维权骑士为我的文章进行维权行动。"被授权后,维权骑士会利用时间戳等进行原创确权和认证,并持续扫描全网的相关内容。"维权骑士"网站有一套自己的监测系统。签约作者用其 ID 在知乎上发表的所有文章,都会自动纳入该监测系统,并自动与各微信公众号发布内容进行比对。一旦发现抄袭,负责该作者版权维护事宜的工作人员就会向微信公众号发送通知单。

为了确保所维护的"原创"是真正的原创,"维权骑士"设置了两道复审流程,责任到人,防止误判。发送通告前会与作者反复确认,如果侵权者不理睬,就提交侵权材料给刊登侵权内容的平台来进行审核处理。

对"维权骑士"网站的出现,浙江西湖律师事务所律师林祖杰认为,网络文字版权的规范化是大势所趋。曾经互联网音乐、视频的版权也混乱,现在也都规范了。虽然有《著作权法》,但对维权者来说,如果选择诉讼,维权成本太高。"对于个人用户,首先在查找侵权线索方面,要花费的时间成本太多。其次,以个人身份去维权,耗费的精力与委托专业团队肯定不能同日而语。"[2]上海大学知识产权学院副院长袁真富评论说,根据著作权法和国家版权局《关于规范网络转载版权秩序的通知》等规定,如果微信公众号运营者没有经过作者授权许可,擅自转载其原创作品,即便注明了原作者姓名和来源,即便声称不是商业目的,也属于侵权,这不属于著作权法规定的合理使用的范畴。"就目前来看,'维权骑士'的维权手段是相对温和的,索要的每千字 100 元赔偿也在国家《使用文字作品支付报酬办法》规定的每千字 80～300 元范围内。只要得到了原作者的合法授权且授权是真实的,并且'维权骑士'的维权活动未超出作者授权的范围,就符合法律规定。"[3]

---

[1] 许诺. 平均年龄 23 岁的团队创业搞网上版权维权,有人买账吗. 澎湃新闻 [N/OL]. https://www.thepaper.cn/newsDetail_forward_1454714. 2016 – 04 – 11.

[2] 韩雪枫,王昱倩. 揭开"维权骑士"神秘面纱 正义化身 or 网络流氓?[N/OL]. 新华网. http://www.sh.xinhuanet.com/2016 – 03/24/c_135218894. htm.

[3] 许诺. "骑士"出马,能否保护原创之花?[N/OL]. 人民网. http://ip.people.com.cn/n1/2016/0411/c136655 – 28266533. html.

维权骑士凭借先发优势迅速积累起大批知名客户,如内容平台"阿里大鱼号""今日头条""简书""雪球财经"等,企业级内容客户"得到""三节课""丁香园""米熊学院""触乐网"等。所服务的创作型新媒体用户至2017年年底超过3万,平均粉丝超过3.5万。[1]维权也遭遇到反对的声音,有公众号编辑在网上发出号召封杀维权作者,理由是"都不转载,那他们写的东西给谁看?"[2]

### (六)其他合作共赢模式

除授权要约模式外,处理网络知识产权问题还有一些其他的合作共赢模式。

**1. "各方各退一步"的折中办法**

例如,高校和各公益图书馆所使用的数字图书资源,很多都是向专门提供内容服务的厂商购买的,数量庞大的数字资源目前还难以保证全部经过授权,而且,对于一些授权也难以进行核查。对此,有些内容供应商只好采取一些限制措施。例如,国内信息资源产业的龙头企业书生公司,已为600多家高校构建数字图书馆系统,书生之家数字图书馆系统限制读者只能对数字图书馆内的作品进行在线浏览,不允许下载。

**2. 链接收费**

如搜索引擎百度与唱片公司之间达成合作,敦促和帮助各娱乐唱片公司建立自己的网络平台。百度自己则创立了专区,在专区可以直接链接到唱片公司的网站上面。这样一来,百度的流量就能带动这些公司网页的访问量,在完成收费下载后,利润共同分成。其实唱片公司也希望与网络服务商合作,构建"数字音乐产业链"。事实表明,找到一种网络经营者和唱片公司等知识产权拥有方合理的利益分配模式,可以实现网络经营者、唱片公司和网民的共赢。

### 五、大数据和数据信息保护

随着互联网上信息总量的不断增加,人们对互联网的利用开始从信息技术主导向数据技术主导转变,"大数据"一词渐渐成为一个专有名词,大数据信

---

[1] 糯米. 两年三轮融资,被自媒体控诉"文化碰瓷"的维权骑士为何受资本追捧 [EB/OL]. 搜狐网. https://www.sohu.com/a/210712064_250147.

[2] 韩雪枫,王昱倩. 揭开"维权骑士"神秘面纱 正义化身 or 网络流氓? [N/OL]. 新华网. http://www.sh.xinhuanet.com/2016-03/24/c_135218894.htm.

息保护的重要性也日益凸显。

## （一）大数据

### 1. 大数据的特点

大数据是指网民在互联网保留下来的海量数据。大数据的特点可以总结为"5V"，即"Volume""Velocity""Variety""Value""Veracity"，分别指量大、速快、样多、有价值和更真实。

从体量上，互联网上的数据量已从拍字节（Petabyte，简称TB，1PB = 1 024TB = 2^50 字节）级别达到了艾字节（Exabytes，简称EB，1EB = 1 024PB == 2^60 字节）级别，挺进了泽字节（ZettaByte，简称ZB，1ZB = 1 024EB == 2^70 字节）级别时代；

从速度上，电子的速度接近光速，所以一般小规模的数据分析常常是1秒完成；

从种类上，大数据类型繁多庞杂，包含各种各样的微内容；

从价值上，大数据可以用于了解甚至控制用户行为，从而帮助了解和甚至控制社会的一些方面，而且相比人工的统计方法，由于其自动化程度高，所消耗的成本更低；

从真实性上，大数据得出的结果和结论一般更为全面客观。

互联网用户在网上的所有独立数据，比如微信中的每一个"赞"、微博中的每一条评论甚至每一次看似随意的点击，都构成互联网的"微内容"。所有的微内容加在一起，里面的很多细节都可以用来进行整合分析，从而归纳总结出用户使用网络中显现的倾向性。

### 2. 大数据的意义

数据量规模不大的时候，数据的意义并不明显，但是当数据量达到了一定的程度，通过一些算法就可以从中构建相对精准的用户画像。用户画像是根据用户的静态基本属性和动态行为数据来构建一个可标签化的用户模型。其中静态属性包括个人基本信息，如所在地域、年龄、性别、家庭信息、工作信息等；动态行为包括点击、购买、支付、浏览、评论等在网上进行的一切活动。标签化指的是将某些特点归类，从而在做一些推送时可以有的放矢地只针对最有需要或最有可能采取行动的人群。

曾任亚马逊首席科学家及阿里巴巴数据顾问的德雷斯·韦思岸（Andreas Weigend）曾教会机器一个"理解"人类的方法：获知一个用户地址后，还要抓取这个地址周围5公里内的书店分布状况，因为这可以用来预测用户有多大概率会在亚马逊买书、会在什么情况下买书。这条准则后来被应用到了阿里巴巴的数据分析实践,所以当淘宝知道距离你家5分钟步行路程内有超市的时候,网站就不会频繁向你推荐油盐酱醋,但是它分析你的搜索记录,获知你皮肤状况,若离你家15分钟步行路程内的商场都没有你习惯用的护肤品,那么,这些商品将会出现在你的屏幕上。[1]

社交网络 Facebook 的"lookalike"算法,在以"种子用户"挖掘潜在客户方面行之有效。任何公司想做推广,只需提供100个老用户的资料。lookalike 算法会将这100个老用户视为种子用户,然后训练分类模型,用模型对所有候选对象进行筛选,利用社交网络进行人群扩散,将种子人群标签传给社区中的好友,这样就会找到许多与这些种子用户有相似生活背景和行为习惯的人。这些人可能根本没有买过或想要买此种产品,但是基于他们与种子用户生活背景和行为习惯的相似性,此类人群更有可能在收到推送的广告信息后产生对这种产品的购买意愿。

## (二) 数据信息被滥用和盗用问题

2017年,上海社会科学院互联网研究中心综合分析国内外重大数据安全事件发现,大数据信息被滥用和盗用呈现以下特点:风险成因复杂交织,既有外部攻击,也有内部泄露,既有技术漏洞,也有管理缺陷;既有新技术新模式触发的新风险,也有传统安全问题的持续触发。威胁范围全域覆盖,大数据安全威胁渗透在数据生产、流通和消费等大数据产业链的各个环节,包括数据源的提供者、大数据加工平台提供者、大数据分析服务提供者等各类主体都是威胁源。事件影响重大深远,数据云端化存储导致数据风险呈现集聚和极化效应,一旦发生数据泄露等其影响都将超越技术范畴和组织边界,对经济、政治和社会等领域产生影响,包括产生重大财产损失、威胁生命安全和改变政治进程。[2]

**1. 数据竞争**

数据本身是一个非常大而开放的概念,当其具有了价值,特别是商业价值之后,与作为知识产权客体的知识产品就具有非常相似的特性。数据是新闻生

---

[1] 李斐然. 大数据背后,是谁在监视我们的生活? [N/OL] 人物. https://mp.weixin.qq.com/s/bEr1U96EmmRABAv2LS9nDw. 2018.6.19.

[2] 宋豪新. 聚焦近年来全球十大典型数据安全事件 [N/OL]. 人民网. http://world.people.com.cn/n1/2017/0519/c1002-29287418.html.

产的新思维、新资源，未来的媒体竞争，将是数据平台与数据采集、处理能力的竞争。[1]物理意义上的无形性与可传输性和经济意义上的可复制性与可利用性，使得数据和许多知识型信息一样，有着法律意义的所有权和使用权。这种所有权和使用权的存在意味着二者之间有时会发生冲突。使用权方会本能地追求最低成本甚至无成本的利用数据，但是，对于数据的所有权方来说，数据平台的优势建立需要长期的成本投入，自然会要求得到相应的财产保护。当一些市场竞争者在未获数据平台方授权的情况下，非法抓取或秘密盗取平台数据，会直接影响数据原始平台方的核心商业利益，对于投入了巨大资本苦心积累起数据的平台方来说自然是不公平的。

当互联网从信息主导阶段发展到数据主导阶段后，行业的竞争形态也由产品服务竞争、平台生态竞争发展到数据竞争阶段。在国内，从 2008 年开始，大众点评诉爱帮网系列案件最早涉及了"数据竞争"的问题，大众点评指责爱帮网大量复制其网站内容，主要是商户介绍与用户点评内容信息。2013 年百度诉 360 违反 robots 协议案、2015 年新浪诉脉脉非法抓取微博用户数据案、2016 年大众点评诉百度地图抓取用户点评信息案、2017 年运满满诉货车帮盗取用户信息案，以及淘宝屏蔽百度搜索，顺丰与菜鸟有关物流数据接口的争议，新浪与今日头条有关微博内容爬取的争议，华为在 Magic 手机中利用微信用户聊天记录进行 AI 服务推荐等，这些争议无一例外，均与平台的海量数据有关。而在国外，有关数据竞争的争议已经延伸至反垄断领域。2017 年 6 月，数据分析公司 hiQ 向加州北部法院提起诉讼，主张 LinkedIn 拥有市场支配地位，推动法院于 8 月份发出临时禁令，要求 LinkedIn 在 24 小时内容移除引人妨碍 hiQ 获取其公开数据的技术障碍。在此之前，2016 年在评估批准微软公司以 260 亿美元收购 LinkedIn 的交易时，欧盟委员会重点关注领英的数据价值以及对手网站是否可以复制这些数据等问题。[2]

2017 年 11 月 4 日，中国《反不正当竞争法》历时 24 年后首次修订，专设"互联网专条"用以规范和制约互联网行业竞争生态。

**2. 网络数据信息泄露对隐私权的影响**

互联网的普及以及新媒体的发展，使得个人信息传播，收集，处理，交换呈现出爆炸式的发展。因此现代社会处于一个时时交换信息的时代，个人信息

---

〔1〕彭兰. 机器与算法的流行时代，人该怎么办 [J]. 新闻与写作，2016（12）：26.
〔2〕田小军. AI 时代数据之争，我们需要什么样的"数据权"？[N/OL]. 搜狐科技. http：//www. sohu. com/a/212997086_465968http：//www. sohu. com/a/212997086_465968.

商品化是一个毋庸置疑的现象。个人信息商品化现象无疑具有其合理性,因为现代社会是一个分工明确、存在交换或交易的社会。对于企业而言,掌握越多的客户资料,进而精准营销,投放广告,信息的流动性越强,就越能占领市场,获得更多的利益。对于政府而言,政府治理也需要一定的基础资源。在一定程度上,个人信息商品化能够促进信息资源的流动,对企业发展,经济活力都有重大影响。但必须注意的是,促进个人信息商品化的前提是保护个人隐私权。个人信息商品化主要有两种形式,第一种是个人将信息作为商品直接转让给信息需求者,第二种是信息利用人出于商业目的将其掌握收集整理的个人信息作为商品售卖给个人信息收集者。第一种因为是出于自愿,所以不成问题。但是,第二种却可能会侵犯当事人的隐私权。

(1) 网络隐私权。

网络隐私权并非一种全新的隐私权,它虽然有自己的特点,但这一概念是伴随着网络的出现而产生的,它更多地表现为现实社会中的隐私权在网络空间中的延续。

隐私权是一种人格权,它是伴随着人们自身的尊严、权利、价值的产生而出现的。最高人民法院在1988年《中华人民共和国民法通则》的司法解释中对侵犯隐私权的解释为:揭露或宣扬他人隐私的行为属侵犯他人名誉权的行为。它的基本含义为:公民自己的生活秘密与个人生活自由禁止他人干涉。

网络隐私权是隐私权在网络中的延伸,是指自然人在网上享有私人生活安宁、私人信息、私人空间和私人活动依法受到保护,不被他人非法侵犯、知悉、搜集、复制、利用和公开的一种人格权;也指禁止在网上泄露某些与个人相关的敏感信息,包括事实、图像以及诽谤等。简而言之,网络隐私权就是指个人在网络环境中在最少的干涉下顺应自己的意愿而生活的权利。

网络隐私权的核心是网络环境中当事人对自己隐私权利的控制。其主要内容包括个人信息资料搜集的知情权与选择权,个人信息资料的控制权、安全请求权以及利用限制权。[1]

网络个人信息资料搜集的知情权指的是在网络环境中,个人不仅有权知道是谁在搜集自己的个人信息资料、搜集了哪些个人信息资料、这些个人信息资料的表现形式是什么,而且还有权知道被搜集的个人信息资料是出于什么目的而被搜集,以及该个人信息资料将会与何人分享。

网络个人信息资料搜集的选择权是指个人有权许可或禁止某个或某些主体

---

[1] 李德成. 网络隐私权保护制度初论[M]. 北京:中国方正出版社,2001:2.

以任何方式搜集自己个人信息资料的权利。它主要体现在对个人信息资料的搜集和使用的环节上。

网络个人信息资料的控制权是指网络隐私权人有权通过合理的途径访问查阅被搜集和整理的网络个人信息资料，并针对错误的内容进行修改，对所缺少的必要的信息资料加以补充，对不需要的数据信息予以删除，以保证网络个人信息资料的准确、完整。

网络个人信息资料的安全请求权指的是个人有权要求网络个人信息资料的持有人采取必要的、合理的措施，保护用户的个人资料信息的安全。当网络个人信息资料的持有人拒绝采取必要措施或技术手段以保证网络个人信息资料的安全时，当事人有权提起诉讼或根据协议申请仲裁或向有关行政职能机构申诉获得行政强制力的支持。

网络个人信息资料的利用限制权是指搜集网络个人信息资料的主体要以向网络隐私权人提供服务或其他的利益作为对等代价，以实现对网络个人信息资料的利用。任何利用网络个人信息资料的行为，都要被限定在合理的范围内。

(2) 网络隐私易受侵害的原因。

第一，数据存储和分析技术使用户处于弱势地位。

网络云技术[1]的普及使各种网云用户越来越多。网云用户们将自己的各种信息在云中备份，实际上却没有办法避免自己的资料或隐私被收集。虽然几乎所有提供云服务的企业都承诺尽量避免收集用户的资料和隐私，即使收集到也不会泄露或使用，但信息泄露事件的时有发生，还是让不少人对此持怀疑态度。

在现实的互联网使用中，由于马太效应一些大平台往往集聚最多的用户，而用户也常常不得不使用这些大平台，这导致用户对自己相关数据被搜集处于被动接受的状态，同时对平台如何记录分析处理自己的信息往往处于不知情的状态。一些巨头公司利用客户注册的信息、客户的浏览记录及喜好，掌握到关于每一个人的真实数据流，推算出用户的偏好记录及联系人记录等隐秘的信息。然后利用收集到的海量数据做成数据库，再把这些数据库商品化，出售给以研发名义购买的第三方。在这种情况下，机构与个人是强势与弱势的关系，信息强势方掌握较多的有效信息，信息弱势方则掌握的信息相对较少。随着信息数据的不断累积，机构组织与个人之间信息量的差异会越来越大，从而造成

---

[1] 云技术是指在广域网或局域网内将硬件、软件、网络等系列资源统一起来，实现数据的计算、储存、处理和共享的一种托管技术。

信息的授予者与接受者事实上处于不平等的地位。在信息的授予者发送出自己的私人信息后，信息即被占有，即使有契约关系名义上的保护，实际上个体数据主体难以对自己的信息及时跟踪把握与控制。

任何未经本人同意，收集、存储他人信息或非法传输他人资料，泄露他人的隐私，都是非法的。有些人可能觉得有些数据公开了也无所谓，但事实上任何数据对个人都可能产生影响。如在数据的使用上可能会出现这种情况：一个用户的健康数据标明此人血糖过高，其购物记录中却有大量高糖食品，评论透露是本人食用，运动软件显示其每天走路不过千步。这些数据如果在该用户求职时被招聘方获取，则可能得出此人自制力不强、生活习惯不健康的结论，使求职成功率大大降低。所以，一些看似不属于个人隐私的数据一旦被第三方掌握，仍可能被分析解读，产生当事人不希望导致的后果。

第二，网络传播的特征导致网络隐私更易受侵害。

绝对的网络私密实际上是不可能存在的。尽管一些用户在使用网名，但每一位用户在网络上即使是做出极其细小的行为，都会暴露其所处的位置，体现出一定的目的性。由于网络信息发布简单，能以极快的传播速度向大众传播，其速度之快、范围之广，往往超出个人的可控制范围，因此更易造成用户个人私密资料的泄露，既可能造成重大的物质损失，也有可能给用户身心造成巨大的伤害。

网民在通过网络进行收发电子邮件、网上购物、搜索查阅、评论转发、远程登录、远程文件传输等活动时，均可能在不知情的情况下，被他人非法收集个人信息，并用于非法用途。因为网络的使用者匿名居多，人数众多，因此并不是所有的信息在被窃取时都能立刻被发觉。由于网络更新速度很快，等到用户发现被侵权时，常常已经追查无门。因此，网络安全的侵权主体和手段比现实社会中更具有隐蔽性。

在互联网上，出售、购买个人信息一度是件十分容易的事，如刚购房的业主、刚购车的车主，甚至刚生完小孩的家庭的联系方式，都可以打包购买。百度文库就曾被批是个人信息的"批发市场"。百度文库上曾有大量泄露各地用户信息的文档，全国各地大小业主的手机号、家庭地址等隐私，只要鼠标一点，就能免费到手。

有些机构受经济利益的驱使，专门组织技术攻关，搜集目标人群的隐私信息，供商业或其他用途。有的机构则监测用户使用习惯，利用Cookie[1]记录

---

[1] Cookie，有时也用其复数形式Cookies，指某些网站为了辨别用户身份、进行跟踪而储存在用户本地终端上的数据，通常经过加密。

用户的互联网浏览记录、搜索记录等，然后有的放矢地向客户推送广告。如谷歌的一项广告业务可以让广告商锁定个人，在他们上网时即时跟踪他们，而谷歌可以在每笔广告销售中提成。比如，一个生活用纸公司在一个网民的支付记录中发现，这个网民每个月买某一品牌某几种型号的厨房用纸、纸巾和卫生纸，那么，它就可以每个月向这个网民发送自己的广告，而推荐的就是该网民平时用的那几种类型和价位的产品。这种广告发布的有效性较之撒网式当然要高出许多。

《华尔街日报》曾展开过一项深入的调查研究，对 Cookie 以及其他各种可用于监视互联网用户的技术进行评估和分析。结果发现，对消费者追踪行为的广度和侵入程度已远远超出人们的认知，只有该行业的少数前沿人士才知道实情。全美最大的 50 家网站在每个访问者的电脑上平均安装了 64 种追踪技术，而且通常都不给任何提示。约有十多家网站安装的追踪技术甚至超过上百种。而且，追踪技术变得越来越巧妙，越来越具侵略性。此外，新的监测工具会实时扫描人们的在线操作，然后立即对其所在地、收入、购物兴趣，甚至健康状况等信息进行评估。一些工具甚至可以在用户试图删除它们时悄悄地自我复制。随后，这些用户的个人资料在各种类似股市的交易所里进行买卖，而广告商心甘情愿地多付钱以获得更有针对性的营销信息。

第三，社交网络和 App 的流行使隐私泄密更加容易。

自从网络进入 Web2.0 时代，社交网络的流行让这种个人隐私的泄密变得更加容易，也导致更多隐私泄密。社交网站的实名制或准实名制使与用户相关的大量个人信息暴露在网络空间里，使任何用户都可以搜索到一些目标人物的部分信息。比如，一个人在网上结交了一个朋友，在见面之前，他可以利用网络尽可能多地搜集关于这个人的一切资料和相关信息。对于搜索者来说，这让他可以从多角度了解新交的网友；但是，对于被搜索者来说，不管是愿意还是不愿意，自己的信息都被他人知晓，可能在心理上并不会觉得舒服。

加拿大卡尔加里大学的几位学者曾做过一项统计调查，对比了美国六大 SNS 网站——Facebook、LinkedIn、MySpace、Orkut、Twitter 以及 YouTube 之间的隐私保护政策。研究结果表明，六大 SNS 网站的隐私政策包含四个层面的内容：信息获取合理化（第三方获取用户资料的合理理由）、信息可见度（信息向谁公开、公开哪一部分）、信息匹配精确度（与检索词匹配的用户信息）和服务器缓存信息。最终结论是，六大 SNS 网站对用户隐私的保护大多着力于获取用户信息的理由和信息可见度，对于信息匹配度和服务器缓存信息的保护则是几乎没有。

2010 年 7 月，社交网络 Facebook 的五亿用户中的一亿人的详细信息被营销者"泄露"到互联网上，引起了人们对隐私问题的极度担心。这个作为可下载文件发表的名单包含每一个可搜索到的 Facebook 用户的个人简介、姓名和有独特 ID 的 URL 地址。这些事件使社交网络网站管理者在隐私设置问题上面临越来越大的压力。

2018 年，Facebook 再次被爆出有超过 5 000 万（后证实为多达 8 700 万）用户的个人数据未经同意被一家"剑桥分析"公司搜集，用以建立模型来分析政治偏好，并在 2016 年美国大选期间投放精准的政治广告。剑桥分析的创始人、CEO 亚历山大·尼克斯（Alexander Nix）说："只要给我 68 个在 Facebook 上的点赞，我就可以推测出这个人的肤色、性向、政治倾向、智力水平、宗教偏好、是否饮酒或吸毒，乃至父母是否离异等一切信息。"他声称在特朗普竞选及英国脱欧等一系列重大事件中，该公司利用网民个人档案将用户群体进行分类，进而推送一些引导性的信息，暗中影响了民意的选择。如，美国一个叫"小海地"的地方，居民多为黑人，总体上不太关注政治。但是在尼克斯向当地人大量推送了有关希拉里夫妇的基金会在海地地震后滥用救灾款的信息后，这个地方的人几乎全数把票投给了川普。

该事件引发巨大震动，它让人们意识到在网络时代，一旦个人的信息被大量掌握，这些大数据就可能成为被分析的对象，反过来被用以操控人的思想、意识和行为。在民众愤怒的声讨中，Facebook 立刻关闭了该公司的接口，并在全平台上封停其账号。即便如此，Facebook 股价市值一夜之间蒸发 367 亿美元，CEO 马克·扎克伯格被要求参加了一场由美国参议院商务、科学与交通委员会和参议院司法委员会的联合听证。扎克伯格被 44 位议员轮番轰炸长达近 5 个小时，听证全程全球直播。2018 年 5 月"剑桥分析"公司直接申请破产。

2018 年 8 月 29 日中国消费者协会发布的《App 个人信息泄露情况调查报告》显示，超八成受访者曾遭遇个人信息泄露问题；据全国消协组织受理消费者投诉情况统计，2018 年上半年，电商平台、社交平台软件等非法搜集消费者个人信息现象已成投诉新热点。个人信息泄露的主要途径包括：一是经营者未经本人同意收集个人信息，约占 62.2%；二是经营者或者不法分子故意泄露、出售或者非法向他人提供个人信息，约占 60.6%；网络服务系统存有漏洞造成信息泄露约占 57.4%。

**3. 利用数据信息的违法犯罪**

随着社会各个行业和机构之间的联网，利用网络数据进行犯罪的活动越来越多，每年给全球带来的经济损失数以十亿美元计。与传统的犯罪相比，利用泄露数据进行的犯罪范围较广，隐蔽性强，因为通过事先获得的数据常常能够准确描述受害者的社会关系，往往更容易赢得受害者的信任，让人放松警惕，落入陷阱。由于网络犯罪大都是通过对程序和数据等信息的操作来实现的，犯罪行为实施后对信息载体不会造成任何损坏，所以有时很难被发现。但是一个个案例表明，此类犯罪给受害人带来的后果极其严重。

2016年，山东省临沂市徐某考取了南京邮电大学。在距开学十余天时，徐某接到一个电话称有笔助学金要发放。由于对方提供了姓名、学校、家庭地址等信息，徐某并未生疑，根据指示冒雨骑车到家附近的自动柜员机，将存有学费9 900元的银行卡全额提现，存入到对方指定的助学金账号进行激活。徐某再拨打对方电话时发现对方已经关机，才惊觉被骗，后因郁结于心导致心脏骤停不幸离世。受害人之所以会放松警惕受骗上当，很大程度上在于对方竟然知道她申请过助学金。

徐某被骗案中存在一条数据窃取和转卖链条：上游负责盗取相关数据信息，然后卖给信息收购者，最终特定精确信息被用来实施"精准诈骗"。此案信息泄露源于四川成都的杜某在测试网站漏洞时发现山东高考考生信息，通过植入木马等方式获取权限后，他在数据库中窃取了64万余条山东考生的信息，最终出售了十万余条，获利共计14 000余元。后徐某被诈骗致死案主犯被判处无期徒刑，盗卖数据的杜某被指控非法获取公民个人信息罪名成立，被判有期徒刑6年，并处罚金6万元。

类似事件并不是孤例，不仅与数据泄露相关的案件数量呈上升趋势，而且许多后果都非常严重。就在徐某被诈骗致死案之后的第三天，山东省临沂市又一名家境贫寒的考生也遇到了类似的电信诈骗，该男生也因承受不了沉重的压力，于当日夜间不幸离开了人世。几乎是同时，广东一名19岁的女大学生蔡某遭遇网络诈骗，被骗走家里省吃俭用攒下的9 800元学费，由于无法承受打击，留下遗书后跳海自尽。不过网络犯罪一般来说还是总会在网上留下电子足迹，不久蔡某被诈骗致死案七名被告被抓获归案，主犯亦被以诈骗罪判处无期徒刑。但是侦破此类案件的成本非常高昂，如徐某被诈骗致死案警方虽然仅7天即破案，但投入高达2 000万元。

在发生多起因数据泄露至当事人被诈骗致死案后，公安与金融部门也实施了一系列的整改措施。2016年9月，公安部在北京成立了"打击治理电信网络新型违法犯罪查控中心"，此外在上海、苏州、金华、厦门、深圳、珠海建立了6个研判中心，同时在阿里巴巴集团和腾讯公司建立了2个防控中心。

2016年12月2日,名为《加强支付结算管理防范电信网络新型违法犯罪有关事项的通知》的央行261号文件落地,新规规定同一个人在同一家银行只能办理一张 I 类账户的借记卡;而给他人或跨行通过 ATM 机转账,在24小时内可以撤消。

在徐某被诈骗致死案发生4个月后,有记者曝光了数据信息黑色产业链,个人信息买卖的猖獗程度为公众所震惊,一时报道中的"700元买到开房记录"上了热搜。裁判文书网的公开判例显示,因涉嫌泄露公民个人信息而被判刑的案例屡见不鲜。被泄露的个人信息范围广泛,涉及网购记录、车主、业主、楼主、酒店住宿、12306注册信息、个人简历以及网络注册账号、密码等。在倒卖过程中,QQ群、微信群成了违法信息交易的主要渠道。利用事先获得相关数据信息,然后冒充公检法、领导、客服退款、兼职刷单、航空公司机票改签等"精准诈骗"威胁着网络时代的个人信息和隐私安全。据阿里安全归零实验室统计,2018年内活跃的专业技术黑客灰色产业平台多达数百个。服务专业化导致技术平民化,低廉价格让黑客犯罪成本逐步降低。对于黑灰产的分工,丁牛科技 CEO 姜海曾统计发现已涉及15个工种,有150万人参与,交易规模达到千亿。根据《2018网络黑灰产治理研究报告》,网络黑灰产已经形成了平台化、专业化、精细化、相互独立,紧密协作的产业链,包括技术类黑灰产、源头类黑灰产、非法交易类黑灰产,及各类违法犯罪黑灰产。

由于互联网将世界连接成了一个"地球村",一些网络犯罪也可以跨境。2017年12月21日,北京市二中院判决了一起85人特大跨境电信诈骗案。被告人张某闵等50人于2015年6月至2016年4月间,被告人张某祥等35人于2014年6月至11月间,先后在印度尼西亚、肯尼亚参加针对中国大陆居民进行电信诈骗的犯罪集团,利用电信网络技术手段对中国大陆居民进行语音群呼,虚构被害人因个人信息泄露而涉嫌犯罪等虚假事实,以需要接受审查、资产保全等名义,骗取被害人个人及银行账户信息,诱使被害人向指定的银行账户转账汇款,或者要求被害人同意由他人远程控制被害人的电子银行账户,总计骗取185名被害人钱款2 900余万元。法院以诈骗罪判处张某闵等主犯有期徒刑15年,判处其他83人有期徒刑1年9个月至14年不等刑罚。在此"精准诈骗"案中,犯罪分子把窝点设在东非的肯尼亚,通过数据分析对被害人进行初步筛选,选出最容易上当的人,分析出受害人姓名、工作单位、兴趣爱好、家庭情况,然后根据相关信息有针对性地给每一个被害人设计剧本,通过得到被害人的依赖后引他们一步步上套。

但是即使一些机构对保护用户隐私非常重视,在技术层面上和管理结构上的任何疏忽都仍然有可能导致重大的数据安全事故。2017 年 3 月，京东与腾讯的安全团队联手协助公安部破获一起特大盗窃贩卖公民个人信息案。该案主要犯罪嫌疑人为京东员工，该员工 2016 年 6 月底才入职，虽处于试用期，却盗取涉及交通、物流、医疗、社交、银行等个人信息 50 亿条，然后通过各种方式在网络黑市贩卖。所以要保护数据安全需要防微杜渐，在各个层次上都严格规范地防止用户信息泄露。

### （三）数据信息的保护

数据信息作为一种资源具有共享性，如果完全禁止其流动和共享，则数据会失去价值。共享可以使数据增值，但是过度共享也可能导致数据贬值及产生各种危害。数据信息安全的实质就是保证信息的安全性，即保护信息的价值不受到损害，免受各种侵入、盗取和非法利用。

在技术和管理上对抗此类数据安全问题国外有些做法值得借鉴，比如在英国，有专门保护个人隐私的公共机构，直接向英国国会报告。根据数据管理者登记制度，每个处理个人信息的机构都要在信息专员办公室登记，否则就算为刑事犯罪。很多公司也有谨慎的数据使用哲学。谷歌会把用户的姓名、账号、联系方式、地址等信息，与行为数据完全分开，不会将两者关联使用。雅虎有专门的研究员，在实践中界定数据搜集的隐私边界。许多数据科学家将自己设计的隐私保护对策详细公布在论文中，有人将分散信息流控制和差分隐私保护技术应用到云计算，还有人通过模糊处理技术对用户隐私全程加密，还有一种有效的操作方法是制造噪音，根据用户历史记录制造等比例的行为噪音，这样试图解读用户行为的服务商就很难辨别哪个是用户真实需求，哪个是系统制造的噪音，从而保护真实的用户隐私。

数据是个双刃剑，利用得好，经常可以及时发现或预测到一些重大事件的发生，如 2008 年 9 月 15 日，美国雷曼兄弟公司宣告破产，引发次贷危机，而最早察觉到这件事的是求职类网站 LinkedIn 的数据科学家。他们注意到，9 月 14 日明明是一个周末，网站数据却十分活跃，不断有人疯狂联系工作、更新简历、发送消息，通过对数据的追查，他们发现所有这些行为都来自雷曼兄弟的员工。现在，"实施国家大数据战略，推进数据资源开放共享"已被纳入"十三五"规划，大数据在交通物流等领域为了解预测情况、提高管理水平立下了汗马功劳。但是，对数据信息如果保护得不到位，让一些不该泄露的数据被不法分子所获取，则极有可能引发影响范围巨大的犯罪，继而导致网民们对互联网的信任危机。因此对数据的利用应当切实处于对数据安全的保护范围内,既要充分发挥大数据的作用,也防止相关数据被滥用。

## 六、虚拟产权保护

传统概念里,财产都是有形的,但随着科技的发展,财产也可能是无形的。随着互联网的发展,一个虚拟世界已经生成并正在持续发展和完善。现实世界的一切正在不断迁移到虚拟世界。从中心、干预、嵌入、模糊、意会,到去中心化、非嵌入、精确和编码,现实世界在虚拟世界重构。而在虚拟世界中,也普遍存在着各种利益,从而涉及各种权益问题。

### (一) 虚拟财产

虚拟财产是指不以物理实物形态出现,而是以数字化形式表现出来的存在于互联网等虚拟空间中的财产。它们以数据化形式存在于网络空间,网络用户可以通过使用和交易对其进行支配。网络是虚拟的,但虚拟并不等于虚无。虚拟不意味着不存在或虚假,只有合法保护虚拟财产,让利益人像对其他财产一样对虚拟财产有足够合法处置权,才能维护网络经济和市场的健康长远发展。

在实质上,虚拟财产是一种数据或数据的组合。但是它们并不只是电子数据,如至少网络游戏中的虚拟物品已经开始具备现实中财产的属性——稀缺性、有用性、可控制性、可交易性。通俗地说,网上的游戏级点和装备也是投入了时间、金钱和精力所取得的,并且这些也可以通过交易换成真实的货币,因此,网络中的一些虚拟物切实存在使用价值。虚拟财产存在离线交易的机制,具有现实价格,而且虚拟财产与真实货币之间早就存在各种兑换方式。

可以被算作虚拟财产的信息资源类型十分多样,对应现实世界财产的形态可以分为有形虚拟财产(如游戏装备)、无形虚拟财产(如游戏等级)、集合性虚拟财产(如网站)等。在中国国内,目前对于虚拟财产的范围存在认识上的分歧。有的观点认为,虚拟财产主要包括网络游戏账号,网络游戏中的货币、装备、宠物等;还有的观点认为上网账号、收费邮箱账号、QQ 号也应属于虚拟财产。学界有的将虚拟财产定义为商品,认为持有人享有物权,但更多的学者借用知识产权的界定,认为一些产品的开发者享有著作权,用户则享有使用权。对于一些具有创造性的活动,如网络游戏,因为玩家在游戏中需要耗费大量时间精力,同时存在智力性劳动投入,因此也被认为享有知识产权。此外,还有一种观点针对网络游戏中运营商与玩家之间是一种服务合同关系出发,认为虚拟财产的本质是一种债权性权利。

## (二) 虚拟产权的安全与保护

随着网络游戏产业的飞速发展，虚拟世界中消费者权益受侵害的事件屡屡发生，典型的如很多游戏玩家都有过虚拟资产被盗的经历——花了很多时间"练"的级或花钱买的装备不见了，这些东西在网络上常常找不回来。除了虚拟资产丢失、账号被盗外，游戏玩家常常还会遇到账号被查封、对手使用游戏外挂及网络拥堵等问题。随着网络游戏业的不断发展，游戏玩家越来越多，虚拟物品及其财产权问题也越来越成为社会公众日益关注的问题。

### 1. 虚拟产权受侵害的原因

当前，造成虚拟财产利益损失的原因很多，大致可归纳为四类：

（1）网络游戏经营者实施的行为导致虚拟财产损失。网络游戏经营者为维持游戏秩序，认为游戏用户可能有私服、外挂、非法装备等行为，而采取冻结、删除虚拟物品甚至游戏账户的行为。

（2）网络游戏经营者未尽到安全注意义务导致虚拟财产损失。网络游戏经营者未保证网络系统、服务器和程序的安全性能，从而使其安全环境低于一般安全技术保障水平或服务合同约定水平，从而使游戏用户的虚拟财产受到损失。

（3）网络用户对自己的虚拟财产未尽到安全保护义务。网络用户负有与持有信用卡用户相当的义务，即应当对自己持有的账户密码相关信息进行加密并保密，防止外泄。未尽到上述义务使自己虚拟财产安全受到危险，导致出现虚拟财产损失。

（4）利用网络技术非法入侵导致虚拟财产损失。在网络游戏经营者提供安全保障环境的情况下，他人利用网络技术非法入侵，在此情况下造成网络游戏经营者难以防范，最终导致虚拟财产损失。

在上述情况中，"第一种情况下网络游戏经营者需要证明自己采取冻结、删除虚拟财产等行为有正当性，系发现有外挂等行为，为维持网络秩序采取的必要措施，否则应承担侵权责任。第二种情况系因网络游戏经营者未尽到安全注意义务，故而应承担相应责任。第三、四种情况系游戏用户自身原因和他人利用技术侵权而经营者无法防范，此时，经营者应当免责。"[1]

---

〔1〕马军，姚宝华.《民法总则》为网络虚拟财产保护预留立法空间 [G]. 民事审判指导与参考（总第42辑）. 北京：法律出版社，2011：11.

## 2. 虚拟产权案处理中的变化

从经济学的角度看，虚拟资产在流通中具有一定的实际价值，因此网络上此类资产被侵权后，通过法律，也能得到公平的补偿。现在全国各地每年都会审结一些网络虚拟财产案，但是处理的依据有所不同。

（1）早期依据利益受损，而非财产受损。

早在 2003 年，我国就出现了首例网络虚拟财产纠纷案——在线收费网游"红月"玩家李某发现，其账号中耗时两年、花费上万元现金购得的几十种虚拟"生化武器"突然不翼而飞。在与网游运营商北京某科技发展有限公司交涉未果的情况下，李某将该公司诉至北京市朝阳区人民法院。法院审理认为，"虽然虚拟装备是无形的且存在于特殊的网络游戏环境中，但并不影响虚拟物品作为无形财产的一种获得法律上的适当评价和救济。法院由此判令该公司将李某在游戏中丢失的虚拟装备恢复，并赔偿相应的经济损失。"[1]

2006 年年初，轰动一时的全国首宗盗卖 QQ 号码案据警方调查后发现，"自 2005 年 5 月以来，以犯罪嫌疑人金某、于某为首的网络盗号团伙，以辽宁鞍山、吉林长春为基地，通过放置木马病毒，入侵了 8 000 多个商业网站及 300 多个政府网站，非法盗取网民的 QQ 号码、Q 币和网络游戏币、游戏道具等，该团伙共盗取 QQ 号码和游戏账号、装备 300 多万个（套），最多一天盗号 30 多万个，部分已通过有关网站出售，获利 70 多万元。"[2]

当时的广东省深圳市南山区人民法院认定 QQ 号并非刑法意义的财物，遂以侵犯通信自由罪而不是盗窃罪分别判处曾某、杨某两名被告人拘役 6 个月。因为当时南山区人民法院认定"QQ 号码是一种即时通信服务代码，其本质是一种网络服务，并且这种服务自申请 QQ 号码时起通常是免费的。"[3]当时我国的法律法规和司法解释对"财物"的内涵和外延均有明确的界定，但尚未明文将 QQ 号码等网络账号纳入刑法保护的财产之列。但是此案的定性当时就引起了许多法律专家的争议。不少专家认为，QQ 号不仅是一个简单的即时通信工具，同时也能被售卖并为犯罪嫌疑人创造经济利益，应该被认定为财产性利益，盗取 QQ 号也应该被认定是一种盗窃行为。

（2）虚拟财产认定被逐渐接受。

---

[1] 赵丽，靳雪林. 员工盗取公司价值数百万元比特币被批捕，专家认为虚拟财产同样受法律保护[N]. 法制日报，2018-03-29（8）.

[2] 游春亮，高艳梅. 全国最大盗窃虚拟财产案追踪[J]. 法制与新闻，2007（3）：13.

[3] 游春亮，高艳梅. 全国最大盗窃虚拟财产案追踪[J]. 法制与新闻，2007（3）：13.

随着涉及虚拟财产的案件越来越多，在案件的审理中，对虚拟财产的认定也逐渐越来越被接受。如：2008 年的"网游爱好者离婚案"中，离婚时女方要求分割婚姻关系存续期间在网络游戏中获得的网络游戏装备。但男方认为该游戏账户的注册登记人是自己，因此所有游戏装备应归自己所有。最终法院驳回了女方的诉讼请求。2010 年，常州一网民在游戏中赢得了一款极品装备"复活戒指"，却被网络公司以"盗窃"为由没收。按照游戏市场交易行情，这枚"复活戒指"价值 3 万余元，该网民认为网络公司侵犯了其合法财产，立即向常州市公安局网络监察支队报案，最终夺回了装备。在 2012 年的"离婚分网店案"中，离婚协议书中约定将双方婚后共同经营淘宝网店由男方继续经营，男方付女方 40 万，签署协议起 7 天内女方将淘宝密码、客服旺旺密码、支付宝密码等无偿由男方使用。但后男方诉称在协议签订后女方将上述密码进行修改，还用绑定的手机取走现金超百万元。后法院查明该网店系夫妻关系存续期间开办，相关权益都属于夫妻共同所有，最终判决该店归原告王永青使用经营。

为了适应网络时代发展的需要，2017 年 3 月 15 日，全国人大十二届五次会议表决通过了《中华人民共和国民法总则》，并于 10 月 1 日起施行。其中第 127 条规定："法律对数据、网络虚拟财产的保护有规定的，依照其规定。"自此，"网络虚拟财产"这一概念，正式作为一项民事权益被写入我国法律中。虽然第 127 条对网络虚拟财产实施保护只是提出一些原则性的规定，无法直接适用于虚拟财产的法律争议，但它正式在法律上承认网络虚拟财产作为一种权利或权益，应该受到保护，这为未来民法分则和单行法的制定预留了空间，提供了基本法依据。

随着大数据时代的到来，数据的所有权也被认定为虚拟产权。2018 年 5 月 26 日，四川省高院判决一起非法获取计算机信息系统数据案件。马某、冯某和历某利用技术手段，通过编写网游外挂软件，获取计算机系统中传输数据，帮不少游戏迷升级，非法获利 145 万余元。因该外挂软件的核心——自动实现游戏功能，对游戏本身的平衡、公平性造成严重影响，他们的行为构成了非法获取计算机信息系统数据罪。最终，三名合伙人均被判刑并处以罚金。

目前，日本已在相关法律中明确规定，网络游戏中的虚拟角色和虚拟物品具有独立的财产价值。韩国也已立法规定：网络游戏中的虚拟角色和虚拟物品独立于服务商而具有财产价值，网络虚拟财产的性质与银行账号中的财产并无本质的区别，服务商只不过是为游戏玩家的网络虚拟财产提供一个存放的场所，无权对相关数据进行肆意修改和删除。

## (三) 虚拟产权的继承

现实生活中与产权有关的一些概念，如继承，在虚拟世界里一样存在。在网络时代，几乎每个人在互联网上或多或少都留下了些痕迹，当某个网民去世后，其继承人如果想获得其在互联网上的相关信息资料，甚至是虚拟资产，常常会遇到很多问题。

如 2011 年的"QQ 继承案"中，当事人的丈夫在车祸中丧生，QQ 邮箱里保存了大量他们恋爱结婚期间的通信记录和照片，于是向腾讯公司提出要求。腾讯方面拒绝的理由是：根据腾讯公司与用户之间达成的协议，QQ 号码所有权归腾讯所有，用户只是拥有使用权，不能作为个人财产处置。虽然最终当事人通过"找回被盗号码"等方式操作还是找到了密码，但是有关腾讯方面的做法还是饱受争议。许多法律界人士认为腾讯依据自己拟定的格式合同声称对 QQ 号码拥有所有权，并不意味着腾讯对账号中的内容，如信件、照片等拥有所有权。而记载被继承人生前信息的信件、照片都属于用户的私人物品，如被继承人生前无明确反对，理应由其继承人继承。

2018 年 5 月 18 号，江苏溧阳的刘伟君成为当地第一例手机号码继承公证的受益人。刘父生前经营着一家企业，但不幸于当年 3 月份因车祸去世。刘伟君想继续沿用父亲生前的两个号码，以便经营家族企业。根据运营商的规定，要办理手机号过户手续，必须要当事双方带着身份证，亲自到营业厅办理。于是刘伟君想对两个手机号码办理遗产公证。溧阳市公证处公证人考虑虽然严格来讲这两个号码应该是属于国家的，但是相关权益也应该属于遗产的范畴，因此可以虚拟财产的名义办理继承。最终根据相关程序为刘伟君办理了遗产继承公证。

当用户过世时，企业的确可以以保护用户隐私的理由拒绝他人访问其账户，并将其删除。虽然服务条款对服务提供商有利，同是也是为了保护电子邮件及其他内容免遭窥探，可是，对于一些继承者来说，这些数字资产可能有着很大的超越经济意义的价值，它们不仅可以向后代传递出很多信息，更包含着大量情感因素。考虑到这种需求，一些专门管理已故用户虚拟资产信息的网站开始出现并不断壮大规模。如 Digital Beyond 网站就是帮助用户将虚拟资产转移给他人的；Legacy Locker 网站通过提供免费和收费服务，允许人们将重要的网上账户的密码保存在它那里，由该网站在用户去世后将密码转交给一个指定的人选。

现在各网站处理已故用户账户的访问权限有很多方法，只是处理方法通常会触犯传统社会的生死忌讳。如有的服务提供商在用户创建账户时，便会就其身后事宜征求用户关于处置账户的意见。用户既可以选择去世后账户被删除，也可以选择让其他人访问该账户。一旦用户选择允许他人访问，便需要指定一名遗嘱执行人。当用户去世后，该执行人便可获得已故用户最近的密码。但如果遗嘱执行人在未通知服务提供商的情况下使用已故用户的用户名和密码，便会构成身份欺诈。随着社交网络的发展，与用户身故有关的一些情况也越来越多地被相关企业考虑到。例如，以前，Facebook一旦确定某用户已去世，便会删除相应的账户，其他社交网络也普遍采取这种做法。但是后来Facebook意识到需要改变处理已故用户账户的方法，并且提供了一些方法来纪念已故用户。

# 第六章
# 网络媒介新格局与新经济现象

内容提要:

本章讲述网络媒体在当今媒介格局中开始占据主导地位;传统媒体在与新媒体的融合中努力转型;一些全媒平台和融媒体平台出现;网络经济中的"互联网+"和"共享经济"等现象;网络经济高速增长的原因;区块链和虚拟币。

重点包括以下五方面的内容:

1. 媒介新格局对传播生态的影响。
2. 传统媒体如何在融合中转型。
3. 网络经济中的新概念与新现象。
4. 网络营销方式及其优势。
5. 区块链和虚拟币。

# 第一节 网络媒介新格局

随着大众媒介尤其是电子媒介的兴起，媒介逐渐形成一种新的技术或者社会环境，并对媒介使用者产生了重要影响。媒介即讯息，媒介即环境，媒介的发展不仅对传播生态，甚至对社会发展都起到了塑造和推进作用，而网络媒介的迅猛发展对现代传播格局的影响尤为深刻。

## 一、网络媒介对现代传播生态的影响

任何一项新技术的诞生与运用，都将极大地改变现有媒介的传播格局甚至是人们的传播方式。网络科技的日新月异使得新的网络媒介层出不穷，所以网络时代的媒介格局也处于时刻变化之中。

### （一）网络媒体开始占据主导地位

复旦大学新闻学院李良荣教授在2017年中国网络媒体的格局和态势研究中发现，在当前传媒格局中，网络媒体占据主导地位，民营媒体继续高歌猛进，传统媒体则整体仍处于下滑态势。与此同时，以《人民日报》为代表的央级媒体和以浙报集团、上海报业集团为代表的省级传媒集团在媒介融合和多元经营上奋起"逆袭"，深度融合效果初现。智能化、大数据成为互联网发展的基本潮流。以数据新闻和移动直播为代表的网络新闻报道模式基本成型。[1]

半年一次的中国互联网发展统计报告近几次的数据也都表明，网络新闻服务形式已经从早期的以采编分发为主的自主传播模式转化为以用户资讯需求为主的资讯平台供给模式，以人工智能为核心的技术发展成为资讯服务平台的核心竞争力。互联网媒体中，以百度、阿里巴巴和腾讯为代表的商业网站占有技术的先天优势，借助融资的资本在媒体领域积极布局，地位已经十分稳固。与之相比，传统媒体开发的新媒体产品尚无法撼动其主导地位。以移动新闻客户端为例，排名相对靠前的澎湃新闻、央视新闻和人民日报客户端尽管在这两项

---

[1] 李良荣，袁鸣徽. 2017年中国网络媒体的基本格局和态势[J]. 新闻记者，2018（1）：44.

统计指标中有所增长,但与商业客户端相比仍差距较大。

在当前的网络媒体生态圈中,跑马圈地的时代已经过去,网络空间各领域的垄断态势逐渐形成。例如,新闻资讯领域,腾讯新闻和今日头条分别是门户客户端和聚合客户端的领导者。知乎代表了成熟的社会化网络问答社区,是中间阶层、精英人士的社交区;豆瓣以评论为主,集博客、交友、小组、收藏为一体,过去是"90后"的天下,现在是"00后"的天堂;优酷土豆、爱奇艺和腾讯视频成为网络视频行业的"三驾马车",各家的定位也日渐清晰:优酷和土豆合并后,继续占据 UGC 模式的领先地位;爱奇艺加强版权投入,在付费会员方面成效显著;腾讯视频除了巨额版权投入,其社交网络对视频流量的强支撑作用日益显现。[1]

不过,尽管整体来看传统媒体的融合转型还处于探索阶段,但以新华社、《人民日报》等为代表的中央级主流媒体依托政策、资源和媒体品牌优势,在内容影响力和媒介经营方面努力与新媒介在融合中转型,成效明显。

### (二)智能化成为基本潮流

根据李良荣 2017 年网络媒体的格局和态势研究,互联网发展已经从最初的网络化、数字化,演进到智能化发展阶段。人工智能成为未来传媒业发展的重要方向之一,智能化成为全球发展潮流。全球互联网巨头已经开始重点投资人工智能研究,如苹果公司收购 Emotient 的人脸扫描技术,用以监测广告受众反应,谷歌公司推出基于人工智能的邮件服务,微软推出语音助手 Cortana 等。在国内,2016 年 8 月,浙报传媒获准募资 19.5 亿元,用于建设"互联网数据中心和大数据交易"项目。网络智能化使数据收集、梳理、整合,最后成文都更加方便快速,大大提高了专业领域的新闻生产速度。[2]一方面,美国、欧盟、日本等世界主要经济大国纷纷出台相应的国家战略,进行全方位战略布局;另一方面,各国纷纷形成了政府与资本合力投资人工智能发展的局面。我国也积极顺应这一潮流,在人工智能和大数据领域积极谋划。

2017 年 7 月 20 日,国务院印发《新一代人工智能发展规划》,提出新一代人工智能发展分三步走的战略目标,到 2030 年使人工智能理论、技术与应用总体上达到世界领先水平,成为世界主要人工智能创新中心。这是我国首个面向 2030 年的人工智能发展规划,标志着人工智能的推进已经上升到国家战

---

〔1〕 李良荣,袁鸣徽.2017 年中国网络媒体的基本格局和态势 [J]. 新闻记者,2018 (1):45.

〔2〕 李良荣,袁鸣徽.2017 年中国网络媒体的基本格局和态势 [J]. 新闻记者,2018 (1):48.

略层面。2017年11月15日，中国科技部召开了新一代人工智能发展规划暨重大科技项目启动会，会上公布了第一批人工智能开放创新平台。依托互联网巨头BAT和科大讯飞公司，自动驾驶、城市大脑、医疗影像、智能语音等领域不断出现重大突破。2017年12月习近平总书记提出"要推动实施国家大数据战略，加快完善数字基础设施，保障数据安全，加快建设数字中国，更好服务于我国经济社会发展和人民生活改善。"[1]可以预见随着人工智能技术的不断进步，人类学习知识、生产知识的传统方法会被颠覆，而新闻界的生态格局也一定会因此产生翻天覆地的变化。

### (三) 传媒移动化社交化

网络媒介技术作为信息的载体和传播方式，不断更新并重塑着当代媒介生态。随着社交媒体的蓬勃发展和向社会生活各个层面的渗透，新闻生产与社交媒体的联系日益密切。手机的普及和智能化迅速使网络传播媒介的主战场从电脑转向移动终端，微信等社交软件的广泛使用使得新闻传播的形态也开始走向社交化。社交媒体不仅越来越是新闻传播的重要阵地，同时也成为新闻生产的信息源头、网络舆论的主要公共空间。

**1. 移动社交媒体对传播空间距离的消弭**

二十世纪60年代加拿大多伦多大学学者哈罗德·英尼斯（Harold Innis）在《传播的偏向》一书中表达了这样一种观点，基本结论是，任何媒介都有一定时间或空间的媒介偏向性，要么偏向于时间，要么偏向于空间，而这对于不同社会形态的形成和塑造产生了重要的影响。媒介的偏向既能反映社会文明和媒介技术的变迁，又能推动两者的发展。[2]移动社交媒体由于是随身携带，而传播又是以电子的速度进行，因此空间距离变得仿佛不存在一样。由于其瞬间扩散能力强，在传播范围和传播效果上均超过传统媒体和其他网络媒体。在社交媒体上，突发事件、社会民生、新闻热点被广泛进行讨论，渐渐地，这个领域开始掌握社会舆论的主导权。

移动互联网传播使空间挤压时间，时间消灭空间，形成一种扩张膨胀型的传播。这就改变了传统传播的时空观念、生存环境、社交方式与社会关系。网络空间的个体通过各种联系形成网络，并形成信息传播的场域。这种格局的转

---

[1] 习近平. 实施国家大数据战略加快建设数字中国[EB/OL]. 新华网. http：//www. xinhuanet. com/2017-12/09/c_1122084706. htm.

[2] 哈罗德·伊尼斯. 传播的偏向[M]. 何道宽，译. 北京：中国人民大学出版社，2003.

变催生了嵌套式平台，层出不穷的移动客户端占领了用户的屏幕，数亿移动用户利用碎片化的时间消费媒体内容。一些逐渐适应了移动互联生活节奏和状态的用户（受众），虽然还会重视媒介产品和信息服务的价值，但很可能会因为媒介替代效应的作用，减少在传统媒体形态下的传播时间和注意力。藩篱的拆除，壁垒的打破，时空观念的颠覆，使得媒介共生成为可能，而新的媒介环境和媒介形态也使得媒介地位和社会话语权发生相应变化。[1]

**2. 移动社交媒体上的信息传播路径更加多元**

相比较传统媒体与非移动的网络媒体，移动社交媒体上的信息传播路径更加多元。传统媒体时期的新闻制作，由专业媒体从业人员采集并加工信息，通过专门媒体机构传递，以实现向受众提供信息的目的。这时的新闻发布是一种单向线性的信息流动，某一则新闻是出现在头版头条还是出现在末版片尾、所占篇幅和时长，都是一种潜在的意义来源，人为赋予的新闻话题或新闻人物的相对重要性，暗示着新闻编辑的价值判断，从而潜移默化地影响了受众对信息的处理方式。新闻从生产到消费，受众是新闻传播流程的终点。而在社交媒体上，通过新闻的搜索引擎和个性化定制新闻等工具，打破线性排版或节目编排顺序，新闻的传播和获取不再按照专业编辑的设置一成不变。"分享"的功能允许用户通过社交行为与其他账户发生关联，告知亲人、朋友、甚至是其他陌生用户哪些内容应该得到关注，使分享内容成为一种新闻流通模式。用户的身份不再是"发布——接收"这条线段终端的端点，而开始成为一个个网状结构上的结点。这样，一种基于现实社交关系的信息分配"拓扑"结构形成，通过社交媒体关注新闻，点赞、评论并转发，使新闻传播从以前的"约会"行为转变为一种"随机"行为，通过每一个用户结点沿网状发散的路径实现多次传播。[2]

传播路径的多元化使得移动社交媒体上新闻存在形态由偏静态转向偏动态。"通过分享功能和嵌入的链接功能，可以将其他用户和记者引向相关报道或提供进一步更为详尽的信息。点赞、分享、评论等都是一种'解释'的行为，体现了新闻在社交媒体平台建立新文本意义的过程，将新闻从原本的客观事实'语境'，转移到新建的'社交'语境当中，通过用户之间的质疑、对话、评论和补充使新闻在传播过程中也可以产生信息内容的变化，而不同于传统媒体时期的新闻生产，其信息的更新基本止步于新闻传播环节的开启阶段。

---

[1] 杨磊. 媒介新环境下互联网群体传播研究 [J]. 当代传播，2018 (1)：46
[2] 李子彤. 新的媒介生态下新闻社交化的特征分析 [J]. 电视指南，2018 (5)：54.

除此之外，社交媒体平台开发的流媒体视频直播功能，使新闻直播成为新闻媒体机构现阶段社交化发展的重点之一。新闻社交化趋势下，一些新闻内容未经过专业工作者的策划与加工，带有突发性，所以最终形成的新闻'产品'比起传统媒体时代有更多变数，新闻报道期限被延长，新闻内容处于不断纠正、更新、追踪和互动回应的过程中。"[1]

### 3. 移动社交媒体产生新中心化传播

传统媒体时代的传播是中心化的，网络时代早期的传播突出和强调去中心化，"权威式中心化的主体意志淡化，代之而起的是平等自由的主体间交往，所形成的人际关系则是去中心化的，没有中心感，缺乏稳定性。"[2]但进入社交网络时代，媒介生态和格局在经历了技术和思维的改变后又再次偏向中心化传播。一些大的社交网络平台自身可以搜集新闻线索，然后形式多样地发布。由于它们兼具了媒体机构的形式和内核，于是成为新媒介生态格局下新的媒体中心。

当信息总量急剧增长，量变最终会导致媒介生态的质变。"海量信息大量涌入，也产生了信息泛滥的虚拟经济，生产媒介产品的重要性已远远比不上推销媒介产品和争夺受众的紧迫性，受众的有限注意力成为稀缺资源，媒介政治地位、社会地位和经济活力都产生了变化。"[3]社交媒体时代的用户早已不是大众传播时代之前，或传统媒体时代中，那种对信息总是处于饥渴状态的受众。面对天文量级的信息，他们有着充分的自主权来决定和取舍，因此社交网络时代的媒介常常需要既兼顾大众传播，又兼顾有针对性的小众传播，既要去中心化，由于马太效应，又不得不承认出现的新的中心化。

所以，网络时代的历史虽然不长，但是已经经历了从中心化的大众传播到有线互联网络时代去中心化的群体传播，再到移动互联网时代的新的多元中心化的传播。传播形态结构的变化使得媒介格局形成媒介共生新形态，各类传统媒介与新媒介在不同空间既竞争又共生。

## 二、媒介融合与转型

"媒介融合"（Media Convergence）这一概念最早出现于 1983 年，由美国麻省理工学院伊锡尔·德·索拉·普尔（Ithiel de Sola Pool）教授在其

---

[1] 李子彤. 新的媒介生态下新闻社交化的特征分析 [J]. 电视指南, 2018 (5): 52.

[2] 杨继红. 新媒体生存 [M]. 北京: 清华大学出版社, 2008: 119 – 120.

[3] 杨磊. 媒介新环境下互联网群体传播研究 [J]. 当代传播, 2018 (1): 46.

《自由的技术》（Technologies of Freedom）一书中提出。普尔在考察了各种技术之间的相互依赖关系以及这种依赖关系对公共政策的意义后指出，一种物理形态的网络将能够承载所有类型的媒介服务，而一种媒介服务也可以发布于任何物理形态的网络。

### （一）媒介融合的定义和类型

美国新闻学会媒介研究中心主任安德鲁·纳奇森（Andrew Nachison）将融合媒介定义为"印刷的、音频的、视频的、互动性数字媒体组织之间的战略的、操作的、文化的联盟"[1]。中国人民大学喻国明教授认为：媒介融合是指报刊、广播电视、互联网所依赖的技术越来越趋同，以信息技术为中介，以卫星、电缆、计算机技术等为传输手段，数字技术改变了获得数据、现象和语言三种基本信息的时间、空间及成本，各种信息在同一个平台上得到了整合，不同形式的媒介彼此之间的互换性与互联性得到了加强，媒介一体化的趋势日趋明显。[2]

媒介融合的概念包括狭义和广义两种。狭义的媒介融合是指将不同的媒介形态"融合"在一起，产生"质变"，形成一种新的媒介形态，如电子杂志、网络报纸；而广义的媒介融合则包括一切媒介及其有关要素的结合、汇聚和融合，不仅包括媒介形态的融合，还包括媒介功能、传播手段、所有权、组织结构等要素的融合。

媒介融合是一个不断发展的过程。一般认为媒介融合有以下五种类型。

（1）所有权融合（Ownership Convergence）。大型的传媒集团拥有不同类型的媒介，因此能够实施这些媒介之间的内容相互推销和资源共享。

（2）策略性融合（Tactical Convergence）。指所有权不同的媒介之间在内容上共享，如分属不同媒介集团的报社与电视台之间进行合作，相互推介内容并共享一些新闻资源。

（3）结构性融合（Structural Convergence）。这种融合和新闻采集与分配方式有关，在这种合作模式中，不同媒体的工作者相互合作，共享资源。

（4）信息采集融合（Information-gathering Convergence）。主要指在信息传播方面，不同媒体之间共享信息来源，共同传播。

---

[1] Andrew Nachison. Good Business or Good Journalism? Lessons From the Bleeding Edge [R]. A Presentation to the World Editors Forum, Hong Kong, 2001-06-05.
[2] 喻国明. 传媒经济学教程 [M]. 北京：中国人民大学出版社，2009：364.

(5) 传播方式融合（Storytelling or Presentation Convergence）。即综合运用多媒体的、多终端的、与公众互动的方式完成对信息的传播。

## （二）融合是媒介发展的必然

在激烈的业界竞争中，各种媒体都无法占据绝对的优势，它们都迫切需要在运营中加入一些新的理念，依靠新的数字化技术来推动自己事业的发展。随着社会的发展，人们也会自然而然地产生对更多信息内容和传播渠道的需要，而这种需要会促使传播符号、传播媒介和传播科技在发展过程中自然地尽可能向外扩展，不断探索新的传播方式，为受众与信息更便捷地接触寻找更多方便的选择。

随着数字技术的发展，一些媒体机构间的界限被打破，昔日各自为政的报纸、广播、电视，和网络融合在一起。传统的媒介由于受传播技术的限制，在形态上相互独立，市场分得相对清楚。而数字媒介大多要借助其他媒介已有的基础设施来节省自己的建设成本。于是，在这个借助已有设施和管理网络的过程中，它们自然而然地起到了促进媒介融合的作用。如手机的一些增值服务打开了电信业、IT业和传播业之间合作的新局面，而数字电视可以说是促进媒介融合的典范，它的发展几乎是伴随着"三网合一""4C 大融合"这些说法前进的。

"三网合一"作为一个被广泛使用的词汇，从字面上容易引起误解，让人以为有三个网络系统。其实三网合一是指三种网络的技术融合，有网线的网络只有两个，即有线电视网和电信网，而第三个网——互联网是借用这两个网络传输其信息。由于互联网本来主要根植于电信网，因此，所谓的三网合一其实主要是电信网和有线电视网的融合。其业务的融合主要以有关部门的联合重组来实现，而网络的融合则靠新技术达到。"4C 大融合"中的"4C"是指计算机业（Computer）、通讯业（Communication）、消费电子业（Consumer Electronics）和内容供应业（Content）。其中，计算机是贯穿信息社会始终的核心技术，通讯是信息社会赖以存在的基础设施，消费电子是人与信息系统的接口，内容是信息社会的重要资源。促进 4C 融合的主导力量是互联网，融合的结果是计算能力、通信网络、接入设备和信息资源与服务的广泛普及。媒介与内容供应业的合作历来就有，因此，总体来说，以上的两个概念本质上是一样的。

新技术使大众信息和载体的关系发生了根本的变化，信息与信息载体之间的一些常规联系模式被改变，信息对载体的依赖性越来越小，选择性越来越大，原本以文字表现的大众信息必须与纸质或类纸质载体相连的必然性被打破。现在电视、电脑、手机等一切有视屏的媒介都能传播文字图像信息。信息和载体的这种关系变化也使业务分割界限被突破。信息终端与其他终端产品的互通整合成为一种趋势，在媒介世界中出现越来越多的兼容、互通性更强的多功能一体化设备。

从某种意义上说，每一种新媒介的出现都是为了弥补之前媒介的不足。数字时代，是用视窗和浏览器选择信息而实现个人化，后来出现的载体，相对于前面的，只不过是用法不同、目的不同、结果不同而已。一般来说，由这种媒介功能融合产生的新传播功能通常大于或优于原来的功能。如数字电视比模拟电视频道多，清晰度好；手机比座机有更高的时空灵活性；等等。这些新媒介产品的出现导致各种旧的传播媒介和传播方式之间的区别越来越模糊。

在一定程度上，可以说，数字媒介的发展过程，就是已存在的一些媒介功能相互借用的过程。科技本身从来就不是孤立的，它自身无法创造新的生活方式。任何一个媒介想进一步发展成为有体系、有影响的大众媒体，都需要有内容制造和供应的后盾。互联网上原创内容越来越多，移动通信运营商在将网络扩展得越来越大后，迫切需要开展有实际意义的新业务。如果非要以成为一个独立的大众传播媒体行业为目的，且不说需要改变现有的一些规定，一些新媒介要想拥有自己的一套成熟采编体制和人员，也不是短时间内就容易做到的，也不是急切必需的，因此，一些新媒介与传统媒体之间先是以出借平台的方式开展合作是传播发展的必然。

### （三）媒介融合的条件

媒介融合是个变化的过程，包括技术上、内容上和管理上的融合。

#### 1. 技术融合

要进行传播媒介融合，其必要前提是传播的数字化、数据化。作为数字媒介发展基础的互联网本身就是融合的产物。互联网采用TCP/IP协议在网络层进行互连，成功地解决了各种不同网络之间互相连接的问题，为三网融合提供了可能。

电信与有线电视的融合也是由新技术和新业务推进的，在视频业务市场的竞争环境下，两大系统实现融合、联合与兼并。在合作中，它们在传播内容、传播方式和手段以及经营理念等方面各取所需、长短互补，全面发挥资源的综合利用效率，降低信息采集和节目制作的成本。有线电视具有同时提供话音、数据和视频业务的优越性，首先成为电信借力的对象。由于有线电视的电缆网络本身是一种宽带网络，只需经过改造就能用来打电话，因此是现成的宽带网络市场。实现多种业务的融合后，在一个网络平台上就能同时传输话音、数据和视频业务，双方都通过兼并与技术改造扩展自己的市场。

技术融合以及由技术引发的产业、制度、经济、社会和文化层面的融合，推动了对技术有着巨大依赖的媒体集团的融合。随着卫星技术、数字化技术和网络技术的进步，以及这些技术在广电、通信领域的全方位渗透与应用，传统媒介的界限渐渐模糊，新媒介形式层出不穷，数字终端可实现功能越来越多。

**2. 管理融合**

应该说，技术上的问题还是容易解决的，而且就目前的技术水平看，技术问题几乎不再是问题。如果不考虑形式而只考虑内容，那么，最早的融合首先在内容应用和服务层面发生，即一种内容可以用多种媒介形式来传播，各种媒介都能提供某种相同的内容业务，各种传播网络的服务相互交叉，使用户在使用时感觉各种服务形式的差别越来越小。

最难处理的恰恰是人为的、管理层面的问题。媒介融合有两个驱动力。第一个驱动力来自消费者的需求。消费者对信息、服务与娱乐的需求日益提高。无论是在固定位置还是在移动中，人们都希望随时随地掌握和传播信息，满足工作和生活之需。第二个驱动力来自相关企业的利益需求。这些企业包括电信网络等数字化媒体领域和报纸、杂志、广播、电视等传统媒体领域，它们为了争取消费者，不得不在各方面合作共享。

在融合的过程中，开放、兼容和共享至关重要。由于原来三个网都是独立的三个系统，各有着独立的财务和人事管理模式，三网合一后，各网间利益如何结算，如何解决各种管理结构之间的矛盾，是最难解决的问题。只有各方兼顾，才可能防止领域垄断，从根本上避免已非常严重的重复建设问题。只有建立良好的管理体制，才能够保证有序竞争，让三网融合后健康发展。

## （四）传统媒体借助融合转型

2014年被称为"媒体融合元年"，2014年8月18日，中央全面深化改革领导小组第四次会议审议通过《关于推动传统媒体和新兴媒体融合发展的指导意见》（后文简称《意见》）。传统媒体与新兴媒体融合发展被上升为国家战略，目标直指打造新型主流媒体、建立现代传播体系。《意见》不仅是要求巩固舆论阵地、占领信息传播制高点，同时在管理创新方面为进一步解放新闻生产力提出了要求。《意见》中提出新旧媒体需要融合的五个领域分别是：内容、渠道、平台、经营和管理，其中内容是传统媒体擅长的，渠道和平台通过技术可以实现，而经营和管理的到位、融合后的媒体盈利稳定是融合成功的根本所在。

**1. 新媒体的迅猛发展不断挤占着传统媒体的份额**

越来越少的人去实体店买纸质的书报杂志，传统的广播电视听众和观众也主要是老年人。受众群发生的明显变化继而引发传统媒体广告量的萎缩和收入的减少，美国报刊广告市场在2000年增长幅度达到顶峰后就一直呈下降态势，中国的这个顶峰在2010年，之后就一路下滑。传统媒体基本都是以低于成本的价格让受众接收信息，然后靠广告收入来弥补亏空，支撑整个价值链的生存。由于在新媒体上投放广告性价比更高，基本上要达到同样的效果，只需花用于传统媒体上不足十分之一的钱。更由于价值链简洁、传播高效，使商业广告更多地流向那些拥有流量和人气的新媒体平台。受众人数、注意力资源、广告需求总体来说都有一个大致恒定的值，因此这是一种此消彼长的结构。这种转移一旦发生，就难以逆转。

原本人们大都认为传统媒体在内容深度和公信力方面有优势，只是在速度和容量上无法与新媒体匹敌，但现在新媒体的内容制作水平也越来越高，传播效果也不错，传统媒体如果继续打着"内容为王"的招牌，在实际上并不具备竞争优势。在互联网发展初期，传统媒体多扮演新媒体内容提供方的角色；而现在，许多传统媒体的信息来源是新媒体。新媒体在功能和传播效果上不再是传统媒体的补充，而是能够对传统媒体"完全替代"，而且新媒体上信息大都免费。

传媒产业在本质上提供服务，服务也是一种商品，以需求和市场为必备条件。新媒体在监测用户需求方面有天然的技术优势，其大数据是提供各种增值服务的保证。传统媒体是一对多的传播机制，互动性和准确性差，而新媒体同时包含一对一和一对多的病毒式传播机制，互动性和准确性更高，更可能以用户和市场为导向，它的低边际成本效应可以兼顾原本处于"长尾"状态的大量用户，从影响面上来说更加大众。这种兼顾小众和大众的服务能力，传统媒体从形态上做不到。

由于互联网信息的非中心化特点，新一代信息用户的需求也逐渐倾向于碎片化。新媒体的受众同时可以是新闻内容的创造者，他们在使用新媒体时，能从高效的互动中获得一种快感，而这种快感传统媒体无法赋予。因此在现代传播极其看重的瞬时分享领域，传统媒体更没有任何优势。可以说，除了老年受众因使用惯性仍保有一些用户黏性外，传统媒体正丧失优势。

## 2. 传统媒体在融合的过程中实现转型

原来传统媒体进行的是大众传播，这里的"大众"是一个想象出来的传播对象，传者假定他们是一个均质的要求相似的群体。但是数字化的传播针对性更强，能满足具体用户更加个性化的需求。只有以用户体验度和需求度为本位，放弃旧的形态、高度数字化，才能发现并挖掘用户的逻辑需求，然后将这些需求和与之相契合的产品和服务自动关联起来，形成一个针对用户体验和需求有的放矢的价值链。新媒体满足了受众主题化、个性化、智能化接收信息的需要，用户使用媒体的行为就是一些有着巨大价值的数据，通过分析和利用这些数据，不管是媒体本身还是广告客户都可以达到相对精准的传播需求。在媒体和受众需求都呈现出多元化的情况下，聚焦核心群体可使内容更有价值。

相比非专业的"公民记者"们提供的碎片化、快餐化的信息，传统权威媒体从业人员提供的信息一般更加专业、公信度高，常常涉及重大公共利益。因此，传统权威媒体在新媒体构建的舆论场中，能够靠公信力高的优势，以权威取胜。如果能利用其公信力和影响力，通过转型，将重心慢慢脱离传统发行和广告商业模式，通过新媒体的产业链，改变计划经济时代的残留观念，充分发挥市场在资源配置方面的积极作用，反而能起到强化其原有品牌的作用。

在美国，许多老牌纸媒陆续倒闭或转为全电子版，如创办于 1881 年的地方报纸《辛辛那提邮报》和《肯塔基邮报》于 2007 年年底宣布停刊。2008 年，《洛杉矶时报》《芝加哥论坛报》《巴尔的摩太阳报》等名报申请破产。2009 年，《落基山新闻报》《西雅图邮报》《基督教科学箴言报》《美国新闻与世界报道》等知名大报紧步后尘。就连原本发行量世界第一的杂志《读者文摘》也宣布破产。2013 年，美国主流新闻杂志《新闻周刊》和美国三大报之一《华盛顿邮报》都没逃脱被收购的命运，连《纽约时报》纸质版也举步维艰。2016 年，《华盛顿邮报》援引美国劳工统计局的数据显示：从 21 世纪初至 2016 年年中，美国报纸业从业人员的数量从 424 000 人降至 183 300 人。2016 年，《华尔街日报》关闭了它的"大纽约"版；《纽约时报》把它的大都会报道团队从 90 人缩减至 40 人。2018 年 7 月 23 日，有 99 年历史的纽约五大当地报纸之一——《纽约每日新闻》宣布将采编团队规模缩减一半。之前，其发行量已从巅峰时期的每天 300 万份滑落到 2017 年被收购时的 20 万份。与此同时，许多报纸的电子版用户数处于增长状态。

国内传统媒体在传媒市场上的优势不全靠自由竞争，体制政策上的倾斜和垄断是其生存的重要保证。但数字时代去中心化的影响使传统媒体不再拥有相对垄断的话语权和传播权，新媒体产品和平台对用户产生越来越大的吸引力，稀释了传统媒体在整个传播环境中的价值。科技进步造成传统媒体衰落是一个自然的过程，符合社会发展规律。从经济角度看，如果不能保证自身的收益，那么任何媒体的发展都不可能长远。先进的生产力必然代替落后的生产力，靠建立平台的简单融合更多的只能是转型初期的一种临时举措，在受众严重流失的情况下，如果固守陈规，往后只会更加被动。传统媒体只有通过积极转型、战略转移传播阵地来激发经济活力，维护舆论场中的主流地位。

### 三、从全媒体向融媒体转型

一般认为我国的媒介融合大致经历了传统媒体网络版阶段（1995—2000年）、网络扩展传统媒体阶段（2000—2008年）及整合融合阶段（2008年之后）三个阶段。在整合融合阶段中，2008年至2014年这段时期，传统媒体与网络合作越来越多，"两微一端"成为传统新闻机构的标配，可以被认为是全媒体发展阶段。被称为我国媒介融合元年的2014年以后，各种政策推动传统媒体和新兴媒体融合发展，中央主流媒体和各地传统媒体纷纷加快了媒介融合的步伐。

#### （一）全媒体与融媒体的区别

虽然不管是在学界还是在业界，"全媒体"与"融媒体"的概念常常混用，但实际上严格区分，二者之间还是有所不同的。

**1. 全媒体**

全媒体指媒介信息传播采用多媒体方式，即文字、声音、影像、动画、网页等多种媒体表现手段，利用业务融合，即广播、电视、音像、电影、出版、报纸、杂志、网站等不同媒介形态，通过三网融合，即融合广电网络、电信网络以及互联网络进行传播，最终实现用户以多种终端均可完成信息的融合接收，实现任何人、任何时间、任何地点、以任何终端获得任何想要的信息。

"全媒体"一词在我国以官方文件的形式开始被强调，一个是在2006年9月颁布的《国家"十一五"时期文化发展规划纲要》中，另一个是在2007年11月颁布的《新闻出版业"十一五"发展规划》中。两个文件确立了以"全媒体资源服务平台""全媒体经营管理技术支持平台""全媒体应用整合平台"等项目为主要内容的"国家数字复合出版系统工程"发展规划。

**2. 融媒体**

融媒体是充分利用媒介载体，把广播、电视、报纸等既有共同点，又存在互补性的不同媒体，在人力、内容、宣传等方面进行全面整合，实现"资源通融、内容兼融、宣传互融、利益共融"的新型媒体。它是在具备文字、图形、图像、动画、声音和视频等各种媒体表现手段基础之上进行不同媒介形态之间的融合，从形式到内容产生质变后形成的一种新的传播形态。它通过提供多种方式和多种层次的各种传播形态来满足受众的细分需求，使得受众获得更及时、更多角度、更多视听满足的传播接受体验。

2014年12月27日，《光明日报》刊发了栾轶玫的《建议用"融媒体"代替"全媒体"》一文，该文认为融媒体的科学性在于，其前提是介质门类齐全的全媒体，没有"全"何来"融"？因此，融媒体的概念已经涵盖了全媒体的题中应有之义。此外，除了包含媒体要"全"的意思外，融媒体还注重各个介质之间的"融"，即打通介质、平台，再造新闻生产与消费各个环节的流程，熟稔各类采编技能等。[1] 几乎是同时，《光明日报》成立了融媒体中心，开辟了融媒体版面。光明日报社副总编辑、融媒体中心主任陆先高指出：融媒体的概念重在"融"，重在将机构媒体分散在传统媒体和新媒体部门的内容资源、采编队伍、采编资源、采编发流程、产品形态、传播渠道、技术解决方案、市场对接等，融合到一个统一的平台上来解决。[2]

在专著《融媒体传播》中，栾轶玫系统地论述了融媒体。融媒体时代彻底打破了先前的介质割裂，借助新媒体的力量，任何一家传统媒体机构都可以进行多介质运作，即都可以生产视频、音频、文字、图像等多样的新闻产品。这种趋势使得传统媒体的未来只有两种选择：一是借新技术、新媒体之力，迅速加入融媒体大潮中，通过新闻生产的流程再造实现重生；二是固守先前的平台，走小众化路线，不在乎版图缩小，通过小而美的定制化、精致化实现自己的继续存活。[3]

由此可见，"融媒体"的"融"是基于"全"的"融"，"全"是基础和现象，"融"是本质和目的。从范畴上，"融媒体"作为媒体转型的结果已能涵盖包含多种媒体，现在被更广泛使用。不过，由于约定俗成的原因，"全媒体"与"融媒体"这两个词一般仍处于混用状态。

### （二）新华社全媒平台

在媒介融合的过程中，各媒体出现了向一些平台集中的趋势。这些平台集

---

[1] 栾轶玫. 建议用"融媒体"代替"全媒体"[N]. 光明日报，2014-12-27（10）.
[2] 陆先高. 融媒体：光明日报媒体融合发展七路径[N]. 光明日报，2014-11-01（10）.
[3] 栾轶玫. 融媒体传播[M]. 北京：中国金融出版社，2014：153.

成了内容生产与分发、社交和服务，在媒介生态中的话语权不断升高，对于传媒整体结构格局的影响日益加大。从以单一传播渠道为主，到汇聚在内容分发平台，这种媒介格局的变化背后，是整个传媒生态的深刻变化。一般来说，传播渠道是内容到达受众的单一通道，用户只是传播的一个目的地，不仅内容生产者与用户间被渠道分离，用户与用户之间也是分离的。在这种格局中，用户只是受众和消费者。而平台是内容到达用户的多元路径、复合生态，用户被聚集在平台上，用户与用户也能在平台上互相连接。这样，在这种新格局中，内容生产者与用户群体汇聚一堂，用户对传播的参与度大大提高。

在利用新科技方面，新华社作为中国第一大通讯社一直紧跟时代步伐。新华社是国内最早开发新闻客户端的媒体之一，其客户端"新华炫闻"2012年上线后即被中国互联网协会评为"2012中国互联网十大价值产品"，后经过多次升级，在中央网信办的"新闻网站App传播力榜"中，按照"下载量+内容"的评选体系，一直长期位于前列。2014年6月11日，新华社集全社之力打造的总客户端"新华社发布"正式上线，成为全国最大的党政客户端。该客户端汇总了新华社优质新媒体内容和账号，并将全国300个地方客户端的当地服务也嵌入其中，按照"嵌入式发展、平台级应用、生态圈共赢"的要求，实现内容、技术、服务、市场的全方位、全媒体融合。

2015年6月15日，新华网组建了国内媒体首个新闻无人机队，并在天津港爆炸事故、深圳滑坡等重大突发事件的报道中崭露头角。2016年1月9日，新华网无人机频道正式上线，主打社交化和大数据理念，设有无人机作品库、飞手库、产品库及无人机发烧友社区等特色板块。2016年5月6日，新华网联合工信部举行了虚拟现实和增强现实国家及行业标准征集发布会，同日上线了新华网VR/AR频道。

2015年7月，新华社开始组建集合资源整合、融合加工、舆情监测、业务管理、影响力评估、远程指挥六大功能的全媒报道平台。这个平台是为了实现打造"网上通讯社"的构想，在这个构想中，记者"在线采集"，编辑"在线加工"，终端"在线展示"，新闻报道的所有环节都可在网上进行。2016年7月，新华社推出升级改造后的新媒体专线，面向互联网用户提供全新的供稿服务，以互联网的形态编辑和生产全媒体成品稿件，直达用户后台及前端，迅速就有700多家网站、客户端成为用户。

2016年8月30日，新华社全媒平台正式上线，首批42家中央和地方主流媒体入驻。新华社全媒平台提供三种服务：一是向成员单位开放全系新媒体终端，实现地方媒体在新华社客户端、新华网等国家级平台的高端传播。通过提供强大的新媒体渠道,提升主流媒体在网络舆论场的传播力、引导力;二是开放基于移动互联网新闻生产场景的内容管理系统,提供成套的新媒体加工工具组件,开放"现场新闻"功能模块,为成员单位开通"现场新闻"认证绿色通道,实现手机即拍、即传、即发的新闻在线生产,为主流媒体提供先进的新媒体采集、加工技术,进一步释放新闻生产力;三是为主流媒体提供新媒体运营支撑系统,通过开放数据统计系统,实时为成员单位提供稿件全网采用、传播情况和可视化版权追踪服务。"通过向成员单位赋权、赋能,新华社全媒平台从四个方面整体提升主流媒体的生产力:一是实现基于智能手机的移动化新闻采集能力,以源头创新倒逼流程再造;二是增强'技术+内容'的新闻整合能力,一键开启新型生产模式,让新闻跑得更快、走得更远、传得更开;三是轻松接入强势渠道,增强优质产品传播力、引导力;四是快速增强编辑、记者的全媒体生产能力,注入新媒体基因,推动改变传统思维和工作方式。"[1]

通过建立全媒体业务格局,新华社着力实现"四个延伸",即"在筑牢国内舆论主导地位基础上向世界范围延伸,在筑牢传统媒体领域优势基础上向覆盖全网延伸,在筑牢新闻报道主业基础上向经济信息延伸,在筑牢媒体用户市场基础上向终端受众延伸。"结合各种自从进入互联网时代的新闻传播实践,国内新闻界逐步形成共识,必须主动借助新媒体传播优势,大力推动融合发展。

### (三)人民日报"中央厨房"

融媒体时代的"中央厨房"使人民日报不再仅是一张报纸,而是成为拥有报纸、杂志、视频、网站、微博微信公众号、App、户外大屏等多种终端的"航母式"媒体集团。目前,人民日报体系是"1个旗舰+3大平台+1个新平台"。旗舰是母版报纸《人民日报》,三大平台分别为《人民日报》、两微一端、户外电子屏。由于母版报纸《人民日报》的用户数其实只占这个体系总用户的1%,因此事实上该系统99%的传播阵地已经转移到了互联网。

2014年4月23日,中共中央政治局委员、中央书记处书记、中宣部部长刘奇葆在《人民日报》发表《加快推动传统媒体和新兴媒体融合发展》一文,提出五点要求:推动媒体融合发展是一项紧迫的战略任务,努力形成适应媒体融合发展的观念和认识,瞄准和利用最新技术推动融合发展,进一步增强媒体信息内

---

[1] 高扬. 新华社全媒平台成立42家主流媒体登上全媒航母 [R/OL]. 新浪财经. http://finance.sina.com.cn/roll/2016-09-13/doc-ifxvukhx4981143.shtml.

容的核心竞争力,建立适应融合发展的组织结构、传播体系和管理体制。[1]

人民日报"中央厨房"是人民日报社推动媒体融合发展的重要平台,2014年10月立项,2015年全国两会首次试运行,其推出的系列独家深度报道稿件、图表、视频、H5页面等,取得了良好传播效果。2016年10月"融媒体工作室"计划正式启动。该计划是一种"跨部门"的组织方式,在不影响原部门工作的前提下,根据由全报社范围内采编业务人员的个人兴趣和业务专长自由结合成内容主创团队,鼓励融媒体工作室与各社属媒体、各大合作媒体机构进行跨媒体跨地域跨专业多形态合作。中央厨房作为融媒体工作室的孵化器,为内容创新提供推广运营、技术实现以及基本资金支持。融媒体工作室可以使用中央厨房的整套技术体系协助内容生产,中央厨房还会为工作室配备专业的技术开发、视觉设计、推广运营人员,帮助工作室实现创意内容在各个渠道的传播。

中央厨房作为升级版的编辑部模式,是融媒体内容生产的神经中枢,标志着媒体编辑指挥系统的重大转型。所以它不仅是一个空间平台、业务平台、技术平台、资本运作平台,同时还是一个内容创新平台。[2]在其"部门统筹、人才融通"模式下,不仅可以实现记者、编辑、主持人、制作人在传统媒体与新媒体间的自由切换,造就融媒体时代的全能型新闻工作者,还可以通过媒体人自由组合成立的创意团队生产出更高质量的内容产品。

人民日报中央厨房的工作流程可以概括为"一次采集,多种生成,多元传播"。[3]中央厨房下设可视化、内容定制、统筹推广三个团队。三个团队各司其职:可视化团队将新闻采编内容打造为可视化产品;内容定制团队进行内容生产,实现一次采集,多次生成,多元传播;统筹推广团队完成内容推广,实现内容的全媒体覆盖;在这中间还设有联络部门保障选题、策划、产品等供需双方无缝对接,提高效率。中央厨房打造统一的编辑制作和指挥调度中心,根据报纸、网站、微博、微信、App等的传播特点,优化资源配置,加强整合协调,实现全天候的全媒体新闻采编和发布,为资源共享和协同作业提供了一个高效平台,避免了各载体发布信息的同质化,保证了特色和个性化。

中央厨房模式不仅对媒体原有的采编机制进行重塑,更将新闻生产流程进

---

[1] 刘奇葆.加快推动传统媒体和新兴媒体融合发展[N].人民日报,2014-04-23(6).
[2] 王君超.为什么如此被看好?从"中央厨房"看媒体深度融合[N].光明日报,2017-01-16(2).
[3] 程岳.媒体融合的新范本——小议人民日报"中央厨房"[J].新闻研究导刊,2017(4):168.

行再造，它使新闻生产不再是简单的"采编发"一体化的流程，而是全流程打通的完整媒体融合体系。整体架构中，总编调度中心是指挥中枢，是策、采、编、发网络的核心层，负责宣传任务统筹、重大选题策划、采访力量指挥。采编联动平台是常设运行机构，由采访中心、编辑中心和技术中心组成，负责执行指令、收集需求反馈，人员来自"报、网、端、微"各个部门，大家组成统一工作团队，听从总编调度中心的指挥，进行全媒体新闻产品的生产加工，所有产品直接进入后台新闻稿库。此外，还建立重大、突发事件应急报道机制，安排专人实时监控、随时调度，第一时间进行融合采集、加工、生产和传播。[1]这使得新闻传播更有效率，更符合当代传播的特点，并能更好地连接用户、服务用户，从而提升媒体的传播力和影响力。

基于大数据平台的中央厨房，除了能够制造丰富的内容产品外，还提供信息智能匹配服务、精准广告服务、电子商务服务、舆情服务等。基于人民日报"中央厨房"软件平台的内容分发、舆情监测、用户行为分析、可视化制作等一系列技术工具，前后方采编人员时刻在线连接，各终端渠道一体策划，逐步形成新媒体优先发布、报纸深度挖掘、全媒体覆盖的工作模式。"中央厨房"还可以根据评论信息，对用户进行情感分析，得出用户对新闻的喜好，进行个性化推荐，从而实现精准推送和营销。[2]

人民日报中央厨房模式取得经验后，许多地方媒体纷纷效仿，在地方上也出现了许多投资巨大的"中央厨房"。但是由于管理调度能力和人才质量，以及传统媒体对所依托的微博微信等新媒介传播渠道并不具备自主性等原因，有时此类融媒体仍然会流于"新媒体搭台，传统媒体唱戏"的情况。此外，虽然传统媒体利用新媒体渠道在提高传播效果方面功效明显，但是在赢利能力方面仍大多无法与强势的新媒体抗衡。

## 第二节 网络经济新现象

网络经济，又称数字经济，是一种建立在互联网上的生产、分配、交换和

---

〔1〕叶蓁蓁. 人民日报"中央厨房"有什么不一样？[N/OL]. 人民网. http：//media. people. com. cn/n1/2017/0223/c40606-29101895. html.

〔2〕叶蓁蓁. 人民日报"中央厨房"有什么不一样？[N/OL]. 人民网. http：//media. people. com. cn/n1/2017/0223/c40606-29101895. html.

消费的经济关系，是以现代信息技术为核心的信息经济或知识经济的主要形式和具体形态。网络经济不是一种独立于传统经济之外、与传统经济完全对立的纯粹的"虚拟"经济，它实际上是一种在传统经济基础上产生的、经过以计算机为核心的现代信息技术提升的高级经济发展形态。网络经济的发展不仅指以计算机为核心的信息技术产业的兴起和快速增长，也包括以现代计算机技术为基础的整个高新技术产业的崛起和迅猛发展，更包括由高新技术的推广和运用所引起的传统产业、传统经济部门的深刻的革命性变化和飞跃性发展。网络传播的快速发展使网络经济以极快的速度影响着社会经济与人们的生活。

## 一、网络经济的特征和相关概念

### （一）网络经济的特征

与传统经济相比，网络经济具有以下显著特征：直接高效、高渗透、指数级增长、边际效益递增和可持续。

**1. 直接高效**

由于网络的发展，经济组织结构趋向扁平化，处于网络端点的生产者与消费者可直接联系，降低了传统的中间商层次存在的必要性，从而显著降低了交易成本，提高了经济效益。为解释网络经济带来的诸多传统经济理论不能解释的经济现象，有学者提出了"直接经济理论"。这一理论认为，如果说物物交换是最原始的直接经济，那么，当今的新经济则是建立在网络上的更高层次的直接经济，从经济发展的历史来看，它是经济形态的一次回归，即农业经济（直接经济）发展至工业经济（迂回经济）再发展至网络经济（直接经济）。直接经济理论主张网络经济应将工业经济中迂回曲折的各种路径重新拉直，缩短中间环节。信息网络化在发展过程中会不断突破传统流程模式，逐步完成对经济存量的重新分割和增量分配原则的初步构建，并对信息流、物流、资本流之间的关系进行重构，压缩甚至取消不必要的中间环节。

网络经济是一种速度型经济。现代信息网络可用光速传输信息，网络经济以接近于实时的速度收集、处理和应用信息，网络经济是对市场变化发展反应高度灵敏的"即时经济"或"实时运作经济"。最后，网络经济从本质上讲是一种全球化经济。由于信息网络把整个世界变成了"地球村"，使整个经济的全球化进程加快，世界各国的相互依存性空前加强。

### 2. 高渗透

迅速发展的信息技术、网络技术具有极高的渗透性，使信息服务业迅速地向第一、第二产业扩张，使三大产业之间的界限模糊，出现了第一、第二和第三产业相互融合的趋势，三大产业分类法也受到了挑战。为此，学术界提出了"第四产业"的概念，用以涵盖广义的信息产业。美国经济学家马克·尤里·波拉特（Marc U. Porat）在1977年发表的《信息经济：定义和测量》中，第一次采用四分法把产业部门分为农业、工业、服务业、信息业，并把信息业按其产品或服务是否在市场上直接出售，划分为第一信息部门和第二信息部门。第一信息部门包括现在市场中生产和销售信息设备或信息服务的全部产业，诸如计算机制造部门、电子通信部门、印刷部门、大众传播部门、广告宣传部门、教育部门等。第二信息部门包括公共、官方机构的大部分和私人企业中的管理部门。除此之外，非信息部门的企业在内部生产并由内部消费的各种信息服务，也属于第二信息部门。从以上的产业分类可以看出，作为网络经济的重要组成部分——信息产业，已经广泛渗透到传统产业中。对于诸如商业、银行业、传媒业、制造业等传统产业来说，迅速利用信息技术、网络技术，实现产业内部的升级改造，以迎接网络经济带来的机遇和挑战，是一种必然选择。不仅如此，信息技术的高渗透性还催生了一些新兴的"边缘产业"，如光学电子产业、医疗电子器械产业、航空电子产业、纳米电子产业等。可以说，在网络信息技术的推动下，产业间的相互结合和发展新产业的速度显著提高。

### 3. 指数级增长

网络经济的指数级增长突出表现在四大定律上，网络经济的四大定律不仅展示了网络经济指数级增长的规模与速度，还提示了其内在的规律。

（1）摩尔定律（Moore's Law）。这一定律以英特尔公司创始人之一的戈登·摩尔（Gordon Moore）命名。1965年，摩尔预测到单片硅芯片的运算处理能力每18个月就会翻一番，而价格则减半。实践证明，多年来，这一预测一直比较准确，预计在未来仍有较长时间的适用期。

（2）梅特卡夫法则（Metcalfe's Law）。按照此法则，网络经济的价值等于网络节点数的平方，这说明网络产生和带来的效益将随着网络用户数的增加而呈指数形式增长。从目前的趋势来看，互联网的用户大约每隔半年就会增加1倍，而互联网的通信每隔100天就会翻一番。这种大爆炸式的持续增长必然会带来网络价值的飞涨。这正是被看作是网络文化发言人和观察者的凯文·凯利所说的"传真效应"，即在网络经济中，东西越充足，价值就越大。

（3）马太效应（Matthew Effect）。在网络经济中，由于人们的心理反应和行为惯性，在一定条件下，优势或劣势一旦出现并达到一定程度，就会导致不断加剧而自行强化，出现"强者更强，弱者更弱"的垄断局面。马太效应反映了网络经济时代企业竞争中一个重要因素——主流化，即占领的市场份额越大，获利就越多。

（4）吉尔德定律（Gilder's Law）。据美国激进的技术理论家乔治·吉尔德（George Gilder）预测，在可预见的未来，通讯系统的总带宽将以每年3倍的速度增长。随着通讯能力的不断提高，吉尔德断言，每比特传输价格朝着免费的方向下跌，费用的走势呈现出"渐进曲线"（Asymptotic Curve），价格点无限接近于零。

不同国家地区及不同的发展阶段，网络经济的增长会有具体的不同，但是，总的来说，这些定律从宏观的角度在相当长的时间里确实是适用的。

### 4．边际效益递增

随着生产规模的扩大，边际效益会显现出不同的增减趋势。在工业社会物质产品生产过程中，边际效益递减是普遍规律，因为传统的生产要素——土地、资本、劳动都具有边际成本递增和边际效益递减的特征。与此相反，网络经济却显现出明显的边际效益递增性。

（1）网络经济边际成本递减。信息网络成本主要由三部分构成：一是网络建设成本；二是信息传递成本；三是信息的收集、处理和制作成本。由于信息网络可以长期使用，并且其建设费用与信息传递成本与入网人数几乎无关，所以前两部分的边际成本为零，平均成本都有明显递减趋势。只有第三种成本与入网人数略相关，即入网人数越多，所需收集、处理、制作的信息也就越多，这部分成本就会随之略微增大，但其平均成本和边际成本都呈下降趋势。因此，信息网络的平均成本随着入网人数的增加而明显递减，其边际成本则随之缓慢递减，网络的收益却随入网人数的增加而同比例增加；网络规模越大，总收益和边际收益就越大。

（2）网络经济具有累积增值性。在网络经济中，对信息的投资不仅可以获得一般的投资报酬，还可以获得信息累积的增值报酬。这是由于一方面信息网络能够发挥特殊功能，把零散而无序的大量资料、数据、信息按照使用者的要求进行加工、处理、分析、综合，从而形成有序的、高质量的信息资源，为经济决策提供科学依据；同时，信息使用具有传递效应，信息的使用会带来不断增加的报酬。举例来说，一条技术信息可以任意的规模在生产中加以运用。这就是说，在信息成本几乎没有增加的情况下，信息使用规模的不断扩大可以带来不断增加的收益。这种传递效应也使网络经济呈现边际收益递增的趋势。

**5. 可持续**

网络经济与信息经济有着密切关系，这种关系是特殊与一般、局部与整体的关系，从这种意义上讲，网络经济是知识经济的一种具体形态，知识、信息同样是支撑网络经济的主要资源。正是知识与信息的特性使网络经济具有了可持续性。信息与知识具有可分享性，这一特点与实物显然不同。一般实物商品交易后，出售者就失去了实物，而信息、知识交易后，出售信息的人并没有失去信息，而是形成出售者和购买者共享信息与知识的局面。

根据 2018 年华为联合牛津经济研究院共同发布的《2017 全球联接指数》，全球数字经济总值在 2016 年达到 11.5 万亿美元，占总体经济 15.5%，这主要得益于消费互联网的发展。预计到 2025 年，产业互联网崛起，各行各业融入数字化、智能化进程，数字经济占比将高达 24.3%。研究结果显示：投资与互联网相关的产业长期回报是其他投资回报的 6.7 倍。传统行业可借助"+智能"引擎，实现数字溢出最大化。这意味着，以宽带、云、大数据、人工智能、物联网等为代表的网络技术，正在转化成为各行各业数字化转型的关键能力，提升企业与行业的生产效率和创新能力，帮助供给端转型升级，从而进一步匹配并促进消费需求的提升，最终带动整体经济加速发展。

麦肯锡全球研究院（MGI）在 2017 年发布的《中国的数字经济：全球领先力量》中提到，中国是全球最活跃的数字经济生态系统之一，其过去几十年的发展超越了很多观察者预期。具体说来，中国在虚拟现实、自动驾驶车辆、3D 打印、机器人、无人机和人工智能等主要数字技术领域的风险投资额位居世界前三。中国拥有着世界上最大的电子商务市场，占全球电子商务交易市场总额的 40% 以上，而在大约十年前，这一比例还不到 1%。中国也成为了全球移动支付领域的主要力量，交易总额是美国的 11 倍。全球 262 家独角兽企业（估值超过 10 亿美元的初创企业）中，有三分之一是中国企业，且这些中国企业的价值占据全球独角兽企业总价值的 43%。

## 二、互联网+

2015 年 3 月 5 日十二届全国人大三次会议上，李克强总理在政府工作报告中首次提出"互联网+"行动计划。习近平总书记也明确表示"没有信息化就没有现代化"。[1]

---

〔1〕习近平在网络安全和信息化工作座谈会上的讲话．"互联网+"引领创新 2.0 时代 [N/OL]．新华网．http：//www.xinhuanet.com/info/2015-03/15/c_134064090.htm．

## (一)"互联网+"的定义与内涵

通俗地说,"互联网+"就是"互联网+各个传统行业",但这并不是简单相加,而是利用信息通信技术以及互联网平台,让互联网与传统行业进行深度融合,以创造出新的发展生态。

"互联网+"被称为是创新2.0下的互联网与传统行业融合发展的新形态、新业态,是知识社会创新2.0推动下的互联网形态演进及其催生的经济社会发展新常态。创新2.0是创新1.0的升级,1.0是指工业时代的创新形态,2.0则是指信息时代的创新形态。"互联网+"代表一种新的经济增长形态,即充分发挥互联网在生产要素配置中的优化和集成作用,将互联网的创新成果深度融合于经济社会各领域之中,提升实体经济的创新力和生产力,形成更广泛的以互联网为基础设施和实现工具的经济发展新形态。其重点在于促进以云计算、物联网、大数据为代表的新一代信息技术与现代制造业、生产性服务业等的融合创新,发展壮大新兴业态,打造新的产业增长点,为大众创业、万众创新提供环境,为产业智能化提供支撑,增强新的经济发展动力,促进国民经济提质增效升级。

## (二)"互联网+"的特征

### 1. 跨区域跨领域的深度融合

"互联网+"的首要特征是它在许多领域与许多产业都进行跨区域跨领域的深度融合。这里指的互联网,不仅只是指桌面互联网或者移动互联网,而是跨越各种终端设备的泛互联网。

当互联网和水电一样成为最重要的基础设施,只有当它被更广泛地应用,才能最大地发挥其孵化力量。所以传统各个产业的各行各业如果充分利用新媒介平台,通过与新技术的融合,借助互联网可以创造出无穷无尽的新机会和新的利润增长点。如传统的广告加上互联网成就了百度,传统集市加上互联网成就了淘宝,传统百货卖场加上互联网成就了京东,传统银行加上互联网成就了支付宝,传统的安保服务加上互联网成就了360,传统的红娘加上互联网成就了世纪佳缘。

### 2. 由创新驱动的开放结构

"互联网+"的由创新驱动的开放结构,指的是用"互联网思维"改善传统思维方式,发挥出创新的力量。

"互联网思维"是指从互联网+、大数据、云计算等新互联网技术的角度,对市场、用户、产品、企业价值链乃至对整个商业生态重新审视的思考方式。

中文语境下的"互联网思维"一词最早由百度公司的 CEO 李彦宏 2011 年在百度联盟峰会上提出。在随后的一段时间,该词被国内很多互联网业界人士大量使用。如奇虎 360 董事长周鸿祎则将互联网思维概括为"用户至上、体验为王、免费商业模式和颠覆式创新",小米科技 CEO 雷军将互联网思维总结为"专注、极致、口碑、快"。联想集团执行委员会主席柳传志认为互联网思维与传统产业的对接,会改变传统的商业模式。从结果看,大致会产生这么几个效应:长尾效应、免费效应、迭代效应和社交效应。互联网思维开放、互动的特性,将改变制造业的整个产业链。因此,用好互联网思维,制造业链条上的研发、生产、物流、市场、销售、售后服务等环节,都要顺势而变。

信息革命、全球化去除了原有社会结构中的一些藩篱,而一些新的互联网技术可以把制约创新的环节也化解掉,把一些原本处于孤岛地位的环节连接起来,通过提高用户参与的积极性,创造出更大的价值。

### (三) 共享经济

共享经济,又称分享经济,是一种按照一定规则,通过暂时转让物品使用权而获取报酬的经济模式。

**1. 共享经济的由来**

"共享经济(Sharing Economy)"一词最早是由美国得克萨斯州立大学社会学教授马科斯·费尔逊(Marcus Felson)和伊利诺伊大学社会学教授琼·斯潘思(Joe L. Spaeth)于 1978 年提出。两位社会学者认为共享经济的本质是合作消费,这应该是一种新的消费方式。哈佛大学商学院商务管理教授南希·科恩(Nancy Koehn)在 2009 年提出共享经济是一个为各类闲置物品或者服务提供交换平台的系统。

美国共享经济学家杰里米·里夫金(Jeremy Rifkin)在《零边际成本社会》一书中提出:共享经济的到来是一场改变人类现在和未来生活方式的资源革命,它带来了全新的组织方式,借助于互联网这必将会超越传统市场模式。[1]

共享经济作为"互联网+"背景下的新商业业态和新经济战略迅速风行全球。2009 年美国"Uber"公司的共享出行成为时尚,之后各种共享产品不

---

[1] 杰里米·里夫金. 零边际成本社会 [M]. 赛迪研究院专家组,译. 北京:中信出版社,2014 (27).

断出现。据 EMarketer 2017 年 7 月的统计数据显示，在美国已有 5 000 余万共享经济用户，占到了全体成年网络用户的 26%。这还是在 EMarketer 对共享经济的定义很狭窄的情况下的数据，按照该定义，共享经济仅包括基于社区的财产和商品的在线共享服务，不包括众筹、集体购买、专业服务和 EBay 等在线市场。按照这个数据，截至 2017 年，有 16.9% 的美国成年网民至少使用过一次 Airbnb，相当于有 3 680 万人使用过；有 20.4% 的成年网民至少使用过一次 Uber，即相当于 4 440 万人用过这一服务。[1]

**2. 共享经济的基本特征**

共享经济是"互联网+"时代到来后出现的必然产物，全球定位系统（Global Positioning System，简称 GPS）、大数据、物联网、云计算、移动互联网的有效应用使人们共享信息和物品成为可能。

网络共享经济的基本特征主要有五点：第一，共享理念是共享经济发展的前提，使用权共享价值观念的转变实现对闲置产能的再利用。第二，网络平台是共享经济发展的基础，第三方平台通过技术提供供需之间的匹配平台，对资源进行整合和分配。第三，闲置产能是共享经济发展的核心，不论是有形资产或者无形资产有其潜在的经济和社会价值。第四，诚信问题是共享经济发展的保障，完善的信任体制才能发展并且维持共享经济长效发展。第五，开放系统是共享经济发展的源泉，共享系统中的供求群体大多为个人，系统开发才能实现市场规范前提下的低成本扩张。[2]

**3. 中国共享经济的发展**

在中国，随着 2014 年起政府的"大众创业、万众创新"的号召，共享经济在中国的规模迅速扩大，在 2015 年 10 月 29 日发布的中国共产党第十八届五中全会公报中，首次提及"分享经济"，提出要促进分享经济的发展。在一段时间里"分享经济"与"共享经济"一词在媒体和政府公报中是混用的，但之后"共享经济"一词用得更多。2015 年，习近平总书记在治国理政的理念创新中提到"创新、协调、绿色、开放、共享"这五大发展理念。2016 年 3 月 5 日，李克强总理在政府工作报告中提出要推动共享经济在内的"新经济"领域快速发展。5 月 9 日，在全国推进简政放权放管结合优化服务改革电视电话会议上，李克强又强调，信息很重要的一个特点就是共享，只有实现共

---

〔1〕苏剑. 共享经济：动因、问题和前景 [J]. 新疆师范大学学报（哲学社会科学版），2018（2）：126.

〔2〕彭珉珺."互联网+"背景下的共享经济 [J]. 知识经济，2018（7）：9.

享，数据才能无限放大。政府要发挥应有作用，特别是要打破一个个互不相连的"信息孤岛"和"数据烟囱"。6月20日，环保部在《关于促进绿色消费的指导意见》中鼓励绿色消费，明确支持共享经济的发展，以合理配置闲置资源。

2016年是中国网络共享经济快速增长的一年，2017年2月28日，国家信息中心分享经济研究中心正式成立。国家信息中心信息化研究部当天发布的《中国分享经济发展报告2017》中的数据显示，2016年中国分享经济市场交易额约为34 520亿元，比上年增长103%；其中，生活服务、生产能力、交通出行、知识技能、房屋住宿、医疗分享等重点领域的分享经济交易额共计达到13 660亿元，比上年增长96%；2016年我国参与分享经济活动的人数超过6亿人，比上年增加1亿人左右；2016年我国分享经济的服务供给者人数约为6 000万人，比上年增加1 000万人；分享经济平台的就业人数约585万人，比上年增加85万人。并且，在2016年，鼓励共享经济发展的国家政策密集出台，为共享经济发展带来明显的政策倾斜和相关法律依据，便利和促进了共享经济的规范运营和快速发展。据《中国分享经济发展报告2017》预测，未来几年共享经济仍将保持年均40%左右的高速增长，到2020年共享经济交易规模占GDP比重将达到10%以上，到2025年占比将攀升至20%左右。

2017被称为是"共享经济繁荣元年"，这一年中，共享经济迅速发展壮大。共享充电宝、共享单车、共享汽车、共享雨伞、共享服装、共享健身房、共享家具、共享办公等新事物层出不穷，甚至出现了共享小马扎和共享篮球。但是，共享经济的发展并不是一帆风顺的，还没有来得及对这种新业态有更深的体会，2017年同时又是"共享经济倒闭元年"。在许多共享产品的迅速膨胀式发展的同时，失败的案例也大量出现。曾被誉为"最好骑的共享单车"的"小蓝单车"倒闭；共享汽车"EZZY"宣布解散清算；"多啦衣梦"共享租衣公司无法正常营运……

共享经济的兴起和成功案例说明，在"互联网+"的背景下，传统产业利用网络平台和网络技术可以创造成许多新商机，有力地促进社会经济的繁荣。共享经济发展中遇到的挫折和失败案例也表明，在传统产业与互联网业合作的过程中，出现问题也是难免的。新事物常常会带来新问题，但是社会经济也就是在不断地解决问题的过程中大浪淘沙，向前发展。

### 三、网络商务

网络商务指在互联网商业贸易中买卖双方利用网络作为沟通工具进行的各

种商贸活动。网络商务是一种新型的商业运营模式，它使各种网络综合商务活动成为可能。

## （一）电子商务与电子支付

### 1. 电子商务

广义上的电子商务英文是"Electronic Business"，指通过电子手段进行的商业事务活动。现在人们一般简称为"电商"的电子商务是指英文"Electronic Commerce"。它是指在世界商业贸易活动中，买卖双方采用电子方式进行各种商贸活动，实现消费者的网上购物、商户之间的网上交易和在线电子支付以及各种商务活动、交易活动、金融活动和相关的综合服务活动的一种新型的商业运营模式。

电子商务以计算机网络为主线，对商务活动的各种功能进行了高度的集成，同时也对参加商务活动的商务主体各方进行了高度的集成。高度的集成性使电子商务的效率比传统商务活动高出数倍。在电子商务环境中，人们不再受空间的限制，可以非常便捷的方式完成原本需要耗费更多人力物力及时间的商务活动，大大提高了系统的运行效率。由于互联网安全系统中的一系列端到端的安全解决方案，如加密机制、签名机制、安全管理、存取控制、防火墙、防病毒保护等，电子商务可以做到比传统商务更安全。

电子商务可提供网上交易和管理等全过程的服务，因此它具有广告宣传、咨询洽谈、网上订购、网上支付、电子账户、服务传递、意见征询、交易管理等几乎全套的功能。电子商务作为一种新型的交易方式，将生产企业、流通企业以及消费者和全社会都带入了一个数字化生存的新天地。

2017年中国电商网站排名前五位的是：淘宝（taobao.com）、天猫商城（tmall.com）、京东商城（jd.com）、亚马逊中国（amazon.cn）、苏宁易购（suning.com）。

### 2. 电子支付

电子支付是电子商务系统的重要组成部分，它是指电子交易的当事人，包括消费者、厂商和金融机构，使用安全电子支付手段，通过网络进行的货币支付或资金流转。电子货币不依靠普通的防伪技术，而是通过用户密码、软硬件加密解密系统及路由器等网络设备的安全保护功能来实现支付安全。

目前网上交易的主要电子支付手段有用银行卡直接划款和用支付宝、微信等几种。

支付宝（Alipay）最初是为了解决网络交易安全所设的一个功能，该功能为"第三方担保交易模式",由买家将货款打到支付宝账户,由支付宝向卖家通知发货,买家收到商品确认后指令支付宝将货款放于卖家,至此完成一笔网络交易。而像微信支付、百度钱包、京东钱包等,则是绑定在相关平台上的附加功能。因为这些平台的使用率较高,使得这些支付方式也相应为公众接受。

网络电子支付非常便捷,特别是移动支付,只需一个能上网的手机。当货币以数字的形式存在,可以减少纸张的使用,不用担心纸币破损,不用担心钱款丢失,也不用担心钱币的更新换代。既环保又安全。由于在使用电子支付时均是实名认证,所以对于用户来说,可以方便地知道自己的消费记录;对于商家来说,也可以通过收集相关数据了解用户消费习惯。

2005年被称为中国的电子支付元年,这一年中国电子支付市场快速发展,并且很多电子支付法规也得到了完善,中国的电子支付实现了飞跃式增长。电子支付的迅捷使网上购物突破了传统商务的障碍,无论对消费者、企业还是市场来说都有着巨大的吸引力和影响力。对于整个市场经济来说,随着更多的企业选择网上销售,电子支付模式可以对市场信息及时反馈,在更大的范围内、更广的层面上以更高的效率实现资源配置,显著提高企业的经济效益和参与国际竞争的能力。因此,可以说,网络电子商务在消费者、企业和市场之间是达到了一种"多赢"。

### (二) 网店与网商

#### 1. 网店

"网店"现在多是指建立在第三方提供的电子商务平台上的、由商家自行开展电子商务的一种形式,类似大型商场中租用场地开设专卖店。虽然在电子商务发展的早期,一些网上零售网站也称为网店,但随着这些网上零售网站的快速发展、经营规模的巨幅膨胀,现在一般都已改称为"网上商城",而"网店"一词被用来专指"网上商城"中的独立"店铺"。

在互联网上开网店相比以传统的方式开实体店显著方便快捷。虽然也存在"网店设计装修",但是比起实体店真的要请装修公司买材料装修省力很多,通过鼠标键盘或手机屏幕的划动即可完成所有步骤。由于买卖双方达成意向之后可以在网上完成交易,通过物流把货品送到买家的手中,所以不用请很多店员,不易压货,打理方便。电子支付也使得交易更加迅捷安全。

#### 2. 网商与微商

新词"网商"成为新商人群体的代名词。"网商"最初专指那些网络服务提供商,如Google、百度、新浪、搜狐,以及像当当、阿里巴巴这样的网络购物网站。现在，这个词扩展到指所有运用电子商务工具在网上进行商业活动的个人，包括大的 IT 企业家和小的网店店主。

进入移动社交网络时代后，微信等社交网络的兴起又使微商一词更多地被使用。一般认为微商发端于微信，发轫于 2011 年，爆发在 2012 年，鼎盛在 2014 年，调整在 2015 年，2016 年后成为主流商业模式之一。

微商的定义有许多。一般认为微商指广大普通网民通过社会化媒体（如微信、微博、App）等现代化网络工具进行微小投入微利回报的微型化商业经营的一种商业生态，同时也是指基于移动互联网的空间，借助于社交软件为工具，以人为中心、社交为纽带从事商业活动的人。此外，还有一种定义是从其英文名称出发的，因为微信的英文名是"Wechat"，所以微商的英文名是"Webusiness"，这种定义正好与自媒体的"Wemedia"等拥有了同样的前缀，都蕴含了草根、自创、自经营的意思。

虽然微商在范畴上属于电商的一种，但是相比较于一般的电商，微商还是在三个方面有着自己的特点：

第一是去中心。微商在形态上很像一种无中心化入口的电商。电商追求流量，需要一个有聚合力、影响力的平台来进行导流，因而相对来说有个中心化的入口。而微商们则不需要依赖淘宝、天猫等大平台生存。"微信之父"张小龙在微信公开课上阐述关于微信公众平台的八个观点时曾表态，不会提供一个中心化的流量入口来给所有的公众平台方、第三方。微信的官方表态在一定程度上代表了平台方面的方向，虽然之后的多次改版中有些做法险些违背此说法，但总的来说，微信还是基本做到了这一点。"有赞"CEO 白鸦曾对此评论，认为对于商家来说，最重要的是开放自由的生存环境，只要微信开放平台坚持市场公平，在庞大的流量基础上，必定会一直保证微信平台在社交电商领域的地位。无中心化入口对于微商们来说，就不需要花费心思和成本导流，这使得微商们把精力放在提高产品和服务本身的竞争力上。

第二是重社交。电商是基于生意而产生关系；而微商是基于关系才产生生意。依靠社交圈的转发分享实际上能够产生一种人际传播中的口碑营销，可以促进产生隐形的个人商业价值。因此微商们十分注重搞好人际关系博取信任。电商做生意虽然也注意质量声誉及与客户之间的关系，但是总体上来说还是偏以商品为中心；因为产生微商的社会化媒体偏社交属性，一方面使微商更容易沉淀用户实现基于熟人推荐方式的裂变式分销，另一方面也使得在社交网络上人与人之间的信任和黏度显得更加重要。因为确实只有先通过各种关系获得信任，再通过信任卖出实实在在的好商品，一个微商才能做得长久，所以许多微商将大量时间都用在社交聊天上。由于对于微商们来说，用户之间相对都是相互隔离的，所以经常需要一对一地维护关系，而不是单纯地只作营销，所以也十分耗费时间精力。

第三是轻品牌。在电子商务时代，由于获取他人的评价更为容易，品牌在说服客户的作用已经被大大削弱，入口和场景变得越来越重要，消费者对品牌的重视程度已经出现下降。而在微商们使用的社会化媒体环境中，当消费者在作出采购决定时，来自同类消费者、朋友和家人的介绍、产品推荐信息比品牌和广告词更有影响力，消费者更多地使用自其他的消费者的产品质量信息，如好评差评、专家的评价、消费者晒单等，更少地依赖营销人员单方面传递的营销信息。这些导致品牌感受和品牌忠诚度出现下降。

第四是更高效。由于微商所用平台的用户数一直在不断上升，通过六度分隔，超过总人口数一半的人实际上都是潜在的客户。而此类营销的成本又相对低廉，注册开通均免费，除去人工的时间精力成本，所耗费的不过是些流量费。尤其是微信的推送到达率更高，相对于在微博上发布一条信息无法确定有多少粉丝看到，理解到什么地步，微信上所推送的每一条信息都可以准确无误到达朋友，由朋友和粉丝转换成的客户黏性也更高。此外，由于其营销方式更加人性化，不仅支持文字图片，还支持语音和短视频，生动有趣的表现方式也更容易让用户接受和记住，供求关系更趋于长期和稳定。

### （三） 网络商务的优势

不管是大型的网络电子商务行为，还是开小网店、进行网络购物，网上的交易方式有以下优势。

（1）可以在家"找业务""开门营业""逛商店"，订货不受时间的限制。每天 24 小时，每周 7 天，任何时候都可以进行购物和销售行为。

（2）网络商品和服务信息丰富，网上的商品通常可供选择的品种也较多。因为可以搜索，因此，当要购买一些特定的商品，如书籍和音像制品时，在网上更易买到。

（3）网上电子支付可避免现金丢失或遭到抢劫，只要注意不随意泄露密码，就比现金支付更加安全。

（4）从订货、买货到货物上门无须亲临现场，送货上门，方便快捷，既省时又省力。

（5）网上销售没有库存压力，经营成本低，经营规模不受场地限制，可以省去租店面、招雇员及储存保管等一系列费用，因此，网络上的商品一般比网下的同类商品更便宜。

目前的网络商务也存在着一系列问题，如网络上商家对产品的描述通常具有一定的迷惑性，因为顾客无法直接接触实物，常常会发生收到的实物与图片或描述不符的情况。对于货物的来源渠道，顾客也常常无法判断，网上商店对卖家的审核往往有很大的局限性，由此导致网上假冒伪劣产品泛滥。

### 四、网络营销

网络营销（On-line Marketing 或 E-Marketing）是通过互联网络，利用数字化的信息和网络媒体的交互性来辅助实现营销目标的营销方式。

网络营销定义很多，有代表性的是美国学者拉菲·穆罕默德（Rafi A. Mahammed）所下的定义：网络营销是通过在线活动建立或维持客户关系，以协调满足公司与客户之间交换概念、产品和服务的目标。此外，中国网络营销专家们认为，网络营销是企业整体营销战略的一个组成部分，是为实现企业总体经营目标所进行的，以互联网为基本手段营造网上经营环境的各种活动。[1]

#### （一）网络营销的优势

利用网络做营销有以下优势。

（1）网络传播速度快，互动方便迅速，有利于提高企业营销信息传播的效率，增强企业营销信息传播的效果，降低企业营销信息传播的成本。

（2）网络营销可以实现产品直销功能，避免产生店面租金成本，能帮助企业有效减轻库存压力，降低经营成本。

（3）互联网是全球化的网络，方便企业快捷地进入任何一个国家和地区的市场。面对任何一个国家和地区的消费者，空间上的距离仿佛不存在，时间的安排处理上也十分灵活方便。

（4）网络上信息丰富，方便企业及时大量地获取商机信息，也方便企业使用丰富的促销手段宣传自己的产品，从而使世界商业信息更加透明化，减少因信息不对称而产生的不公平。

#### （二）网络营销的主要方式

网络营销的主要方式非常多，主要的就有搜索引擎营销、微博营销、微信

---

〔1〕 冯英健．网络营销基础与实践［M］．北京：清华大学出版社，2008：24．

营销等。除此之外，还有 SNS 营销、IM 营销、博客营销、论坛营销、电子书营销、视频营销、电子邮件营销、手机短信营销、网上调研营销、通用网址营销、网络黄页营销、分类信息营销、网络体验营销、威客[1]营销、电子地图营销、游戏植入式营销、3D 虚拟社区营销、网络会员制营销、网络图片营销、电子杂志营销、数据库营销、RSS 营销、事件营销、App 营销等。许多营销方式之间互有重合，为了充分利用不同营销方式的优势，网络营销常常用的是整合营销，即整合多各营销方式以获取最大的传播效果。

下面择主要的网络营销方式，说明不同的网络传播方式如何可以被用于营销及各有哪些优势。

**1. 搜索引擎营销**

搜索引擎营销（Search Engine Marketing，简称 SEM）就是根据用户使用搜索引擎的方式，利用用户检索信息的机会，尽可能多而有效地将营销信息传递给目标用户。推行搜索引擎营销的根本原因之一是搜索者会购买产品。

（1）搜索引擎营销主要分两种：

SEO（Search Engine Optimization，搜索引擎优化）。搜索引擎优化是较为流行的搜索引擎营销方式。SEO 本质上是一种技术，主要是通过了解各类搜索引擎如何抓取互联网页面、如何进行索引以及如何确定其对某一特定关键词的搜索结果排名等，来对网页进行相关的优化，使其提高搜索引擎排名，从而提高网站访问量，最终提升网站的销售能力或宣传能力。SEO 的主要目的是增加特定关键词的曝光率以增加网站的能见度，进而增加销售的机会。SEO 技术是 SEM 的基础；SEO 获取关键词的排名、网站的流量、网站的结构、搜索引擎中页面收录的数据；SEM 在 SEO 技术基础上扩展商业价值，从而进行有效的网络营销，并对营销效果进行检测。

PPC（Pay Per Click，点击付费营销）。点击付费营销是许多企业常用的网络营销形式。采用这种营销形式，只有当企业的网站被点击了才会产生费用，对展示次数没有影响，因此它具有高度的目标性。另外，还可以通过调整每次点击付费的价格来控制自己在特定搜索结果中的网站排名，实现成本可控性。

（2）搜索引擎营销有着以下优势：

第一，搜索引擎营销是用户主导的网络营销方式，而且使用广泛。搜索引

---

[1] 威客（witkey）是凭借自己的智慧和创意在互联网上帮助别人获得报酬的人。威客模式是人的知识、智慧、经验、技能通过互联网转换成实际收益，从而达到各取所需。

擎同时也是企业进行网络营销的信息源。用户在检索信息所使用的关键字词可以反映出用户对此类产品或服务的关注。用户的行为比较容易被获取形成数据库中信息，为大数据营销积累原始数据。

第二，因为用户一般是主动查询，由于这种自主选择性，所以在获取新客户时，客户的接受度比强推广告效果更好。

第三，方便随时调整，更新动态，对内容的呈现有丰富的表现方式。搜索引擎传递的信息不仅能发挥向导作用，还可以实现高精度的定位。

第四，营销性价比较高，投资回报率高。竞争性虽强，但竞争情况一目了然，客户转化率较高，对促进提高品牌知名度有明显作用。

**2. 博客营销**

博客营销是通过博客网站或博客论坛接触博客作者和浏览者，利用博客作者个人的知识、兴趣和生活体验等传播商品信息的营销活动。

博客营销的优势在于以下方面。

（1）博客目标客户细分程度高，针对性强。博客是个人网上出版物，拥有其个性化的分类属性，每个博客都有其不同的受众群体，每个博客都拥有一个有着相同兴趣爱好的博客圈子，其读者也往往是一群特定的人。在博客圈子里，博客主之间的相互影响力很大，朋友之间的互动传播性也非常强，因此可创造的口碑效应和品牌价值非常大。单个博客的流量绝对值不一定很大，它是与传统意义上的"广泛传播"相对应的"小众传播"。所以，博客受众群明确，精准地圈定了一批特定消费群，针对性非常强，影响又可以十分广泛，提高了营销效果，让传播的效应从点击率转移到传播的质量上来。

（2）博客营销比传统营销成本低。博客营销不需要直接费用，不仅实现了以更低的成本对消费者进行定位，更是把营销的本质回归到口口相传的口碑式营销上来。口碑式营销主要集中于教育和刺激小部分传播样本人群上，即通过议题设置，培养品牌口碑意见领袖。这种传播方式，其成本比利用大众传播的其他营销方式要低得多，但结果往往能事半功倍。许多企业在营销产品的过程中巧妙地利用口碑的作用，达到很多常规广告所不能达到的效果，显著降低了企业的推广费用。

（3）博客互动性强，公信力高。博客具有交互性，它可以进行互动交流，并能得到即时的回馈。可以说，博客很好地把媒体传播和人际传播结合起来，通过博客与博客之间的网状联系将其扩散开去，能够利用小众传播影响大众，放大传播效应。此外，博客文章受信任度更高，因此博客十分有利于培育忠实用户，有利于企业的长远利益。

（4）博客营销自主性强。博客与企业网站相比，文章的内容、题材和发布方式更为灵活。与门户网站发布广告和新闻相比，博客传播具有更大的自主性。博客让企业从被动地依赖大众媒体发布信息转向自由自主地发布信息。不仅信息量不受限制，而且内容、题材和发布方式更为灵活，可以随时发布并更新企业、公司或个人的相关概况及信息。博客可方便地为企业增加网站的链接数量，为企业提高搜索引擎的抓取率提供机会。

**3. 微博营销**

微博营销是指利用微博客进行营销。微博与博客虽然只有一字之差，但是二者的营销方式有很大的区别。

（1）微博营销的优势。

第一，与博客相比，微博也是针对性强的精准营销平台，而且微博的准实名程度不亚于博客。微博圈的关系更加紧密，客户体验可信度高，传播速度快，传播门槛低。因为微博上有许多信息是在传统媒体上看不到的，许多内容更受关注，因此吸引的受众相对来说比博客多，受众对媒介的依赖程度往往还要高于博客。

第二，博客营销主要依靠博客主个人的力量，而微博营销则依赖微博主的社交网络资源。微博的互动性比博客更强，能与粉丝即时沟通，容易形成交流。对于营销来说，这就等于可以及时获得用户反馈。微博传播快、见效快，查看和转发都非常方便，一则信息经多次扩散，影响力可以很快呈几何级数放大。

第三，微博信息制作、发布更容易，它支持多平台发布，既可以用电脑查看和发布信息，也可以在手机上查看和发布，而且也可以方便地利用文字、图片、视频等多种展现形式。用微博发布信息与发短信相近，发布费用几乎可以忽略不计，而且兼顾人际传播与大众传播。

因此，微博是性价比很高的一种新型网络营销模式，营销手段运用得当的话，可以在短期内获得巨大的收益。像事件营销、名人效应等都是较为成熟的微博客营销方式。

（2）微博营销的劣势。

第一，微博一般都是关注刚发生的事情，时效性强，非即时的信息乏人问津，旧的内容几乎作废，而且，由于微博新内容产生的速度太快，所以如果发布的信息没有被及时关注到，就会被淹没在海量的信息中。微博内容的搜索引擎抓取率通常比博客低，不像博客那样可以获得持续的浏览，获得受众的长期关注。

第二，微博内容短小精练，碎片化程度较高，关注和被关注的人多而杂，相比起博客来页面内容跳跃，想获得连续性关注或给人留下深刻印象比较难。因为微博的内容比较碎片化，因此，一般只适用于营销中的告知阶段。在此阶段，用户仅仅是了解某一信息，通常不会立即做出购买决策或者其他转化行为。所以，一般来说，微博不适宜用于系统、严谨的产品介绍。而相比较而言，博客的营销力则因其相对稳定，更易深入，可以达到劝服阶段。

第三，微博的人气是微博营销的基础，光有内容，不受关注是没有意义的。微博营销需要有足够的粉丝才能达到传播的效果，而微博的人气常常是不稳定的。微博中的"意见领袖"们不仅有人气上的起伏，而且可能会因不当言行或突发的新闻事件，影响到产品的宣传效果。

**4. 微信营销**

微信的使用率在移动终端处于领先地位，由于移动终端常常是被随身携带，因此大大提高了微信营销的高效性。

（1）营销信息可精准到达。

相对于微博中存在着大量的"僵尸粉丝"，微信中的每一个用户都是真实而有价值的，信息曝光率和到达率高达100%，因为信息属于主动获取，所以对信息的接受率更高，因此相应地营销转化率也更高。通过一对一的关注和推送，公众平台方可以推送包括新闻资讯、产品消息、最新活动等消息，甚至能够完成包括咨询、客服等功能。微信在信息的用户推送与粉丝的客户关系管理方面要优于微博，实时收集反馈，整理、登记和回复都十分方便。在微信营销界常会听到这种说法——在营销效果上，1个微信中的朋友相当于100个微博中的粉丝。

（2）强关系纽带增强信任感。

相对于微博适合做品牌曝光，微信更适合做客户维护。微博有媒体特性，更适合用于宣传品牌，维护公共关系和媒体关系；而微信是个社交圈子平台，更适合做商品信息推送，维护客户关系。因为微信是基于熟人的"朋友圈"，或基于兴趣的"关注"，所以这个环境中有较强的群体认同，而这对营销效果有着极强的促进作用。一些粉丝数量庞大、用户群体类型高度集中的垂直行业微信账号，作为营销资源和推广渠道，有着无与伦比的强大优势。一些行业知名公众账号，拥有成千上万的由厂家、营销机构和分销商构成的粉丝，这些精准用户群相当于每天都在举行全国乃至全世界范围内的大型交易会，营销价值无可估量。

（3）开放接入使用第三方应用。

通过微信开放平台，应用开发者可以接入第三方应用。第三方应用的标志会自动进入小程序栏，使用户可以方便地在会话中调用进行内容选择与分享。现在微信的小程序已经成为一个重要应用流量入口。在营销中，小程序服务平台可以接入企业商城、支付、展示、企业应用等众多服务和功能，支持包括微商城、微会员、微社区、优惠券、微投票、大转盘、留言板、自动回复设置、分销系统、微外卖、微预约、微旅游、刮刮卡、小程序二维码等众多丰富的营销功能模块。小程序服务平台为品牌营销提供了更便捷的电商渠道，除了京东和淘宝，营销产品只要在小程序内搭载一套购物体系，就可以方便地销售，而不需要再跳转到电商平台。

(4) 许多元素可被多元利用。

微信中的许多本并不是为了营销而设置的功能也可以为营销所利用。如许多营销采用会员制或者优惠的方式鼓励用户使用手机扫描二维码，一方面可以为公众账号增加可用来作精准营销的高质量粉丝，另一方面也能积累实际和潜在消费群体，为之后的其他微信营销工作打下基础。

微信中朋友圈里的位置及签名可以成为商家的免费广告位。再如微信中基于位置的服务功能插件"查看附近的人"，点击后可以根据自己的地理位置查找到周围的微信用户。在这些附近的微信用户中，除了显示用户姓名等基本信息外，还会显示用户签名档的内容，这和朋友圈里的位置签名一样也可以作为一个免费的营销广告位。如果在人流量大的地方 24 小时运行"查看附近的人"，营销效果即会随用户数量上升。

但是任何的优势用得不好都有可能成为弊端。微信的强关系网络虽然利于营销，但是如果不顾朋友或用户的感受，任意刷屏，大量强行推送各种不吸引人的广告信息，会引来朋友或用户的反感，产生反面效果。所以，微信营销也必须以受者为中心，服务为本，真诚沟通，才能获得长久的效果。

**5. 网络广告**

网络广告是指在互联网上做的广告。网络广告传播范围广，不受时空限制，有交互性强、针对性强、实时、灵活、成本低、感官性强的特点。网络广告受众范围广，通常有一定的消费能力。网络广告在传播形式上集中了报刊和广播电视以及各类户外媒体广告媒介的优势。

网络广告最早出现于美国。1994 年 10 月 14 日，美国著名的杂志"Hotwired"推出了网络版，并首次在网站上推出网络广告空间。这个空间立即吸引了 AT&T 等 14 个客户在其主页上发布广告。三天后，一个在网络广告史上有着里程碑意义的旗帜广告出现在页面上，标志着网络广告的正式诞生。

中国的第一个商业性的网络广告出现在1997年3月，是英特尔公司和IBM公司在"Chinabyte"网站上做的动画旗帜广告。到1999年年初，中国网络广告开始稍具规模。2017年，中国网络广告规模在中国广告市场中占比超过50%，而且仍然保持较快速度增长。

（1）网络广告的主要形式。

自有网络广告起，网络广告的形式就一直在发展变化，如微信的流行使得专门为H5页面设计的广告形式越来越多。

总结起来，现在的网络广告形式主要有以下几类：

第一类是旗帜广告，分为静态、动态和交互式三种。静态的网幅广告就是在网页上显示一幅固定的图片。动态旗帜广告经常采用GIF格式，将图像串联成动画，会动或不停闪烁。因为人本能地会更关注动态的事物，所以动态旗帜广告点击率普遍比静态的高。交互式的广告形式非常多元化，主要分Html和Rich Media两种，Html旗帜广告是请浏览者在广告中填入数据或通过下拉菜单和选择框进行选择，这种互动可以有效提高点击率。Html在微信上就是H5页面。Rich Media旗帜广告（Rich Media Banner或Extensive Creative Banner）一般是使用浏览器插件或者其他脚本语言、JAVA语言等编写的具有复杂视觉效果和交互能力的旗帜广告，一般来说要占据比一般GIF动画旗帜广告更多的空间和网络传输字节，但由于能表现更多更精彩的广告内容，往往更受广告主欢迎。还有一些小的旗帜式广告被称为图标广告或按钮广告。占用网页较大面积的巨幅广告常被称为"摩天大楼广告"或"疯狂广告"，此类广告因为篇幅较大，信息蕴含量丰富，视觉冲击范围较大，引人注目，易产生印象。

第二类是赞助式网络广告。广义的赞助式广告的范畴包含所有非旗帜形式的网络广告，根据广告置放点和媒体企划创意的不同又有着许多具体的名称，如关键词广告、网络直播植入式广告、网络综艺原生广告、文字链接式广告等。

第三类是插播式广告，英文名称叫"Interstitial"，有时被翻译为"空隙页面"，又称弹出式广告，指在网络浏览者和网站间内容正常递送之中插入的页面。此类信息的出现并没有被浏览者事先点击或请求。此类插播式广告窗口尺寸大小及互动程度各不相同，广告随主页弹出，一般试图以视觉冲击加强受众的视觉记忆。它们一般有一个有边框的窗口，可以通过拖动边框来改变窗口的大小，有的还能在页面上自动飘浮。有的插播式广告类似电视广告，就是打断正常节目的播放，强迫观看。所以此类广告的一大缺点就是可能引起浏览者的反感。为了减少可能的反感，一般此类广告选择投放已经使用过此类广告的网站。小尺寸的插播式广告比全屏的更容易被浏览者接受，所以一般广告面积不超过 1/4 屏幕。此外，插播式广告出现的时机最好选择浏览者的空闲状态，在等待下载完成的时间里出现效果会更好。

（2）网络广告的优势。

以网络为载体做广告相对于非网络载体有着受众范围广、交互性强、针对性明确、网络广告目标群确定、受众数量统计精确、实时、灵活、成本低、感官性强等优点。网络广告可以是多平台多媒体的，有着最有活力的消费群体，制作成本低、速度快，更改灵活，具有交互性和纵深性，能进行完善的统计，方便跟踪和衡量广告效果，所以深受广告主们的青睐。

网络媒体是高度综合的媒体，形式的扩容性高。电视广告虽然可以实现多媒体播放，但是，播出时段通常受限制，价格昂贵，传播方式带有强制性，易让观众反感。传统媒体广告在制播完成后，很难根据最新情况作出及时的修正，而网络广告可以允许广告投放者随时对自己的内容进行修改，投放者可自行控制网络广告投放的地域、时间等，还具有可重复性和可检索性。因此，相对来说，网络广告更易更新，缩短了媒体投放的进程，更新频率比报刊广告、广播广告、电视广告等传统媒体广告都要快。

网络广告的受众群体年轻化，对事物接受能力比较强，一般有一定的消费能力，而且在消费潮流中比较活跃。因此，网络广告的受众人群更加注重消费过程中个性的需要，不拘泥于传统的销售模式与广告形式，更注重通过体验性与生动性来感受广告中的商品。网络广告可以以人本化的设计理念、智能化的技术、个性化的控制手段、定向化的投放方式，以及内容自动匹配功能，将广告主的宣传卖点和媒体新闻点、公众兴趣点自动结合，有效地提升网络广告的针对性与吸引力。

网络广告因为定向性、针对性强，融合了数据分析与"小众传播"，有时被称为"窄告"，就是"窄而告之""专而告之"。这种"窄告"以用户为核心，通过网络搜索进行语义分析，按客户要求将定制的广告自动投放到与其内容相匹配的网络信息周围。它能通过分析网页内容、辨别网名所在地，按广告主要求设置，将广告有针对性地投放到目标消费者面前。例如，汽车维修的广告就只出现在与汽车有关的信息旁边。

网络广告不仅传播范围广而且可控制。网络广告通过及时和精确的统计机制，使广告主能够直接对广告的发布进行在线监控、跟踪，衡量广告的效果。网络广告运用了各种先进的互联网技术，可以同时实现多种功能。如通过可重复检索，缩短了媒体投放的进程；如通过语义分析技术，帮助用户自动创建网络广告；指定网络广告面向的客户区域；随时了解网络广告的投放效果；等等。

网络广告具有成本优势，有效千人成本远远低于传统广告媒体。网络广告将最合适的广告主动展现给最想看的人，可以让网民看到他感兴趣的商品信息，有效地节省了双方的关注成本。网络广告通过将强制性的广告变为个性化的广告，提升了营销的效果，避免了广告投入的浪费。对于广告主而言，网络广告可以有效降低营销成本，更方便按企业的广告预算，控制每天的网络广告花费。因为网络广告通常展示免费，不点击不收费，而且费用很低。这种收费方式被称为"P4P（Pay for Performance，按效果付费）"，也就是按实际的用户数量来付费。这种广告模式更加有效地节约了广告成本，提升了广告效率，其发展颠覆了传统广告的服务模式，标志着媒体广告步入了分众、窄众的新时代，为广大企业提供了新营销手段和思维模式。

（3）网络广告的缺点。

网络广告虽然有很多优点，但是目前仍然存在着监管滞后、竞争无序、插件广告过多、真实性低的问题。此外，网络广告不像广播电视广告那样具有一定的强制性，除非换频道，否则不得不接受"推送"来的信息。相比较而言，网民对网络信息自主选择性更高，对网络广告的接受与否相对来说也更加自由，这种选择的自由导致网络广告的受众通常更缺乏耐心。因为网络本身信息量大，在一些情况下，还要为浏览信息的时间付费，因此，对网络广告，网民常常会有意识地主动去回避关注，就算关注了，如果网络广告过长或节奏太慢，网民也更易失去耐心，很难完整了解。

虽然从理论上讲用户是否浏览和点击广告具有自主性，但越来越多的广告商采用强制性的手段迫使用户不得不浏览和点击，许多单纯追求短期可监测效果的广告客户不在乎受众的感受，这也使得网络广告与传统广告一样具有强制性，而且表现手段越来越多，强制性越来越严重。许多网络浏览者一发现有广告就会自动不去看，或自动关闭弹窗。许多的网页可以设置为"阻止弹窗弹出"，网上还有无数种自动过滤广告的软件。

随着网络平台越来越多，网络用户对广告的接受标准也不断提高，发布网络广告的企业竞争越来越激烈。为了让广告更吸引人更有竞争力，网络广告从业者也不断地产生新的创意，并时刻关注新平台的出现，通过充分利用新媒介的一些优势来提高传播效果。

## 五、网络铸就财富神话

网络传播的迅速发展及网络传播的特性，造就了令人瞩目的互联网产业。互联网产业是以现代新兴的互联网技术为基础，专门从事网络资源搜集和互联网信息技术的研究、开发、利用、生产、贮存、传递和营销，可为经济发展提供有效服务的综合性生产活动的产业集合体，是现阶段国民经济结构的基本组成部分。伴随着网络的发展和媒介的融合，网络不再仅仅是一个信息传播平台，就像许多传统大众传播媒介会涉及经济行为一样，网络也越来越多地成为直接创造财富或间接提供创造财富机会的平台。

### （一）网络创造财富的高效

从"富翁"一词的字面意可以看出，在相当长的历史时期，一个人想成"富"人，一般也差不多得熬成"翁"了。在 IT 业界，事实却是：一方面，这个领域盛产"富翁"；另一方面，IT 业界的"富翁"在年龄上往往都远称不上是"翁"。创立苹果公司的史蒂夫·乔布斯（Steven Jobs）在 25 岁就成为亿万富翁；创立微软的比尔·盖茨（Bill Gates）31 岁成为亿万富翁，成为世界首富时也不过 40 岁，而且占据年度世界首富的位置多达 18 次。

现在世界著名的新兴互联网公司 CEO 几乎都是年轻人，而铸就了这种财富神话的正是网络。

马克·扎克伯格（Mark Zuckerberg）生于 1984 年，他 2004 年在哈佛大学的宿舍寝室里创办了"Facebook"，用户数很快就超过 5 亿，并且仍然在不断增长。"Facebook"于 2010 年获得了超过 300 亿美元的估值，扎克伯格也因净资产达到 69 亿美元成为当年全球最年轻的亿万富翁，《时代》周刊甚至将他评为 2010 年年度人物。

2014 年，上线仅三年的照片分享应用"Snapchat"创始人埃文·斯皮格尔（Evan Spiegel）因企业市值已超过 100 亿美元，净资产也达到 15 亿美元。因年仅 24 岁，于是该年顶替扎克伯格成为当年世界最年轻亿万富翁。

安德鲁·梅森（Andrew Mason）生于 1981 年，2008 年创立了"Groupon"。"Groupon"成为有史以来最快实现 10 亿美元估值的企业。2010 年，梅森净资产达到 47.5 亿，美国的谷歌公司想斥资 60 亿美元收购该公司，但却遭到拒绝。梅森的"Groupon"被称为改变了人们购买商品的方式，也改变了企业的营销方式。

生于 1982 年的古尔巴克斯·查哈尔（Gurbaksh Chahal）个人净资产已超过 1 亿美元。2009 年他创办了社交媒体交易平台"Gwallet"，当年就获得了超过 1 200 万美元的融资。在"Gwallet"之前，查哈尔还分别以 4 000 万美元和 3 亿美元的价格出售了两家广告网站。如今，仍是查哈尔担任 CEO 的"Gwallet"更名为"RadiumOne"，除此之外，查哈尔还针对社交内容成立了一个广告网站，引领全世界社交网站竞相模仿。

1992 年出生的帕尔默·拉奇（Palmer Freeman Luckey）是 VR 产品 Oculus 创始人以及消费者虚拟实境头戴式显示器欧酷拉 Rift 的发明者。拉奇自幼钻研 VR 产品，15 岁创立行业论坛，17 岁开始在父母的车库里构建 Oculus 的原型机。当他将产品推到 Kickstarter 上进行众筹时，竟筹集到了 240 万美元。2012 年通过众筹创立自己的品牌与企业。2014 年 3 月，Facebook 宣布以高达 20 亿美元的价格，收购 Oculus，其中包括 4 亿美元的现金，和价值 16 亿美元的 2 310 万股普通股票。截至 2016 年 4 月 6 日，Facebook 的股票价格已经上涨至 112.11 美元，这笔股份总价已经高达约 26 亿美元。

统计比较传统产业企业家们和网络企业家们从白手起家到资产十亿的耗时会发现：经营传统第二产业标准石油公司的洛克菲勒用时 25 年，这在传统产业中已经算是非常成功的了。但是，比尔·盖茨从创立微软到个人资产十亿仅用了 12 年。之后这种耗时就像新媒介的普及所用时间越来越短一样不断减少。创立谷歌的谢尔盖·布林与拉里·佩奇用时 8 年；Facebook 首位总裁肖恩·帕克用时 6.5 年（在 Facebook 成立六个月之后，24 岁的帕克遇到了 22 岁的扎克伯格）；创立 Amazon 的杰夫·贝佐斯用时 4.5 年；马克·扎克伯格接手 Facebook 后用时 4 年；创立 eBay 的皮埃尔·奥米迪亚用时 3 年；创立 Groupon 的安德鲁·梅森用时两年半；创立 Priceline 的杰伊·沃克用时 1 年。类似的例子还有 Instagram 诞生 551 天后价值就达到 10 亿美元，而有 116 年历史的《纽约时报》的同时期市值只有 9.67 亿美元。更让传统媒体无法比拟的是，Instagram 团队只有 13 名员工。

在中国，很多互联网创业者们积累财富的速度通常也很惊人，一般在较年轻时就力胜一些传统产业的企业家，登上财富排行榜前列。曾先后登上全国首富宝座的丁磊、陈天桥、李彦宏、马云、马化腾，通常都是在创业几年内就达到这样的高度。而像搜狐的张朝阳、京东的刘强东、小米的雷军、360 的周鸿祎、今日头条的张一鸣、新美大的王兴、完美世界的池宇峰、滴滴的程维、美图的蔡文胜、蚂蚁金服的彭蕾、58 同城的姚劲波等，都是在青壮年时期就享受到了通常传统产业经营者要到老年才能积累到的财富。

## （二）网络创造财富高效的原因

现在市值位于前列的公司中，与互联网有关的越来越多，互联网造就的首富也越来越多。如 2011 年世界最富有的人卡洛斯·斯利姆·埃卢也是靠网络发家。他是墨西哥电信的最大股东和墨西哥美洲电信的首席执行官。2018 年全世界最有钱的人是美国最大的一家网络电子商务公司 Amazon 的创始人杰夫·贝佐斯，他的个人财富达到了 1 497 亿美金。

铸就这些网络神话的原因有很多，除去创业者本人的智慧和勤奋因素外，网络本身覆盖面巨大、网络平台搭建好以后边际成本趋于零、病毒式的网络营销模式及能够自动兼顾利用"长尾"资源也占有重要的作用。

**1. 网络覆盖面巨大**

虽然大多数的网站从每一个网民或消费者那里得到的利润通常都非常少，但是由于互联网非常大，用户非常多，被用到的次数相应也非常多，非常少的利润乘以非常大的基数，最后就能得到可观的总利润。此外，网络的传播常常是一传十，十传百，百传千，千传万，甚至直接就传到万、百万、上亿。因此，我们常常可以看到，一些网站在发展初期举步维艰，但是当用户数达到一定数量之后，就会出现质的飞跃，相应地，其财富也会以几何级数增长。

**2. 边际成本趋于零**

边际成本指的是每一单位新增生产的产品（或者购买的产品）带来的总成本的增量。这个概念表明每一单位的产品的成本与总产品量有关。比如，如果仅生产一辆自行车，所费的各种人力物力成本是巨大的，但是如果是规模生产，则生产第 10 000 辆自行车的成本相对来说就会低很多。生产得越多，每多生产出的一辆自行车的成本就会越低。生产自行车需要一些原材料和人工，为多生产一辆自行车必须要付出的成本就是边际成本。传统的制造业总存在边际成本，而且，以资源作为投入的企业，单位资源投入对产品产出的效用是不断递减的，这就是边际效用递减法则（The Law of Diminishing Marginal-utility）。但是，在网络上传播的产品通常是以信息的方式传播的，不存在需要不断投入生产资源的问题。比如，一些网络平台搭建好以后，一般不需要因为用户人数的增加而增加投入。即便有时需要增加一些服务器或客服人员，其增加的投入与总投入相比也少到几乎可以忽略不计。因此，网络平台搭建好以后的网络传播边际成本可以趋于零。

### 3. 病毒式营销

病毒式营销（Viral Marketing）是一种常用的网络营销方法，它并非真的以传播病毒的方式开展营销，亦非利用病毒或流氓插件来进行推广宣传，而是通过内容的设置或一些合理有效的激励体制引导并刺激用户主动进行传播宣传，通过用户的口碑宣传网络，让信息像病毒一样传播和扩散，利用快速复制的方式传向无数的受众。病毒式营销同时也是一种网络营销思想，它研究的是如何充分利用网络资源扩大网络营销信息传递渠道。

病毒式营销是建立在有益于用户基础之上的营销模式，它的前提是拥有具备一定规模的、具有同样爱好和交流平台的用户群体，营销内容需要能够激起人们转发的兴趣。病毒式营销的内容一般不是赤裸裸的广告信息，而是经过加工的、具有很大吸引力的信息。病毒式营销方式以低成本、快速、大范围见效而著称，由于这种传播是用户之间自发进行的，因此几乎是不需要费用的网络营销手段。由于很多病毒式营销的内容信息是受众从熟人那里获得或是自己主动搜索而来，接收渠道比较私人化，因此，对于受众来说，在接受过程中更会有积极接纳的心态。所以，一个没花钱的好的病毒式营销所产生的效果常常可以远远胜过投放大量广告所获得的。

病毒式营销战略一般包含以下四个基本要素。

（1）提供"有价值"的营销元素。这里的"价值"既包括物质利益，如免费获得的某些优惠，也包括精神价值，如让人捧腹的视频可以给人们带来快乐。

（2）有便捷的扩散信息方式。只有在人们拥有像微博、微信等易用且使用成本低廉的传播工具时，迅速、大范围的信息扩散才有传播手段作为基础。

（3）能够激起公众的兴趣和积极行动。病毒式营销手段往往可以以极低的代价取得非常显著的效果，因为它利用了参与者们主动传播的热情，使这种传播在用户之间自发进行。

（4）传播范围能够以几何倍数增长。通过人际传播和群体传播的渠道，一则信息不断地被转发给好友、同事，信息的接收次数在短时间内即以几何倍数增长。

一个病毒式营销战略不一定要包含所有这四个要素，但是包含的要素越多，营销效果会越好。

### 4. "长尾"资源被自动兼顾利用

"长尾"（The Long Tail）这一概念由《连线》杂志主编克里斯·安德森在2004年发表的《长尾》一文中最早提出，用来描述诸如亚马逊和Netflix之类网站的商业和经济模式。"长尾"实际上是统计学中幂律（Power Laws）和帕累托分布（Pareto Distributions）特征的一个口语化表达。过去人们只能关注重要的人或重要的事，如果用正态分布曲线来描绘这些人或事，人们往往只有精力关注曲线的"头部"，而不得不忽略处于曲线"尾部"的，那些需要更多的精力和成本才能关注到的人或事。安德森认为，网络时代是关注"长尾"、发挥"长尾"效益的时代。

"长尾理论"其实是针对"二八定律"的反向思维。"二八定律"是1897年意大利经济学家维弗雷多·帕累托（Vilfredo Pareto）归纳出的一个统计结论。在这个统计结论里，有一个大致通用的百分比数字，那就是"20%"和"80%"。这两个数字表现出一种不平衡关系，即少数主流的人（通常为20%左右）可以造成主要的（通常为80%左右）的影响，如人们常说世界上"20%的人口享有80%的财富""20%的人有80%的购买力"等。在传统传播环境下，人们往往迷信"二八定律"，以至于在市场营销中，为了提高效率，商家常把精力放在研究占社会20%的上层富人的消费意愿上，或大量生产有80%客户会购买的占总商品量20%的主流物品。在这些做法中，被忽略不计的那"80%"就是长尾。

由于网络平台一旦搭建完毕，之后对零散细碎一些个人用户的管理几乎可以实现自动化。这就可以将大量原本忽略不计的小客户也纳入体系，从而聚沙成塔积累起可观利润。Google被认为是一个典型的走"长尾理论"路线的公司，其成长就依赖于许多广告商和出版商忽视的"长尾"部分。占据Google业务相当大份额的"AdSense"，其服务的客户是数以百万计的中小型网站和个人。这些小客户对于普通的广告商和媒体来说，回报率太低，因此广告商和媒体往往不愿付出服务。在网络时代，关注的成本大大降低。互联网企业销售的信息产品，如搜索、音乐或软件的下载等，支付和配送成本近乎为零，这样

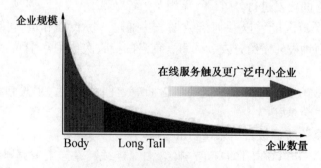

长尾理论示意图

就可以降低门槛,关注小额消费者,给他们以机会,最终使众多的本可以忽略不计的零散流量汇聚成巨大的商业价值。Google 就是用很低的成本关注正态分布曲线的"尾部",通过为其提供个性化定制的广告服务,将这些数量众多的群体汇集起来,形成非常可观的经济利润。最后,这些"尾部"加在一起产生的总体效益并不低于"头部",有时甚至超过"头部"。

### (三) 网络购物节现象

网络传播带动了网络经济的发展,而网络经济发展中的一个现象级的新事物就是始于中国,渐渐在全球范围内都产生影响的网络购物节。这些节日既不是国家的法定节日,也不是传统节日,而是与伴随网络发展出现的其他文化现象一样,由于网络技术的发展使得一些社会环节出现变化而得以被创意出来的人造节日。由于参加此类节日活动的人数越来越多,最终这种原本是电商促销性质的活动逐渐演变成为一种狂欢节。

**1. "双 11"**

"双 11"即指每年的 11 月 11 日,原本因为有四个"1",所以成为了网络文化中的戏谑的"光棍节"。但随着网络文化的演进和商家们的借机炒作,它先是变得有些像情人节,之后,自从 2009 年起,以天猫、京东、苏宁易购为代表的大型电子商务网站都会在这一天进行一些大规模的打折促销活动,以提高销售额。慢慢地,这一天逐渐成为中国互联网最大规模的商业促销狂欢节。

随着这个节日的深入人心,每年的网络交易额迅速以指数级攀升。2009年,淘宝网站举办了首届"双 11"活动。当时网购还未蔚然成风,但是依然在短短一天内创造了 5 000 万的销售额,这在当时已是很少有购物平台能达到的水平。之后,2010 年: 9.36 亿元,2011 年: 52 亿元。值得注意的是,2011年京东也开始加入"双 11"战局,尽管只有 40 万单的交易额,但打破了阿里一家独唱的局面。2012 年: 191 亿元,这一年淘宝商城正式更名为天猫。2013年: 350 亿元,2014 年: 571 亿元,2015 年: 912 亿元,2016 年: 1 207 亿。

2016 年的"双 11"开始呈现出三个新特点:一是参与商家更加多元。线下商场和超市,以及电信、航空、酒店、餐饮等服务业也不同程度参与其中。买家卖家进一步全球化,"双 11"期间,来自全球 235 个国家和地区的消费者通过中国电商平台购物,众多欧美知名电商也推出促销活动,将"双 11"发展成全球性购物节。二是线上平台拉动线下体验。三是消费热点折射经济转型升级。家电、通讯品牌销售额占比提升,绿色和健康商品畅销,高端进口商品品牌占据销售排行榜前列。三线以下城市和农村成为新的消费驱动力,农村网购更加普及，城乡居民消费能力进一步提升。

2017年天猫首次启动了"三台联播"的"双11狂欢夜"，动用了虚拟现实和增强现实技术，邀请了大量文艺界和体育界的明星，还首映了一部阿里集团CEO马云主演的电影《功守道》。事实证明，这种安排有效地提高了"双11"和马云本人的曝光度，根据头条指数的关键词热词趋势分析，"马云"在"双11"期间获得了第一名，指数值高达240万以上。根据全网的热度变化趋势，在"双11"前后的72小时之内关于"双11"的讨论热度高达80.21，根据微舆情的情绪地图可以看出在"双11"之后用户通过微博展现出来的情绪，最显著的就是：喜悦。而2017年11月11日全天，天猫双11全球狂欢节总交易额达到1 682亿元人民币，移动端成交占比90%，共产生8.12亿物流订单，覆盖220多个国家和地区。京东下单金额锁定1 271亿元。由此，该节一举成为2017年全球最大购物日。

**2. 其他网络购物节**

"双11"的成功带动了中国的消费，受其影响，一些其他的时间点也被商家找理由做成了类似的购物节。

（1）"双12"

"双12"购物节始于2011年12月12日，初衷一方面是为了借"双11"的热度"趁热打铁"，让在"双11"卖断货的商家补足新货再大战一场，或让那些在"双11"期间销售状况欠理想的商家再有一个机会清一下库存；另一方面，由于"双11"的促销宣传主要是为天猫的大店家服务；如火如荼的活动对淘宝小商家的客户实际上产生了"截流"，所以"双12"更倾向于是为了满足低端交易的需求。相对于"双11"简单直接的下单购物方式，"双12"更着力于营造一种让消费者"逛市场"的感觉，寻求让网络交易的买卖双方建立起一种更亲切更人性化的关系。在"双12"的活动中，消费者不需要被动地等商家推销货品，定下折扣，而是可以直接向卖方发出购买要求，在挑选到喜欢的商品后，将其加入购物车，再点击求优惠按钮。这种询问、挑选和议价方式更像是传统的"赶集"。2011年"双12"淘宝网的成交额为43.8亿元。之后，亦如"双11"的营业额一样迅速逐年攀升。从2016年开始，"双12"引入商家直播环节，让卖方可以在直播中直接展示自己的商品，向消费者讲解各种细节，甚至直接展示产品的生产流程，大大提升了交易过程的透明度。

（2）"京东6·18"

原本每年6月18日是京东店庆日。自从京东2004年转型做电商，每年店庆日的当月京东都会推出一系列的大型促销活动,其中 6 月 18 日是京东促销力度最大的一天。随着网络购物节现象的愈演愈烈,该节最终成为与"双 11"遥相呼应的又一大全民网购狂欢节。

每年的"6·18"京东都会根据网络经济热点变化一些促销手段,如 2017 年,京东利用大数据技术针对每位消费者的不同喜好,为消费者打造定制的专属界面,不同消费者看到的商品、店铺、清单、会场都是不一样的,从而达到"让货找人"。

2018 年,在准备"6·18"时,在 5 月 29 日的启动会上,京东 CEO 刘强东展示了一套"无界零售"技术,使该年的购物节成为"无界零售成果的大阅兵"。送货无人机、无人车、AR 化妆镜、电视大屏边看边买、无人便利店、无人货柜、全自动的"么么照"[1]抠图合成、店内热力图分析工具等都在销售中占据了抢眼的位置。当年 6 月 18 日 24 点,京东"6·18"全球年中购物节累计下单金额达 1 592 亿元。

## 六、区块链和虚拟货币

进入二十一世纪的第二个十年后,区块链技术和虚拟货币突然成为热点。

### (一) 区块链

区块链(Blockchain)是分布式数据存储、点对点传输、共识机制、加密算法等计算机技术的新型应用模式。区块链狭义的意思,是一种按照时间顺序将数据区块以顺序相连的方式组合成的一种链式数据结构,以密码学方式保证不可篡改和不可伪造的分布式账本。广义上来讲,区块链技术是利用块链式数据结构来验证与存储数据、利用分布式节点共识算法来生成和更新数据、利用密码学的方式保证数据传输和访问的安全、利用由自动化脚本代码组成的智能合约来编程和操作数据的一种全新的分布式基础架构与计算方式。

**1. 区块链的创新之处**

区块链在解决交易中的信任和安全问题上有四个技术创新:

(1) 分布式账本。交易记账由分布在不同地点的多个节点共同完成,每一个节点都记录的是完整的账目,都参与监督交易合法性,都永久留存作为证据。

---

[1]"么么照"是 2018 年 4 月京东发布的全球首款全自动智能图片合成处理软件。

（2）对称加密和授权技术。虽然存储在区块链上的交易信息是公开的，但是账户身份信息是高度加密的，只有在数据拥有者授权的情况下才能访问到，从而保证了数据的安全和个人的隐私。

（3）共识机制。任何东西的模式和价值一旦达成共识，则就具有了意义。区块链的共识机制是区块链系统中实现不同节点之间建立信任、获取权益的数学算法。

（4）智能合约。智能合约是基于可信的不可篡改的数据，可以自动执行一些预先定义好的规则和条款。

## 2. 区块链的基本特征

（1）去中心化：由于使用分布式核算和存储，不存在中心化的硬件或管理机构，任意节点的权利和义务都是均等的，系统中的数据块由整个系统中具有维护功能的节点来共同维护。

（2）开放性：系统是开放的，除了交易各方的私有信息被加密外，区块链的数据对所有人公开，任何人都可以通过公开的接口查询区块链数据和开发相关应用，因此整个系统信息高度透明。

（3）自治性：区块链采用基于协商一致的规范和协议（比如一套公开透明的算法）使得整个系统中的所有节点能够在信任的环境中自由安全地交换数据，使得对"人"的信任改成了对机器的信任，任何人为的干预不起作用。

（4）信息不可篡改：一旦信息经过验证并添加至区块链，就会永久的存储起来，除非能够同时控制住系统中超过51%的节点，否则单个节点上对数据库的修改是无效的，因此区块链的数据稳定性和可靠性极高。

（5）匿名性：由于节点之间的交换遵循固定的算法，其数据交互是无须信任的（区块链中的程序规则会自行判断活动是否有效），因此交易对手无须通过公开身份的方式让对方自己产生信任，对信用的累积非常有帮助。

区块链是比特币的底层技术，这项技术也因其安全、便捷的特性逐渐得到了金融业的关注。目前中国金融行业对区块链技术于还处于初步应用的阶段。在中国，区块链市场的投资格局最初是以垂直投资机构为主要买家，2018年年初，一些知名投资机构也加入战局。现在，"链币分离"已经成为不少业内人士的共识。国海证券分析师宝幼琛认为，区块链在实体经济落地案例加快涌现，区块链应用的1.0阶段是以比特币为代表的虚拟货币，2.0阶段是应用在金融行业，3.0阶段将是为实体经济服务。从获投细分行业来看，投资主要分布在区块链技术、区块链应用、媒体社区、区块链资产等细分领域。

## (二) 虚拟货币

虚拟货币是指不是以现实的物理状态，而是以数字的状态存在的货币。

**1. 网站发行的虚拟币**

因国内早期电子支付手段落后，因此许多游戏网站一开始多采用请用户预先购买虚拟币的方式来推动网络游戏中虚拟物品的消费。对于网站来说，用户用虚拟币购买虚拟物品，交易安全也更容易得到保障。如由网络游戏运营和开发商175发行的虚拟货币"酷币"，用户可以通过固定电话、网上银行和专门的网页购买到该虚拟币，可以在网上购买该公司旗下各种游戏产品和道具。曾有公司在丢失了"酷币"后，通过出示网上往来经济数据，被价格部门确认可以折合为一定数额的人民币而得到立案。在私下，实际确实还存在着"酷币"向人民币的兑换。而且由于用"酷币"购买的价格比直接现金购买有一些优惠，所以实际上这种虚拟币甚至可以被操纵处于一个"升值"的状态。我国在虚拟货币的管理上，目前只准用官方流通货币购买虚拟货币，要想把虚拟货币兑换为现实货币则不可以。但是实际上，国内网站上不乏允许把游戏币兑换成人民币的服务，这种兑换活动一旦扩大化，则与地下银行无异，对整个金融系统的管理都会带来影响。

2007年2月，文化部、公安部、中国人民银行等14个单位和部门发布了《关于进一步加强网吧及网络游戏管理工作的通知》，第一次对网络游戏虚拟货币的使用以及出现问题的处罚做出了明确的规定。该通知明确了网络游戏可以合法地使用虚拟货币作为支付手段，解决服务中一些用户出现的支付不便问题。为了防范虚拟货币扩大使用带来的风险，避免出现替代法定货币流通或交易这样一种功能，该通知强调网络游戏虚拟货币只能用于购买游戏公司发行的产品和服务，不能用于其他公司的产品和服务，更不能用于购买实物，以避免游戏虚拟货币变相替代或者影响法定货币。

2009年6月4日，文化部、商务部联合下发《关于网络游戏虚拟货币交易管理工作》的通知，明确指出同一企业不能同时经营虚拟货币的发行与交易，并且虚拟货币不得支付购买实物，防止网络游戏虚拟货币对现实金融秩序可能产生的冲击。

**2. 全球通用的加密币**

除了一些网站发行的虚拟币外，虚拟货币中还有一种密码货币（Cryptocurrency），指使用密码算法，不对应任何实物的数字货币。目前最著名的加密币为"比特币（Bitcoin）"。

2008 年,一个自称"中本聪"的人在 metzdowd.com 网站的密码学邮件组列表中发表了一篇论文,论文描述了比特币的电子现金系统。但后来越来越多的证据表明,"中本聪"只是一个化名,其身份虚假成分很高。

2009 年 1 月 3 日,比特币网络诞生,中本聪本人发布了开源的第一版比特币客户端。第一个区块上记录的是《泰晤士报》当天头版的新闻标题"Chancellor on brink of second bailout for banks"。

2010 年 5 月 22 日,有一位程序员在论坛中用电脑里的一万枚比特币换了两个比萨,就此比特币开始有了使用价值。

2011 年,维基解密、自由网、奇点大学、互联网档案馆、自由软件基金会以及其他的一些组织,开始接受比特币的捐赠。一些小型的企业也开始接受比特币。

2012 年 10 月,BitPay 报告称超过 1 000 家商户通过他们的支付系统来接收比特币的付款。11 月,WordPress 宣布接受比特币付款,理由是肯尼亚、海地和古巴等国家和地区遭受国际支付系统的封锁,比特币可以帮助这一地区的互联网用户购买服务。

2013 年 4 月,中国四川省雅安地震后,公募基金壹基金宣布接受比特币作为地震捐款。2013 年 11 月 18 日,美国举行了主题为"超越丝绸之路——潜在的威胁、风险和虚拟货币的承诺"的听证会,得到了社会的广泛关注。11 月 20 日,时任中国人民银行副行长兼国家外汇管理局局长易纲在一经济论坛上接受美国新闻与商业频道采访时表示,中国央行不可能将比特币视为合法的金融工具,但人们可以自由参与比特币市场。三天后,Mt. Gox 平台的比特币价格达到了 1 132.26 美元。

从 2014 年起,美国政府开始着手打压比特币的洗钱行为,封杀了多个比特币境外交易平台。2014 年 6 月 27 日,美国政府在网上拍卖查封号称世界最大网上黑市"丝绸之路"时缴获的近 3 万枚比特币,拍卖期间比特币价格不降反升,从 596.8 美元上涨至 628.5 美元。

2015 年 9 月 18 日,美国商品期货交易委员会(CFTC)宣布比特币正式升级,和原油、小麦一样,被正式认定为大宗商品。

2015 年 10 月 22 日欧洲法院裁定比特币和其他虚拟货币为货币,而不是商品或者资产,认为在欧洲应该受到像传统货币一样的对待,不应被征收增值税,这一裁决使比特币的支持者颇受鼓舞。

2018 年 4 月 1 日,日本《支付服务法案》修订版正式生效,承认比特币在日本是合法的支付货币。后日本金融服务局短时间就下发了 11 个虚拟货币交易所牌照。2018年6月，美国政府怀疑数字货币价格波动剧烈是被人为操纵，于是加大了对数字货币市场进行审查的力度。

一般认为，比特币得以被在全球接受有三个关键节点：第一次是2011年5月和6月期间的美国债券上线危机，第二次是2013年2月和3月期间的塞浦路斯债务危机，第三次是2013年9月和10月期间的美国政府停摆危机。

在许多国家出现的各种越来越具体的监管，实际上也意味着对数字货币的进一步认可。比特币慢慢被越来越多的机构和国家所接受。但是中国未承认比特币的货币属性，比特币只在私下的一些特殊场合可以实现一些货币的功能。

中国监管层认识到虚拟货币跨境、跨领域流动的特点，迅速加强了相关监管。2017年9月4日，包括中国人民银行在内的七部委联合发布《关于防范代币发行融资风险的公告》，明确将"代币发行融资"定性为是一种未经批准非法公开融资的行为，涉嫌非法发售代币票券、非法发行证券以及非法集资、金融诈骗、传销等违法犯罪活动。随后，2018年1月，互联网金融风险专项整治工作领导小组、中国互联网金融协会、央行营业管理部等部门先后连发三文，再次强化对虚拟货币监管。根据相关政策，各种场内外融资交易平台或者媒介都不允许以中介形式撮合任何形式的人民币和虚拟币交易。国内最大的三个虚拟货币交易平台，即比特币中国、火币网、OKCoin币行，所有虚拟货币交易业务被叫停。

值得一提的是，2017年4月，一北京网友从暗网交易平台AlphaBay利用比特币购买毒品，几天后就被中国警方抓获。可见比特币在交易上也并不能真的做到完全匿名。面对比特币的匿名性存在可以被破解的情况，早在2016年夏，暗网市场的新兴主要市场AlphaBay又允许门罗币作为支付手段，此一决定让门罗币的市值当年就从500万美元快速增长到了1.85亿美元。门罗币（Monero，代号XMR）是一个创建于2014年4月开源加密货币，它着重于隐私、分权和可扩展性。与自比特币衍生的许多加密货币不同，Monero基于CryptoNote协议，并在区块链模糊化方面有显著的算法差异。Monero的模块化代码结构得到了比特币核心维护者之一的Wladimir J. van der Laan的赞赏。2016年，Monero因被暗网市场AlphaBay采用，市值从五百万美元快速攀至1.85亿美元。截至2017年，Monero是交易量排行第六的加密货币，市值超过3亿美元。

总体来说，网络经济的发展是与网络媒介技术的发展相适应的。网络经济在发展方向上也是一方面不断整合，从而使网络经济的价值链更加完善，另一方面，与网络传播同时兼顾小众化相适应，网络经济中的分工也越来越细，网络平台的不同应用及组合不断细分和专业化。网民规模的不断扩大、企业和商业机构的增多，必然使整个网络市场产生更多具体的需要。因此，未来网络经济仍将出现进一步的细分和专业化。

# 第七章

# 网络传播中的文化现象

**内容提要：**

本章主要介绍以虚拟性和仿真性、共享性与合作性、奇观化与集聚性为特征的网络文化，分析了网络文化生态的特点。在网络亚文化方面，主要介绍了二次元、网游和恶搞等亚文化现象。在典型的网络传播符号方面，介绍了网络语言、网络表情。此外，对网络红人现象也进行了分析。

**重点包括以下五方面的内容：**

1. 网络文化的基本特征与形态。
2. 中国目前流行的主要网络亚文化。
3. 如何看待网络亚文化的正面意义与负面意义。
4. 常用的网络语言和网络表情。
5. 网络红人现象成因和影响。

# 第一节 网络文化与亚文化现象

网络的一些功能使媒介传播与创造意义的能力逐渐合一,这使网络不仅是社会文化的载体,也是社会文化的发生对象,它们渐渐成为一种社会文化意识综合物的象征,成为一种文化形态,它们的发展促进了文化内容的增殖。

## 一、网络文化

网络文化有广义和狭义之分。广义的网络文化是指网络时代的人类文化,它是人类传统文化、传统道德的延伸和多样化的展现。狭义的网络文化是指建立在计算机技术和信息网络技术以及网络经济基础上的精神创造活动及其成果,是人们在互联网这个特殊世界中进行工作、学习、交往、沟通、休闲、娱乐等所形成的活动方式及其所反映的价值观念和社会心态等方面的总称,包含人的心理状态、思维方式、知识结构、道德修养、价值观念、审美情趣和行为方式等方面。

### (一)网络文化的特征

网络文化的特征是由网络的特性决定的,由于网络文化体系仍在形成中,它的许多特征还未完全显露,因而其特征也还在发展变化之中。

**1. 虚拟性和仿真性**

互联网中的许多部分都是现实的映射。如视频网站对应现实中的影院,搜索引擎对应现实中的图书馆等。虽然网络上的许多文化情境是虚拟的,但由此所带来的心理感受却是真实的。在网络上,网民可以用任何姓名、性别和身份在任何虚拟空间里扮演任何虚拟角色。网络世界中的各种文化活动都是借助于现代网络通信技术虚拟而实现的。它虽然立足于人类现实的物质生活世界和精神生活世界,但又与其相异,是由数字虚拟和仿真技术构造而成的与物理世界、精神世界相区别的"第三世界"。[1]互联网同时还是有着巨大吸引力的虚

---

[1] 张元,赵保全. 网络文化的现代性特征研究 [J]. 重庆科技学院学报(社会科学版),2016 (9):84.

拟空间。在这里，人们可以大胆表现自己，贡献自己的聪明才智，获得有时在现实社会中不易获得的尊重、友情和自我价值。

### 2. 共享性与合作性

由于网民可能来自社会的任一阶层和领域，网络文化的资源十分丰富。不同观念、不同层次、不同爱好的众多网民在网上可以进行多形态的文化交流，各种文化在网络空间中的多元共生共存与发展也促使各种文化不断碰撞，并产生竞争状态。这对原本处于相对孤立社会形态中的人们在习惯、认识和价值观方面都形成了冲击，一方面对一些个人的成长与发展有帮助，另一方面也推动社会的整合与发展。虽然在网络文化的交流互动中常常存在过激的戾气，但从长期整体来看，共享和融合会使整个社会对差异性更宽容。网络文化的共享性可以推动网络文化中的各种合作。如许多知识共享平台就是靠人人参与，共建共享而存在。在网络上，许多利益和责任也可以众筹，不论是公益性的还是商业性的，都能够做到"众人拾柴火焰高"。

### 3. 奇观化与集聚性

在互联网上，一些微小的行为或事件容易被放大，一些原本是分散的、不受人注意的社会现象，往往能通过大量网络评论被集中讨论。许多原本只属于一定范围和领域的信息，有时因为一些奇观化的事件，迅速可以成为所有文化领域人们关注的焦点。美国学者凯尔纳曾提出"媒体奇观"的概念，指将当代社会中的冲突和其解决方式戏剧化的媒体文化现象。而自从网络普及，这种奇观化的热点不时出现，此起彼伏。这种文化热点热度的涨跌反映出网络文化具有信息的集聚性，而在信息的集聚过程中，更具有冲突性和奇异性的事物更易脱颖而出。

## （二）网络文化实例

从以下例子中可以看出网络文化的以上特征。

2016年6月13日，知名新媒体"新世相"在微博上发起一个打造一座"永远在下雨的城市"的想法，立刻收到了数百条回复。在半年的时间里，各种现实身份是建筑师、艺术家、医生或学生们的网民在网上热烈地讨论"雨中城"的基础设施、建筑架构、商业店铺、交通设计等细节。在此之前曾通过AR技术重现过已经消失了的老北京城门的几位百度员工看到大家的构思后，决定以百度地图为载体、用百度全景技术打造这座"雨中城"。9月25日，"雨中城"正式在百度地图上线。

这座"雨中城"是一个沉浸式的虚拟世界，是一座被设定为永远都在下雨的线上城市。虽然城市的一切都是虚构的，但是它有真实的定位。在百度地图搜索"雨中城"，会发现这座城市和所有现实中的城市一样有一个坐标。它位于东经89.5、北纬42.9的火焰山脚下，一个几乎永远在下雨的地方。只需点击鼠标，任何人都可以从网页进入这个虚拟城市。占击右下方的切换按钮，还能跟着屏幕一起左右旋转，体验这个城市多个地点的360°全景，给用户一种恍似真实的虚拟沉浸感。除了有逼真的立体外观以外，整个城市展现了几乎完整的社会系统和生活场景，用户不仅可以观看，还可以在其中"行走"，用各种方式互动。

除3D街景之外，新世相还联合百度共同搭建了一座"雨声博物馆"，收录了来自众多国家和地区的雨声，有黑龙江中俄边境伴着江水涌动的雨声，有云南苍山洱海旁敲击在瓦片上的雨声，还有内蒙古通湖草原自驾途中的雨声，也有伦敦、神户、普吉岛、斯德哥尔摩等地下雨的声音。而所有雨声，都是由世界各地喜欢下雨的网友提供。

这个现实中并不存在的"雨中城"，依靠网友们的共同智慧在网络这个虚拟世界中变得越来越像是真的存在。在"雨中城"建设的过程中，吸收了来自数千位网友的上万个城市创意提案，同时融入了各领域专业人士的智慧和心血。所有参与者都是自愿奉献才智，连这个纯虚拟城市中街道上的店铺名都来源于喜欢下雨的网友们的主意。

值得一提的是，一度在现实世界中掀起争议的"葛宇路"，也得以在这个虚拟城市中永久安家。

葛宇路实为人名，因名字里有"路"字，从2013年开始，身为艺术专业学生的葛宇路在北京市寻找地图上的空白路段，并贴上印有他名字的路牌。当时葛宇路只是将此当作一种行为艺术，但是没想到，2014年，"葛宇路"首先在中国电子地图公司高德网络地图中出现；2015年，又在百度地图中出现；2015年年底，路政工程对"葛宇路"上的路灯用路名进行了统一编号，所有快递、外卖、导航、市政标示均可正常使用葛宇路进行定位。2016年，百度全景预览已经可以浏览该路段全貌，同年"葛宇路"在谷歌地图中也正常显示。

2017年5月，葛宇路以为自己的路名既然已被收录"民政区划地名公共服务系统"，算是已获官方承认，遂将自己的创意作为毕业作品，在中央美术学院毕业作品展上展出。7月初，有人在知识分享平台知乎上提问"有哪些看似不简单却人人都会的技能？"一个看了葛宇路毕业作品展的用户在该提问下叙述了葛宇路的故事，答案获点赞数迅速过万，并很快溢出知乎社区，上了各大网站的热搜。一篇名为《葛宇路：如何在北京拥有一条以自己命名的路》的帖子在各大网站迅速蹿红。北京市规划委员会地名处立刻表示，道路是公共资源，命名权属于政府。北京市交管局工作人员则说，私设路牌是违法行为。2017年7月5日，根据《中央美术学院学生违纪处分条例》，葛宇路被处以记过处分。

但是虚拟世界对此类行为的包容度却要高得多，虽然现实中的"葛宇路"路牌被悉数拆掉，在网络上的"雨中城"中，它得以被重现，并成为一个有名的"景点"。

### （三）网络文化基本形态

网络文化的基本形态可谓纷繁复杂，这里仅从去中心化、碎片化和微型化三个方面宏观地对其基本形态作一管窥。

**1. 去中心化**

去中心化是互联网发展过程中形成的社会化关系形态和内容产生形态，是相对于"中心化"而言的新型网络内容生产过程。

去中心化是一种将决策权朝向组织低层进行迁移和配置的过程。在去中心化的结构中，决策权下降至组织的较低层级，知识、信息及决策自下而上在组织内部传播。上层的权力控制面相对较窄，组织内部的层级相对较少，因为组织的权力多存在于较低层面或底层。在去中心化的语境中，自下而上的信息流增强，信息量增大，它的动力源自当事人自主的互动意愿。

随着网络文化形态的多元化，去中心化网络模型越来越清晰，也越来越成为可能。中国一些搜索引擎的"知道""百科"，一些综合网站的博客、微博以及微信公众号等本质上都是基于个体的、去中心的，任何参与者均可提交内容，与其他网民一起为繁荣互联网做出贡献。这些服务因为越来越简单，越来越多元化，不断提高网民参与贡献的积极性，降低了生产内容的门槛，最终使每一个网民均成为网络文化的创造者。这种"人人皆可是中心"使互联网中的信息量呈几何级数地变大，最终达到一种质变的效果，对社会发展产生明显的推动作用。随着个人化浏览器、个人化客户端、个人化数据库等服务的全面崛起，"以网站为中心"逐步为"以个人为中心"所替代，个人的网络文化活动也更加开放。

**2. 碎片化**

所谓"碎片化"，原意为完整的东西破碎成诸多零块。传播的碎片化指传播主体、内容、方式和时空能满足受众以自我为中心构建的信息传播与接受体系，能满足受众自己的个人特性。

网络文化传播中的碎片化体现在以下几个方面。

（1）网络文化传播主体的碎片化。传统社会中，掌握话语权的传播主体大多是统治阶级和上层阶级，一般受众很难得到说话的机会，因而传播主体都有一定的权威性，大众媒体往往是他们统治的工具。然而，网络的出现打破了他们的权威。网络以其去中心化著称，而去中心化则带来了话语权的下放。于是在网络文化的建设中，人人都可以是参与者，传统的话语权威被解构，被弱化，新的草根势力崛起，受众主体性被放大。

（2）网络文化传播内容的碎片化。传统文化的内容大多是以线性叙事为主的完整的信息，受众也习惯了接受完整的一段信息。但网络催生了信息大爆炸，而信息爆炸的结果是受众被淹没在信息的海洋中，这些信息大都是旧有文化体系崩裂后重新排列组合的产物，信息碎片遍布网络世界。网络将这些信息碎片用各种推送或超文本链接的方式组合在一起，在这种情况下，一则完整的信息往往与其他很多在内容上与之有关系的信息相互链接，人们可以随时从一个文本跳跃到另一文本中去。

（3）网络文化信息接收的碎片化。和传统媒体相比，网络的优势之一就是传播速度非常快，所以，其中流行文化的更新速度也非常快。网络用户不断处于新文化现象的冲击中，常常应接不暇，许多老年人经常会感到"跟不上节奏"。天文数量的信息和快速的更新导致在网络上人们注意力的集中只能是片刻的、即时的、转瞬即逝的。能引起人们注意的一些文化现象很快就会被更能引起人们注意的新的文化现象信息所替代，很多网络文化能够保持流行的时间都难以长久，人们的注意力常常不断地被下一个更具刺激性的文化现象所吸引。所以，在网络时代，一个哪怕是现象级的文化现象，受关注的时间也往往不会太长。常常是一个网络流行元素刚兴盛几天，一些对新事物不够敏感的人还未熟悉，新的文化热点就又出现，将大多数网民的注意力吸引了过去。

（4）网络文化传播环境时空的碎片化。传统文化在进行传播活动时都要有一个空间和时间上的中心，这个物理空间上的中心可能是报纸杂志社，也可能是广播电视台。这个时间上的中心意味着传统文化在使用大众媒体进行传播活动时，通常要在确定的时间段里。传统文化的传播活动要在特定的时空中，这就将受众和传者隔离开来，特定的传播环境营造出一种仪式感，将文化传播活动神秘化。网络则以其独特的媒介形式和接触的便捷性，摆脱了时间和空间上的限制。尤其在智能手机普及、移动网络广泛应用以后，更消除了时间和空间上的中心，所有文化传播时间和空间都被分散成了碎片，随时随地都可以进行传播活动,这也使网络文化传播更为自由。

**3. 微型化**

随着网络信息量的急剧增加,网络文化内容出现微型化的趋势,微内容在网络传播中的地位迅速升高。

微内容是相对于巨内容而言的。巨内容就是传统媒体的主体内容,是体现新闻的重要性、接近性、时效性、显著性和趣味性等新闻价值的内容。微内容概念最早的界定者是网络易用性研究者,被《纽约时报》称为"发掘网页能力的先知"的杰柯柏·尼尔森(Jakob Nielsen)。尼尔森用"微内容"来描述一个网页上所显示的有特定明确含义的"超小文字段",比如页头、标题与主题词等,认为这样的"超小文字段"在网络使用者对网页的选择和浏览上具有至关重要的作用。

微内容并不完全是网络传播的产物,在互联网时代之前,微内容就存在,但那时只是作为个体的私内容而存在。正是互联网的发展和普及,使渺小、琐碎和个人化的微内容进入了人类的视角,成为了推动社会进步的主角。

微内容虽然小,但是由于其总量大,因此影响和效果并不逊于传统的大众文化中的巨内容,它们对社会信息的传播、网络民意的形成、网络文化的建构、社会关系的变迁乃至人类精神交往的形态等产生前所未有的挑战和冲击。网络使微内容从私人空间进入到网络公共领域。在德国学者卡尔·W. 德克(Karl W. Deutsch)提出的"五层级舆论传播模式"中,信息水簇以瀑布的方式,从较高的传播系统向较低的传播系统流动。在流动过程中水簇会经过一个一个的水潭:社会精英→政府人士→大众媒体→意见领袖→普通大众;而相反地,这些信息也会以蒸腾的方式反馈到上层。这就是"瀑布模式"和"蒸腾模式"。在传统文化信息流动的过程中,社会精英层与政治系统和大众传媒相通,但较少直接联系本地意见领袖和普通大众,反之亦然。但是,在网络文化时代,反向的蒸腾由于大量微内容积聚放大,更容易对上层和全社会产生影响。

## 二、网络不断催生新的文化方式

网络从一个新媒介到成为网民生活中不可或缺的一部分,不仅仅是作为一种承载和传播信息的工具,也催生出不少新鲜的文化方式。网络为各种文化提供了自由交流和展示的平台,各种各样的民间创作通过互联网达到了传播甚至流行的目的,互联网成为全球最大的创作、交流、出版、发行的园地。以网络为展示平台的民间创作越来越多，从形式到内容不断进行着翻新。

## （一）网络为传统内容提供更便捷的传播

网络为一些原本需要通过别的传播渠道发行的内容提供了一条更易为人们所知悉的传播渠道。以流行歌曲为例，传统上，一首流行歌曲要想进入大众传媒发行渠道传播，需要经过唱片公司的制作，然后再通过发行渠道进入市场。这期间，一首歌的走红会受到很多体制因素的制约。而一首网络歌曲只要好听，很快就会在网友之间的互相推荐下为大众熟知，成为背景音乐或手机铃声广为传播。网络为业余音乐人提供了一个平等展示的机会，一些业余音乐人仅凭一台能够正常运转的电脑和一套音乐编辑软件，就可以让自己的作品向大众传播。由于网络歌曲在发表之初下载通常是免费的，靠着网络世界无数网友的下载、转发，网络歌曲常常可以惊人的速度流传开来。

2008年春节，就在已经办了25届的央视春晚正在紧锣密鼓准备时，一个叫"老孟"的网民举起了"山寨春晚"大旗，声称要向央视春晚这道传统的"年夜饭"叫板，得到众多网友力挺，短时间就有近千人报名。结果老孟干脆开通了名为"中国山寨电视"的网站，并冠以CCSTV（China Countryside TV，中国山寨电视），不断向网友报道这台晚会的最新进展情况。虽然最后从播出情况看这种"山寨春晚"和另一个湖南网民低调操办的"酱油春晚"无论从哪个方面都无法与正版的春晚相提并论，但这种自娱自乐、面向广大网民的晚会还是吸引了大量的关注。之后类似的"网络春晚"每年在各地都开始大量出现，有的是省级文化单位制作，也有的是社区或班级举办，还有许多如老知青、老同学或家族办的"网络春晚"，人们利用网络技术带来的便捷传播方式尽情地制作和传播欢乐。

自2011年起，央视也开始在小年夜里举办"网络春晚"。2018年CCTV网络春晚以"网筑强国梦，智汇新时代"为主题，晚会上的人工智能成为最大亮点，不仅有全球顶尖的钢琴机器人特奥与歌手任贤齐的新奇组合，还有智能机器人布丁豆豆和主持人使用流利的双语交流。作为央视创新互动"融媒体"开年首发平台，2018年CCTV网络春晚展示了多款创新融媒体产品，同时打通电视、电脑、手机端三大平台，实现"多屏"互动，将流行元素与情感、科技紧密结合，呈现一档兼具科技感与温情的互联网属性晚会。

除此之外，不管是文学作品还是自拍的家庭录像，只要内容为大众所感兴趣，都能绕开传统的发行渠道，直接在网络上传播。如网络文学在世纪之交期间的主要阵地还是像"榕树下"这样的文学网站，后来随着博客、微博、微信的出现，许多作者根据自己的需求，不断地增加或改变写作阵地。有些非专业作者的作品，如同人小说，是利用一些经典作品中的人物角色、故事情节或背景设定进行二次创作，如果向传统文化媒体投稿的话，难免会因为被觉得"狗尾续貂"而被拒，但是网络以其几乎无限的容量能够包含各种内容，使它们有了自己的一席之地。在网络文学作品中，甚至还有些特别"口水"的作品被戏谑地冠以如"梨花体""乌青体"这样的名称而流传于世。一些业余表演者的作品不仅可以获得免费大众传播的机会，甚至有的因表演得特别糟糕也能以搞笑的方式"红"起来。网络的自由开放空间为各种创作的发表扫除了障碍，让许多原本没有机会问世的草根作品得以为大众所知，网络传播由此成为各种内容的创作者所喜爱的传播方式。

### （二）网络催生新形式的创作

数字化使个人使用数字方式创作作品变得容易，网络的特殊传播方式催生了一些专为网络进行的特别创作。如网络电影，早在 2000 年 8 月 18 日，台湾地区第一部网络电影《175 度色盲》就结合真人拍摄与 2D、3D 动画，让网友可直接上网依照自己喜欢的顺序观看片段并与之互动。由于《175 度色盲》的剧情是不断发展着的，网友的回应可以主宰男女主角未来的命运。

数字化创作的低成本也让一些普通人可以方便地创作和发表自己的构想。特别是音视频的编辑，以前只有专业的电视工作者才能方便地接触到非线性编辑设备，但是现在相关的软件越来越多，而且越来越容易操作，非专业人员也能通过一些软件只简单地处理一下就做出有如专业效果的作品。

**1. 图片处理软件催生秀图热**

修图类软件最经典的是 Photoshop，其简称 PS 已被属名化代指"修图"一词。中国最大的图片处理上市公司美图有着美图秀秀、美拍、美妆相机、柚子相机、美颜相机、美图拍拍、美发秀秀、美图看看、潮自拍、海报工厂、表情工厂、海报工厂、美图贴贴、美图 GIF、美陌等几十个软件。此外，Polarr（泼辣修图）是市面上第一个将深度学习模型放在手机上的 App；VSCO 既可以拍照，也可以进行照片编辑和照片分享；fotor 是简单有趣跨平台免费编辑器和图片创作工具；Brushstroke 能将照片制作成绘画风格；Waterlogue 能将照片处理出水彩风格；Prisma 可以让手机里的普通照片模仿出著名艺术家画作效果；53paper 可以在 iPad 上绘画；创意照片处理工具 Repix GIMP 能做跨平台的图像处理；Litely 能给用户电影般极致摄影体验；FotoMark 有手绘、图片合成、背景透明等一些功能；magic eraser 可以删除任何照片背景，也可以剪出物件保存作为 logo 或者贴图。

大量图片处理软件使得普通非专业人士也可以制作出专业水准图片，并能够制作如图片电影、立体照片、动态照片、全息照片这样数字时代之前会被称奇的作品。

**2. 音频处理软件催生配音热**

以前配音及音频制作通常也需要专业人士使用专业设备，但是随着此类软件的增多，不仅玩的人包括了大量的非专业人士，而且其中一些软件的风行甚至产生了现象级的时尚。如 15 秒音乐创意短视频社交软件抖音，2016 年 9 月由今日头条开发出来，因精准撬动年轻一代的社交表达欲，凭借出色的产品体验和精细化运营，一举在 2018 年社交应用中占据社群热度榜首，一些与其有关的新词，如"手势舞""海草舞""尬舞机""嘀嘀嘀""C 哩 C 哩"等也成为网络热词。海外版抖音（Tik Tok）2017 年 5 月 12 日在谷歌商店上线，之后在东南亚国家的视频应用中一直稳居前十名。应用市场研究公司 Sensor Tower 的数据显示，2018 年第一季度，抖音下载量达 4 580 万次，超越 Facebook、Youtube、Instagram 等成为全球下载量最高的 iPhone 应用。

其他常用的配音软件还有：小咖秀、配音秀、美拍、全民 K 歌、唱吧、logic studio、魔音相册等。而配音软件中又细分一些类别，如混音软件魔力混音、UTAU、cubase，变声软件魔法变声、万能语音变声器、变声器专业版等。声音模仿软件 project Voco，只要有 20 分钟以上的视频就可以模仿出原始音色，使配音的音色与原始音极为相似，几可乱真。BendyBooth 不仅能变声，同时还能变脸。自己作曲和录制时可用 GarageBand，音乐制作软件 figure 可以帮助音乐爱好者在灵光一现时迅速制作音乐，因为只需三分钟，所以在一些零碎时间里就可以随心拨弄一番，打造属于自己的独特韵律。同样可以用于编曲的还有 GTP（全称 guitaro pro）等。日本开发的动漫人物 3D 模型动作编辑软件 MMD（全称 mikumikudance），可以在官网上免费下载动漫人物的 3D 模型，然后自己编辑动作，将自己的编曲通过初音未来的人物唱和跳出来。

**3. 视频制作大众化**

许多视频处理软件，从早期的 premier、爱剪辑、到后来的大洋索贝、GoPro Quik 视频编辑器、小丸工具箱、Motion、iMovie、replay 视频编辑器、Clips、八角星等，都能进行非线性编辑处理，满足新手制作出专业水准视频的要求。像小影、逗拍、秒拍、一瞬等短视频工具因为简单有趣又能适合用于社交软件，深受年轻人的喜爱。受欢迎的直播平台有斗鱼、映客、花椒、

Now、熊猫、一直播、虎牙（YY）、么么、千帆直播等。

网络平台和各种软件使得非专业人士也可以参与到此类制作和传播活动中来，体现了网络文化的大众化、草根化。

**4. H5 页面成为流行传播形式**

微信的流行使得适应微信传播的内容形式自然地形成新的风格。在国内首家 HTML5 数字营销创作及创意平台 MAKA（码卡）之后，有大量微信编辑器软件问世，如秀米、小蚂蚁、云来、人人秀、135、ME、96、Epub360、i 排版、兔展、简客、万能页、初页、易企秀等，大多数的微信编辑器都功能样式丰富，提供"一键排版"，让非专业的媒体人也能迅速上手，轻松编辑出非常美观的微信图文消息。如 Mugeda（木疙瘩）这样的软件还能用来制作专业 HTML5 交互动画。而随着微信对话经常会被截图用来展示信息，一些类似"微信对话生成器""微商截图王"这样的微信截图生成工具竟然也应运而生，被用来人为地制作各种微信对话、微信红包和微信零钱界面。

**5. 搜索功能多元化**

随着互联网上总信息量的增加，一些搜索类的软件也变得十分有趣或高效。

鬼畜输入法是一款简单有趣的视频制作 App，只要输入台词，系统就会根据台词在影视库里找到对应的字和词语，借明星演员之口说出来。在鬼畜输入法输入任何语句，点击"生成视频"即能立刻将文字变成明星演绎的短视频。

还有各式各样的词云工具。"词云"的概念由美国西北大学新媒体专业主任里奇·戈登（Rich Gordon）提出，它是对网络文本中出现频率较高的"关键词"予以视觉上的突出，形成"关键词云层"或"关键词渲染"，从而过滤掉大量的文本信息，使浏览网页者只要看一眼就可以领略文本的主旨。比较早的英文词云工具有 Wordle、Worditout、Tagcrowd，现在常用的汉语词云工具有：BlueMC、Tagxedo、图悦、Timdream、Tagul 等，这些软件让人们可以即便不会 python 和 R 语言，也能生成专业的词云图，贴在年终汇报、策划方案、竞标提案或者论文里。

## 三、网络亚文化

亚文化（Subculture）指的是通过风格化方式挑战正统或主流文化以便建立集体认同的尚未成为主流的文化。在对亚文化的研究中，成果最卓著的是英国伯明翰学派，该学派认为亚文化，尤其是青年亚文化，一般会体现出抵抗性、仪式性、风格性等特征,这三个词也成为青年亚文化的关键词。在中国,网络亚文化虽然也具有边缘文化的特点,但是受众群人数并不少,更多地体现出张扬个性、批判现实、颠覆经典、解构传统的娱乐特点。

## (一) 二次元

现实的三维空间被称为是"三次元",而平面媒体中的漫画或动画表现的是二维空间,所以被称为"二次元"。既是动漫又是现实的还有一个"2.5次元"的说法。二次元文化的主要表现形式为 ACGN。ACGN 为英文 Animation(动画)、Comic(漫画)、Game(游戏)、Novel(小说)的首字母缩写。ACGN 文化发源于日本,主要通过互联网流传至中国台湾、香港、大陆,为青少年所喜爱。最早 ACGN 文化中"N"所代表的轻小说还没有太成为流行时尚,所以在相当长的一段时间里是被称为 ACG 文化。后来被加进去的轻小说指的是"可轻松阅读的小说",是以特定故事描绘手法包装的小说,通常使用动漫画风格插画。这四种文化传播形式常常是相辅相成,互相转换的。"二次元文化"指在 ACGN 为主要载体的平面世界中,由二次元产品所形成的独特的价值观与理念。ACGN 文化圈中用"二次元"一词来表达"架空""假想""幻想""虚构"之意,但二次元文化并不限于 ACGN,还包括从 ACGN 向外延伸出的手办[1]、Cosplay[2]等衍生产物。

### 1. 二次元迷们的特点

二次元文化中的"御宅族"一词在 20 世纪末的含义是"容易沉浸在幻想世界中,欠缺正常社交生活经验的亚文化族群"。虽然"御宅族"一词经二次元文化发生了改变,从略含贬义到变得中性甚至有褒义,成为二次元迷们的一个别称,但是许多二次元迷并不喜欢被称呼为"御宅族"。在 20 世纪 80 年代初期,"御宅"一词在日本多用于形容那些成年后仍然痴迷游戏动漫并且单身的男子。因为 1989 年的"宫崎勤事件"中的连环杀人者有看动漫的嗜好,对当时的 ACG 文化公众形象产生极大负面影响,"御宅族"的社会形象显得既幼稚又异常。2004 年"小林薰事件"因受害者被杀害的方法与著名动漫作品《库洛魔法使》的同人作品吻合,再次让 ACGN 文化的形象蒙上阴影。

---

[1] 手办是一种收藏模型,是日本动漫周边产品中的一种,英文为 Garage Kits(简称 GK),特指未涂装树脂的套装模件。
[2] 英文"Costume Play"的简略写法,指利用服装、饰品、道具以及化妆来扮演动漫作品、游戏中的角色。

2004年日本流行网络故事《电车男》塑造了一个日本社会中典型的宅男形象,既不重外表,也没女性缘,也不敢与女性交谈,但是对使用电脑和二次元文化很在行,喜欢收集各式各样的模型。事实上,二次元迷们并不是都有社交障碍,而且许多学生性格健康、功课很好,许多成人学历颇高、收入不菲。他们只是更喜欢通过在虚拟世界中表现自我、发泄情绪,体验"假想"和"虚构"的世界所带来的满足感。

相比较其他群体,二次元迷们一般都有较强的自我意识和表现欲望,喜欢表达自己的看法,但不善于倾听;有可贵的创新精神,希望实现精神的自我满足,但又往往害怕被忽视;容易冲动,自我控制能力较差,做事不计后果;责任感相对不足。二次元迷们对喜爱的东西和品牌忠诚度很高,爱攀比炫耀,非理性消费。

二次元迷们喜欢用自己喜爱的虚拟动漫人物的形象作为自己的社交网络上的头像,用它们的姓名作为自己社交网络上的昵称,用各种动漫表情包来在交流中夸张地显示自己的态度。一些精心设计的二次元虚拟人物,通常可爱呆萌、模样"养眼",易得到接受和认同。

**2. 二次元文化流行的原因**

一种文化的流行不会是无缘无故的,亚文化也是如此。二次元文化能长期流行,有其外在的科学技术支持和内在的社会心理原因。

(1)外在技术原因。虽然20世纪80年代,ACG文化就开始传入中国,但由于网络尚未普及,发展未形成聚合效应。互联网的出现和发展迅速打破了时空的限制,二次元文化中得以广泛传播。随着网络信息技术的普及,因为几乎所有事情都可以通过网络解决,在电脑或手机上就可以叫外卖、购物、看电影、与朋友交流,技术上使宅在家里也可以生存,而且很舒服。所以"宅"的人更多了,互联网也为二次元文化爱好者们带来了充足的资源,让他们在这个虚拟世界中自由沉浸、充分交流。

(2)内在心理原因。喜爱二次元文化的大多是青少年,中国的二次元迷们大都是独生子女,从小生活在溺爱中,也习惯了独处。面对外界的社会大环境,他们有的缺乏与人建立亲密关系的能力,特别是当现实和理想出现落差时,就更加愿意留守在熟悉的家庭环境和虚拟世界中。二次元迷们对人生和情感的执着追求偏于"唯美""完美",由于这种追求在现实世界中几乎无法实现,因此他们常常宁愿沉浸在想象的世界中。

作为娱乐经济时代的新生文化力量,动漫被誉为"21世纪知识经济的核心产业"。一部动漫作品成功后,会衍生出动漫图书、报刊、音像制品、舞台剧、模型、扮装、游戏，还有基于现代信息传播技术手段的动漫新品种，还会拓展出许多周边产品，包含与动漫形象有关的服装、模型、玩具、游戏、电影、电视连续剧等。由于二次元文化在年轻一代人中的巨大影响，一些高端时尚品牌也充分利用二次元文化符号来吸引年轻一代，如 2015 年奢侈品牌路易威登就曾安排动漫《最终幻想 13》中的主人公雷霆姐做代言人。

### （二）网游

网游，是网络游戏（Online Game）的简称，是以互联网为传输媒介，以游戏运营商服务器和用户计算机为处理终端，以游戏客户端软件为信息交互窗口的旨在实现娱乐、休闲、交流和取得虚拟成就的具有可持续性的在线游戏。

网游文化属于 ACGN 文化范畴，但是在地位上可与 ACGN 文化并列，而且它是最受争议的亚文化。谈及它，不少人会给其打上"暴力""低俗""电子毒品"的标签，认为它属于百害无一利的"精神鸦片"。长期以来，它被认为是对人身心有害的。作为一种亚文化，网络游戏有着最明显的青年亚文化中"反抗"的特征。热衷于网络游戏的往往是学生、孩子、下属、职员、社会青年等，而与之相对的，对网络游戏持反对意见的则常常是教师、家长、上司、老板、警察等。但是，随着网络游戏的发展，人们对网络游戏的认识和理解也悄悄地发生着变化。

**1. 网游文化的特征**

玩网络游戏长期以来被认为是"玩物丧志"的活动，在发展初期很少有人将它与文化一词联系在一起。但是，随着网络游戏的发展，它渐渐显露出越来越多的文化特征。

（1）网游科技文化。网络游戏的发展与创新与科技水平的发展与创新紧密相关，网络游戏的发展历程也是互联网技术的发展历程。一些新的网络技术不断为新的网络游戏注入新元素，正是由于有着科技的支撑，网络游戏才从内容到形式变得越来越丰富多彩。

（2）网游社交文化。网游亚文化是一种另类的主要存在于青年人中的社交文化，网游参与者们在虚拟世界中互相合作与争斗，共同体验各种各样的事件及人生，渐渐地，网游世界中便有了属于这一领域的很多特有信息，从而形成了一些特有的价值观念和道德体系。处于这个系统之外的人，可能并不能对其心领神会，身处其中的人们却渐渐发展出一些共有的言行和思维习惯。

（3）网游娱乐文化。游戏本身就是休闲娱乐的形式，网络游戏和文学、电影、歌舞一样，都拥有娱乐的特性。由于网游实现了虚拟空间的互动，满足了人们的参与需求，又可以在像手机这样的便携工具上进行，所以它的娱乐价值正在不断超越着传统的娱乐文化，吸引越来越多的参与者。

（4）网游商业文化。网络游戏在中国的发展，从早期的代理外国游戏，到现在大力自主研发本国游戏，从出现游戏点卡，到推出"免费+出售道具"的收费模式，从鲜有广告涉及到规模越来越大地接受广告及广告投入，网络游戏在商业模式上不断创新，这一系列变化也体现了浓厚的商业文化的特性。

网络游戏业目前在全球已经形成巨大的市场，正成为风靡全球的娱乐产业，在美国甚至已经取代好莱坞而独占娱乐业的鳌头。在日本和韩国，电子游戏产业及带动的相关产业的产值相继超过以汽车制造为代表的传统制造业，成为国民经济的主导产业之一。

**2. 对网络游戏的新认识**

随着一些世界商业巨头不断生产出更精致、更有吸引力的游戏，网络游戏影响了数以亿计的玩家，这一领域也对社会产生越来越大的影响，体现出其特有的价值。

（1）艺术价值。在艺术上，网络游戏超过了以往任何一种艺术形态，表现出一种前所未有的体验价值，越来越高的虚拟仿真技术使一些网络游戏的画面可以与精彩的电影相媲美，被认为是继文学、绘画、雕塑、舞蹈、音乐、建筑、戏剧和电影之后的"第九艺术"。网络游戏不仅是一种综合艺术，由于游戏者直接参与其内，其互动性非其他以第三方旁观者的姿态欣赏的艺术形式可以比及。随着网游的发展，许多网络游戏中的人物和造型因为被人们熟知而成为经典，从中衍生出像"Cosplay"这样的新艺术形式，并带动了相关的产业。

（2）经济价值。2004年，盛大网络的陈天桥因代理游戏《传奇》，一跃成为中国首富。根据中国音数协游戏工委（GPC）、伽马数据（CNG）、国际数据公司（IDC）在2017年底联合发布的《2017年中国游戏产业报告》，2017中国游戏产业收入超2 000亿，同比增长23.0%，手游占比超50%。据分析公司Digi-Capital估计，2018年，全球游戏软件和硬件的总收入将达到1 650亿到1 700亿美元，如果移动端的表现更强势的话，到2022年甚至会达到2 300亿到2 350亿美元左右。

（3）文化价值。从文化角度上看，网络游戏不仅是单纯的休闲娱乐工具，更体现了不同国家、不同民族、不同信仰之间的道德观念和价值取向的碰撞。网络游戏给社会所带来的文化冲击远比它所产生的财富要多，其不断出现的富于民族文化特色的游戏精品，融入了各国民族文化的精华，起到提升和振兴国家游戏产业、传播国家民族文化的作用。

现象级游戏《王者荣耀》中 80% 以上的英雄角色都是基于传统文化中的经典形象所设定。2017 年 12 月 29 日，腾讯和敦煌研究院联合召开合作发布会，共同启动"数字丝路"计划。该计划准备立足于"科技 + 文化"的基础策略，通过新载体、新形式、新思路，让敦煌文化与互联网有机结合，用年轻人喜闻乐见和易于接受的方式，不断探索互联网时代传统文化的创新传承方式，以契合时代的创意形态，让传统文化在新生代潮流中，焕发出新的活力。

（4）教育价值。许多游戏有开发智力、锻炼反应能力、开拓思维的作用。许多网络游戏将各种学科的知识内容融于其中，使人们在玩的过程中也能掌握一些科学知识或人生道理。一些网络智力游戏促使玩家设法理解游戏的规则，主动思考解决问题的不同方案。而让一个人面对游戏中的挑战并且战胜挑战，这个过程本身就是一种模拟的教育。在一些优秀的养成游戏中，玩家可以从游戏中吸取经验教训，并应用于生活的其他方面。即便这种学习有更多的娱乐成分，但是对于提高思考能力，培养独立决策能力、团队意识等，都有着很好的促进作用。由于游戏本身一般存在趣味性，适度为之可以让人们放松身心，获得愉悦感，因此它比一般的教育方式具有更多"寓教于乐"的作用。

（5）社会关系价值。一些对网络游戏的诟病中常常包含指责玩网络游戏使玩家与社会脱节。不可否认，确实存在这样的情况，但是，从另一个角度，也应看到网游对拉近人与人之间的距离、促进人与人的交往有很大的帮助。越来越多的网民们在互联网的虚拟世界中投入大量时间精力和金钱，并从中收获心理上的满足和失落。就像现实世界中一些等级性质的东西，如学历、职称、职位等，会给当事人带来一些社会地位及心理上的变化一样，虚拟世界中的一些等级，如意见领袖等级、游戏等级等，对于许多当事人也有着不同寻常的意义。

（6）实现自我价值。网络游戏是在一种虚拟的环境中进行的，网络的虚拟性，其本质是人类改变自己欲望的体现。心理学认为，在人类所有的欲望下面，隐藏着一个改变自己的愿望。网络游戏虚拟、想象的自我构造，表达了参与者一种探索另一个新的"自我"身份的愿望。网络游戏提供了一些移情扮演的体验，满足了一些参与者幻想、炫耀的感觉。游戏产业研究专家张遥力说："网络游戏塑造了一个接近真实的虚拟世界，这个世界相比现实世界更有趣味，更容易获得成就感，更容易排解内心的孤独和情绪，缓解现实社会引发的沉重压力。"[1] 在游戏中，参与者们可以通过角色扮演，一圆成为英雄侠客等现实中难以实现的梦想，也能凭着游戏技巧的娴熟，得到网络游戏伙伴们的

---

[1] 赵亚辉. 网络游戏："吸金妖魔"还是"第九艺术"[N]. 人民日报，2011-04-25（20）.

尊重甚至崇拜。

北京师范大学的何威和清华大学的曹书乐在研究了《人民日报》1981年至2017年的游戏报道话语变迁后发现，在近40年来《人民日报》游戏报道中，态度倾向从1989—2001年间的7年没有一篇正面报道，到近5年来负面报道占比仅有13%；主导框架从"危害青少年"转向"产业经济"，兼有"文娱新方式"；游戏玩家形象由劳动者主体变为"施害者/受害者/被拯救者"的沉默客体、再到消失不见的消费者或模糊不清的新人类；游戏则从"电子海洛因"变身"中国创造"。《人民日报》游戏报道话语变迁背后，折射了数字游戏在中国的社会认知乃至意识形态转向；而这一转向的每一时刻，又无不浸润在媒体话语实践的影响之中。

随着网络游戏电子竞技产业在国内的蓬勃发展，越来越多的高校开设了电竞专业，进行人才培养。在2016年9月中国教育部职业教育与成人教育司公布的《关于做好2017年高等职业学校拟招生专业申报工作的通知》中，电竞专业，即电子竞技运动与管理专业，成为增补的专业。

**3. 网游成瘾**

很多上网行为都有一定的成瘾性，玩网络游戏则更甚，玩网游成瘾是"网瘾"中重要的一部分。网瘾指上网者由于长时间地和习惯性地沉浸在网络时空当中，对互联网产生强烈的依赖，以至于达到了痴迷的程度而难以自我解脱的行为状态和心理状态。但是，关于这个词和这个词的内涵范围，一直存在着不同意见。

（1）对网瘾界定的争议。2010年中国青少年网络协会发布的《中国青少年网瘾报告（2009）》一出台，就备受争议。该报告称，2009年我国城市网瘾青少年约占青少年网民的14.1%，约为2 404.2万人。此外，手机上网可能会成为青少年上网成瘾的新动向。但卫生部在2009年11月发布的《未成年人健康上网指导（征求意见稿）》（下简称《上网指导》）中抛弃了"网瘾"的表述，认为"网络成瘾"定义不确切，不应以此界定不当使用网络对人身体健康和社会功能的损害。《上网指导》提出，因上网造成社会功能受损的未成年人，符合以下情况时，家庭和学校应到精神卫生专业机构寻求帮助：

① 对上网有强烈的渴望或冲动，想方设法想要上网；

② 经常想着与上网有关的事，回忆以前的上网经历，期待下次上网；

③ 多次对家人、亲友、老师、同学或专业人员撒谎，隐瞒上网的程度，包括上网的真实时间和费用；

④ 自己曾经做过努力，想控制、减少或停止上网，但没有成功；

⑤ 若几天不上网，就会出现烦躁不安、焦虑、易怒和厌烦等反应，上网可以减轻或避免这些反应；

⑥ 尽管知道上网有可能产生或加重原有的躯体或心理问题，仍然继续上网。

这六条对于不当使用网络对人身体健康和社会功能的损害的判断表述得到了大多数专家的肯定。在《中国青少年网瘾报告（2009）》中，调查对象群体"青少年"的定位是6岁至29岁；而在2005年的第一次网瘾报告中，甚至把35岁以下的人都作为青少年。这样做混淆了未成年人和具有独立民事行为能力消费者的界限。对于前者，依据明确的法律，需要采取一定的保护措施；而后一部分人群正是新技术产业中网游企业、社交网络企业的重要用户资源。游戏业界人士认为，成年人有其消费理性和独立人格，如果仍按青少年的标准限制，对于网络游戏玩家和企业，乃至整个国家的游戏产业来说，都是不公平的。但是，这种观点也受到质疑。虽然"网瘾"一词被认为是不严谨的用法，但是，因为没有更准确、更方便的表达方式，因此，在很大范围内，这一词仍被延用。

（2）网游成瘾问题。虽然上网成瘾的原因很多，但是玩网络游戏成瘾在各种网瘾问题中最为突出。虽然现在从文化和亚文化的角度看待网游对其批评的态度有所缓和，但是不可否认的是，很多网络游戏在制作时就为提高用户的黏度设计了很多环节和机制，使很多用户一旦介入就欲罢不能，导致现实中存在着大量因玩网络游戏上瘾而造成的悲剧。

中国政府为防止青少年沉迷网游，先后实行了"绿坝"、网游实名制和网游家长监护工程。腾讯2017年年初推出的"成长守护平台"就是在文化部指导下实施的"网络游戏未成年人家长监护工程"。"成长守护平台"主要提供了"提醒""查询"和"设置"三项功能。在完成绑定后，当这些账号登录游戏和发生消费时，家长可以通过注册的手机接收到短信提醒。

2018年4月24日，教育部办公厅发布了《教育部办公厅关于做好预防中小学生沉迷网络教育引导工作的紧急通知》，要求为切实做好预防中小学生沉迷网络教育引导工作，有效维护中小学生身心健康和生命安全，各校要通过多种形式开展专题教育，引导学生正确认识、科学对待、合理使用网络，了解预防沉迷网络知识和方式，提高对网络黄赌毒信息、不良网络游戏等危害性的认识，自觉抵制网络不良信息和不法行为。

网络游戏是媒介文化的一个重要组成部分，它的诞生促进了网络业和计算机业的发展，同时丰富了人们的精神世界和物质世界，提高了现代生活的品质。网络游戏作为文化产品，健康的游戏内容、正确的价值取向、规范的经营活动是保障全行业可持续发展的根本。解决网络游戏中存在的负面问题，单纯地依靠"堵"是不现实的，最重要的是摒弃其中不健康的因素，通过高品质、积极的游戏内容来引导这一产业的发展。对于网游用户来说，只要正确处理好现实与虚拟的关系、娱乐与工作生活的关系，一些压力和不良情绪甚至还能因此而得到释放，使人获得更好的心理平衡，从而使心理更加健康。因此，对于仍处于向主流文化过渡的网游亚文化来说，兴利除弊，体制和教育上的积极引导十分必要。

### (三) 恶搞

恶搞是网络亚文化的典型代表。恶搞的"恶"不是"恶意"的意思，而是指"夸张、超出常规"。恶搞者一方面戏讽原作，另一方面又利用原作制造新的语义，在模拟、戏仿和反讽的再创作过程中获取草根文化的快乐。

**1. 解构经典**

网络恶搞通常有着强烈的反讽性，以搞笑的方式，通过将原作品所蕴含的本来意义和衍生意义分解重构，达到对被批判事物产生调侃或讽刺的效果；通过戏仿、拼贴、夸张等手法对经典、权威的作品、人或事物进行解构、重组、颠覆，以达到搞笑、滑稽等目的。

恶搞在网络时代到来之前就存在，不管是文字的恶搞还是图片视频的恶搞，在数字技术普及之前，就曾经给人们带来欢笑。但是，这些恶搞作品往往由专业人士制作，如《大史记》系列，是中央电视台新闻评论部在2001年借工作之便，给一些老电影片断，如《列宁在1918》《粮食》等，重新配上偷换意义的台词，制作的系列搞笑短片。普通人要想模仿，当时在技术和设备上一般还缺乏条件。

草根阶层的恶搞能够在网络中盛行，一个主要的技术基础是一些图片和影音编辑软件的易学易用。一些照片被重新加工，一些影视画面被重新配上台词，由于在技术处理上难度不大，谁都可以做，因此，恶搞文化在网络上迅速流行，最初由日本的游戏界传入中国台湾地区，后经由网络传到中国香港，继而传入中国内地。

解构经典是恶搞的一个主要手法。解构经典，就是把经典作品中的符号重新进行排序，通过建立新的语境来产生新的意义。这种解构往往能产生草根的、民间的意义和价值，以戏谑的方式打破经典和权威的结构，偷换一些概念，消解经典文本中的神圣性，并与原作意义形成反讽的搞笑效果。2006年被称为"恶搞元年",这一年,中国开始进入电影大片蓬勃发展期。可是,几乎每一部大片都遭恶搞,视频被重新剪辑后达到喜剧效果。有些恶搞片的受欢迎度甚至超过大片本身。为什么越是大片越容易成为恶搞的对象呢?这就是美学上的"突降"或"反高潮"(Anti-climax)效果——原来被捧得很高的人或事物,在突降的过程中,当原来的神圣崇高、不可方物变得平庸世俗、低级琐碎,巨大的落差可以达到绝佳的反讽搞笑效果。如近年来恶搞著名电影和电视剧的《一秒就结局》系列,通常是抓住原作品中的一个关键的经典情节,一秒写死,使得整个情节开展不下去。如《还珠格格》里的小燕子被箭射中后挣扎着问乾隆:"你还记得大明湖畔的夏雨荷吗?"原剧情是乾隆立刻想起。但是恶搞片中,乾隆纳闷:"是谁?"后面显示《还珠格格》三部曲都"完"。与原剧巨大的反差产生巨大的喜剧效果。

一些被恶搞的古诗词则是被故意背串或篡改,让人啼笑皆非。如"红酥手,黄藤酒,两个黄鹂鸣翠柳""长亭外,古道边,一行白鹭上青天""借问酒家何处有,姑苏城外寒山寺""洛阳亲友如相问,轻舟已过万重山""爷娘闻女来,举身赴清池;阿姊闻妹来,自挂东南枝;小弟闻姊来,琵琶声停欲语迟""十年生死两茫茫,不思量,自难忘,千里孤坟,化作商品房""枯藤老树昏鸦,食堂又在涨价,同学饿成瘦马,夕阳西下,妈妈我要回家"……

**2. 大众狂欢**

恶搞被称为"网络时代的大众狂欢"。"狂欢"理论是苏联著名文艺理论家、符号学家巴赫金(M. M. Bakhtin)提出的,其前提是存在着两种世界、两种生活的划分:第一世界是官方的、严肃的、等级森严的秩序世界,统治阶级拥有无限的权力,而平民大众则过着常规的、谨小慎微的日常生活,对权威、权力、真理、教条、死亡充满屈从、崇敬与恐惧;第二世界则是狂欢广场式生活,是在官方世界的彼岸建立起的完全"颠倒的世界",这是平民大众的世界,打破了阶级、财产、门第、职位、等级、年龄、身份的区分与界限,"国王"也被打翻在地,小丑加冕成"王",人们平等而亲昵地交往、对话与游戏,尽情狂欢,对一切神圣物和日常生活的正常逻辑予以颠倒、亵渎、嘲弄、戏耍、贬低、歪曲与戏仿。而一切非平民阶层要想在第二世界生活,只有放弃在第一世界的一切权力、身份、地位,才能够为第二世界所容纳。这是"民众暂时进入全民共享、自由、平等和富足的乌托邦王国的第二种生活形式,是暂时通向乌托邦世界之路"[1]。

---

[1] 巴赫金. 巴赫金全集:第6卷 [M]. 钱中文,译. 石家庄:河北教育出版社,1998:295.

日本哲学家北冈诚司把狂欢的世界感受概括为以下几点[1]：

（1）脱离体制；

（2）脱离常规，插科打诨，从等级秩序中解放出来，形成人与人间的相互关系的新形式；

（3）神圣与粗俗、崇高与卑下、伟大与渺小、明智与愚蠢、国王与小丑颠倒；

（4）充满粗俗化的降格，狂欢式的污言秽语与动作对神圣文字和箴言的模拟、讽刺。

网络恶搞文化最为显著的审美特征是戏仿手法的大量运用。在巴赫金看来，戏仿也是狂欢节中最为核心的表现形式："从一定程度上说，民间文化的第二生活、第二世界就是作为对日常生活，亦即非狂欢节生活的戏仿而建立的，就是作为颠倒的世界而建立的。"[2]"戏仿"存在的前提是存在某一被"仿"对象，这一对象往往被置于崇高、权威的地位。在恶搞文化中，戏仿的对象往往是大众文化，如流行歌曲、电影、电视剧……通过将大众文化的局部特征、内在断裂予以夸张、凸显、放大，对原先不可侵犯的等级、权威进行全面颠覆和肆意嘲笑；通过将原著的宏大叙事拆解成一系列断片，加以重新编排，使众多断片在一种突兀且荒谬的情境中相遇，产生强烈的喜剧效果。[3]正是在这样的媒介环境和社会背景之下，网络恶搞文化给网络狂欢带来了新的表现形式和审美特征。

恶搞带来的快乐显然来自人们青年时期容易感受到的压抑及对于现实秩序的反叛心理，因为被称为经典的正统文化往往太过严肃，不愿被压抑的网民用诙谐的方式消解着这种严肃，在解构各种原作的过程中体现出对现实的戏谑和抗争。狂欢实际上是平民为了建立一个新世界、新秩序而自我满足的心理策略，这种欢闹充满了宣泄性、颠覆性和平民性，散发着强烈的反体制、反权力、反规范的自由气息。这种心理因为在平民中存在共性，因此，即便处在不同的文化体系内，这种恶搞依然能够唤起反响与共鸣。

### 3. 对恶搞的最新管理

因为原作品越经典越严肃，这种突然降低语境的"反高潮"就越明显，

---

[1] 北冈诚司. 现代思想的冒险家们：巴赫金——对话与狂欢 [M]. 魏炫，译. 石家庄：河北教育出版社，2002：410.

[2] 巴赫金. 拉伯雷研究 [M]. 李兆林，等，译. 石家庄：河北教育出版社，1998：18-19.

[3] 李鹏飞. 网络恶搞："狂欢"背后的后现代陷阱 [J]. 东南传播，2011（1）：11.

所以越是庄严的传播形式越是常被套用；越是经典的作品，越容易被恶搞。虽然恶搞的初衷都是为了开玩笑，但是有的恶搞可能会产生不良影响。

2016年1月19日，一名网民将广东省《阳江日报》政协会议开幕报道中《市政协会议1月19号开幕》的标题通过软件篡改为《市政协六届十八次常委会决定我市将全面开放二妻政策》，并制成图片在网上传播，引起了网民广泛关注。当时，大部分人都以为报纸出现重大编辑错误，然而，事件很快就有了转折。就在当天，《阳江日报》通过微博晒出了报纸原版及被篡改过的报纸对比图，并就网民恶搞一事向阳江警方报案。经过警方核查，该内容为虚假信息，男子林某因涉嫌造谣依法被阳江警方行政拘留。此事被严肃处理是因为本案中，林某篡改的是正规报纸的新闻标题，篡改的形式具有较强的欺骗性，且编造的内容十分吸引眼球。被篡改的图片短时间内传遍了各大微信群、QQ群，引发了众多网民的关注与讨论，影响范围较大。因为内容涉及国家政策，可能对社会公众产生误导，也损害了《阳江日报》的声誉，因此，即使《阳江日报》及时辟谣，该行为没有造成严重后果，林某也应当为其影响力承担法律责任。

2018年2月，文化部部署查处工作，要求互联网文化单位自觉抵制恶搞红色经典及英雄人物的互联网文化产品，传播社会主义先进文化。文化部将进一步加强互联网文化市场监管，紧盯恶搞红色经典及英雄人物、格调低俗的互联网文化产品，加强网络巡查，一旦发现，立即责令下线；严查价值导向偏差、含有法律法规禁止内容的互联网文化产品，情节严重的，依法从重查处并列入文化市场黑名单。进一步加强对互联网文化单位的引导规范，要求其严肃对待经典革命题材文化作品，尊重历史、敬重经典、礼赞英雄，自觉抵制和清除不良内容，提供积极健康、向上向善的互联网文化产品。2018年3月底广电总局下发了《关于进一步规范网络视听节目传播秩序的通知》，从制作、播出、冠名等不同方面提出了四点要求，其中"坚决禁止非法抓取、剪拼改编视听节目的行为"，明确禁止对"经典文艺作品"的篡改、恶搞行为。经典文艺作品中包括了四大名著、革命经典作品及英雄人物等。

### （四）丧文化和佛系文化

网络流行文化常常此起彼伏，不断出现，又不断消退。网络文化是社会现实的反映，一些亚文化的流行通常会与一些社会现象紧密相关，如2017年左右突然占据网络的"佛系文化"和"丧文化"。

### 1. 丧文化

"丧文化"的"丧"字在这个概念中并没有"死亡"的含义，主要表达的意思是"消极"。"丧文化"虽然是 2017 年开始盛行，但是早在 2009 年，一些比较"丧"的网络流行语和表情包已经出现。如 Matt Furie 的绘画作品《Pepe the frog》里的主人公 pepe 是一只眼睛含着眼泪表情悲伤的青蛙，其沮丧的表情在美国的 4chan 网站、日本的 2chan 网站被大量使用。后来，Pepe 的形象被大量再创作，搭配各种文字，用来自嘲或调侃。美国歌手 lana del rey 则被称为是"丧歌天后"，因为她的曲风都是令人感到压抑沮丧的。此外，中国的网上也早就经常有一些被称为"毒鸡汤"甚至是"心灵砒霜"的"格言"，如"别动不动就把问题交给时间来证明，时间懒得理你这个烂摊子。""失意的时候，许多年轻人以为整个世界都抛弃了自己，别傻了，世界根本就没需要过你。""你只看到有些人表面上风光无限，却不知道，他们在背地里，也是顺风顺水呢"……由于有的内容从某些角度也深刻地揭示了现实，所以此类段子或语录有时甚至比积极励志的更受青年群体的喜爱，自嘲式的话语和表情包逐渐渗透到青年人的网络语言交流中。

"小确丧"突然替代了"小确幸"，从丧文化所传递的消极情绪突然如此大受欢迎，可以看出社会上年轻一代存在着习得性无助。"'废柴''葛优躺'等为代表的'丧文化'的产生和流行，是青年流行文化和青年亚文化在新媒体时代的一个缩影，它反映出当前青年的精神特质和集体焦虑，它是新时期青年社会心态和社会心理的一个表征。社会心态反映了特定时期和阶段人们的特定利益诉求，它是一种情绪、态度和看法，而且网络流行语、口头禅在某种程度上就是社会心态的典型表现和情感流露。"[1]

在社会交往中，把自己放在低位的人更易不受攻击，更易让他人因同情而不作更高要求。通过自我否定，其实不仅能通过降低定位而减少压力，还可以宣泄沮丧情绪，甚至有可能获得安慰。除此之外，丧文化其实还有其他的社会作用。尽管内容听着"致郁"，但是有的深刻搞笑，在一定范围内能引起群体的共鸣，反而起到了"治愈"的效果。因此，丧文化的流行也反映了尚处于社会底层的青年人的一种特别的群体认同——当大家集体"丧"的时候，有一种共同抵御外界压力的同仇敌忾，它反而能拉近心理距离，增加团体的凝聚力。

---

〔1〕萧子扬，常进锋，孙健. 从"废柴"到"葛优躺"：社会心理学视野下的网络青年"丧文化"研究 [J]. 青少年学刊，2017（3）：4.

## 2. 佛系文化

因为有丧文化在前,所以"佛系文化"常被认为是"化了妆"的丧文化。"佛系"的概念一般认为最早缘于日本某杂志 2014 年介绍的"佛系男子"。"佛系男子"指那些我行我素、连谈恋爱都觉得是麻烦的男子。2017 年 12 月,"佛系青年"一词突然在中国的微信朋友圈刷屏。这里的网络热词"佛系"其实与佛教的关系不太大,其"随缘"倒是更像道教的"无为"。正如当时一篇微信公众号热文《第一批 90 后已经出家了》里的一段话说的那样:"佛系的大概意思是:有也行,没有也行,不争不抢,不求输赢。"

以下是常见的佛系文化语录:

是手机不好玩还是游戏不好玩,为什么要脱单?

打游戏而已,不是输就是赢。

考试过了是缘,挂科是命。

本应最有激情的年轻人为什么会出现这种心态,自然也与社会现实中的一些状况有关。处于刚步入社会阶段的年轻人压力繁重,有着各种对社会的不适性。经济上收入低买房难,原生家庭又可能给予催婚压力,一些能力本来就不出众的年轻人感到压力巨大,无所适从,有的选择随遇而安慢慢调适,也有些人选择随波逐流逃避放弃。

"佛系人生"表面上看似是性格随和凡事无所谓,但实质确是无奈的自嘲和自我掩饰,总的来说是种消极逃避的人生观。但是,这种心态也并不是没有积极之处,通过主动减少精神和物质的消耗,可以更加集中精力和资源放在工作生活中最重要的事情上。有所坚持之后的"佛系生活",其本质是极简主义。

不管是网络文化还是亚文化,总在从某些角度反映出社会现实。这样的例子还有很多。像"尬文化"。"尬文化"缘于 2016 年的"尬舞"一词,这个"尬"指的是"尴尬",它并不是当事人想表达的本意,它指的是不会跳舞的人手舞足蹈,令旁观者尴尬,但是当事人往往处于自我陶醉状态。"尬舞"及之后又出现的"尬聊""尬唱"等词是随着抖音、快手等视频软件和直播平台的流行而出现的。一般"尬文化"的主角都不是专业人士或社会精英,他们的表演虽然旁人看着可能艺术价值不高,但是对于他们本人来说,却是非常好的释放压力、展示自我的方式。

文化的形成通常都是自然的,当参与的人多了,一种文化形式就形成了。网络文化或亚文化与传统文化相比并不显高雅正统,但是它们的出现和存在都有其客观的基础和社会原因。伴随着互联网的进一步普及，网络在人们社会工作生活中的地位越来越高，网络文化和亚文化也愈加凸显出其独特的价值。

## 第二节 网络传播符号与"网红"现象

传播需要借助一些传播符号。恩斯特·卡西尔（Ernst Cassirer）认为，人不仅是理性的动物，还是符号的动物。"人不再生活在一个单纯的物理宇宙之中，而是生活在一个符号宇宙之中。语言、神话、艺术和宗教则是这个符号宇宙中的各部分，它们是组成符号之网的不同丝线，是人类经验的交织之网。人类在思想和经验之中取得的一切进步都使符号之网更为精巧和牢固。人不再能直接地面对实在，他不可能仿佛是面对面地直观实在了。人的符号活动能力（symbolic activity）进展多少，物理实在似乎也就相应地退却多少。在某种意义上说，人是在不断地与自身打交道而不是在应付事物本身。他是如此地使自己被包围在语言的形式、艺术的想象、神话的符号以及宗教的仪式之中，以致除非凭借这些人为媒介物的中介，他就不可能看见或认识任何东西。"[1]在互联网上，新的传播符号不断出现，其中一些因为流行，最终成为日常传播符号。网络交流的求快、求趣、求新的特征决定了网络符号具有简捷、形象、易理解的特点。这些网络传播符号主要有两种，一种是网络语言，还有一种是网络表情。

### 一、网络语言

语言是传播的重要载体，文字是重要的传播符号。汉字是汉语最重要的组成部分，经过漫长的历史岁月，已经变得十分丰富。但是，语言本身是在不断的创新中发展的，而互联网的特殊语境为采取一些特殊方式来使用语言又提供了一个载体。

基于网络交流的一些客观情境，一些头脑灵活的网民们常常根据情况，创造出一些标新立异、生动活泼的新词，或者赋予一些旧词以新的含义，达到一种特殊的具有网络传播特点的传播效果。网络语言体现着网民的集体智慧和创造力，它们被自由地制造、使用和传播，并在使用中约定俗成。一些被网民们

---

[1] 恩斯特·卡西尔. 人论 [M]. 甘阳译. 上海：上海译文出版社，1985：33.

普遍使用的网络语言已成为广大网民的"官方语言"。

网络新词的创造方法可谓五花八门，许多都是绕了个有趣的弯子来表达一个常见的意思，用间接的符号来表达原语言不方便或不敢表达的情感。具体说来，按其组成方式可分为以下几类。

## （一）数字类

数字不管是在打字时还是在书写时都显得更加简洁，而网络聊天又追求打字的速度，因此，数字常被用来作为一些单词和句子的谐音来表达意思。

### 1. 数字与汉语谐音

数字与汉语谐音相关，常用的有：

233：源于猫扑表情第 233 号，是一张捶地大笑的表情，后被广泛用来表示大笑。

666：源于 LOL 游戏玩得溜，后被广泛用来表示"牛"或技术高超。

818：八一八（八卦一下）。

### 2. 数字与外语谐音

如："88"表示"bye bye"等。

## （二）缩略类

网民使用英语或汉语的正式缩略语及非正式的缩略方式，最初是为了提高网上聊天的效率，缩略语在缩略过程中带来的趣味性也让很多网民都愿意使用它们。

### 1. 网络新"成语"

男默女泪：男生看了会沉默，女生看了会流泪。

说闹觉余：其他人有说有笑有打有闹，感觉自己很多余。

喜大普奔：喜闻乐见、大快人心、普天同庆、奔走相告。

人艰不拆：人生如此艰难，有些事就不要拆穿了。

不明觉厉：虽然不明白，但是觉得很厉害。

和许多传统的成语经常有出处或故事来源一样，一样网络新成语也有来源，如"十动然拒"，据说源于某大学生花了 212 天给他心仪的女孩写了一封长达 16 万字的情书，装订成册，取名为《我不愿让你一个人》。他将情书送到女孩手中，女孩十分感动，然后就拒绝了他。

### 2. 网络"三字经"

城会玩："你们城里人真会玩"的缩写。

我伙呆:"我和我的小伙伴们都惊呆了"的缩写,来源于小学生作文。

何弃疗:"为何放弃治疗"的缩写,隐含义为"你有精神病,为什么放弃治疗呢,你应该待在精神病院里,不应该出来乱跑"。

人干事:"这是人干的事吗?"的缩写。既可能是吐槽报怨,也可能是惊叹赞赏,是褒义还是贬义要结合上下文。

请允悲:"请允许我做一个悲伤的表情"的缩写,常用作形容笑中带泪的心情。语出韩国电影《金馆长对金馆长对金馆长》。

知努否:"你知道他有多努力吗"的缩写,形容无条件、无理性地支持。

洗摸杯:"我的手已经洗干净了,能摸摸你的奖杯吗?"的缩写,表达崇拜之情。

**3. 字母缩略语**

字母在网络语言中能作为口语中的语气词使用,如"AU"或音"矮油"是"哎哟"的意思;"AUV"则是以揶揄的语调说"哎呦喂";"Emmmmmm"的意思是"呃……"表示无语;等等。

还有诸如"xswl"指"笑死我了";"zqsg"指"真情实感";"Diss"是英语"Disrespect(不尊重)"或"Disparage(轻视)"的简写,表示贬低、诋毁或攻击。不规则的缩略语通常是多种缩略试的综合运用,如:"B4"意思是"before"或"鄙视";"V5"意思是"威武"。

由于英语对世界文化的影响较大,因此,一些英语的缩略用法在国际上渐渐通用,如"LOL"为 Langh Out Lond 的缩写,意为"大笑"。

**4. 不规则的缩略语**

不规则的缩略语通常是多种缩略方式的综合运用,如:"B4"意思是"before"或"鄙视";"V5"意思是"威武"。

### (三)错音错字类

错音错字的大量出现和使用虽然显得有些不可思议,但是事实是:有不少网络语言就是从错音错字发展出来的,而且得到了广大网民的认可。由于中国不少网民是用拼音打字,在打词组时,会自动出现一些同音字,为了追求打字速度,许多人在进行网络聊天时,面对这种常见的错误,觉得彼此知道含义,心照不宣就行了,懒得花时间去改动,结果一些常用词汇的常见错误就沿用了下去。此外,由于中国各地的人们有着不同的口音,许多人用拼音打字时,因为自己发音不准,所以拼得也不准确,于是也形成了许多错音。因为有些音错了以后反而显得更加有趣,更凸显地方特色,平添了一层带有"草根"色彩的幽默感，时间一长竟也传遍全国，为所有网民所理解并沿用。例如：

寄几：自己

木有（米有）：没有

方了：慌了

涨姿势：涨知识

此外，还有故意将汉语拼音的声母和韵母故意写成汉字的，如"吃藕"意为"丑"，"鸽吻"意为"滚"；还有故意将语词连读的，如"酿紫"意为"那样子"，"表酱紫"意为"不要这样子"，"宣你"意为"喜欢你"，"造吗"意为"知道吗"，"哒"意为"的啊"等。

### （四）方言俗语类

有些网络语言就是一个地方的方言。但是在网络上流行之前，这些语言常常只局限在一个地域被使用。由于方言有着普通话所不能替代的生动，而且由非此方言区的人用起来，出于陌生化效果显得更加有趣，因此在网络语言中也占有一席之地。

东北话是进入网络语言领域较多的方言，也贡献了不少俗语。在网上，经常用东北口音的"银"来表示"人"的意思，还有像"扎心了，老铁""社会人""社会社会""不服 nèng 死你"等。俗语的优点是生活化，与一本正经的语言相比，它们更生动形象，可以把语境迅速带到世俗的方向。

像"大咖""菜鸟""抓狂""衰"原是闽南方言，"灰机"是福建口音说"飞机"，"菇凉"是兰州话说"姑娘"，"小公举"是广东和山东烟台方言说"小公主"。2016 年的热词"蓝瘦香菇"是广西音"难受，想哭"。"作死"广泛存在于东北话、北京话、吴语和两广白话等方言中，从中衍生出的"不作死就不会死"其英文"No zuo no die"不仅广泛流行于网络甚至主流传统媒体，2014 年还被编入美国网络俚语词典。

### （五）外语词汇、语音和语法类

在文化全球化的背景下，中国的网络语言中掺杂了大量外语词汇、语音和语法。

**1. 来自外语语音音译的网络语言**

日语中本身有许多外来语，在日常用语中也常用英语字母或单词的发音来表意，一些先由英语进入到日语的词汇，在日本流行起来后，又由于文化的全球化流动进入中国。如：

萝莉：源于文学作品《洛丽塔》（Lolita），指小女孩
控：即日文发音中的"con"，源于英文中的complex，指有某种情结

有些网络日语借词词性十分灵活，如"宅"。
"宅"既可以当动词，指窝在家里，不出门，也可以当形容词，修饰名词，如"宅男""宅女"，指的是不爱出门，喜欢在家里的男性和女性。
再如"萌"。
"萌"当名词用，是指"可爱的样子"，如"少跟我卖萌"；当动词用，如"我萌漫画"，指的是我喜欢漫画；当形容词用，如"懒羊羊很萌"，指的是懒羊羊很可爱。
来自英语的音译网络语言也很多，如：
因吹斯汀：英文"interesting"的谐音，意思是"有趣"。
亦可赛艇/一颗赛艇：英文"exciting"的谐音，意为"兴奋、令人激动"。因为有个明星叫曾轶可，也常常被写作轶可赛艇。
此外，外语的语法也对中国网络语言的语法产生影响，如：
"……的说"：是一种敬语，来自日文语法
"……ing"：是动词进行时的一种用法，来自英文语法

**2. 中国网络热词的英语版**

外来语对中国的网络语言产生了影响，而中国的网络语言反过来也影响着外来语。如"给力"这个词在中国流行后，就衍生出了几个英语词汇，像"Geilivable"是将"给力"一词的中文拼音与英语中形容词后缀结合起来，字面意为"真给力"。类似的表达还有"Hengeilivable"，意为"很给力"；而"Ungeilivable"则表示"不给力"。

其他的还有：

Antizen：蚁族
Smilence：心知肚明，笑而不语
Emotionormal：情绪稳定、淡定

## （六）古字新义与生造词

### 1. 古字新义

一些古字、生僻字在网络上也被网民赋予了新的含义。

囧，音"炯"，古义为光明，通"炯"。因为其字形正好是一个耷拉着眉眼的人脸模样，现在被用来表示郁闷、尴尬。

还有，像"又双叒叕"读音是"yòu shuāng ruò zhuó"后两个字并不是常用字，在网络语言中它们也并不是被用来表示本意，而是因为这四个字中"又"字不断增加，用来表示某事物发生相当频繁，又再次发生了。

**2. 生造字**

生造字是指网友自造出一些原本没有的字来表达生动诙谐的含义。如"嘂"，音为"biù"，拟音发射，再如2018年年度汉字"𡕒"，音为"qiǒu"，意为"又穷又丑又土""穷到吃土"。

### （七）源自典故的"梗"

"梗"系讹字，正字应为"哏"，网络意思是笑点。一般来说，"梗"都有个出处，有的出自文学作品，有的是出自新闻事件，有的则是出自综艺节目、动漫或电视剧等。一些被用了很多遍的典故被称为"老梗"，而一些被摘为"语录"或"段子"的小插曲不断地为网络语言贡献着新的流行语。

如"买橘子"出自朱自清的短篇散文《背影》，文中朱自清的爸爸对朱自清说"我买几个橘子去。你就在此地，不要走动。"引申暗指"我是你爸爸"，占对方的便宜。此外，还有：

洪荒之力：最早源自电视剧《花千骨》。在2016年里约奥运会上，游泳运动员傅园慧接受采访时表示："我已经用了洪荒之力了"，把观众们逗笑。

小目标：源于访谈节目《鲁豫有约》。在该节目2016年8月26日做的《大咖一日行》系列中，当时的中国首富王健林说："先定一个能达到的小目标，比方说先挣一个亿。"

一个亿：2014年，倪萍主持《等着我》节目时说："我们微博的阅读量是五千五百万，同志们，这是什么，将近一个亿呀。"后来网民们就把这种差得远的数字称为"一个亿"，如"红包一个都没抢到！感觉错过一个亿！"

### （八）火星文

"火星文"这种提法最早出现于中国台湾地区，随即流行于中国内地、中国香港和海外华人社会，成为中文互联网上的一种普遍用法，并逐渐向现实社会渗透。

因以仓颉、注音等繁体输入法打字时，会频繁出现一些错别字，久而久之，大家都能明白常见错别字的意思，就默认使用了。比如"劳工"（老公）、

"伱喷犮"（男朋友）、"荔口耐"（很可爱）、"伱傺谁"（你是谁）。

还有一些非语言符号与各种语言符号一起联合起来标示某种意思。如："你↓到我了！"（用"↓"取代"吓"）。

### （九）网络流行文体

在出现了网络语言和网络流行语后，网络文体就自然而然地出现了。流行文体的妙处在于可以不断套用，达到一种诙谐或反讽的效果。

2017年年初，"你尽管XX，XX算我输"的文体在期末考试季突然走红。一张外交部发言人的手势合成图上方标着"你们尽管复习，考到了算我输"。随后，就有了学生版："老师你尽管出题，会做一道算我输"；老师版："寒假作业你尽管写，写得完算我输"；红包版："你尽管去抢，抢到了算我输"；锦鲤版："你尽管转我，有用算我输"等无数版本。

还有像"隐形贫困人口"，指有些人虽然在朋友圈里看起来每天有吃有喝有玩，但实际上非常穷。该词一出引起了许多年轻网民的共鸣，衍生出"隐形美貌人口""隐形有钱人口""隐形富豪人口""隐形单身人口""隐形肥胖人口"。"我可能X了假XXX"的句式衍生出了"我可能上了个假班""我可能读了个假大学""我可能吃的是假饭"……

### （十）族群网络流行语

#### 1. 二次元文化词汇

因为二次元文化发源于日本，而日语中也有汉字，所以很多来自日语的二次元词汇很容易为中国人所接受。如：

御宅族：现在广义的御宅族指热衷于亚文化，并对该文化有深入的了解的人。狭义的御宅族指沉溺或热衷于动画、漫画以及电子游戏的人。

CP：Character Pairing（人物配对）的缩写，指观众或读者在自己心中主观地将两位角色认定为情侣。

本命：原意为真命天子，引申为最喜爱的角色的意思。也会出现"双本命""第一本命""第二本命"等说法。

吐槽：日文原意为抬杠、掀老底、拆台、踢爆。现中文含义中有在同伴说场面话时故意揭穿的意思。

#### 2. 网络游戏常用语言

吃鸡：出自《绝地求生》里的台词。获第一名时候会出现："大吉大利，晚上吃鸡！"其英文是"WINNER WINNER, CHICKEN DINNER!"

奶：玩家将加血职业称为"奶职业"，相应的将加血技能成为"奶"。

Newbie：菜鸟、新玩家或技术不太好的玩家。

KB：Knock Back，指网络游戏中，怪物被击退（的值）。

Buff：施放于怪物或玩家身上的有益魔法。

De-Buff：对一个单位施放一个具有负面效果的魔法使之战斗力降低。

**3. "饭圈"用语**

"饭圈"中的"饭"是英语的"Fan"。其复数"Fans"，又称"粉丝"。所以"饭圈"是"粉丝圈子"的简称，指的是追星族群体自己的小圈子。

爱豆：英语 idol 的谐音，即偶像。

C 位："C"指"center"。指在合影、海报、舞台表演中艺人处于中心位置。

打 call：应援、支持、增加热度。后又被直译成"打电话"。

云追星：在网上追星，没有在现实中主动去见真人。

死忠：又称死忠粉、真爱粉，饭圈核心组成力量。反义词是"黑粉"。

团饭：对某个组合的所有成员都有好感。反义词是"唯饭"，即只喜欢某组合中某一成员。衍生词还有"毒唯"，指对本命外的其他成员没有基本的尊重。

**4. "00 后"网络用语**

"00 后"，也称"零零后""千禧一代"，指 2000 年后出生的一代。主要见于这个年龄层的网络用语示例如下：

扩列：扩充、添加至好友列表，即问可不可以加个好友，缩写为"K"。

躺列：互加好友之后，没有交流，躺在好友列表中的行为。

长弧：因重要事情，需长时间离开二次元空间，暂时回归三次元，导致长期不在线。类似的还有"淡圈""弧圈"这样的表达。

李涛："理性讨论"的缩写，意思是不要情绪化地攻击。

欧气：指"好运气"，反义词是"非气"。运气特别好为"欧皇"，运气特别差为"非洲酋长"。

网络符号能提示一些约定信息，在网络空间中使用这种方式交流，还能产生沟通以外的意义，比如它能够提高使用者的吸引力。当聊天的一方大量使用网络语言时，一方面能够显示这个网友是个风趣的人，另一方面也显示出其在网络聊天方面不是新手。由于不常接触互联网的人几乎看不懂也不会用网络符号，因此，这种使用也能从整体上显示出这个网友是个跟得上时代的人。年轻一代对网络语言的热衷，很大程度上体现了一种青春期的叛逆情绪，是他们对循规蹈矩、古板刻薄的传统文化教育的反抗，也传递出渴望用独立的"自己"和同龄人交流与沟通的心情。对他们来说，网络语言不仅仅是时髦的标志，更是一种身份的认同。在青年人中，如果不懂网语，就会被视为"落伍""古董"，进而被孤立、淡忘。游离于群体之外，往往是渴望融入社会的年轻人最不能忍受的，会引发一种怕被新时代遗弃的恐惧。

在"大众狂欢"的过程中，网络语言作为网络文化和亚文化的一部分，不断丰富当代的文化，并潜移默化地影响着文化发展的潮流。虽然目前有些内容和形式娱乐的成分更多些，还得不到主流文化群的认同，但是，就像以前白话小说曾在历史上遭遇轻视但逐渐成为文化的主流一样，网络语言和文体在大浪淘沙的过程中，也会不断被主流文化接受。娱乐是网络语言的重要特点，娱乐精神和分享精神是互联网不可或缺的组成部分，而前者更是后者产生的前提条件。只要是能够给网民们带来娱乐的东西，网民们就会喜欢。语言虽然是人类思维的工具，但是它们本身也具有反向塑造的作用，当一些网络流行语为越来越多的人所接受，语言本身也会反过来塑造人们的思维。而在分享的过程中，网络语言不断地得到再创造，从而在发展自身的过程中，推动网络文化乃至社会文化不断地向前发展。

由于网络对现代社会的渗透越来越深入，网络语言在社会的影响也越来越大。许多网络词汇甚至已经被收入词典。美、英等国一些权威词典每年都收录部分网络语言，作为国内普通话用词典范的《现代汉语词典》也在进行收录。与此同时，有专家认为，这些语言客观上对当前急需规范的语言会产生负面影响，提出要立法规范网络语言的使用，甚至还有人提出"汉语面临危机"。但是更多的专家认为语言的主要功能是传播信息和交际，传播和交际都是分层次、分类型的，不同语体的语言，其规范和要求也不同，网络传播中确实存在对网络语言等传播符号的需求，没必要拿一些旧的语言规范来要求网络语言。

## 二、网络表情

网络表情是指网络上使用的符号所构成的表情。2016年10月15日，《人民日报·海外版》刊文明确表示："表情包文化逐渐进入主流文化视野，成为不可忽视的文化现象。"[1]当年新修订的中学语文教材新加了一篇名为《网络

---

[1] 仲平. 在社交平台或软件上使用中文表情包需规范［N］. 人民日报，2016-10-15 (5).

表情符号》的课文，以切合互联网时代的学生生活。2017年7月18日，在教育部、国家语委发布的《中国语言生活状况报告（2017）》中，"表情包"入选2016年度中国媒体十大新词。

### （一）网络表情出现的原因

在现实的人际沟通交流中，人们的交流除了依靠语言外，还在很大程度上依靠表情，因此表情十分重要，因为它能显示出说话者的态度。在没有视频或不想使用视频的情况下，网民在交流时彼此看不到对方的表情和姿态，这使网络交流与现实交流相比有了一个缺憾。表情符号由于能够引发人们的联想，反映更多的内涵与外延，因此它们的出现在一定程度上避免了纯文字交流在视觉体验上的不足，能够提供语气、态度、情感、神态等方面的补充信息。

美国传播学家艾伯特·梅拉比安曾提出一个信息冲击力公式：信息的全部表达=7%的语调+38%的声音+55%的表情。"从符号学的角度看，网络表情包是承载人们意义表达的图像符号。同语言符号、文字符号相比，图像符号使主体基于视觉中心认知信息，它表征着个体接收和交流信息的方式由抽象的方式向具象的方式、由平面的方式向立体的方式、由呈现的方式向建构的方式转变。'以图代字、以图代言'的网络表情包预示着'图像化时代'的到来，对青年群体的网络互动方式产生了深刻的影响。从文化学的角度看，网络表情包是视觉文化的真切展现。随着科技的进步，一些简单易学的制图软件不断出现，为网络表情包的图像化表达、视觉化呈现提供了有力的技术手段。青年群体热衷制作、收藏、转发各种表情包，在网络空间形成了声势浩大的表情包图景。可以说，图像热衷和视觉狂欢成为新一代青年群体的文化范式，特别是'图配文'类型的表情包的流行，诠释着文字或许正逐渐成为图像的注脚。"[1]

传媒研究学者多丽丝·格雷伯指出："曾经我们一度推崇的借助文字符号传递的抽象意义，已开始让位于建立在图像传播基础上的现实与感受。"网络表情的影响正在逐渐渗透到人们生活中，网络表情的图标被越来越广泛地用于现实生活。网络表情之所以能够流行，还在于它比语言符号更具有直观性，表意性更强。特别是现今社会节奏加快，开始进入读图时代。文字的表现力有时候不能够很好地满足网民的需要，而网络表情设计形式卡通化，易于理解，能够在短时间内让对方了解自己的情绪和感受，一定程度上节省了时间，也让双方感到更为方便。网民们喜爱使用网络表情，通常是因为它们比较丰富、夸

---

[1] 张艳斌.青年网络表情包的文化逻辑及其规制[J].思想理论教育，2018（1）：82.

张,能把单纯使用文字或声音无法表现的形象生动地表现出来。

在传媒界,常有"一图胜千言"之说,本来世界早就进入了一个"读图时代",但在网络时代之前这主要还是传媒业界的"专利",进入网络时代之后,可用图像信息及形式的大量丰富,使得每个网民都可以利用各种方式高效地选用或自制"表情",提高自己的传播效果。"日常生活中,人们通过丰富且极具感染力的表情传递信息、表达情感,表情包则是现实生活中人的表情在网络空间中的另类展现。按照麦克卢汉'媒介即人的延伸'的理论,表情包就是人们表情的延伸和内心的视觉化投射。表情包以具象化的视觉体验丰富着人际沟通方式。相比较而言,文字和语音需要花费较多的精力酝酿和组织,借助肢体语言和面部表情的表情包使得表达想法的准备时间和处理信息的时间大大缩短。"[1]所以表情符号成为网络社交中对文字部分的有效补充,成为网民沟通交流的重要介质。

## (二) 网络表情的诞生与发展

1982年9月19日中午11点44分,美国卡耐基·梅隆大学的斯科特·法尔曼(Scott Fahlman)教授在网络上发送信息,突发奇想地第一次在电脑上输入了":-)",人类历史上网络交流的第一张笑脸就此诞生。后来法尔曼又将右括号换成左括号,向左歪着头看,":-("就像一个苦脸的人。从此,网络表情符号在互联网世界风行,为社会广泛接受。一些网络表情成为互联网的通用符,此后各国网民和各类技术人员又创造了大量错综复杂的表情符号,网络表情从简单的标点符号变成各种聊天软件中的表情,并衍生成各种图形图片和各种格式的动画,并形成各种风格的系列,许多系列的表情包成为网络流行文化中重要的组成部分。

网络表情经历了从键盘符号到表情包的流变,已经成为一种重要的文化现象,网络表情这一概念不仅深入人心,还有了专门的英文单词:emoticons、emoji等,smiley(笑脸表情)、kaomoji(日本颜文字)等词也渐渐为人们所熟知。2015年,Emoji表情中的"笑哭(Face with tears of joy)"入选《牛津词典》的年度词汇。2016年年底,Kika发布了《全球用户Emoji使用行为大数据报告》,报告表明:"笑哭"的表情以21.25%的发送量成为全球最受欢迎的表情。2017年年底,腾讯QQ、新华网、新华社广东分社联合发布了"中国最火表情排行榜",数据显示,当年中国网民最喜欢的表情是"捂脸",它

---

[1] 张艳斌.青年网络表情包的文化逻辑及其规制[J].思想理论教育,2018(1):82.

是 7.6 亿网民的最爱，并被衍生出各种版本，这个表情在微信、微博等 App 默认内置。微博方面，用户最喜欢使用的表情是"二哈"，"捂脸"排在第二位，第三名是"笑哭"，第四位是"心"，第五位是"Doge"。私底下聊天，用户更喜欢"呲牙"表情，一年用了 303 亿次，连续五年登顶。

表情包在网络文化中已成为一种视觉景观。"表情包的出现完成了虚拟空间交流过程中媒介对人体神态表情的延伸，满足了网络空间参与者更好地表达情感、传递讯息的要求，其开放式编辑、病毒式传播、跃进式革新等特征促使表情包成为最快速迁移现实热点信息至网络虚拟空间的绝佳的载体。"[1] 当年一些网站的自定义表情功能甫一推出，许多用户就立刻开始不再局限于只使用即时通信软件自带的官方表情，而是在自制网络表情的过程中体会和展示个性的释放。现在，随着表情包制作软件越来越多，许多流行的影视作品、网络段子、热点话题和焦点新闻事件刚一发生，就迅速成为新表情的素材来源。在网络表情制作中，还可以非常容易地植入制作者本人的许多带有个人印迹的元素，不同的素材通过在表情制作中不同的拼接组合，常常能产生出许多带有网络文化特点、风行一时的网络表情。

### （三）各国不同的网络表情文化

现在，每年的 7 月 17 日被定为"世界表情包日"，这源于 iOS 操作系统中"日历表情"上面的日期是 7 月 17 日。为了庆祝这一天，2017 年 twitter 分析了全球用户的表情包使用情况。结果发现：从使用的表情包来看，美国人似乎不像人们认为的那样积极乐观，他们最经常使用的是一张疲惫的脸。和美国人相比，土耳其人更喜欢一张经典的笑脸。法国和意大利的人则更经常使用和爱有关的心形表情。日本人似乎也非常喜欢使用一个跳动的心脏的图案，这个图案一般被用来示爱。沙特人很喜欢用一个怪异的蓝色的心形图案，这可能被看作是想表达自己很"冷漠"的意思。韩国人则更喜欢亲吻的嘴唇。在巴西、哥伦比亚和阿根廷这些以喜好音乐而出名的国家，人们最喜欢的是音乐符。澳大利亚的 twitter 用户们很乐观，他们最喜欢竖起大拇指的表情，德国人也喜欢使用这个表情，尽管他们经常给人以很严肃的印象。南非人喜欢使用一双手的表情，而西班牙人则更喜欢展示肌肉的表情。印度和墨西哥的人更加虔诚一些，他们更加喜欢"双手合十"的表情。

在世界文化全球化的同时，文化的"同质化"也成为趋势。像交通标志

---

[1] 黄钟军，潘路路. 从中老年表情包看网络空间的群体身份区隔 [J]. 现代传播, 2018 (4): 97.

一样作为通用符号的网络表情，本来表意应该是全球统一的，但是，在实际使用中，表情表意方面在东西方文化有着微妙的不同。如在亚洲人的网络聊天中，"笑脸"常常用来"示好"，中国人和日本人在用网络表情时，用笑脸十分多。但是，有研究显示，欧美人在使用笑脸的网络表情时，其含义为"幽默"，只有在网络上展示幽默时，才用到这个表情，因此对笑脸的使用频率显然不如亚洲人高。[1]

网络表情在日本被称为"颜文字"，这里的"颜"是脸的意思。日式颜文字比美式网络表情稍显复杂，但是往往更可爱。日本颜文字的表情一般是正的，不需要像美式的网络表情那样要侧着脑袋看。一些笑脸旁边还加上别的符号作为修饰物，表现更为丰富的表情，如「－＿－lll」表示尴尬到流汗的面部，「－＿－b」则表示人物脸上滴下汗滴。

### （四）常见的网络表情

**1. 键盘网络表情**

网络表情符号最初都是由键盘中的特殊符号、字母和数字组成的，比如，"：－）"表示最普通、最基本的一张笑脸，常用在句尾或文章结束之处；而"：－D"表示非常开心地咧嘴大笑；"：－（"表示正在生气或悲伤；"T T"表示哭泣的脸上眼泪长流；"^0^"表示惊讶；"^! ^"表示赞许；此外如：

| | |
|---|---|
| （-＿-） | 笑脸 |
| ：－P | 吐舌头 |
| ：－x | 嘴巴被封起来了 |
| <@_@> | 醉了 |
| ；－） | 抛媚眼 |
| ↖(^ω^)↗ | 小猪为你打气！ |

**2. 既是网络语言也是网络表情的符号**

有些字可以说既是网络语言也是网络表情，如"囧"和"Orz"。

（1）囧。"囧"，本义为"光明"。普通话的"囧"与"窘"同音，因其楷书外观貌似失意的表情，在互联网上迅速流行，被赋予"尴尬、郁闷、悲伤、无奈"之意。

囧字从 2008 年开始最先在台湾地区流行，随后，在香港地区，有网民将

---

〔1〕 胡赳赳．网络表情遭遇网友集体篡改　流泪被当成"撒娇"〔J〕．新周刊，2005－03－04（9）．

电视剧《乱世佳人》中的演员胡杏儿常做的委屈八字眉模样与囧字对比，进行恶搞，促使囧字在网络上更加流行。随后囧也开始在内地快速普及，成为一种流行的表情符号，被誉为"21世纪最风行的一个汉字"。

（2）Orz。"Orz"这种看似字母的组合并非一个英文单词，而是一种象形的符号，原本代表一个人面向左方、俯跪在地，O代表这个人的头，r代表手以及身体，z代表的是脚。日本人最初在电子邮件、即时通信软件中广泛使用这个符号，表现失意或沮丧的心情。

"Orz"被广泛使用后，其含意逐渐增加。除了一开始的"无可奈何"或"失意"之外，开始引申为正面的对人"拜服""钦佩"之意，另外也有反面的"拜托！""真受不了你！"之类的意思。

后人们常常将囧和Orz结合起来，用囧替换掉了O，写作"囧rz"，并衍生出更多的用法，如"囧r2=3"，用"2"代替"z"，使之更像人的身体，意为"五体投地，同时还放了个屁"，表达"表面拜服，实则不屑"等意。

### 3. 卡通网络表情

随着图文处理技术的进一步发展，网络表情渐渐越来越有技术含量，先是一些彩色的、会动的可爱形象被专门设计了出来，后来，一些网络软件本身都会自带一些表情图谱。现在，一切现有的动漫人物都可以制作成网络表情，而原创网络表情也衍生出许多新卡通造型。此外，还有越来越多的网络表情使用动画格式。网络表情有许多是网民自行制作，素材除了简单的绘画或卡通动漫人物和名人影星图片外，有些人还利用各种软件对各种图片进行加工，制作出符合自己要求的表情，丰富了网络上表情的种类。

与每年各国都会在年底公布年度网络热词一样，现在每年各国也会公布年度被用得最多的表情包系列。如：2016年度中国十大最热门网络表情系列是"黑人问号脸""蓝瘦香菇""傅园慧""黄子韬""宋民国""还珠格格""发射爱心""Bobby Hill""爸妈专属""故宫系列"。2017年度最热的表情包系列为："小猪佩奇""笑着活下去""佛系""在违法的边缘试探""网红猫楼楼""悲伤蛙Pepe""皮皮虾，我们走""假笑boy""年代画报""素质三连"。

### （五）网络表情使用中的群体认同

表情包的选择与使用在某种程度上也体现出群体的划分，不同人群有各自偏爱和钟情的表情包，并表现出不同的群体认同。按照社会心理学的观点，群体认同是指群体成员将群体的目标、规范、行为作为自己追求的目标和行为标准，群体成员在主观上所具有的群体归属感。表情包的使用率不断上升促使表情包自身不断分化，不仅表情包的类别越来越多，不同种类的表情包风格也显示出不同群体的文化特征。表情包的使用不仅能展现不同文化、价值观、生活习惯的差异，还能体现出不同群体之间身份的差异。

比如，被称为"中老年表情包"的网络表情通常色彩艳丽、饱和度高，字体华丽多变、频繁闪动，字体和动态效果仍是早期的 PowerPoint 和 Word 软件的风格。相对年轻人爱用的表情包中常有卡通形象和抽象形象，"中老年表情包"主要是简单的照片和文字组合，审美范围比较集中在自然风景等方面，所配文字内容多高色彩饱和度的"谢谢""早上好""祝你幸福"等简单直白的祝福词，充满积极乐观的"正能量"，而非年轻人热衷的嘲讽逗趣。

"中老年表情包"的风格常常得不到年轻一辈的认同，图像文本在身份认同动态过程中能够显示出多元主体对象征性符号资源的竞争性表达，而就年龄结构而言，使用表情包的主要人群偏向年轻人。据《中国青年报》报道，中国高校传媒联盟对全国 5 386 名大学生的一项调查结果显示，88% 的受访大学生表示在社交软件的聊天中会使用表情包，其中有 37% 的受访者表示他们在网络聊天中使用表情包的频率很高，聊天离不开表情。2016 年，"新世相"发起了一项"24 小时不用表情"实验，在 5 300 多名参与者中，绝大部分年轻人竟然都挑战失败。

当年轻人掌握网络话语的主导权，他们在自己的网络世界通过独特风格的表情包制作与运用，将中老年表情包的使用者排除在群体之外。同类表情包的生产者与传播者组成了一个个小圈子，如热衷于萌文化与宅文化的二次元群体有着他们专属的表情包，他们在自己的小圈子里交流互动，形成文化身份认同。这体现了新媒体时代网络文化的兼容并蓄和多元化特性，无形之中推动了网络文化的发展。

和网络语言一样，网络表情永远处于动态发展过程中。在现实中，一些原本在中国人际交流中较少出现甚至没有的动作，如"拥抱""爱心手势""V字手势""笔芯（比心）"，现在在年轻人中已经非常自然。与此类似，网络表情的意义也一直处于变化发展过程中。如 MSN 中"哭泣"这个网络表情慢慢演变成了"撒娇"的意思；要表现"害羞"时常用的倒是"尴尬"的面孔。一方面"尴尬"的表情脸上有两团红晕，更加可爱，另一方面，这个表情似乎能表达出更多"害羞"的楚楚动人。类似的还有像"眨眼"原本具有"抛媚眼"的含意，但是因为网络聊天毕竟不是直接面对面的，这种暗示和挑逗的意味慢慢被淡化，更多的时候传达的是"得意"的意思。QQ 中的"发怒"表情不一定表示聊天对象真的就处于发怒状态，有时要结合聊天时的具体情境和上下文来判断对方的态度。表示"浅浅的微笑"的表情在中老年人中还被大量使用着，表现聊天气氛友好，但是在年轻人中它的意思已经转成了"呵呵"，其潜台词有"感到无语、不想评论"之意，在聊天中有极大的杀伤力。另外，表示"微笑再见"的表情，在年轻人中表达的意思则是"友尽"，即"谈不下去了"。

"网络表情符号作为虚拟网络世界中的'副语言'，使人们在网络中的交流更具有亲和力和趣味性。同时，它在一定程度上折射出现代人的心理，在客观上起到了减压阀的作用。网络表情符号经历了由字符画到图像和视频的叠加演变，在这个过程中，网络表情符号的象形意义逐渐减淡，象征意义日益凸显，这契合了符号功能由最初的指示对象到传递复杂意义的演变规律，展现了符号解释项具有无限衍义的潜力。这种象征性意义体现了对于互联网不同群体文化的隐喻，实现了互联网中身份不在场的自我实现的需要。"[1]

### 三、网络红人

由于网络红人更新换代较快且新的网络传播方式层出不穷，因此不同时期对网络红人的定义也有所不同。许多人认为"网络红人"跟现实名人、娱乐明星的含义相似，所以将"网络红人"理解为"网络明星"的代称。也有学者把"网络红人"理解为"草根偶像"，认为网络红人产生于草根阶级之中，在网络上被大量传播，在媒体的曝光和关注之下，逐渐成为名人偶像。

#### （一）网络红人现象成因

因为在互联网上谁都可以做传播者，于是，一些在前网络时代不太可能成为名人的人，因为他们言行上的一些与众不同而被网民关注，就成为了网络红人。网络红人的走红，有的是靠自我展示，有的是靠推手炒作，有的则是因为一些偶然性的原因莫名其妙地闻名全国，而新近几年出现的网络红人大多充分利用网络新媒介平台推销自己和产品，如 2018 年网民评选出的"十大网络红人"分别是：龙友林、章泽天、papi 酱、张大奕、艾克里里、冯提莫、周二珂、吴迪多寂寞、回忆专用小马甲、王尼玛。

曾被称为"2016 年第一网红"，之后又多年蝉联入围年度十大网红的 papi 酱，原名姜逸磊。2015 年年初，她跟大学同学在微博上发表短视频，以浮夸

---

[1] 张琴. 试论网络表情符号的意义转向 [J]. 重庆广播电视大学学报，2016 (6)：35.

表演博得网友的纷纷点赞，后开始陆续发秒拍和小咖秀短视频，其无厘头恶搞网络受到广泛欢迎。2015年10月，她开始利用变音器发布原创短视频内容，因其内容深刻有趣节奏活泼轻快迅速走红，2016年7月11日，papi酱在斗鱼、百度、优酷等8个平台同时直播，在不到一个半小时的时间里，8个平台同时在线峰值达2 000万，截至第二天上午8点，观看人次超7 000万，获赞超1亿。2017年4月，papi酱被授予中国互联网推广大使的称号。2018年6月，papi酱加入百度担任百度App首席内容官。

网络红人红起来的关键主要是吸引了人们的注意力。事件、图片和视频是网络红人出名的主要手段。北京大学当代文化研究者张颐武教授认为，网络红人满足了大众的双重欲望。事实上我们每一个人都有观看和扮演的欲望。一方面，人们在潜意识中希望以居高临下的视点观看别人在公众场合的不当举止；另一方面，我们在潜意识里又有渴望在公众场所展示自我、实现自我价值的欲望。网民审美和猎奇的心理让他们容易关注与主流审美价值观高度一致或高度相悖的人，即使对某个人的关注是源于厌恶或反感，这种负面的关注也会使那个人红起来。另外，从众心理也在这里起作用，公众可能一开始对某网络红人并不感兴趣，但是如果网络上别的网民都在谈论这个人、转载这个人的信息，大多数人出于从众也会关注一下。

虽然早期的网络红人常常是以出位博眼球，但是像papi酱之类的网红则相对来说具有清晰的价值观，崇尚真实、摒弃虚伪、吐槽一切矫情行为、倡导个体自由，而这些正是年轻一代共同的追求，papi酱抓住了短视频UGC内容井喷的契机，加上在内容打造方面充分结合了其影视专业的知识，选题通常紧扣社会热点，表述和表演方式充满草根网络，既包含大量流行元素，又极其接地气，几分钟的短视频中槽点包袱密集，能很好地满足年轻群体对快节奏内容的心理需求，因而能在信息量不断膨胀的网络内容环境生态中得以脱颖而出。

## （二）网络红人价值链

早期网络红人的产生大多是网络媒介环境下网络红人、网络推手、传统媒体以及受众心理需求等利益共同体综合作用下的结果。网络使信息的内容制作、传播、营销环节可以缩短到一个人的手中，原先冗长的商业价值链变得简易灵巧。由于近几年的网络红人与十几年前在风格和形式上都已有所不同，因此价值链也不再一样。微博、微信、直播和电商平台的兴起和流行使得近年来的网络经济也与这样传播方式紧密连接在一起，网红经济变成了主要是粉丝经济。如一些时尚美妆博主，通过短视频或者直播的形式来植入产品推销，当粉丝数量上升，销售量也会跟着上升。

如网红张大奕是模特出身，曾获淘宝素颜大赛第一名。但她并非仅靠外貌走红，而是不断地在做微商的过程中和粉丝积极互动，吸引更多粉丝。她的淘宝店铺开业一年即获五颗皇冠，曾创下过 4 分钟入账 1 亿的奇迹。她基本上每天都更新微博，经常进行直播，除了展示服装、店铺以及生活外，还会积极与粉丝沟通，集聚人气。巨量粉丝数转化为的购买力让她的网店每年有数以亿计的销售额。不管是对服装还是发表个人的看法，张大奕都很注意培养与粉丝之间的关系，增加他们的认同感。坦诚真实平等的交流使其颇得信赖，网店的复购率极高。

收取广告费则是网红经济获利最基础也最为方便的一条途径。如靠短视频走红的 Papi 酱的视频中会有贴片广告。2016 年 3 月她拿到了 1 200 万元投资，从此有包括逻辑思维在内的专业公司的全程策划监制服务。2016 年 4 月 21 日，逻辑思维在北京召开中国新媒体的第一次广告拍卖会，门票高达 8 000 元一张，Papi 酱的身价估值也跟着迅速水涨船高。很多电商也意识到了网红能带来的人气。在一些电商大促销中，人气颇旺的网红会被邀请做代言做直播，用名气为活动或品牌营销造势。

### （三）网红文化存在的误导

网红文化有其积极面，许多网红的成功是付出了大量的精力和时间，靠才华获得盛赞。可是，不能忽视的是，很多网络红人的出现带有哗众取宠的特点，并且，网络红人一夜成名的现象往往对公众传统价值观念产生一定负面影响，让很多渴望迅速成功、成名的年轻人误认为，想要"红"，可以不择手段，不惜代价。

网红们的平民化以及他们的成功让不少普通人做起了网红梦，有的跟随偶像盲目攀比、贷款消费，有的受一些网红的不良示范，贷款也要整容，不惜做下额角切除手术也要整成所谓的"网红脸"。所以为了防止网红的一些错误价值观误导大众，许多网络平台也是一发现迹象就处理。

2018 年 5 月，一曲仅 10 秒的短视频《Gucci Gucci Prada Prada》刷爆抖音，观看量在短短几天内突破千万。表演者温婉的粉丝数以日增百万的速度在十天之内变成 1 200 多万。虽然好像一夜成名，但是很快网上出现众多爆料，称温婉十三四岁就开始整容，高中辍学，喜欢结交富二代。吃穿都是名牌，生活奢华。可是在这位网红的视频评论里很多发言都是支持这样的生活方式的，比如"十七岁不读书怎么了，蹦迪怎么了，你管得着吗""人家有的是钱，想怎么花用得着你们管啊""好羡慕温婉啊,我也想要古驰,可我他妈的居然还要上学""我婉妹就是牛,摇摇头就这么多赞""有钱爱怎么花怎么花,穷人才要读书……"为防止相关影响误导青少年,温婉的抖音ID和昵称被平台屏蔽。

早在2016年,北京多所小学曾做过抽样调查。结果显示,有八成的小学生希望长大后成为一名网红。为了让孩子不输在起跑线上,许多家长甚至为孩子报了"网红培训班"。2017年5月,新华网发布了一个名叫《95后谜之就业观》的调查结果,显示有48%的"95后"选择了毕业后不就业;而选择就业的人里,有54%的人最向往的职业是网红,其余的17%想当配音员,11%想当化妆师,8%想做cosplayer,7%想当游戏测评师。[1]

网络红人现象的出现是网络文化发展的必然,网红文化是网络文化和亚文化中不可忽视的一部分。在予以该种文化现象充分发展自由的同时,对于部分网红文化低俗化的倾向也必须重视,尤其要避免青少年受到不良影响,造成思想价值观的畸形。在这方面,可以通过加强公民媒介素养教育,培养网民尤其是青年人公共理性精神来提高网民的审美、辨析和判断能力,增强网民对低俗、庸俗、恶俗内容的自主鉴别能力,主动抵制、拒绝低俗网络红人,从而使整个网络生态氛围健康有序。

---

[1] 崔可可,韩笑.95后的谜之就业观,你看懂了吗?[N/OL]. 新华网. http://www.xinhuanet.com/video/sjxw/2017-05/22/c_129612932.htm.

# 第八章

# 网络时代的文化传承与数字鸿沟

### 内容提要：

本章主要讨论网络传播结构如何改变教育模式，介绍主要的网络教育平台及网络媒介素养教育。在分析了网络世界存在的数字鸿沟与网络霸权问题后，着重介绍习近平提出的"网络空间命运共同体"的理念。

### 重点包括以下五方面的内容：

1. 网络传播对教育和学习有哪些影响及后喻文化现象。
2. 主要的网络教育方式。
3. 网络素养教育框架。
4. 缩小数字鸿沟和控制网络霸权的途径和方法。
5. 习近平"网络空间命运共同体"的理念。

## 第一节　网络传播结构改变教育模式

互联网本身技术上和使用方式上的一些特点，使互联网对传统文化传承的方式产生了巨大影响，它允许网民同世界上的任何个体分享信息、思想、消息，这种分享对教育的许多方面都会产生影响，并由此导致"后喻文化"现象。网络技术为教育提供了许多新的传播形式，而网络媒介素养教育也是为适应网络发展所必需的一环。

### 一、网络传播对教育的影响

21世纪，"文盲"的概念被重新定义，不懂得使用网络被视为"网盲"，成为需要被消除的现象。现在，在中国几乎所有高校，与网络相关的计算机教育都被列为必不可少的公共课程，与网络相关的媒介教育也得到越来越多的重视。

#### （一）网络传播对阅读的影响

在历史上很长的一段时间里，一直到现在，阅读对文化传承都弥足重要。而网络的发展对人们的阅读方式产生了显著影响。传统文本阅读是线性的，而网络上的超文本阅读则是非线性的；网络可以通过链接和组合提供高效的检索和天文量级的信息；传统单纯的文字阅读还发展为多媒体电子读物，使眼、耳的阅读和感受有机结合。另外，由于网络有互动性，多媒体软件、电子数据库和电子百科全书中的互动环节，极大地促进了个体自我学习的积极性。市场上大量配套的多媒体光盘、电子图书、网络期刊、有声读物等电子读物已经走进了越来越多人的生活，并逐渐普及开来，从形态上改变着人们的阅读方式。

自1999年起，中国新闻出版研究院每年组织一次全国国民阅读调查。2018年4月18日，中国新闻出版研究院发布了第十五次全国国民阅读调查报告。在调查了29个省50个城市后，数据显示，超过半数成年国民倾向于数字化阅读方式，其中49周岁以下中青年群体是数字化阅读行为的主要人群。其中，有12.2%的国民倾向于"网络在线阅读"，有35.1%的国民倾向于"手机阅读"，有6.2%的人倾向于"在电子阅读器上阅读"，1.4%的国民"习惯从网上下载并打印下来阅读"。2017年5.4%的国民年均阅读10本及以上电子书，数字化阅读方式接触率有所增长。[1]

### (二) 网络传播对记忆的影响

长久以来，记忆对于学习来说几乎是最重要的。"博闻强记"的人常常被人们羡慕，因为在传统的观念中，知识如果不记在脑子里，就不算获得。但是，现在人们不用花很多精力记住一些信息的细节，因为如果需要的话，有十分方便的途径及时获取。现代学习者不再看重"博闻强记"，不再满足于记忆某些知识，更需要应用知识创造性地解决问题。

有研究表明，如果人们认为不可能再获得某些信息，他们更可能会记住这些信息；而如果认为自己能重新看到这些信息，则比较不会用心去记忆。网络搜索引擎和在线数据库已经影响到人们的记忆方式，正在改变人们处理信息的方法，比如人们更容易记住信息储存在计算机上的位置，而不是信息本身。[2] 这种记忆趋势实际上在互联网时代来临之前早已出现，只不过在传统大众传播阶段，人们通过笔记、书籍来帮助记忆，当需要相关信息时，记起来的常常是这则信息的载体，而不是信息本身。"交互式记忆"理论认为，人们会将记忆资料分类，并依赖家庭成员、朋友和同事来作为记忆储存的参考资料，而现在互联网正开始发挥这个功能。它日益成为人们的外部储存系统，人类的记忆正在适应新的通信技术，这被称为"谷歌效应"。

随着智能手机的普及，信息获得变得更加容易及及时，因此，有的时候人们对于可以查询到的信息不愿再费力去记。当人们遇到问题，更多的人不是沉浸在思考中，而是首先想到去网上寻找答案。曾有人担心这会使人们变懒，甚至引起大脑退化。但是事实表明，信息的日益丰富能刺激大脑学习更多的知识，反而会提高人们的智力水平，这就是"弗林效应"。美国哲学学者詹姆斯·弗林（James R. Flynn）在 1984 年和 1987 年的研究中发现，在 20 世纪，所有发达国家年轻人的智商测试分数都出现了长期性、明显性的持续增长。而在数字时代，当记忆的工作被网络承担了相当大的部分后，人的大脑显然有更多的容量来高效地学习新知识。

### (三) 学习终身化、碎片化，学习方式多元化

网络时代也是一个人们不得不终生接受教育、汲取知识的时代。网络时代

---

[1] 中国新闻出版研究院. 第十五次全国国民阅读调查报告发布 [N/OL]. 新浪网. http://book.sina.com.cn/news/whxw/2018 - 04 - 18/doc - ifzihnep4386289.shtml.
[2] 王丹红. 网络影响人类记忆方式 可提高人类智力水平 [N]. 科学时报. 2011 - 08 - 03 (4).

学习的终身化、碎片化和形式的多元化是由网络学习环境决定的，现代生活的节奏越来越快，信息的非线性传播、信息的开放性与丰富性，以及注意力资源的有限性，都对这一趋势产生影响。

**1. 学习终身化**

新媒介对信息传播的促进，使知识的更新速度不断加快，教育内容的更新速度也被迫加快。原本一本教材用十年甚至二十年的情况已难以为继，一些关于电子计算机知识方面的书，生存期有时从两年滑落到只有半个月。一个花了几年时间获得的电子计算机方面的博士或者硕士学位，相关知识的有效期只有几年甚至几个月，如果躺在这个学位上不继续进取，几年后对相关领域的了解可能会还不如一个新就业的大学毕业生。

在人类历史的早期，由于信息的存量较低，因此，人们学习一点知识或一样本领，常常能够受用终生，于是有"半部论语治天下"之说。但是，网络时代信息量的增长速度越来越快，知识更新的频率也越来越快，人们受教育的时间、地点已无法再限于青年期和学校，而是延长到了终生和随时随地。随着社会信息存量的几何级数递增，不断出现的新信息及其对人们生存发展的影响，使网络时代成为一个人们不得不终生接受教育、汲取知识的时代。

**2. 学习的内容和时空碎片化**

由于知识的更新速度太快，现代的各种知识都显现出新闻性更强的特点，这种新闻性表现在，因信息的量太大，现代的学习常常无法追求完整性，只好先追求重要性。这有些像新闻报道的"倒金字塔形"写作方式，最重要的在前面，越不重要的越放在稍后的位置。在一些社会科学领域，有的理论体系还来不及构建出完整的框架，就已失去现实意义，而不断出现的新的理论也难逃这样的命运。这使原本在教育中十分受重视的经验性知识越来越只具有阶段性的意义。对于现代人来说，对信息的了解也无法追求全面，在很大程度上更推崇简短和有精彩点，通过片段反映整体的观念更容易为人们所接受。

与学习内容的碎片化一样，人们获取信息的时间和地方也具有碎片化特征。原本相对稳定的较长的学习时间段，常常被分割成一些小时间段，人们常常是处于在路上或是等待的状态下，用移动设备获取信息。同时，由于社会信息存量的剧增，人们在接受信息时的耐心越来越小，从看报纸只看标题，到看电视节目选着看，到在网上拉着滚动条看信息，到用手机查看关注的微博热搜和微信公众号，被传播的信息也有了越来越零碎、靠小而精取胜之势。

信息的碎片化既有有利的方面，也有不利的方面。一方面，它有助于人们快速地获取需要的信息；另一方面，也可能会阻碍人们对事物进行深入系统的思考。轻松、趣味性的东西更容易受到欢迎,那些对连续性、系统性要求很高的信息则易被冷落。

**3. 学习方式多元化**

在网络时代,人们获取信息的方式十分多样,虽然传统的纸质媒体和广电媒体仍扮演着重要的角色,但是网络终端特别是移动网络终端往往更受青睐。

第十五次全国国民阅读调查发现,数字化阅读的发展,提升了国民综合阅读率和数字化阅读方式接触率。2017 年我国成年国民数字化阅读方式(网络在线阅读、手机阅读、电子阅读器阅读、Pad 阅读等)的接触率为 73.0%,较 2016 年的 68.2% 上升了 4.8 个百分点。具体数字为:2017 年有 59.7% 的成年国民进行过网络在线阅读,较 2016 年的 55.3% 上升了 4.4 个百分点;71.0% 的成年国民进行过手机阅读,较 2016 年的 66.1% 上升了 4.9 个百分点;14.3% 的成年国民在电子阅读器上阅读,较 2016 年的 7.8% 上升了 6.5 个百分点;12.8% 的成年国民使用 Pad 进行数字化阅读,较 2016 年的 10.6% 上升了 2.2 个百分点。有 63.4% 的成年国民在 2017 年进行过微信阅读,较 2016 年的 62.4% 上升了 1.0 个百分点。

从人们对不同媒介接触时长来看,成年国民人均每天手机接触时间最长。我国成年国民人均每天手机接触时长为 80.43 分钟,比 2016 年的 74.40 分钟增加了 6.03 分钟;人均每天互联网接触时长为 60.70 分钟,比 2016 年的 57.22 分钟增加了 3.48 分钟;人均每天微信阅读时长为 27.02 分钟,较 2016 年的 26.00 分钟增加了 1.02 分钟;人均每天电子阅读器阅读时长为 8.12 分钟,比 2016 年的 5.51 分钟增加了 2.61 分钟;2017 年人均每天接触 Pad 的时长为 12.61 分钟,较 2016 年的 13.88 分钟减少了 1.27 分钟。

此外,有声阅读成为国民阅读新的增长点,移动有声 App 平台已经成为听书的主流选择。第十五次全国国民阅读调查对我国国民听书习惯考察后发现,2017 年,我国有两成以上的国民有听书习惯。其中,成年国民的听书率为 22.8%,较 2016 年的平均水平(17.0%)提高了 5.8 个百分点。0—17 周岁未成年人的听书率为 22.7%,与成年国民基本持平。具体看来,14—17 周岁青少年的听书率最高,达 28.4%;9—13 周岁少年儿童和 0—8 周岁儿童的听书率相差不大,分别为 20.9% 和 20.7%。对我国成年国民听书介质的考察发现,选择"移动有声 App 平台"听书的国民比例较高,为 10.4%;其次,有 7.4% 的人选择通过"广播"听书;有 5.3% 的人选择通过"微信语音推送"听书。[1]

此外,大量的网络学习平台和 App 使得网民们学习的可选择方式越来越多元化,互联网跨越时空的特点决定了它是缩短不同地域或受各种条件限制的人们教育水平差异的最好方式,学生可以挑选最合适的时间上网学习,不必受时间、空间和地点的限制。

### (四)网络消解了教育的围墙

中国作为发展中国家,与发达国家相比,需要受教育的人数众多,而各级教育机构的规模一直不能充分满足各级学习者的需要。网络教育作为一种低成本、高效率的教育方式,可以有效帮助扩大教育的覆盖面。

2010年,比尔·盖茨在一个科技经济会议上表示,进入大学接受高等教育的观念将很快消失。盖茨指出,如何获得知识并不重要,重要的是获得知识,从麻省理工学院获得学位和从互联网上获取知识没有区别。他表示,对于青少年而言,在学校学习是非常重要的,但是,大学教育则无须拘泥于某一个地方。未来网络将使学生不再受时空限制,以多种方式出入无围墙的"大学",网络化也将使大学更趋向世俗化,它将更贴近社会,服务社会。

在目前世界上大多数国家高等教育经费紧张的情况下,网络大学和网上教育可以有效降低投资和成本,满足社会上更多人对高等教育的需求。它还可以打破高等教育内部原有的一些有形的和无形的壁垒,尽可能地做到教学资源的共享和利用。在一些国家,已经兴起的虚拟网上高等教育(Virtual Higher Education)作为一种分散学习的新型大学,给现代高等教育的结构带来显著变化,也为传统和现代高等教育在各种层面上架起了沟通的桥梁,让二者在竞争和合作中寻找机遇,共同发展。

### (五)网络提供了丰富的学习资源

教育资源作为一种信息资源,在网络上可以被无限重复使用。在现实社会中,由于各种原因,不同地区间一直存在着教育资源的不均衡,一些重点的各级学校在多年的教学中积累了丰富的资源,而一些师资力量相对较弱的学校则很难在短时间内达到这种信息积累量。网络的出现则使许多本来处于信息获取弱势地位的群体挣脱了这种客观的限制。

---

[1] 中国新闻出版研究院. 第十五次全国国民阅读调查报告发布 [N/OL]. 新浪网. http://book.sina.com.cn/news/whxw/2018-04-18/doc-ifzihnep4386289.shtml.

互联网的连接方便了人们更广泛地查询、获取信息和知识。如在教学中，教师可以利用网络获取与教学有关的各种辅导材料，设计教学模式；而学生则可以获取与教学内容有关的资料和信息，也可以方便地与他人就某一问题以多种形式进行探讨。网上有非常丰富的教育资源，获取成本却常常低至可以忽略不计，其高效超过以往和现在任何形式的课堂教育。随着网络上信息量的不断丰富，以及一些专业数据库的建设，网络能够给学生提供的学习资源将以几何级数增长。由于有越来越多的信息可以共享，互联网成为人们生活、工作中最大、最全面的"百科全书"。各种教育资源通过网络跨越了空间距离的限制，使学校的教育成为可以超出校园向更广泛的地区辐射的开放式教育。学校可以充分发挥自己的学科优势和教育资源优势，把最优秀的教师、最好的教学成果通过网络传播到四面八方。

### （六）后喻文化现象

后喻文化现象是社会在传播媒介形态发生迅速变化的背景下出现的必然现象。

**1. 后喻文化现象的含义与特征**

最先出色地描述后喻文化现象的是美国人类学家玛格丽特·米德（Margaret Mead）。1970年，米德在《文化与承诺》一书中提出，当今世界的代与代之间的矛盾与冲突主要源于文化传递方面的差异，从而提出了著名的"三喻文化"（Three Figurative Cultures）理论，以此阐释因文化传递的差异而导致的代际对立与冲突。"三喻文化"理论从文化传递方式出发，将人类文化分为三类：前喻文化（Pre-figurative Culture）、并喻文化（Co-figurative Culture）和后喻文化（Post-figurative Culture）。前喻文化是指晚辈主要向长辈学习；并喻文化是指晚辈和长辈同时学习；而后喻文化则是指长辈反过来向晚辈学习。在传播工具发展的巨大推动之下，由于年轻一代接受新事物往往更快，许多父母有关新事物的知识来自子女，因此，旧的文化传承模式被打破，由此带来两个后果，即"角色的置换"和"反向的认同"。

在传统的教育中，长辈与教师在知识传播、道德教化上都处于相对权威的地位，学生自然地接受上一代人的教育。在传统社会，许多信息资源配置都是倾向于上一代人的，上一代人通常以社会代理人的身份出现，有着相对较高的地位，是后辈或学生汲取知识的主要途径。但是在网络世界中，从量上，长辈们有越来越多的问题要向晚辈们请教，而且这种情况从量变达到了质变，即不仅有关新事物的东西要向晚辈请教，有关新思想的东西也变得需要向晚辈来问询。原先处于被教化者地位的晚辈，在历史上第一次越来越大程度地与长辈交换了教育和被教育的角色。

**2. 后喻文化现象出现的原因**

后喻文化现象出现的主要原因是传播媒介的快速发展。由于不管是技术还是知识都是以加速度发展和积累的，因此，每隔一段相等的时间，信息的量不是均衡增加，而是翻着番，以几何级数像倒金字塔一样递增。对于成年人来说，他们必须要不断调整思维，用过去的旧知识来理解新现象，他们对各种新出现的事物都有一个接受的过程。而儿童和青少年则不同，他们从一开始接触外界事物时，接触到的就是这些在他们父辈看来十分新奇的东西。在他们的脑海中，较少有那些会对他们吸收外界信息形成障碍的先验的知识，而且他们正处于身体和大脑的发育成长阶段，对知识有本能的渴求，于是这就不奇怪为什么电子游戏玩得好的往往是小孩，一些顶级的黑客也大都是青少年。

在网络时代到来后才出生的人被称为"N世代"（Net Generation，网络世代），因为是伴随着互联网的普及而成长起来的，因此又被称为"数字土著"（Digital Natives）。与"数字土著"相对应的是"数字移民"（Digital Immigrants），指那些出生于网络时代之前，相对需要更多的学习才能融入数字化生活的人。前者因身处数字化成长环境，对信息技术和网络自然有更好的领悟和学习驾驭能力，而后者相对来说，数字环境并非他们成长时期所熟悉的，常常需要花更多的时间精力才能自如运用新媒介。所以在数字化时代，数字移民在数字土著面前失去了原来作为长辈在知识上的优势，有时不得不去需要向数字土著寻求帮助，而"N世代"对前辈人的后喻文化现象又被称为是一种"文化反哺"。

在网络时代，年轻人不仅可以从长辈与教师那儿接收到知识，更可以直接从网络上获取新的信息。对于社会教育体制来说，原来的自上而下、由老一辈教育后一代的教育模式失去了部分魅力，社会的文化传递机制已发生明显变化，许多晚辈通过自己摸索和接触网络去理解新事物，这使他们更倾向于从个体存在与发展的角度来思考社会与人生，他们已经不可能也不用完全照搬前辈足迹去刻画自己的人生轨迹。

现代社会的知识是以各种媒介为载体进行传播的，而从人群比例上来说，无疑年轻一代接触新媒介的机会要比他们的长辈多，时间上也更长。由于年轻一代往往最早接触网络，并与网络接触的时间比较长，而且他们的人生观还正处于形成时期，因此网络的形式与内容对他们对世界的认识及其本身社会化的过程无疑会产生重要的影响，网络在他们身上的烙印也最深。网络中的词汇、形象，作为一种时尚，一种现代文化，在他们中间广泛传播和流行。由于知识的更替速度不断加快，许多信息刚刚被人们接受就成为历史，伴随着这种信息快速更替的是观念的更替。世界对于年轻一代来说，是易懂的、易接受的，而他们的长辈一代往往要通过晚辈一代的帮助来了解社会中新出现的一些现象和理念。由此，后喻文化现象的出现成为数字时代的必然。

### （七）网络时代的教育理念

网络传播对教育的影响使网络时代的教育理念产生了一些相应的变化。

**1. 从被动灌输向自主学习转变**

在传统的前喻文化中，晚辈一般被要求要顺从地接受长辈的教导和信息传递，学习是以"教师"的"教"为中心的。教师在课堂上将课本上的知识灌输给学生，学生要做的就是要在教师的灌输下将课本知识"转移"到自己的头脑中。但是这种灌输知识的过程不利于学生认知能力的自行建构。

在传统教育模式下，教师在很大程度上是信息的垄断者，而互联网的传播削弱了这种垄断性。在互联网出现以前，在我国的传统教育观念中，教师是知识的拥有者，是学生的知识之源，教师的知识仿佛当然地会比学生多。当网络引入教育后，学生很容易和教师同时甚至比教师更早更快地获得一些新知识，这使学生对教师的依赖性降低。它使教学内容从封闭的知识体系转变为开放的知识体系，使教学从以讲授为主转变为以自学为主。这不仅体现在方法上的转变，而且体现在两种教学方法结构模式的转换上，在质和量两个方面对于传统的教学方式都有所超越。

**2. 学习形式个性化**

为培养具有创新精神的学生，现代教育还需要针对学习者的不同情况和不同需要，采取不同的教育方式。在信息技术环境下，网络成为学生获取学习资源、传播自己观点的双向媒体，学生利用网络既可以相互协作，又可以在学习中发挥自己的个性。在现代教育中，运用网络所特有的信息数据库管理技术和双向交互功能，一方面可对每个学习者的个性资料、学习过程和阶段情况等实现系统完整的跟踪记录；另一方面，教学和学习服务系统可根据系统记录的个人资料，针对不同学习者提出个性化学习建议。大数据技术可以很方便地从学生的一些基本信息和网络行为得到学生画像，分析出学生最需要什么样的知识，从而推送最有价值的内容。从某种意义上讲，让学生确立不断接受新事物及努力创新的观念是网络时代教育成功的基础。因为网络社会有着多样化和快节奏的特征，教师应该从细节的陈述者变成学生积极主动学习的支持者，鼓励学生利用互联网自学和创新。

**3. 教学以引导为主**

网络时代教师的教学将不再强调直接传递给学生大量的知识，而主要是激发学生的学习兴趣和引导学生利用互联网来获取相关新知识，以及侧重培养学生学习的方法，使之具有自我获取知识与更新知识的能力，以便与"信息爆炸"和知识迅速更新换代的发展趋势相适应。教师的作用在现代教学活动中将被分为两部分：一是作为知识的提供者和传授者；二是作为知识的导航者。现代教育思想尤其强调第二个部分，教学由以教师为中心转变为以学生为中心，教师的角色从讲解者转变为学生学习的指导者和活动组织者。

而网络时代教育的最高层次应该是帮助学习者学会建设性地利用网络发展自我，使网络成为学习者提高文化和思想水平的高效工具。网络时代将学习的主动权交给学习者自己，教育的功能转向帮助学习者学会如何利用网络来满足自己在信息方面的需求、了解虚拟现实与社会现实的联系与区别、辨别信息的意义，从而形成对各种传播媒介性质和功能的正确认识，增强对负面信息的免疫能力。

## 二、网络教育

这里的网络教育有两个方面的内涵，一是指利用网络进行的教育，一是指网络媒介素养教育。

### （一）网络教育新形式

网络教育是伴随着互联网的发展而出现的教育方式，指的是借助网络多媒体技术，借助校园网、局域网或者互联网，向受教育者开展教学活动的教育模式。网络教育工作是教师和学生利用网络制作教育资源、开展学习活动。

**1. 网络教育平台**

2001年4月4日，美国麻省理工学院院长查尔斯·韦斯特对媒体宣布，正式启动OCW（Open Course Ware，网络课件开放工程），将2 000多门学院课程搬上互联网。麻省理工遂成为名校课程上网先行者，许多课程的访问量不断上涨，许多授课教师迅速成为当时的"网红"。随后，秉持着麻省理工学院所首倡的这种"开放、共享"教育理念，世界上的很多名校开始将大量课程放在互联网上，供人们免费学习。2002年，联合国教科文组织进一步开放OER（Open Educational Resources，开放教育资源），向全球用户提供基于非商业用途，可以被自由查阅、参考或应用的各类教育资源。至 2005 年，致力于以开放课程形式实现教育资源开放共享的大学、国际研究机构和基金会组成开放教育资源共享联盟已达几百所，其中有 200 多所大学加入教育资源共享的行列中来，开放课程联盟已经在互联网上免费提供了超过 13 000 门课程的资料。2005 年，OCWC（Open Course Ware Consortium，开放课件联盟）成立，各国的开放课件联盟也相继成立，例如，中国开放课件联盟（CORE）、日本开放课件联盟（JOCW）等。

现在的网络教育方式大规模的称为"MOOC"（Massive open online course，大规模在线开放课程），小规模的称为"SPOC"（Small Private Online Course，小规模限制性在线课程）。

(1) MOOC

MOOC 的出现被誉为教育界的"风暴"，它开启了全世界网络远程教育的新形式。MOOC 这一术语的提出，一般认为是在加拿大。2005 年，加拿大学者乔治·西门子（George Siemens）先提出了网络时代的连通主义（Connectivism）学习理念。他认为，传统的静态、分类与层级化的知识发展到网络时代已经变成了动态、网络化的知识流。2008 年，西门子和加拿大国家研究理事会的斯蒂芬·道恩斯（Stephen Downers）在曼尼托罗大学联合开设了一门名为"连通主义与连通性知识（Connecticism and Connective Knowledge，CCK08）"的课程，CCK08 课程被上传到 Facebook Groups 以及 Wiki Pages 上，除了 25 名在校学生外，由于 CCK08 这门课的互动性与之前的视频公开课有很大区别，吸引了 2 300 多名全球用户同步在线参与学习，所以加拿大爱德华王子岛大学（University of Prince Edward Island）的戴夫·科米尔（Dave Corm-ier）、国家通识教育技术应用研究院（National Institute for Technology in Liberal Education）的布莱恩·亚历山大（Bryan Alexander）将其命名为大规模开放网络课程（Massive open online course），首创了 MOOC 这一术语。[1] 不过，加拿大虽然也有专门的 MOOC 平台，如 Text-book Videos 等，但总体上来说发展和表现不是特别突出。

MOOC 在美国发展非常迅猛，2012 年被《纽约时报》称为"MOOC 元年"。2012 年 1 月份，斯坦福大学的教授塞巴斯蒂·特龙（Sebastian Thrun）、大卫·史蒂文斯（David Stavens）博士和原斯坦福大学机器人研究工程师迈克·索科尔斯基（Mike Sokolsky）创建了 Udacity 平台，该平台于 2 月份上

---

[1] 李静. MOOC 的兴起与远程教育 [J]. 前沿. 2016 (1): 73.

线，其运营目标是"给全世界带来方便、可负担得起的、迷人的、高度有效的高等教育"。之后，斯坦福大学计算机系的两位教授安德鲁·吴（Andrew Ng）、达芙妮·科勒（Daphne Koller）创立了 Coursera 平台，哈佛大学联合麻省理工学院创立了 edX 平台。这三个平台形成了最初的三大 MOOC 平台，三大平台上的课程不仅内容丰富，而且包含多种语言教学，在全世界范围内吸引了大量的浏览者和学习者，产生了巨大的影响。

（2）SPOC

SPOC 的概念最早由加州大学伯克利分校的阿曼多·福克斯（Armando Fox）教授提出，它虽然本质上也秉承着 MOOC 的"开放、共享"的教育理念，但一般将学生规模控制在几十人到几百人之间，并对申请进入课程学生设置限制性准入条件，目的是促进 MOOC 教育的个性化。

与 MOOC 的低门槛甚至无门槛相比，SPOC 课程需要申请，并有严格的审批流程。所以它的开放性不如 MOOC 高，但是对学生设置限制性准入条件，达到要求的申请者才能被纳入课程使得 SPOC 的学生水平普遍更高，学习效果也更好。它提倡符合因材施教理念的差异化教学，能够针对特定学习需求提供更有针对性和个性化的指导。在实际操作中，它设置分层化的教学目标，从目标完成的可行性、先修条件和规模限制方面提高课程学习完成率。并且针对 MOOC 课程的管理问题，它更倾向于使用融合传统课堂和在线教育的混合教学模式，保证线上和线下教学在教学体系、实施方法和教学资源等方面的有机融合，以促进教学结果的有效性。

SPOC 课程方式被提出后，在世界各地的试点中都发现其相比较 MOOC，确实有着更佳的教学效果。2013 年，阿曼多·福克斯在加州大学伯克利分校创建了 SPOC 网络课程"软件工程"，并向校内学生开放，结果发现混合教学模式能够克服 MOOC 在参与度不足、引导方式单调、缺乏针对性指导等方面的缺点。哈佛大学于 2013 年对 3 门课程进行了 SPOC 推广实践，其中，"版权法"（Copyright）通过 edX 平台以 MOOC 和 SPOC 两种模式同时进行教学，后者是从全球选出 500 名申请者准予选修该门课程，最终后者的教学效果毫无悬念地高于前者。

**2. 网络教育的优势**

网络教育的本质仍然是教育，但是以网络传播的方式进行使得它具备了一些网络传播的属性，主要可以概括为：

（1）开放性与超时空性。网络教育具有高度的开放性，只要具备网络条件就可以得到网络覆盖下的任何网站的学习资料，其范围之广是传统教学所不能比拟的。开放的网络教育环境冲破了时间和空间的限制，学生可以根据学习状态自主选择学习时间，自主安排学习进度，克服了传统教学的短板，使学习过程具有较强的针对性，提高了学习效率。

（2）共享性与交互性。网络平台为每一位学生提供海量的学习资源，学习者可以在网络环境中实现信息资源的多人共享并且互不干扰。资源的共享性可以使每个学生足不出户就能享受高水平的教育，不仅提高了教学质量和学习效率，而且大大节约了教育成本，经济效益显著。

（3）个性化与可控性。在传统的教学模式中，教师决定学习的内容和进度。网络教育可以轻易实现个性化教育，每个学生可以根据自己的兴趣及特点选择学习内容，定制学习计划。学习过程的可控性为学习者提供了更为自由的学习空间。网络教育能够培养学生的自主学习能力，充分地发挥学习的积极性和创造性，有利于高校培养个性化人才。[1]

网络教育不仅可以为学习者提供界面直观友好的交互学习环境，它的多媒体形式还可以提供诸多感官刺激，其超链接超文本的方式可以构建浩如瀚海的知识架构，让全球用户几乎可以共享史上最大规模的信息资源。如今，借助云计算、数据挖掘、大数据分析以及人工智能技术，它还能打造智能化教育体系，按照每个学员的认知能力和学习习惯为他们提供个性化的教学服务，做到学测评导一体化。如智能化科学分配学习任务、智能化的评分与测试，智能化诊断学习者在学习中存在的问题等等。一些虚拟现实技术还将虚拟教育与现实教育相结合，虚拟实验室、虚拟教室、虚拟图书馆、虚拟团队、虚拟校园在网络教育中的出现改变了早期网络教育只是以课堂录像或直播为主要形式的教学方式。现在有些网络教育方式充分地借鉴了网络游戏的一些玩法，设置了一些虚拟的"即时奖励"措施，定时测试或者定点测试，每讲一定时间的知识点，电脑就会自动弹出部分针对性的习题，让学习者回答。类似游戏中的通关设置，只有全部答对，学生方可继续下一个环节，有效激发了学习者的兴趣和积极性。

大多数的网络课程免费，收费的课程通常质量更高，提供更多形式的学习支持，包含更多的师生及生生之间的交流，学习评估等体系也更健全。

### 3. 中国网络教育发展情况

在《国家中长期教育改革和发展规划纲要（2010—2020年）》（以下简称《纲要》）中，"大力发展现代远程教育，构建灵活开放的终身教育体系"已经

---

[1] 李浩然. 网络教育环境中的师生关系研究 [J]. 教育教学论坛，2017（24）：190 – 191.

作为一个纲领被提出，同时，"信息技术对教育发展具有革命性影响，必须予以高度重视"也为所有教育部门所认知。《纲要》还要求"加快教育信息化进程要加强优质教育资源开发与应用，加强网络教学资源库建设，建立开放灵活的教育资源公共服务平台，促进优质教育资源普及共享。"在国外网络教育兴起的同时，国内几乎同步也开始了相关网络课程的建设。经过近二十年的发展，逐渐形成了一定的规模和影响力。

2000 年，中国教育部投资三千多万元建设了三百多门基础性、示范性的网络课程、案例库和试题库。2003 年 4 月份教育部启动高等学校"精品课程建设工作"，通过高校教育网在高校的学生、老师和科研机构人员中实现优质教学资源共享。2003 年 9 月，我国成立了中国开放式教育资源共享协会（China Open Resources for Education，简称 CORE），高校精品课程成为国内网络教育的优秀品牌。随着美英等国网络教育出现了一些"网红"课程，国内的一些知名高校也开始借鉴和模仿相关经验和模式，推出了本校的名老师和名课程。2011 年 9 月，我国首批 18 所高校、20 门"中国大学视频公开课"通过爱课程网、中国网络电视台、网易同步向社会公众免费开放。

2013 年 5 月，北京大学、清华大学、香港大学、香港科技大学等高校纷纷加入 Edx 平台，7 月，复旦大学、上海大学与斯坦福大学的 Coursera 平台签订协议，宣布将与世界名校一起向全球提供在线网络课程。同月，上海交通大学联合国内 8 个一流大学，成立了 C9 联盟，建立了课程共享平台。上海高校课程共享平台与东西部高校课程共享平台是我国最早的两大网络教育共享平台，以面授直播和视频点播作为主要的授课方式。学习者可自由地在平台上选择课程，选课后可以获得学分。

在网络教育内容支持方面，除各高校和中小学校拥有大量的网络学习资源，内容涉及广泛且较为全面外，还有如知网、超星等许多数据库提供信息的搜索和查询，"网易公开课"等许多商业网络教育平台则设有众多分类，满足了学习者的个性化学习需求。在国家层面，2016 年 5 月 17 日，习近平总书记在哲学社会科学工作座谈会上，明确提出了"要运用互联网和大数据技术，加强哲学社会科学图书文献、网络、数据库等基础设施和信息化建设，加快国家哲学社会科学文献中心建设，构建方便快捷、资源共享的哲学社会科学研究信息化平台"的要求。2016 年 9 月，中宣部部署，由中国社会科学院牵头，教育部和国家新闻出版广电总局配合建设"国家哲学社会科学文献中心"。这是一项由国家投入的公益工程，由国家免费向公众提供学术资源。国家哲学社会科学文献中心依托"一库一网一平台"——哲学社会科学海量数据库、互联网、综合集成信息研究平台,与国内 60 多家社会科学研究机构网站导航链接,初步形成国家哲学社会科学学术期刊数据库、外文学术期刊数据库、中国社会科学院科研成果数据库等特色资源数据库。2016 年 12 月 30 日,该文献中心正式上线,标志着原本需要在高校或科研院所才能接触到的知识内容对全民开放。

### (二) 网络媒介素养教育

网络媒介素养就是网民在了解网络相关知识的基础上,能够理性地运用网络媒介信息来满足需要、为其生存和发展服务的能力。

**1. 网络媒介素养的定义**

"媒介素养"(Media literacy)一词,最初是 1933 年英国学者 E. R. 利维斯在其著作《文化和环境:培养批判意识》中提出,意思是要鼓励学生对各种信息进行"甄辨和抵制"[1]。1992 年美国媒介素养研究中心给出了如下定义:"媒介素养是指人们面对媒介各种信息时的选择能力、理解能力、质疑能力、评估能力、创造和生产能力以及思辨的反应能力。"[2]

媒介素养的一大特点就是其内涵会随着媒介形态和传播环境的改变发生改变。"欧美媒介素养教育的调整与发展很好的说明了这一点。欧美媒介素养教育的发展经历了三个阶段:第一阶段是 20 世纪 30、40 年代,随着报纸、电视等媒体大量介入到人们的日常生活中,大众文化逐渐占据公众视野,动摇了精英文化的正统地位,同时,'魔弹论'的兴起使这时期的媒介素养教育以'防疫与甄别'为主;第二阶段是 20 世纪 60 年代,人们慢慢地接受了媒介会在日常生活中对人们产生影响的事实,'使用与满足'理论的出现使媒介素养教育出现了转折,媒介素养由排斥转为培养学生的辨别能力;第三阶段是 20 世纪 70、80 年代,'教养理论'和'议程设置'理论的出现使人们可以客观地看待媒介的影响,这一时期的媒介素养要求培养和发展受教育者认识媒介、建设性使用媒介的能力。"[3]

网络时代到来以后,网络媒介素养教育是数字时代的必然要求。网络素养虽然根植于计算机技术,但是由于其影响,早就不再停留于技术层面,而更侧重于其社会化属性,其涉及的网络能力(Network Competence)不仅包含使

---

[1] 大卫·帕金翰. 英国的媒介素养教育:超越保护主义 [J]. 宋小卫,译. 新闻与传播研究, 2000 (2):73.
[2] 彭兰. 网络社会的网民素养 [J]. 国际新闻界, 2008 (12):65.
[3] 张宏树,陈嘉贤. 媒介素养视野下的魏则西事件考察 [J]. 今传媒, 2016 (7):27.

用工具获取信息的能力，还包括对信息的相关性判断的沟通的能力。其中沟通的能力"意味着网络表达是一种社会化的、合作的过程，而不是一种孤立的个人行为。"[1]

1994年，美国学者麦克卢尔（C. R. Mclure）对网络素养的解释是："网络素养是了解网络资源的价值，并能利用检索工具在网络上获取特定的信息并加以处理、利用以协助个人解决相关问题的能力。"[2]麦克卢尔概念中的"网络素养"着重于对网络信息获取及利用技能的培养，他认为知识与技能是大众网络素养最重要的两个方面，是帮助公民高效开展个人生活和工作的重要技能。美国加利福尼亚大学教授詹姆斯·波特（W. James Potter）在《媒介素养》一书中定义媒介素养为"一种视角，我们积极地运用它来接触媒介，解释我们所遇到的消息的意义"[3]。2006年，中国传媒大学张开教授在其《媒介素养概论》一书中进一步拓展了网络素养的含义："网络素养除了指对计算机网络的基本认识和使用网络检索信息之外，还包括对网络信息价值的认知能力、判断能为和筛选能力；对各种信息的解读能力；对网络世界虚拟性及相对于现实生活真实程度的认知能化清网络媒介和网络信息对社会成员的影响化以及网络伦理的观念；还有网络交友能力、认识网络为人类牡会带来的多重影响的能为等。"[4]2013年，美国学者霍华德·莱茵戈德（Howard Rheingold）在《网络素养——数字公民、集体智慧和联网的力量》一书中较为系统地阐述了网络素养的概念，与之前的学者们不同的是，雷格德用"Net smart"来指代"网络素养"，认为"素养是技能和社交能力的结合。注意力、垃圾识别、参与、协作、网络智慧人是网络素养的五个组成部分，这五种关键素养将给人的思维和社会关系带来巨大影响，甚至具有改变世界的能量。"[5]这一概念被众多研究者沿用，成为现在较为通用的网络素养定义。

**2. 网络媒介素养教育的必要性**

互联网流行初期就有人视其为可怕的"潘多拉魔盒"。在中国，网吧原来

---

[1] 喻国明，赵睿. 网络素养：概念演进、基本内涵及养成的操作性逻辑——试论习总书记关于"培育中国好网民"的理论基础 [J]. 新闻战线，2017（3）：44.

[2] C. R. Mc Clure. Network literacy: a role for libraries? [J]. Information Technology and Libraries, 1994（2）：115.

[3] 詹姆斯·波特. 媒介素养（第四版）[M]. 李德刚，译. 北京：清华大学出版社，2012：8.

[4] 张开. 媒介素养概论 [M]. 北京：中国传媒大学出版社，2006：94.

[5] 霍华德·莱茵戈德. 网络素养：数字公民、集体智慧和联网的力量 [M]. 张子凌，老卡，译. 北京：电子工业出版社，2013：13.

主要还是电脑和智能手机未普及时的产物。随着网吧的出现，就有不少青年人和未成年人沉湎于网吧，或由于对网络认识不深、滥交网友和相信一些网上骗局，引发一些社会问题和违法犯罪的问题。而随着数字技术的发展，网络终端就时刻在人们的家中、在人们的手中，网络更深更广地渗透到人们生活的方方面面。虽然网络为教育提供了一种新途径，但是不可否认的事实是：不少孩子打着学习的旗号让父母买电脑和智能手机，事实上大部分时间却是用电脑和智能手机玩游戏或聊天。过去，一些父母为了阻止孩子上网，还可以通过限制其零花钱的方法让他们不能去网吧，但当家中的电视、手中的手机都可以上网，这个世界的空间就越来越无处不被这张大网所缠绕，家长如想为孩子创造一方传统观念中"单纯"的空间，变得非常困难。

麻省理工学院"技术与个人主动性研究中心"的谢丽·特科在《屏幕生存：互联网时代的身份认同》一文中指出网络生存可以让青少年以相对轻松免责的代价尝试各种不同的身份，并提供了一个与生活平行的空间，轻松地混淆自我和游戏、现实和仿真的界线，使得"现实不过是屏幕上众多弹出窗口中的一个，甚至不是最好的一个"。所以许多青少年常常宁愿长时间地沉浸于互联网的虚拟世界。现在中国的中学和高校每年辍学和延期毕业的学生中，相当大的一部分是缘于沉湎网络。英语中的一句谚语"An apple a day keeps doctors away"原本的意思是"每天吃苹果，医生远离我"。可是现在，由于苹果iPhone和iPad的流行，许多"果粉"玩iPhone或iPad成瘾，这句话的意思变成了"每天玩苹果的，拿不到博士学位（或当不成医生）"。

对于网络使用来说，"堵"是不现实的。毕竟对于受众，即便是对未成年人来说，接触媒介都不仅意味着去接触知识、文化，同时也意味着其对世界的"知的权利"。因此，从管理上来说，更重要的还是要开展和进行与网络使用有关的教育，培养受众特别是青少年受众独立使用、认识和处理媒体信息的能力，引导他们自己选择于己、于社会都有益的信息。

**3. 网络媒介素养教育的框架**

日本媒介素养学者桥元良明认为，"媒介素养的四个最为重要的因素，分别是批判性的思考、对媒介社会性文脉的洞察、多元化观点、表现主体的确立和接近媒介"〔1〕。

全球数字公民组织（Global Digital Citizen Foundation）提出，信息时代

---

〔1〕 吕萍，杨美谕. 泛媒体时代日本的媒介素养教育与文化［J］. 东北师大学报（哲学社会科学版），2014（6）：297.

的数字公民应该具备信息通晓能力。具体来讲，信息通晓能力包含"5A"，分别是：提问（Ask）、习得（Acquire）、分析（Analyze）、应用（Apply）、评估（Assess）等五种能力。[1]每种能力的具体表现为：提问包含理解问题，确定问题的关键词，形成探索性的问题，广泛查阅、过滤信息；习得包含确定信息来源，明确获得信息所需的技能，浏览、扫描、搜寻资源，确定优先搜索策略等；分析包含组织、总结信息，筛选有用信息，区分客观信息和主观信息，评估信息的时效性，发现不完整信息，判别信息的真实性等；应用包含将信息转化为知识和智慧，在实践中应用知识，创造产品和项目；评估包含反思问题的解决过程，发现优势和不足，内化、迁移到新的学习中。信息通晓的内涵不局限于简单的信息技术使用和技能层面，而是对公民参与信息社会的活动提出了"5C"的要求：即，培养具备计算思维（Computational Thinking）、批判性思维（Critical Thinking）、创造能力（Creativity）、协作能力（Collaboration）、沟通能力（Communication）的21世纪人才。

中国人民大学知名学者喻国明针对网络素养提出三大内涵和操作性架构，认为"网络素养是一种基于媒介素养、数字素养、信息素养等，再叠加社会性、交互性、开放性等网络特质，最终构成的一个相对独立的概念范畴。"[2]于是，这便构成了网络素养研究的三大基本框架。

（1）媒介素养（Media Literacy）。

网络首先是作为一种全新的媒介形态被人们认识和运用的，因此网络素养研究不可避免地会基于既有的媒介素养教育理论。媒介素养教育呈现出"防疫—释放—赋予"这一比较明显的世代性，其早期源于英国20世纪30年代为反对大众传媒提供的流行文化价值观而进行的国民教育。20世纪60年代，学者对媒介素养的研究集中于受众的甄别能力研究。进入70年代后，媒介素养教育逐渐受到重视，许多发达国家都开展了针对青少年媒介素养教育的实证研究。但互联网已经不仅是一种传统媒介和传播渠道，而是一种新兴的重要的生产要素，网络通过对个体的激活和对资源的重新配置，释放出了巨大的生产力，成为重新构造社会的结构性力量。因此，针对网络素养的研究不应该仅仅局限于受众效果研究。根据网络的独特属性，探究网络的"社会赋权"，即对

---

[1] Lee Watanabe-Crockett. How to Use Information Fluency for Effective Online Research Strategies [EB/OL]. https：//globaldigitalcitizen.org/online-research-strategies-information-fluency. Sep 17，2017.

[2] 喻国明，赵睿. 网络素养：概念演进、基本内涵及养成的操作性逻辑——试论习总书记关于"培育中国好网民"的理论基础 [J]. 新闻战线，2017（3）：44–45.

于社会资本在不同层级社会成员之间的资源配置及权力整合作用是当今网络素养研究尚有缺失的部分。

（2）信息素养（Information Literacy）。

信息素养的概念由图书检索技能发展和演变而来。1974年美国信息产业协会主席保罗·泽考斯基（Paul Zurkowski）提出信息素养的概念，指出信息素养就是利用大量的信息工具及主要信息资源使问题得到解答的技术和技能。在这一阶段，信息素养教育还止步于对信息的搜集检索和利用能力。而随着互联网的发展，信息成为一种重要的社会资源，信息素养也作为一种必备能力，被应用于教育学、计算机科学等多个领域。2000年，美国大学与研究图书馆协会发布了高等教育信息素养能力标准，并被广泛采用，成为信息素养标准框架。2011年，英国国立和大学图书馆协会提出了信息素养七要素，即识别、审视、规划、搜集、评估、管理、发布。从此，这些指标被广泛借鉴，成为判断网络信息利用能力的标准。随着网络发展进入用户集体智慧主导的全新传播时代，信息协同生产及传播、用户主动参与和反馈互动、信息消费与信息生产并存等前所未有的信息传播特点都对信息素养教育提出了新的要求。网络作为最主要、最丰富的信息载体，其内涵和价值也远超于信息文本本身，因此，原有的评判指标已经不足以承载网络素养研究的外溢价值。

（3）数字素养（Digital Literacy）。

以色列公开大学的尤拉姆·E. 阿尔卡莱（Yoram Eshet Alkalai）于1994年最早阐释了"数字素养"的概念，提出了数字素养的五个组成部分：图像—视觉素养、再创造素养、信息素养、分支素养、社会情感素养。2007年，澳大利亚传播与媒介协会将数字素养定义为：通过数字媒体和通讯技术获取、理解、参与或创作内容的能力和智力。2010年，欧盟开展了数字素养项目，并确立了面向全民的"数字素养框架"。这一框架认为，数字素养包括信息、交流、内容创建、安全意识和问题解决等5个素养领域。在西方学者看来，数字素养是以数字化技术为核心的，但网络本身作为一种数字化技术，却又超越了单纯的技术层面，网络素养研究的内涵应该比数字素养研究更为宽广。网络素养的成长是无法在孤立的环境下进行的，它必然要受制于更为宏观的政治、文化、经济及社会土壤的影响，同时也反作用于这些因素。

**4. 网络媒介素养教育范式**

（1）网络媒介素养教育的"它山之石"。

看到有关新媒介使用教育的重要性，20世纪70年代以后，以美国为首的多个国家先后将媒介素养教育纳入正式的教育课程中。如英国早在1983年就开始开设有关媒介教育的课程。英国教育部要求所有学校必须考虑媒介教育的责任,教会学生了解、运用各种新媒介,使学生对各种媒介传播的信息有分辨的能力。后来将媒介教育正式纳入教育计划并开设此类课程的还有澳大利亚、法国、加拿大、芬兰、挪威、瑞典、瑞士等国。

在亚洲,新加坡政府在网络素养教育方面的工作,最早可追溯到1996年的国家网络咨询委员会的成立。该委员会负责向新加坡媒体发展管理局的前身新加坡广播电视局提供网络方面的决策咨询,同时负责发现相关新问题、跟进和调查民意等。在国家网络咨询委员会建议下,1999年,新加坡成立了"父母网络顾问组",专门向社会公众提供健康上网方面的咨询和服务。父母网络顾问组的成立及其活动的开展,标志着网络素养教育在新加坡的开始和兴起。起初,父母网络顾问组虽属非官方的公益组织,但其活动得到了政府资助。2006年,父母网络顾问组被纳入国家网络咨询委员会下属的社区咨询委员会,说明新加坡政府为了推进网络素养教育与公益组织结成了良性互补的合作伙伴关系。2007年,在对国家网络咨询委员会进行重组整合基础上,新加坡成立了网络和媒体咨询委员会。与以前的国家网络咨询委员会相比,新设立的网络和媒体咨询委员会更专注于网络素养教育职能,而不仅仅是将网络素养教育列为其众多职能的一项。在前述一系列"动作"基础上,新加坡政府推出了标志性网络素养教措施是:2012年8月,成立了媒体素养委员会,隶属媒体发展管理局,专门负责设计并推出面向公众的媒介素养教育,鼓励和培育公众成为具有辨识能力的媒介消费者,同时负责就如何应对互联网伴生新问题向政府提供咨询和建议。2016年10月,新加坡又将媒体发展管理局与资讯通信发展管理局合并,成立了资讯通信媒体发展管理局;媒体素养委员会也随之归入作为政府媒体监管机构的 IMDA 麾下。值得注意的是,该媒体素养委员会由21位成员组成,分别来自工商业界、教育界、社区组织和团体等,旨在通过"教育"而非"管控"的方式,推广媒体素养的一些核心理念。

从新加坡政府采取的措施可以看出:新加坡政府对网络素养教育的重视不仅仅停留在提倡层面,而是上升到了宏观管理机制层面。新加坡政府每隔几年就做出一些调整以适应不断变化的互联网发展态势,合理定位政府自身在网络素养教育中的角色,承担该承担的宏观管理职责,同时放手一些该放手的权利。具体来说,就是在宏观层面对网络素养教育进行管理和倡导,在微观层面上将网络素养教育的教材开发、教学任务和活动组织等具体任务交由专业教育机构、社会团体和公益组织等承担。"一方面,新加坡政府积极承担起推进网络素养教育的宏观管理职责,而不是采取忽视或无视的不作为态度。例如,作为推进网络素养教育的一个重要政府职能部门,新加坡教育部大力提倡和鼓励各学校开设网络素养教育课程。凡是开设网络素养教育课程的学校,可根据参与课程的学生人数,向教育部申请相应的经费资助。新加坡教育部还在其官方网站上,专门开辟了一个网络素养的在线教育平台(Cyber Wellness Portal),旨在向教师、学生和父母提供免费的网络素养教育资源。新加坡政府还注重调动各政府职能部门之力,共同推进网络素养教育。如2009年成立的网络素养联合指导委员会,其成员单位涵括了新加坡七大主要政府部门;这种跨部委的网络素养教育的机构设置方式,充分折射出新加坡政府在网络素养教育方面注重政府各职能部门协调的宏观管理理念。另一方面,新加坡政府注重集纳社会各界力量,共同推进网络素养教育,而不是采取独揽包办一切的做法。网络素养教育需要耗费大量财力物力和人力,单靠政府大包大揽并非明智之举。新加坡政府充分认识到这一点,十分注重发挥社会各界尤其是民间公益组织的作用,并将之作为网络素养教育的重要合作伙伴。换句话说,新加坡政府在网络素养教育中,起到的并不是全能型政府包揽一切的作用,而是'小政府、大社会'型的集纳社会各方之力的作用。"〔1〕

现在,在大多数发展中国家,政府也通常会根据新媒介的发展状况,尽量地将一些新的传播方式的学习,以及这些传播方式可能产生的影响考虑到教育计划中。

(2)我国网络媒介素养教育范式。

喻国明认为,根据我国网络发展的现实语境,"认知——观念——行为"的演进逻辑应当是网络素养培育和养成的核心内容与梯度范式,这一演进逻辑的每一环节都被赋予了全新的现实内涵。〔2〕

第一,在认知培养环节,从网络接触习惯到注意力管理都应该养成主动可控性。网络接触习惯意味着用户网络使用的频率和时间分布,这是过去衡量用户对媒介认知程度的量化依据。但在互联网多任务处理的进程中,媒体运作模式影响了思维习惯的本质,人们抽出时间、持续地关注一件事的能力被剥夺了,人们的注意力时而叠加时而涣散。因此,个人的注意力分配习惯也应当成为衡量用户网络素养的判别指标。

第二,在观念培养环节,从价值情感取向到批判性思维都需要形成基本标

---

〔1〕王国珍. 新加坡政府推进网络素养教育的措施及其特色[J]. 新闻界, 2017(3): 99-100.
〔2〕喻国明, 赵睿. 网络素养: 概念演进、基本内涵及养成的操作性逻辑——试论习总书记关于"培育中国好网民"的理论基础[J]. 新闻战线, 2017(3): 45-46.

准。在 21 世纪，无论受众是否可以追逐热点，信息冗余都是难以避免的，在激活了注意力后，用户需要关注的是如何判断内容的价值，如何对内容进行甄选。因此，是否具有独立的价值判断，是否具有筛选、甄别、整合信息的能力都应该成为衡量用户网络素养内化程度的进阶标准。

第三，在行为培养环节，从网络媒介参与到协同合作都被纳入衡量体系。互联网激活了分散的个体，通过个体的逻辑连接，形成了网络的"参与机制"，将各种微小的社会资源聚集衍化成为公共物品。过去对于网络素养的评判还停留在用户对公共事项的参与程度上，如针对公共事件发表意见。如今，很多的参与已经在不知不觉中完成，高强度的协同合作正在激发出难以估量的新生产能力，用户是否进行了社会化生产、参与程度如何、与他人的协同合作程度如何，都应该纳入网络素养的衡量体系中来。

(3) 网络媒介素养教育对三类人群的不同侧重。

现代教育有必要针对受教者的不同情况和不同需要，采取不同的教育方式。

对于年龄较大或文化层次较低的使用者，需要教授使用方法和技巧，让他们主动积极地掌握一定的数字知识，以便帮助他们抓住和掌握自己获取信息的权利，跟上时代步伐，不至于在信息时代由于思想和能力的落后而处于一个被动、不利的地位。这一类型的网络使用者们通常也会更易轻信一些谣言或传言，充分的科普和及时的辟谣十分重要。美国学者佛格在他的一项研究中发现：很多人觉得搜索引擎本身就具有权威性。现实中，也有许多老年人和文化程度偏低的群众对只要是微信发出的信息就深信不疑。但是互联网的商业化性质决定了辨别网络信息真伪的能力十分重要，它主要包括对网络信息的解读能力、质疑能力。要提高这些能力，一方面，要教育此类人群在寻找信息时不盲从盲信，尽量多选择正规的官网来求证信息，另一方面，可以引导此类人群通过多接触网络媒体、学习必要的传播技能来提升对网络信息运营规律的了解。

对于年轻一代，由于他们很大程度上是伴随着互联网成长起来的，英国科幻作家道格拉斯·亚当斯（Douglas Adams）曾经提出"科技三定律"，第一条就是："任何在我出生时已经有的科技，都是稀松平常的世界本来秩序的一部分。"[1]所以对于年轻人，尤其是"00后"来说，智能手机等网络设备就是生活稀松平常的一部分，简直就像自己的一个器官一样。但是年轻人对互联

---

[1] 第二条是"任何在我 15—35 岁之间诞生的科技，都是将会改变世界的革命性产物"；第三条是"任何在我 35 岁之后诞生的科技，都是违反自然规律要遭天谴的"。

网存在依赖性，外加上更易情绪化，因此，增强他们的自我管理能力和法律意识十分重要。

对于媒体从业人员来说，网络不断出现的新功能不断为他们的工作提供了新的解决问题的方式，并提供了一些新的发展可能。由于职业的特殊社会意义，媒体从业人员除要熟悉与自己工作密切相关的网络功能外，为保证所从事的信息传播工作不管是在内容上还是形式上都处于时代的前沿，媒体从业人员更需要常了解网络，比一般人更早学会使用各种网络传播新方式，并利用它们为传播工作服务。网络时代的新闻工作者需要根据媒体传播形式发生的改变不断重新定位，积极创新知识结构，丰富自身知识架构，学习新的技能，提升专业能力，尤其是对新闻素材的搜寻和处理能力，以保证新闻信息源头的可靠性和权威性。此外，在互联网时代，媒体从业人员仍应主动承担起职业责任与社会责任，利用职业优势积极化解社会矛盾。

在我国，教材更新的频率已经加快，利用网络开展的一些新教育方式虽然已经有所起步，但是影响还不够大，网络素养教育这一块仍有欠缺，对未成年人使用新媒介的教育还有待改进。中国互联网的发展程度和速度其实并不亚于欧美发达国家，借鉴国外经验，对各个群体、各个层次的受众进行相关的网络教育，提高大众对网络的认识和利用，将是未来国民教育中重要的一环。

## 第二节 数字鸿沟与网络命运共同体

互联网的发展在各个国家和地区之间、一个国家内的不同地区之间是不平衡的。因为互联网的发展对政治、经济、文化有着重要的影响，因此，这种不平衡导致了其他一些方面的不平衡。

### 一、数字鸿沟

不同地区和人群工作、生活网络化程度的不同导致出现数字鸿沟。这使人们获取信息的方式和质量产生差别，从而导致在发展上产生明显的差异。

#### （一）数字鸿沟的概念与产生原因

**1. 数字鸿沟的概念与内涵**

"数字鸿沟"（Digital Divide）又称信息鸿沟，也有人称之为数码鸿沟或电子鸿沟。根据美国国家远程通信和信息管理局（NTIA）的定义，数字鸿沟指的是一个在那些拥有信息时代的工具的人以及那些未曾拥有者之间存在的鸿沟。数字鸿沟体现了当代信息技术领域中存在的差距现象。这种差距，既存在于信息技术的开发领域，也存在于信息技术的应用领域，特别是由网络技术产生的差距。

(1) "数字鸿沟"概念的缘起。

有关数字鸿沟一词的来历，一般认为源于"知识沟"假说，"知识沟"由美国传播学者蒂奇纳（P. Tichenor）、多诺霍（G. Donohue）和奥里恩（C. Olien）在1970年发表的《大众传播流动和知识差别的增长》一文中提出。他们在对电视传播效果进行研究的基础上，认为不同社会地位、文化水平与社交范围的人在接触电视节目后，原有的知识差距没有被缩小，反而被扩大。[1]1990年，早在"数字鸿沟"概念正式出现之前，阿尔温·托夫勒在《权利的转移》一书中就提到过"信息沟壑"和"电子鸿沟"的概念。后1998年、1999年，NTIA分别发布了《在网络中落伍之二：数字鸿沟的新数据》《在网络中落伍之三：定义数字鸿沟》两个报告。1999年7月，美国发布了一份官方文件《填平数字鸿沟：界定数字鸿沟》。2000年7月，八国首脑会议在日本召开，会议通过了《全球信息社会冲绳宪章》。该宪章指出发达国家和发展中国家在信息发展当中存在巨大的数字鸿沟，并讨论了如何填平数字鸿沟等问题，此为数字鸿沟问题第一次在国际组织的正式文件中出现。同年11月，中国在北京召开了"跨越数字鸿沟"高层研讨会，探讨了数字鸿沟的本质以及我国的应对措施等问题。2005年，世界电信日期间国际电联特别举办纪念20年前发表的《梅特兰报告》的活动。这次活动明确指出，在"拥有"信息和"缺少"信息的人们之间存在着一条数字鸿沟。而且这次活动还正式提出：如果只有少数人从信息技术中获益而绝大多数人仍然生活在相对闭塞的环境中，是不公平的。此活动成为国际关注数字鸿沟现象的里程碑。

(2) "数字鸿沟"的内涵。

数字鸿沟可分为狭义和广义两种。狭义的数字鸿沟是指不同收入水平、教育程度、种族文化、不同性别、社会经济背景、不同智力、家庭类型、地域的人群，利用电话、计算机和互联网的能力、知识和技能上的差异。狭义的数字鸿沟主要指两类人群之间的差异：一些人享受到了社会提供的信息技术，拥有

---

[1] G. A. Donohue, P. J. Tichenor, C. N. Olien. Mass media and the knowledge gap a hypothesis reconsidered [J]. Communication research, 1975 (1): 3–23.

最强大的计算机、最好的电话服务和最快的互联网服务；而另一些人由于某些原因不能得到最新的计算机、最好的电话服务和最快的互联网服务。广义的数字鸿沟是指在全球数字化进程中，不同国家、地区、行业、企业、人群之间由于对信息、网络技术发展、应用程度的不同以及创新能力的差别造成的"信息落差""知识分隔"和"贫富分化"。

NTIA将数字鸿沟的内容概括为"ABCD"四个方面，"A（Access）"是互联网资源的可进入性上的差异，包括软件资源和硬件资源；"B（Basic Skills）"是人们在基础信息处理能力上的差异；"C（Content）"是指互联网内容和功能更迎合人群需求的差异；"D（Desire）"是人们上网的意愿、目的、动机和信息获取模式上的差异。四个方面中，AC属于客观条件造成的数字鸿沟因素，偏向"物"的因素，BD属于主观媒介素养造成的数字鸿沟差异，偏向"人"的因素。

现在关于数字鸿沟的分类有"三代"说、"三道"说和"1.0、2.0、3.0"说，但意义上都代表不同的时期和不同的着重点。第一代（道）数字鸿沟，或称数字鸿沟1.0关注点为信息通讯技术接入上的差异；第二代（道）数字鸿沟，或称数字鸿沟2.0关注点为信息通讯技术使用上的差异；第三代（道）数字鸿沟，或称数字鸿沟3.0关注点为信息获取与使用能力的差距。总体上，前两类数字鸿沟关注设备和技术上的差距，第三类则把关注点转移到人们运用网络获取和使用信息能力的差距上。更详细的分类还有像：技术鸿沟、通信鸿沟、经济鸿沟、信息接入鸿沟、信息能力鸿沟、全球鸿沟、社会鸿沟、民主鸿沟、种族鸿沟、语言鸿沟、性别鸿沟、代际鸿沟，等等。

**2. 数字鸿沟产生的原因与可能造成的影响**

（1）数字鸿沟产生的原因。

产生数字鸿沟的原因有很多，主要原因是经济水平和文化水平存在着差距。数字鸿沟是因数字化在全球范围内的普及是一种极不平衡的扩张，从而出现的国家之间以及一个国家内部不同地区之间的差距，其本质是以国际互联网为代表的新兴信息通信技术在普及应用和发展中出现的不平衡现象。

因为信息化建设是需要成本的，因此经济发展与收入水平是导致数字鸿沟产生的主要原因。此外，受教育水平和接受新事物的能力也是造成数字鸿沟产生的另一大原因。而年龄和健康因素也会导致数字鸿沟产生，年龄太大或太小，生理有残障，都会不利于使用网络。一些国家出于政治或管理方面的考虑，对大众的数字信息接近权并没有积极促进。而在一些国家的一些地区，有些人则因为宗教信仰或个人习惯，拒绝使用电子产品。大众受教育程度的差异也是重要的原因，比如一项调查研究发现，80%的MOOC用户都来自受教育程度最高的6%的人口。[1]但是，MOOC平台的建设初衷是使世界任何角落的人都能享受到免费的、高质量的教育资源。所以由于基础知识水平的差异，本来教育信息化的一些工作是为了试图促进教育均衡发展，但结果却存在着导致数字鸿沟日益扩大的客观事实。

互联网使用能力的差距，一定程度上反映着不同国家、人群在数字化经济时代发展的差距，它体现了事物发展不平衡的绝对性。这种不平衡不仅存在于不同地理区域、不同发展水平的国家之间，同时也存在于一个国家内部不同地区、不同人群之间。如我国城乡数字鸿沟的形成原因就有城乡地理条件因素、城乡二元体制因素、经济发展水平和生产方式的因素、城乡居民收入水平因素、城乡受教育水平的因素和城乡生活习惯不同等因素。这种失衡，从技术层面看，是因为地域、教育水平和种族不同的群体在掌握和运用电脑、网络等数字化技术上存在差距；从社会、经济、文化层面看，是由于国际与国内经济存在不平等和不平衡，传统社会分化现象在新时代下的延续。互联网的利用程度一般与国家的富裕程度成正比，因为不同国家的经济发展水平与代表当今信息化程度高低的互联网使用水平几乎是同步的，其普及程度与国民的富裕程度也紧密相关。

（2）数字鸿沟可能造成的影响。

英国信息社会理论学家弗兰克·韦伯斯特（Frank Webster）认为："在信息社会中，人们只要有幸获得生存于新全球化经济时代所具有的信息能力的一流教育，就能成为时代的弄潮儿。"[2]加拿大学者Bourgeois EW针对互联网普及程度，采用深度访谈法对地处中心城市的Nova Scotia地区和位于乡村的Nunavut地区进行了对比分析，发现Nova Scotia地区的"信息富人"能够通过网上购买信托基金、股票等方式获得收益，而处于另一端的"信息穷人"却失去了这些获利机会，结果就会影响其预期收入。美国学者Steven P. Martin和John P. Robinson运用问卷调查法对随机抽取的137人进行收入方面的调查，发现"网民"通过上网获利的途径要比"非网民"多得多，城乡数字鸿沟会在信息时代造成新的贫富分化和马太效应。[3]中国学者刘骏和

---

[1] Emanuel E J. Online education：MOOCs taken by educated few [J]. Nature, 2013 (3)：342.

[2] 弗兰克·韦伯斯特. 信息社会理论 [M]. 曹晋, 梁静, 李哲, 等译. 北京：北京大学出版社, 2011 (5).

[3] Steven P. Robinson, John P. Robinson. The Income Digital Divide：An International Perspective [J]. IT and SOCIETY, 2014 (7)：7.

薛伟贤在研究中国城乡数字鸿沟对城市化的阻尼效应及其形成途径时，也发现我国城乡数字鸿沟会拉大居民收入差距，信息社会里的贫富差距呈现滚雪球效应。[1]

数字鸿沟不仅是一个数字化技术层面的问题，它的存在和程度影响到人们的政治、经济、文化和生活，关系到社会的贫富悬殊、信息资源、劳动就业、生活质量等，已经成为信息时代的社会问题。在现代社会里，不同区域和人群所处环境的数字化程度的高低，会影响到其发展机会的多寡，一个人获得信息的手段和途径的多少会直接或间接影响到其在社会中获得利益的多少。在数字化时代，一些网络天才几年间就可能积聚起巨大的财富，那些因为经济或文化原因出现的"网盲"们却因为不能利用这样的信息传播途径而与社会"上层"的差距越拉越大。

总体来说，数字鸿沟可能会产生以下五大效应。

第一，数字鸿沟可能会产生离散效应，即导致大量信息贫困者出现。

第二，数字鸿沟可能会产生分化效应，即导致信息和信息技术拥有者和缺乏者之间的差距越来越大。

第三，数字鸿沟可能会产生放大效应，即导致原有已经存在的经济和社会矛盾进一步扩大。

第四，数字鸿沟可能会产生短板效应，即弱势群体的存在会降低整个信息化的成效。

第五，数字鸿沟可能会产生双刃效应，即在使原有矛盾扩大的同时，给落后的一方后来居上、实现跨越发展提供了机遇。

### （二）两种主要的数字鸿沟

数字鸿沟不仅存在于国家和地区之间，即使在国家和地区内部，也会因为阶层差异、城乡差异、种族差异、行业差异、年龄差异甚至性别差异存在着分化。

**1. 国家之间的数字鸿沟**

国家之间的数字鸿沟表现在：一方面，有些国家和地区存在信息的"过度供应"；另一方面，一些国家和地区根本还没有条件接触网络。在发达国家中，人们通常只要支付不到月收入1%的费用就能使用宽带资源，而在落后的

---

[1] 刘骏，薛伟贤. 中国城乡数字鸿沟对城市化的阻尼效应及其形成途径 [J]. 图书情报知识，2013（6）：32-38.

国家中，一个月使用宽带的费用有时要占据一个人的全部月收入。

世界经济论坛自 2001 年以来，每年发布一次《全球信息技术报告》，此报告已成为研究信息和通信技术如何影响各国发展进程和竞争力的最权威评估报告。其中的 NRI（Networked Readiness Index，网络就绪指数）是衡量各国有效利用信息及通信技术的成熟度和衡量利用信息技术推动经济发展及提高竞争力的最综合、最权威的评估性报告。NRI 采用的数据来自公开渠道及企业家问卷调查的结果，这是一项由世界经济论坛与全球信息技术报告所包含的国家合作机构网络所共同进行的问卷调查，旨在为评估国际网络指数提供重要、全面的数据。

NRI 从三个方面衡量了各国有效利用信息通信技术的成熟度：信息通信技术在整体商业、监管和基础设施方面的环境；三大社会主要群体（个人、企业和政府）使用并获益于信息通信技术的准备就绪程度；实际使用最新信息通信技术的情况。

根据《2016 年全球信息技术报告：数字经济时代推进创新》，139 个经济体的信息通信技术发展状况，新加坡再次名列 NRI 榜首，其后依次为芬兰、瑞典、挪威、美国、荷兰、瑞士、英国、卢森堡和日本。跻身前 10 名的国家依然和前一年相同，分别被两个高收入的东亚和南亚国家、七个欧洲国家以及美国占据。这显示出网络就绪程度依然和人均收入有很大的关联性。对于位居榜首的新加坡，其出色表现要得益于在四个分类指数有三个（环境、使用和影响）名列世界第一，这是新加坡政府大力推行数字议程，包括智能国家项目的结果。新加坡因为国土面积小，相对在利用信息和通信技术推动经济发展及竞争力方面成效显著，可以保证所有政府公共服务都能用上互联网。

在 2016 年的全球信息技术报告中，中国的排名位列第 59 位，而 2011 年，中国的 NRI 排名曾位居 138 个经济体的第 36 位。名次的下降除受世界经济论坛 NRI 计算方法调整的影响外，各国之间的数字鸿沟实际在不断拉大也是主要原因。因为具有优势的国家其初始优势随着时间的推移逐步积累，导致处于劣势的竞争对手更加落后，无法公平地享受发展带来的收益。持续投入网络基础设施的国家所获得的收益远远高于缺乏网络基础设施的国家，而且随着时间推移，前者可利用初始优势进一步加速发展，导致排名靠前的国家整体表现越来越好，而排名靠后国家的表现却日趋恶化。

在联合国宽带促进可持续发展委员会发表的《2017 年宽带状况》中，也显示发达国家与发展中国家之间的数字鸿沟仍在加大。不过旨在缩短这种差距，世界经济论坛已发起"全民享有互联网"项目，目的是帮助 39 亿无法上网的人群使用互联网。

### 2. 国家内部的数字鸿沟

以我国为例，继地区差别、城乡差别、脑体差别之后，数字鸿沟已成为当今中国第四大不平等范畴。中国是一个幅员辽阔的大国，数字鸿沟存在于我国东部与西部之间、城市与乡村之间、中老年人与青少年人之间以及不同的行业和人群之间。近年来，中国经济的飞速发展加大了东西部之间的贫富差距。东部地区由于经济发达，互联网与网络经济发展迅速，在信息量和信息的利用程度上明显高于西部。在中国域名及网站总数的排名上，经济文化发展水平较高的环渤海地区、长江三角洲地区和珠江三角洲地区的城市一直都排在前面。而西部地区由于经济与文化的各种因素，互联网和网络经济的发展相对缓慢。以网站建设为例，2016 年，我国东部地区网站占比 69.28%，中部地区占比 18.01%，西部地区占比仅为 12.71%。[1]

信息的不平衡会影响信息网络使用的公平性。同样的信息资源，常常只有经济发达的地区可以充分地使用，而较落后的西部就难以享受信息技术的成果。从 2007 年起，中国互联网信息中心开始每年发行《中国乡村互联网调查报告》以及《中国农村互联网发展状况调查报告》。根据其至 2014 年的历年数据，"中国农村宽带普及率与城市相比除 2012 年出现反弹以外，呈现差距扩大趋势"[2]。

2016 年 4 月习近平总书记在全国网络安全和信息化工作座谈会上强调"必须贯彻以人民为中心的发展思想""让亿万人民在共享互联网发展成果上有更多获得感"，为中国推进网络强国建设、促进网信事业发展指明了方向。

### (三) 缩小数字鸿沟的办法

#### 1. 国外为缩小数字鸿沟采取的措施

美国政府曾颁布一系列"从数字鸿沟走向数字机遇"的动议和措施，这些措施包括鼓励私营机构参与、提高 IT 教育水平，创建社区技术服务中心，给予中下层新形式服务，加快私营机构在城市贫困社区及偏远地区的网络建设，等等。美国根据《电子政务法》的要求建立了覆盖全国各城市和乡村的社区技术中心，并利用社区技术中心、公共图书馆和其他公共机构为公众提供

---

[1] 支振锋. 人民日报新论：消除互联网发展的数字鸿沟 [EB/OL]. 人民网. http://opinion.people.com.cn/n1/2016/0425/c1003-28300388.html.
[2] 王峰. "一把手工程"时代：国家信息化战略跃步 [N]. 21 世纪经济报道, 2014-09-25 (2).

互联网接入服务和在线指导。在美国政府的鼓励下，许多私人机构和非营利组织还通过捐助资金和设备、提供培训资料等方式来资助社区技术中心的发展。为解决偏远和贫困地区学生获取信息技术的不足，还采用教育信息服务折扣率，向偏远地区的中小学校和公共图书馆提供电信和网络方面服务的折扣资助，以保证偏远地区学校能以低廉的价格使用电信设施。折扣率的范围一般在20%～90%之间，大小参照联邦贫困学校"午餐计划"学生比率。该举措有效提升了美国偏远地区学校的教育信息化水平。2018年年初，特朗普总统在田纳西州纳什维尔发表演讲，承诺扩大美国农村地区的宽带互联网覆盖，随后签署两项相关行政命令，要求联邦政府加速农村地区宽带基础设施建设。

英国政府通过在网吧、图书馆、大学和社区中心等公共场所设立"英国在线中心"等方式，在全国范围内建设互联网接入点，努力使全体公众可在离家最近的地方上网。在"英国在线中心"，工作人员可以帮助初学者上网、收发电子邮件和搜索信息。英国政府制定了《信息通信技术技能标准》和推动公众技能水平提高的工作框架，通过与社团组织或民间组织合作开展多种推广活动，提高还未上网的公众的互联网意识，并对老年人、残疾人、低收入人群和失业者等弱势群体提供免费培训，提高他们的信息获取、使用技能。

俄罗斯在全国推行"电子邮政计划"，利用邮政系统在全国拥有数量众多的分支机构的优势，建立公共信息接入点，以解决城市低收入者和偏远地区接入互联网、享受政府乃至整个社会的电子化服务的问题，努力缩小不同人群间的数字鸿沟，为公众提供平等获取政府信息的机会。

在亚洲，新加坡在信息化普及方面走得最快。从20世纪80年代以来，新加坡政府制订了一系列信息化计划，包括《国家计算机化计划》《国家IT计划》《IT 2000计划》《信息通信21世纪计划》《连接新加坡计划》和《智能国家2015计划》等。其中《IT 2000计划》将重点扩展到提高新加坡人生活质量、推动经济发展、实现本地和全球连接以及提高新加坡人的潜在技能上。印度政府制定的铺设光缆计划Bharatnet第一阶段已完成，10万多个村务委员会实现了宽带通信。2017年12月，印度政府宣布启动Bharatnet第二阶段建设工作，预计投入3 400亿卢比，将15万个村务委员会接入到高速互联网通信网络。印尼为尽可能消除地区间通信速率的差距，对还没有互联网的地区加大投入，实施在全国各地铺设光纤的高速通信网络计划——"帕拉帕环"，2018年实现全国联网。菲律宾则因为在该国光纤网络扩充难度较大，所以决定优先改善无线网络状况，大力发展免费Wi-Fi。2017年6月启动的"国家宽带计划"是2017年增加5 000个Wi-Fi热点，2018年增加1万个Wi-Fi热点，到

2022年在全国25万个地点设置免费Wi-Fi热点。[1]

而在缩小数字鸿沟方面做得最好的，属北欧的芬兰。芬兰把宽带接入权确认为公民基本权利之一，让芬兰全国人民免费上网，成为首个通过立法的形式确认"宽带权"的国家。芬兰的"宽带权"的核心内容是公民无论身处何地、贫富与否，均有连接网络的权利。芬兰实施这一计划，其终极目的正是为了填平数字鸿沟，确保其国民的社会权益更加公平。

**2. 中国缩小区域信息化程度差距的举措**

国外解决国家内部数字鸿沟所采用的技术设备和措施方法对我国有着借鉴作用，为缩小区域信息化程度差距，中国也探索尝试了一系列举措。

（1）缩小中国区域信息化程度差距的一些方案。

缩小我国城市与农村之间、东部与中西部地区之间的数字鸿沟必然要求在信息化建设过程中统筹城乡发展、区域发展。在东部的现代化信息技术达到一定水平后，有必要通过国家的信息扶贫政策，加快西部地区的互联网络建设，缩小东西部地区的差距。2013年8月17日，中国国务院发布了"宽带中国"战略实施方案，部署未来8年宽带发展目标及路径，意味着"宽带战略"从部门行动上升为国家战略，宽带首次成为国家战略性公共基础设施。预计到2020年，中国宽带网络将打通网络基础设施"最后一公里"，基本覆盖所有农村。国家发改委《关于组织实施2018年新一代信息基础设施建设工程的通知》要求加快推进"宽带中国"战略实施，支撑网络强国、数字中国建设和数字经济发展，继续组织实施新一代信息基础建设工程。重点工程包括"百兆乡村"示范及配套支撑工程，通过与"互联网+""中国制造2025"等系列政策融合，"宽带中国"战略体系已初步成型。

消除国内数字鸿沟的关键是"信息落地"，即方便信息弱势人群接触网络，低成本地通过网络获取各种信息。在这方面，宁夏回族自治区在推进农村信息化过程中建立了多种互惠共赢的合作机制。如：中国电信宁夏公司与广电部门曾合作成立专门的IPTV内容运营公司。电信负责网络传输，广电部门负责传送电视节目，收视费由电信代收，两家分成。该机制实现了四赢：一是政府赢，宁夏政府以2 000万元撬动了3亿元的投资，提高了信息化效益；二是农民赢，农民用较低成本一步到位享受到了集电脑、电话、电视多途径的信息化服务；三是部门赢，各部门无须再投资建设各类的平台、网络、终端，节省了大量资金；四是企业赢，提高了网络和设备的效率，开辟了电信、广电等新

---

[1] 宋向东. 为消除信息鸿沟 这三个亚洲国家拼了[J]. 通信世界，2018（2）：35.

的市场空间。这种模式被称为"宁夏模式",电信、电视、互联网三网融合下乡,配套"三农呼叫中心",使信息服务站成为农民家门口的服务点。从 2016 年开始,宁夏扶贫办及有关部门陆续与大电商京东集团开展了电商扶贫领域的合作与交流,并于 2017 年 8 月 30 日,由自治区人民政府正式与京东集团签署了战略合作协议。之后,双方共同协调推进探索的"互联网 + 农业"新模式发展良好。一批特色农产品上线京东商城,消费好评达到 98% 以上。到 2018 年 7 月,"宁夏 14 个县被纳入全国电商进农村综合示范县。其中,9 个国家贫困县均建成农村电商公共服务中心。3 年来,电商累计带动建档立卡贫困户就业创业 1 627 人、帮助建档立卡贫困人口销售总金额 1 441 万元。"[1]

(2) 利用网络增强远程教育能力。

教育、经济、互联网络之间存在着一种相辅相成的关系,教育的提高有助于经济的发展,经济发达可以带动互联网络的进步;反过来,互联网络又能促进经济,提高教育水平。我国自 2010 年以来,财政拨款在中西部农村薄弱学校建设了 20 万多间多媒体教室。针对我国地区经济发展的差距以及长期存在的城乡二元结构和教育财政制度的弊端等情况,2012 年,教育部启动了"三通两平台"项目,力求实现教育信息化基础设施建设与优质数字教育资源共建共享的双重突破。从 2012 年 11 月开始,中国教育部和财政部又正式启动"教学点数字教育资源全覆盖"项目,专门针对偏远贫困地区特别是农村地区六七万所教学点的约 400 万名学生,因地制宜地配备信息化设备和优质数字资源。这些措施为消除教育中的"数字鸿沟"、推进教育公平发挥了重要的作用。

中国西部地区教育和经济不发达,农村中小学网络教育教学目前存在着资源短缺、师资力量不足、教学质量不高等问题,除了有历史、地理因素外,信息和人才的匮乏是很重要的一个方面。而现代远程教育是解决这种困难的重要途径。网络教育最大的特点就是可以实现异地异时或异地同时的教学。对于偏远地区来说,他们只要投入较少的网络建设费用就可以按照自己的需求接受不同类型的网络教育,这对于缩小数字鸿沟、提高偏远地区的教育水平具有重要的意义。

目前仍在深入开展的农村中小学现代远程教育工程是以信息技术为手段,采取建设教学光盘播放点、卫星教学收视点、计算机教室三种模式将优质教育

---

[1] 贾茹,何鑫宁. 宁夏电商模式逐渐涌现 3 年带动千余贫困户就业创业 [EB/OL]. 人民网. http://nx.people.com.cn/n2/2018/0726/c192493-31863886.html.

资源传输到农村。它的目的是促进城乡优质教育资源共享，提高农村教育质量和效益。该工程及农村党员现代远程教育项目都是经国务院批准，教育部、国家发展和改革委员会、财政部提出的重点推广项目，总投资额约为100亿元，被业界称为"百亿工程"。这项工程主要集中在中西部不发达省份，在农村小学教学点基本配备教学光盘播放系统，并建设卫星教学收视点，在农村初中建设计算机教室，以缓解西部地区农村中小学教育资源短缺和师资不足的问题，促进师资水平和教学质量提高。

（3）缩小国内数字鸿沟带来的机遇。

挑战常常同时也意味着机遇，缩小数字鸿沟的行动会带来巨大的商机。在缩小数字鸿沟的过程中，对于信息产业来说，找到好的商业模式，既可以履行自己的社会责任，又能够最大限度地赢利。

国内的一些地方和单位也开始了相关的探索。例如，广州市采取由政府和企业共同出资的思路，以农村为重点，创造上网和计算机培训环境，支持农村村民和市区低收入家庭上网、用网，增强他们掌握、分享信息化成果的能力和手段。一些东部地区也与中西部地区在信息化领域加强了一些合作，并开展了一些合作项目。如上海信息化委员会与新疆信息化办公室达成了关于促进两地信息化发展的合作协议。合作内容包括：在政府、园区、企业多层面建立工作交流和协商机制；推动两地IT企业、科研院所、行业协会、中介机构之间的合作；推动重点领域、重点项目的合作；建设乌鲁木齐高新区新能软件园；将上海软件技术服务平台、资源平台的各项功能有效延伸至新疆；创立"上海—新疆"软件技术培训品牌；等等。

## 二、网络空间命运共同体

网络社会建筑在信息化、数字化和全球知识共享之上，网络空间具有向世界每一个角落辐射的强大力量，现在几乎已没有多少地方能完全置身于这种辐射之外。互联网缩小了人与人之间的物理空间距离，消除了人际交流的地理障碍，实现了"天涯若比邻"，使地球成了"地球村"。

### （一）网络空间主权

**1. 互联网的发展促进了全球化**

互联网将人们带入全球传播时代，全球网络传播中主要的意识形态是全球主义。互联网所建构的是一个无边界的社会，借助网络的力量，全球传播体系可以轻易地超越传统地域界限，使用者可以通过互联网走遍世界各地，了解世界各地风土人情，追踪世界各地正在发生的事情。

网民们在日益"一体化"的世界中生存，各种文化在冲突和融合中，统一性和共通性不断增强。互联网信息传播速度快、范围广，使世界各国之间相互的文化影响大幅提升。网络传播有利于多元价值观得到体现，促进了文化的多元化。这对原有的相对较为单一的价值观造成冲击，使人们在价值观取向上趋向多元化。

网络的广泛运用使文化的交流更加直接和简便。人们可以不受时间和地域的限制自由地沟通，这在相当大的程度上对推动世界文明的进步起到了有力的促进作用。互联网打破了原有的地域或民族限制，在个体与全球之间架设了直通的桥梁，使每个网民的行为都成为国际互联网文化的一部分，并受到全球化的影响，也使全球化的观念更深入地渗入到人们的生活方式中。在互联网的虚拟空间内，不同国家、不同文化形态的人们可以相互学习、相互合作，日常的生产、生活、交易的范围随之迅速扩展到全球。

**2. 网络空间中的冲突**

由于网络虚拟空间已超越国家有形的地理边疆界限，导致一些新的国家安全问题不断出现，伴随着网络安全的忧虑、网络话语权的争夺、网络恐怖主义的威胁，有关维护网络主权的主张越来越多。

（1）网络主权的内涵。

网络主权指网络空间主权（Cyberspace Sovereignty），是国家主权在网络虚拟空间的体现、延伸和反映，其实质是国家主权在网络时代所产生的新的主权形式。具体而言，就是对内国家有权管理本国网络基础设施，管治本国网络空间，依法打击危害网络空间秩序的行为；对外国家有义务履行国际法，尊重国际法权威，同时参与网络空间国际治理，维护网络信息安全。"联合国信息安全政府专家组（GGE）专门强调，作为国际法基本原则的国家主权原则适用于网络空间，超越主权国家制定网络空间命运共同体规则将最终无法实现。"[1]

网络主权主要表现为网络信息主权，是对信息流动过程中人的思维成果的管理和处置。"关于网络主权的界定，学界形成了信息主权说、互联网主权说、虚拟主权说、数据主权说以及网络空间主权说等相关以及重合概念。有关网络主权原则的正当性，国内学者多从网络虚拟空间的主权性质探讨网络空间

---

[1] 惠志斌. 全球治理变革背景下网络空间命运共同体构建[J]. 探索与争鸣, 2017 (8): 102.

国家主权存在的正当性及合理性,坚持网络主权原则;西方多数学者将自由主义、个人主义延伸到网络虚拟空间,坚持人权高于主权以保障个人自由等主张。有关网络空间的国际治理,大多数发达国家坚持网络自由论,将网络空间视为全球公域;目前国际上颇具影响的方案就是多利益攸关方治理模式,即让各国政府、私营部门、民间团体以及互联网用户等能平等参与网络治理讨论,并对全球互联网治理提出一些解决方案,以推动全球互联网平稳发展;而大多数发展中国家坚持国家多边主义治理模式,坚持对网络空间进行主权管辖,制衡网络霸权优势。"[1]

互联网是现实世界在虚拟的网络空间的延伸,也是现实世界中国家利益在虚拟世界中的延伸。互联网是现实世界在虚拟网络空间的映像,几乎所有网络空间里的行为和行为主体,在现实世界都可以找到对应。《联合国宪章》明文规定,"各会员国主权平等""各会员国应以和平方法解决其国际争端,避免危及国际和平、安全及正义""各会员国在其国际关系上不得使用威胁或武力,或以与联合国宗旨不符之任何其他方法,侵害任何会员国或国家之领土完整或政治独立。"网络空间中也存在国家,所以尊重主权国家交往基本准则,同样也适用于网络空间。网络空间相互依存的不对等性,造成了不同国家之间信息资源的不对等、不平衡,从而有了网络大国和小国、网络强国和弱国之分。但是,所有国家都应该恪守《联合国宪章》的主权平等原则,每一个国家的网络主权都不应受到侵犯,不论未来互联网技术怎样发展,也不能冒犯他国的信息主权。

(2) 有关网络主权的争论。

网络空间具有开放、共享和非实体特征,所以网络空间的各部分并没有固化的物理边界。行使网络主权的主体,无论是国家还是个人,其行为边界都处于相互交织状态,也更容易受到侵犯。围绕网络主权的争论主要集中在网络空间的管辖治理权方面。相关的主要观点有网络无主权论、网络空间国家绝对主权论、网络空间有限主权论和网络空间主权论等。

网络空间无主权论的奉行者们多为以网络技术人士为代表的自由主义者。他们从自由主义理论出发,主张人权高于主权,倡导网络无政府主义。

网络空间国家绝对主权论者认为,网络空间有完整主权,国家需要对网络空间实行严格管治,对国内信息实现严密监控,对外来信息进行抵制,维护国

---

[1] 刘肖,朱元南. 网络主权论:理论争鸣与国际实践 [J]. 西南民族大学学报 (人文社科版),2017 (7):129.

家的网络主权。

网络空间有限主权论认为,国家主权的行使应遵守国际社会公约与惯例,为扩大国家之间的共同利益,可以将一部分权力让与国际组织和机构,以放弃有限的主权利益获取更大的国家利益。

网络空间主权论则是许多发展中国家更能接受的观念。在2015年12月16日第二届世界互联网大会上,习近平指出,网络主权原则是建立网络安全体系的重要原则,应该尊重各国自主选择网络发展道路、网络管理模式、互联网公共政策和平等参与国际网络空间治理的权利。习近平的网络主权观可以理解为:"网络主权是网络空间自由的底线,国家安全是网络空间秩序的底线,用人类优秀文明成果滋养网络生态是秩序规范的生存土壤。网络空间必须遵守各国法律和道德秩序,积极遏制信息技术滥用,打击非法网络监听,抵制各种网络攻击,反对网络空间的军备竞赛,推进网络空间安全有序。应坚持多边参与、多方主导的全球互联网治理,网络治理搞单边主义、一方主导或几方主导是与互联网的本质属性和网络空间的本质特征所背的。应建立对话协商机制,研究治理规则,照顾所有主体利益和意愿,积极倡导互联网依法、有序、协商治理,反对网络霸权,建设公开透明的全球互联网治理架构,实现网络空间治理各国利益共同、规范共享和行动互惠。"[1]

(3) 网络主权冲突的现状。

由于目前世界上国家和地区众多,且体制及发展水平差异度很大,各国在网络主权上的认知也有所不同,在网络技术水平和管理方面的政策和实践也各不相同。有关网络空间国际治理的权力结构及其国际话语权分配的问题,常常因为国家利益和信息安全而明里暗里地处于争执状态。以美国为首的发达国家因其技术优势长期处于网络空间权力顶端,已形成网络霸权态势。而众多发展中国家则因长期技术劣势,在网络空间往往十分被动,只能靠努力争取来获得国际网络空间的话语权。

冷战结束后,美国"新干涉主义"大行其道,提出要"建立以国际干预对付独裁国家的国际关系新框架",按照西方国家的价值观和法制观重构国际关系体系。2008年9月18日,美国空军组建全球第一个网络司令部,称其任务是保卫自己的网络安全和进攻他国网络。之后世界各国掀起网络军备竞赛,日本组建5 000人网络部队,印度索性公开征召黑客入伍,俄罗斯喊出了要"打赢'第六代战争'"的口号。2011年7月14日,美国国防部发布了首份

---

[1] 张绍荣. 论习近平构建网络空间命运共同体思想[J]. 思想理论教育导刊,2017(6):35.

《网络空间行动战略》报告，旨在加强美军及重要基础设施的网络安全保护，并把网络空间列为与陆、海、空、太空并列的美军"行动领域"。

2012年12月14日，以中国、俄罗斯为代表的89个国际电信联盟成员国签署了新的《国际电信规则》，提出加强政府角色，掌握互联网域名、地址分配的一部分权力。89个国际电信联盟成员国中大部分是发展中国家，以美国、英国、日本等为代表的一批发达国家拒绝签署，共计55个成员国保留签字权。对于签署情况，时任国际电信联盟秘书长哈玛德·图埃如是评价："已签署新条约的成员国占明显多数，这些国家不仅代表了世界上大多数人口，更代表了世界上绝大多数尚未获得信息通信技术连接的人口。"然而，尽管新通过的《国际电信规则》体现了世界大多数人口、大多数国家的意志，并于2015年1月1日在签字国之间生效，但由于拒绝签字的成员国却依然执行1988年的《国际电信规则》，所以这份新的《国际电信规则》对未签字国家并无约束力。

2016年11月7日，我国《网络安全法》正式出台，其中网络空间主权原则成为该法的重要亮点。其第一条就声明，立此法是为了保障网络安全，维护网络空间主权和国家安全、社会公共利益，保护公民、法人和其他组织的合法权益，促进经济社会信息化健康发展。

（4）网络主权冲突原因。

网络的发展给世界许多国家在主权、安全、发展利益等方面带来许多新挑战。互联网促进全球化的同时，进一步加剧了国际新闻传播的不平等状况，甚至造成了发达国家对发展中国家在信息和文化上的侵略。目前，网络空间发展不平衡、规则不健全、秩序不合理越来越严峻，以美国为首的西方发达国家与新兴国家、发展中国家的矛盾日渐加剧，网络空间全球治理面临许多新的问题。

网络主权问题经常发生冲突的原因有：

第一，世界各国原本就存在差异和对立。各国的社会制度和经济发展水平不同，一些国家或地区间的历史文化传统、社会价值观、社会制度及意识形态方面也存在着差异甚至对立，当不同的意识形态在网络空间中相遇时，不同的政治、经济、文化、法律、风俗、宗教信仰、价值观念和道德意识可能会发生碰撞，不同国家的网民们可能会对同一网络信息根据不同的评判标准作出不同的甚至是完全相反的评判。

第二，文化发展本身存在霸权现象。从世界文明的发展历史看，传播技术水平的高低一直对世界秩序和格局有重大的影响。在中国古代，汉唐文化处于中亚、东亚和东南亚的文化中心地位，与其当时以中原为中心的驿道和造纸技术的发达不无关系。元朝时，蒙古人几乎称霸欧亚大陆，其建立的沟通欧亚大陆的驿站也起到基础网络的作用。在欧洲，印刷技术的提高对欧洲文艺复兴以及后来欧洲文化逐步称霸世界有着关键的作用。而在现代，以电影、电视和互联网为代表的现代传播技术带来的是以全球化为特征的美国文化。在网络世界中，掌握信息技术优势的大国具有更大的文化政治影响力，对各种文化特性具有更强的侵蚀作用。

第三，网络传播增加了冲突的机率。即便在网络环境下国家和民族的概念仍然存在，国际文化传播中仍然有着根深蒂固的民族文化和本体化的意识形态。如果各地区、各民族都希望以自己的习惯和价值观来引领网络信息的走向，必然会产生一些价值冲突。这些冲突在互联网出现之前就存在，而网络在促进交流的过程中进一步增加了这种意识碰撞发生的机率。在全球化的接触中，难以避免会产生民族偏见、民族歧视、民族仇恨等偏执的民族情绪，在网络传播的推动下，本已存在的民族冲突更容易激化，新的对抗心理更容易产生。

### （二）网络空间的霸权问题

随着网络空间对现实世界影响的增大，网络主导权的战略地位也越来越高。网络空间中存在的技术霸权、信息霸权、标准霸权、军事霸权、管理霸权等，对发展中国家的政治安全、信息安全、文化安全、军事安全造成了很大的威胁。

网络霸权是指网络技术发达的国家利用技术优势，妨碍、限制、压制其他国家对信息的获取和运用，甚至通过垄断信息技术来控制别国的信息来源及传播，以谋求经济、政治和军事利益。

**1. 国际上争议多年的 ICANN 问题**

互联网产生于美国，美国作为互联网一些规则的制定国，自然比世界上别的国家多了一些特权。在美国政府的一些观念的影响下，美国的互联网管理组织也建立了许多有利于美国的互联网使用框架。美国对于这些基本框架有主导权，全世界的其他国家只要想利用互联网，就必须将自己的基本行为纳入这样的框架之中。在美国主导的互联网框架结构中，域名管理是主要的国际互联网控制方式之一。

（1）ICANN 域名管理。

域名一直被认为是进入网络世界的大门，域名管理最初是由于与美国政府有合同关系的互联网号码分配当局（Internet Assigned Numbers Authority，IANA）以及其他一些组织来提供服务。之后，ICANN 行使 IANA 的职能，统一管理全世界的域名。ICANN 是国际互联网名称和编号分配公司（Internet Corporation for Assigned Names and Numbers）的缩写，它成立于 1998 年 10 月，由美国商务部投资设立，是一个集合了各地网络界的商业、非商业、技术及学术领域专家的非营利组织，本部设在洛杉矶。ICANN 在互联网技术的取舍、标准协议的制定执行、域名争议的解决等方面享有权威，掌握着全世界互联网关键寻址系统管理的实权。

ICANN 负责全球许多重要的网络基础工作，例如地址空间（IP Address Space）的分配、协议参数（Protocol Parameters）的配置、域名系统（Domain Name System）与根服务器系统（Root Server System）的管理等。ICANN 的政府咨询委员会由各个国家或地区政府指定的代表组成，作为 ICANN 与各地政府间的沟通桥梁。ICANN 的支持组织是理事会的咨询机构，其主要职责是针对支持组织具体责任范围内的事项，提供实质性政策研究和建议。

在名义上，ICANN 本着由下而上的精神，推动全球各地网络组织及社团达成共识，共同规划网络界未来蓝图，并付诸实践。美国政府将监管控制互联网通信的根服务器等大量的管理工作授权给 ICANN，号称对 ICANN 的监管仅限于与域名分配和构建解决域名纠纷系统相关的决定性技术问题。但是，一个无法回避的问题是：由于 ICANN 这个机构本身位于美国，而且是美国政府建立的，因此，ICANN 在行政上受美国商务部管辖，被要求听命于加利福尼亚州的检察长。ICANN 除每年要向美国商务部递交工作报告外，还要定期接受美国国会的听证、质询和批评。虽然 ICANN 可以独立作出一些决定，但是美国政府对 ICANN 的所有决定拥有最终否定权。

（2）根服务器受控的后果。

互联网的核心是它的根服务器，尽管现在网络很发达，但实际上支撑网络运转的根服务器数量相当少。全世界一共有 13 台根服务器，其中一台是主根服务器，12 台是副根服务器。主根服务器设在美国，12 台副根服务器中的 9 台设在美国，一台在英国，一台在瑞典，一台在日本。尽管世界多国强烈反对，但美国商务部仍宣布将无限期保留对根服务器的监控权。

美国控制了域名解析的根服务器，也就控制了相应的所有域名。如果美国不想让人访问某些域名，就可以屏蔽掉这些域名，使它们的 IP 地址无法解析出来，这样，这些域名所指向的网站就无法出现在网络上。从技术上讲，只要掌控着互联网的 13 个根服务器，就可以对国际域名的流量、解析等严密监控，并可以随时中断服务。因此，美国政府通过 ICANN 就能很方便地对其他国家的网络运作进行监控，如通过截取顶级域名的解析报文、统计某个国家机要核心网站的访问流量和通信行为，分析出该国机要事务的进展状况等。伊拉克战争时期，美国政府行使了其对 ICANN 的否决权，终止了对伊拉克顶级域名".iq"的解析，轻易地使伊拉克的网络陷入瘫痪。2004 年 4 月，由于在顶级域名管理权问题上发生分歧，美国政府屏蔽了利比亚顶级域名".ly"，结果利比亚整个国家在互联网上消失了三天。

（3）美国对 ICANN 的控制。

美国政府一直以来紧抓全球互联网管理权不放，除政治原因外还有一个原因，就是随着互联网在商业经济中的普遍运用，美国从 ICANN 中也获得了可观的商业利益。仅注册域名一项业务，ICANN 每年就可以获取大约 10 亿美元的利润。因此，若要美国对 ICANN 完全放手，要 ICANN 放开域名市场的控制，就意味着要美国放弃巨大的经济利益，这无异于与虎谋皮。

美国政府对 ICANN 的控制一直令国际社会担心。国际法的基本原则主张所有国家的共用商务媒介应该实现国际化管理，但 ICANN 采取的运作方式在很多问题上忽视了发展中国家。在 ICANN 管理的网站域名中包含一些发展中国家重要部门的域名，这意味着这些机构的信息常年暴露在 ICANN 的监控下，这些机构的网络服务和管理随时可能在国际主干网上被切断。如果将互联网域名的管理权限移交联合国，对于发展中国家而言，有关域名问题的申诉或纠纷的解决可能会更为公正。

因此，长时间以来，两个热门议题成为争论的焦点，这就是：美国是否应该继续充当所有域名的管理者？是否应该由一个联合国机构取代 ICANN 负责监管互联网域名系统？有不少专家认为全球互联网的规则不应该让美国的一个民营公司来制定，提议重新创办一个全球互联网域名管理机构接管 ICANN，或由世界各国政府设法磋商，制定出一套政策原则，让 ICANN 来遵守。但是，对此提议也有不少人提出反对意见，他们认为在互联网的管理上各国之间存在着相互合作的必要性，自我管理最终可能导致全球网络的分裂，或破坏网络的无缝浏览。因为美国在互联网方面的技术优势在全球尚无人可比拟，美国控制着互联网的基础设施，即使公平地让民间企业竞争管理权，在技术、资金、经验等众多方面，美国的企业还是占有优势。即便将 ICANN 收归联合国管理，恐怕也只是形式上的，美国不会轻易地完全放弃对 ICANN 的控制权。

2016 年 10 月 1 日，美国政府在各方压力下，其商务部下属机构国家电信和信息局将互联网域名管理权正式移交给ICANN，结束了对互联网核心资源近20年的单边垄断。但是移交并不意味着权力的放弃，ICANN机构被要求必须设在美国本土，而且不得把管理权移交给联合国或国际电信联盟等国际组织，而是要求移交给"全球利益攸关体"。这种做法导致这一关键资源管理权国际化有名无实，因为根区文件与根服务器等互联网关键资源仍是美国政府资产，只不过是将行政性的管辖变更为司法性的管辖，所有权并未改变，"按照美国法律授权，美国总统根据国家利益需要可以关闭互联网络。"[1]

### 2. 网络技术霸权

如果互联网空间处于完全的无政府状态，技术水平高的国家会占有绝对的主导权，技术水平低的国家就会不得不处于被动位置。美国作为信息技术的发源地，掌握着大量核心技术，在计算机和网络信息领域有着绝对的技术优势。美国在网络世界拥有的这种技术优势，很容易就能转变为战略优势，成为其在各个方面谋求实际利益的实力资本。这样，无论是垄断信息，还是窃取信息，都在国际行动中掌握更大的主动权。如通过对发展中国家所用计算机芯片和关键技术的垄断，美国可以在无形中控制许多发展中国家政治、经济、军事等重要部门的中枢神经。

发展中国家的互联网行业，无论是设备终端还是网络应用，不管是硬件、软件还是网络技术、发展模式通常都是模仿美国成长起来的。缺乏核心专利成为安全和发展方面的巨大隐患。如中国的中兴通信在手机的构件模组方面基本满足自给需求，但唯有芯片长期无法自给。早在2016年3月，美国商务部就对中兴通讯施行出口限制，禁止美国元器件供应商向中兴通讯出口元器件、软件、设备等技术产品。2017年3月，中兴通讯与美国财政部、商务部和司法部达成了和解协议。但2018年，随着中美贸易战持续升级，进一步的制裁让中兴通讯在A股、H股双双停牌，仅1—3月就净亏损54.07亿元。

### 3. 网络军事霸权

在前总统奥巴马执政期间，美国相继出台了《网络空间政策评估》《国家网络安全战略报告》《四年防务评估报告》《国家军事战略报告》等一系列重要文件，抢先完善其网络空间战略布局，在制度建设上"圈地插旗"、抢占先机。2011年5月16日，美国发布了首份《网络空间国际战略》，该战略在网络空间构建和网络市场重组上，强化美国的支配地位。根据其原有国际关系与地缘政治，仍然遵循的是以美国为核心，以美欧主要盟友、西方阵营等意识形

---

[1] 侯云灏，王凤翔. 网络空间的全球治理及其"中国方案"[J]. 新闻与写作，2017（1）：7.

态相同的国家为中心,向所谓"民主国家"、利益攸关方国家、发展中国家利益攸关方、第三世界国家等国家实体与非国家行为体,循序推进、有序扩张。7月14日美国国防部又出台了该战略的详细实施纲要——《网络空间行动战略》。在《网络空间行动战略》里,美国政府明确表示,对美国发动的任意网络攻击都将被视为战争行为,美国对此保留军事回击的权利。

这两份网络空间战略的出台,为美国夺取网络空间的主导权及霸主地位制定了路线、方针和措施。美国国家安全局局长麦克尔·罗杰斯(Michael Rogers)公开表示美国有意主导全球网络空间制度的建设,他认为美国"有义务"为所有国家提供一份路线图,使它们清楚应如何作为才不会违反网络空间的国际义务,并在任何环境下始终履行自身责任。

作为世界上第一个引入"网络战"概念和建立第一支"网军"的国家,美国自2002年12月起,在海、陆、空军中都拥有了自己的网络部队。奥巴马任职后,将陆、海、空军的网络部队进行扩充和重组,并于2010年5月21日正式成立网络司令部。这次重组规定了"网络司令部和国家安全局由一人领导,既提高决策效率,又可以相互提供情报支持。2013年,美国网络司令部一年就增加了4 000人,并且宣布3年内扩建40支网络战部队。美军网络司令部前司令基思·亚历山大(Keith Alexander)在出席参议院军事委员会听证会时特别强调,美军新增40支网络部队,其中13支是专门用于进攻的,这13支部队将会进行全球部署,从任一地点对特定目标发动攻击。

已发出的攻击最著名的是针对伊朗的一次。奥巴马在第一个任期内密令对伊朗核设施发起代号为"奥运会"的网络攻击行动。美方先将名为"灯塔"的木马程序植入伊朗核设施的电脑系统中,窃取设备的内部运作蓝图。随后,美国利用与以色列联合研发"震网"病毒,并通过间谍手段,将病毒送入与互联网物理隔离的伊朗核设施的内网系统,导致伊朗境内包括布什尔核电站在内的5个工业基础设施遭受病毒攻击,其浓缩铀工厂内约两成的离心机报废,从而大大延迟了伊朗的核计划。[1]

2015年4月23日,美国出台了新版国防部《网络空间战略》。2015年的新版《网络空间战略》较之2011年的《网络空间行动战略》,方针已从重在防御转向"在必要的情况下"主动进攻。相关内容公开表示"美国军方将把网络战用作针对敌人的作战方式,明确表示美军在与敌人发生冲突时,可以考

---

〔1〕 李明海. 美军网络司令部的演变与启示[EB/OL]. 中国网信网. http://www.cac.gov.cn/2016-12/22/c_1120164344.htm.

虑实施网络战。"美国国防部部长阿什顿·卡特（Ashton Carter）在宣布这一新战略时指出："尽管我们优先考虑威慑外来攻击，但我们的防卫部署不会削弱我们主动选择网络攻击的意愿，只要需要，我们可以主动进攻。"[1]五角大楼随即调整了美国网军的结构，一系列动作表明美军突破了网络战在编制体制、装备设备、融入联合等一系列问题上的瓶颈，已经开始探索网络攻防战斗力生成的有效模式。

**4. 网络信息霸权**

在网络空间，美国界定了其亲密盟友为英国及一些英联邦国家如加拿大、新西兰、澳大利亚等，盟友国之间共享许多信息。美国通过加强网络同盟，试图逼迫世界各国都追随其网络空间全球治理的理念，最终力求未来出台的网络空间游戏规则都依照发达国家的诉求，符合发达国家的利益。对与他们的理念不一致的不服从国家，则采取明里谴责暗里摧毁的方式对他国政府行为进行遏制。被称为能赋予美国"终极信息窃取力"的布拉夫代尔数据中心是美国安全局的一个基地，可以对卫星、国际地下和海底光缆及国内外互联网实施数据监控、同步备份。

德国《明镜》周刊根据美国国家安全局前雇员斯诺登提供的文件于2014年3月22日在其网站上报道：美国国家安全局监控中国领导人和企业，监控的目标包括中国前国家领导人、商务部、外交部、银行和电信公司。中国互联网新闻研究中心5月26日发表的《美国全球监听行动记录》中称美"棱镜"项目对华窃密属实。记录指出，美国的监听行动涉及中国政府和领导人、中资企业、科研机构、普通网民、广大手机用户等。[2]

2018年1月11日，美国国会众议院投票通过批准颇具争议的《涉外情报监视法》"702条款"再延长6年。该条款早初于2008年通过，内容是允许美国情报机构在没有授权的情况下，以维护国家安全的名义，监控包括美国境内与境外目标的通信。此前，美国国会因"棱镜门"事件被曝光，面对强大的国内压力，不得已于2015年后结束了对美国国内的监控项目。根据"702条款"，任何美国境外的非美国公民都有可能成为被监视对象，美国情报机构无需授权即可直接从苹果、谷歌、Facebook等美国的互联网服务商提取信息，也可以直接从互联网的底层硬件设施获取信息。这种以侵犯他国信息主权、牺

---

[1] 王传军. 美国发布网络战争新战略[N]. 光明日报，2015-04-25 (5).
[2] 互联网新闻研究中心. 美国全球监听行动纪录[EB/OL]. 新华网. http://www.xinhuanet.com/world/2014-05/26/c_1110865223.htm.

牲他国信息安全为代价来维护美国"绝对安全"的做法，是一种典型的霸权主义思维。

**5. 网络文化霸权**

文化霸权通俗地讲就是一个社会各个阶层都承认的文化领导权，是相对于国家政府的政治强权的一个概念。网络文化霸权是技术强势者依托网络技术优势、通过网络传播手段在文化领域对技术弱势者进行的文化控制和支配。网络文化霸权有其独有的特征和表现形式。在它的生成要素中，"技术优势形成了基础，利益需求提供了动力，单向输出呈现了过程。"[1]

（1）网络文化霸权的本质。

文化霸权与意识形态是不可分割的，网络文化霸权其本质是一种意识形态的输出。美国中情局就公开表示：通过互联网输送美国的价值观，远比派特工到目标国家培养认同美国价值观的当地代理人更容易。文化渗透都具有一定的隐蔽性，短期的影响并不明显。但随着时间的流逝，往往潜移默化地形成涵化效应，影响到各地区民族多元传统文化的生存与发展。

2014年2月27日习近平在主持召开中央网络安全和信息化领导小组第一次会议时发表重要讲话："网络信息是跨国界流动的，信息流引领技术流、资金流、人才流，信息资源日益成为重要生产要素和社会财富，信息掌握的多寡成为国家软实力和竞争力的重要标志。"现在，互联网总信息量中，发达国家的占比明显更高，在事实上处于文化竞争的优势地位。

在"信息自由"的口号下，一些在网络技术上领先一步的国家借助网络的传播力和影响力，向他国散布和传播他们的价值观，甚至诋毁和攻击他国社会制度或民族文化，达到干涉他国内政和进行文化侵略的目的。特别是美国和一些西方国家的政治势力，他们努力挖掘网络媒体的传播潜力，充分发挥其"技术+文化"的特点，使其成为传播意识形态的新型载体。这些政治势力借助语言优势，渗透到世界各个角落，传播其价值观。他们通过互联网络对他国政治和意识形态进行影响和渗透，干涉他国内政，对一些发展中国家的政局稳定造成威胁。

美国不仅将国际互联网当成其价值观和外交政策的推广工具，还试图以一国价值观引领世界各国互联网的发展，通过鼓吹所谓的网络自由，为其网络霸权行为鸣锣开道。"美国曾多次对他国的网络监管做法横加指责，称互联网自由是'普世'权利，要求全球网络向美国'门户开放'。显然，在网络技术不

---

[1] 景星维，姜润强. 网络文化霸权与国家安全[J]. 人民论坛，2014（19）：200.

对称、网络规则不公正的情况下,这种开放实际上是对美国的单向开放,而所谓的'网络自由'不过是美国单方面的'霸权自由'。"[1]究其本质,美国网络自由渗透战略是美国冷战思维和价值观渗透的网络延伸,其正确与否的判断标准,就在于其是否符合美国民主、自由、人权等价值观,是否符合美国国家利益。

(2) 网络语言霸权。

国际互联网文化与一些国家民族传统文化之间冲突、对抗的焦点首先表现在语言上。语言是文化的载体,其本身就是一种基本的文化形态。例如,汉语是中华民族文化的传播载体,也是中国和中华民族的文化根基。但是,互联网产生于美国,所使用的语言、技术最早都源自美国。各种各样的计算机设计语言、网络传输协议、终端产品开发、主板设计、芯片生产都使用英语,所有的编码和编程也都用英语书写和开发,这无疑助推了英语在互联网中的语言霸主地位,更利于一些以英语为主要语言的国家在全球推广自己的政治文化和价值观,以至于网络文化逐渐形成为一种英语文化势力。当人们在学习电脑、使用电脑时必须学习英语,英语甚至成了一些非英语国家推广、普及计算机技术的瓶颈。

鉴于语言对于文化的重要性,上述"语言霸权"现象常常被称为"网络殖民主义"。美国未来学家阿尔文·托夫勒(Alvin Toffler)在《权力的转移》中提醒人们:"世界已经离开了暴力、金钱控制的时代,而未来世界政治的魔方将控制在拥有信息强权人的手里,他们会使用手中掌握的网络控制权、信息发布权,利用英语这种强大的文化语言优势,达到暴力、金钱无法征服的目的。"[2]由此可见,有语言优势的西方国家很容易在互联网上占据信息的优势,也很容易向其他国家特别是发展中国家进行文化覆盖,通过互联网传播文化信息的同时也传递了西方的或某一国的世界观、价值观和道德观。

现在,只要是大量使用网络的人,都会自觉或不自觉地接受英语文化的影响,而这种长期的潜移默化的影响会自然而然地引发其他国家的网民对英语语言国家文化的认同及依赖,甚至导致一个民族可能逐渐丧失自己的本土文化精神,使非英语的民族和国家使用自己民族的语言权被削弱。目前,以美国文化为代表的英语文化借助网络传播在全球范围内形成的文化霸权不仅对发展中国家构成威胁,而且对非英语区的发达国家也构成了威胁。

---

[1] 邵晶晶. 网络霸权带不来"绝对安全"[N]. 解放军报. 2018-01-29 (4).
[2] 阿尔文·托夫勒. 权力的转移 [M]. 吴迎春,傅凌,译. 北京:中信出版社,2006:76.

(3) 网络文化霸权加剧全球发展的不平衡。

文化霸权的根本目的是通过文化的扩张达到对他人意识形态和价值观念的控制。由于传播方式的变化，网络文化霸权和传统文化霸权有着很大的差异。技术力量的差距使不同文化的交流无法对等，网络文化霸权方凭借技术优势、通过互联网在文化领域对技术弱势者进行控制和支配。

"网络文化霸权的特征体现在其物质基础、传播模式和所处状态之中。首先，网络文化霸权具有技术性特征。技术打造了网络世界的物质基础，赋予了网络技术强势者权力，构建了网络文化的传播方式。文化霸权在技术的支撑下发展为网络文化霸权这一新形态。离开技术的支撑，网络社会难以维系，网络文化传播无从谈起，网络文化霸权更不可能存在。其次，网络文化霸权具有单向性特征。从网络文化的交流方式来看，在网络文化霸权的背景下，文化是单向流动的。技术强势者控制着网络信息的传播，一方面遏制与自己意识形态相左的文化信息输入，另一方面对技术弱势者大力输出自己的文化。最后，网络文化霸权具有隐蔽性特征。网络是开放、自由、隐蔽的领域，网络文化霸权并不侵略领土，亦不掠夺资源，它是技术强势群体通过网络传播的方式对技术弱势群体进行其价值观和意识形态的潜移默化，使弱势群体在'非强制'的情况下向强势群体靠拢，从而主观上接受强势群体的控制和支配。"[1]

互联网的传播本身具有国际性、全球性，它的开放性让管理者很难对其进行封闭式的控制。当一些大事件发生以后，相关的信息和舆论在电子空间里迅速扩散。互联网带给网民巨大自由的同时，也给管理者带来了许多麻烦。网络的一个基本特征就是它打破了地域和民族的界限，把世界联成一体，与这种"一体化"意识相伴的是强势文化对弱势文化的吞并。传统社会的封闭环境很容易把人们的思想和行为统一到某一认识上，但在网络社会，价值观呈现出多元化趋势，每个人都可以成为全球范围的信息制造者，以低廉的代价就可以在全球的范围发布信息。网络社会的开放性，使多元文化、多元价值在网上交会。

对于网络传播的控制，其难度超过了以往任何媒体的控制。以前政府通常通过干扰来控制短波收音机的收听；通过频率审批来控制广播和电视的播出；通过控制出版印刷来管理和控制信息和新闻的自由流通。而由于互联网的发展，这些控制已经没有意义。一些发展中国家对于海外媒体的信息还没有完全开放，当海外的一些报刊或广播电视通过自己的网站向世界范围传播信息时，

---

[1] 景星维，姜润强. 网络文化霸权与国家安全［J］. 人民论坛，2014（19）：202.

虽然对有些内容也能采取屏蔽措施，但是由于互联网的传播具有一定的不可控性，总的来说，设防越来越难。由于互联网是一个不需要护照、没有边防检查站、出入境畅通的"数字化王国"，因此，国家领土主权等概念对互联网几乎起不到什么限制作用。

而网络传播的无疆界更使许多发展中国家想保持独立的价值观变得十分困难。在网络媒体出现以前，世界传播市场的不平衡状态就非常明显，世界上的信息发布在国家间就不是均等的，西方国家在跨文化国际传播中处于优势地位。借助互联网，西方文化更容易大肆"入侵"，世界传播市场的不平衡状态更加明显，在网络传播空间中呈现出明显的"西强东弱"。

由于信息产业的发展是从工业发展比较充分的国家开始的，因此发展中国家在网络平台上争取文化主动权的活动往往处于被动应对的局面。在网络上，各式各样的宣传、报道无一例外地混杂了以美国为首的西方国家的政治倾向、价值观和道德观。西方文化推崇的个人自由主义和全球观念严重地冲淡了公民的民族意识、国家观念和爱国情感。发展中国家在如此强大的传媒攻势下，很容易对本民族的传统观念和意识形态产生动摇，出现民族精神危机。

### （三）抵御网络霸权的举措

在世界发展过程中，不平衡的存在是正常的，但是不平衡的状态却并不会是永远不变的。发展中国家面对发达国家的一些领先，仍然可以有"后发优势"，甚至实现"弯道超车"。

**1. 技术上的追赶和管理上的独立**

（1）技术上的追赶。

在一些技术层面的问题上，美国在信息领域确立的主导地位，对一些发展中国家的政治、经济、科技乃至国家安全都构成了一定的挑战。如"云计算"这种技术模式，为解决信息化建设中的综合集成问题提供了一种崭新的思路。如果发展中国家不具备自有"云计算"实力，那么绝大多数企业和个人为了满足应用需要，就只能别无选择地通过美国公司的"云计算"中心存储和处理各类数据。现在发展中国家都尽早从国家战略层面上进行部署，建立自己的类似设施，自主掌控与网络相关的一些核心技术，以争取更多的主动权。

2012 年至今在自然指数排名上，美国一直是第一，中国一直是第二。2017 年《自然》杂志修订了自然指数的计算方法，扩大了数据来源。按照新的计算方法，中国的自然指数在 2017 年又上升了 13.3%，而美国下降了 1.4%。在所有自然科学的基础研究中，中国所占的比例都越来越大，整个世界的基础研究正在向双头格局演化。在人工智能方面，中国和美国的论文数和企业数都远远超过其他国家。在量子保密通信方面，中国则属于开创者。

2016年9月20日，中国工业和信息化部围绕"深化制造业与互联网融合发展，加快制造强国建设"主题，实施"芯火"计划，发挥国家集成电路等产业基金的引导带动作用，支持基础产业做大做强。2018年8月8日，位于杭州的超算芯片开发商嘉楠耘智宣布：全球首个7纳米芯片成功量产，将先应用在嘉楠耘智的区块链超级计算机中，让曾经十几T的算力直接翻倍到30T。这不仅是全球半导体行业最高工艺等级的第一枚7纳米芯片，也是区块链领域的第一枚超级芯片。虽然相对于手机芯片，矿机芯片的功能较为单一，研发和制造成本相比手机芯片也要低得多，但也是专业领域的一个突破。中国采用台积电7nm工艺制造而成的移动处理器"麒麟980"在2018年8月底也成功量产。而苹果、高通、英伟达的7纳米芯片要到第四季度才能投入生产。"麒麟980"在技术上达到了六项世界第一。

根据CNNIC第42次《中国互联网络发展状况统计报告》，2018年上半年，我国量子信息技术、天地通讯、类脑计算、人工智能、超级计算机、工业互联网等信息领域新兴技术发展势头向好。我国在量子芯片、量子编程、量子软件等方面均有布局；天地信息网络一体化进程加快；具备自主知识产权的类脑计算芯片产品得以推出；人工智能在线下零售店、家庭儿童教育、养老陪护、家务工作、医疗健康、投资风控等多种场景迅速落地；超级计算机在自主可控、峰值速度、持续性能、绿色指标等方面实现突破；企业信息系统进一步向云平台迁移，工业互联网平台快速发展。

（2）管理上的独立。

一些发展中国家的网络专家认为一国的域名应由自己管理，其他国家无权插足。

中国为进一步增强互联网的自主性，从2006年3月1日开始，除了让科研机构、政府机构和国防网站分别与顶级域名". cn"下设置的"ac""gov""mil"等类别域名相对应外，还增加了"中国""公司"和"网络"3个中文顶级域名，而各省市的组织也有专门的二级域名。这意味着用户访问这些重要机构网站时，信号直接走国内的解析服务器，不必再经美国域名公司ICANN管理下的解析服务器，从而摆脱美国域名公司ICANN的控制，使中国的网络安全性得到加强。中国对互联网域名体系的调整，是我国政府在依托国际互联网整体发展的大背景下争夺互联网的"话语权"、摆脱美国对国际互联网控制的积极之举。这样，即使美国终止对中国域名的解析，虽然国外的用户无法再连接到我国的网络,但是我国可以自己解决中国境内的解析问题,国内仍然可以通过互联网正常联系。

**2. 抵御网络文化霸权的应对措施**

中国作为一个东方大国,历史上曾不止一次地受到外来文化的冲击,中华文明就是在与不同文明的融合中向前发展的。如今,面对互联网上滚滚而来的西方文化,中华民族同样以海纳百川的博大胸怀和勇气接受了各种外来文化的冲击。在全球化大潮下,中国在走向世界,世界也在了解中国。

面对网络文化中出现的霸权情况,中国可以:

(1) 接纳吸收网络传播中西方的先进文化。

中国社会科学院新闻与传播研究所所长尹韵公针对跨文化传播曾指出:当代中国应正视美国等西方国家的文化进取战略和文化霸权的严峻性,同时他也认为中国文化具有强大的生命力和凝聚力,并具有强大的包容力,外来文化将被中国本土文化逐渐吸纳入自己的体系和框架内,使之逐渐同化。

世界文化原本就是多元的,在网络时代更是如此。中国本身的民族文化受到外来文化的巨大冲击与同化是不可避免的,但是,在网络中外来文化与民族传统文化的冲突中需要保持清醒的头脑,不盲目照搬西方模式,正确处理全球化与民族特色的关系,在扬弃外来文化的基础上丰富和发展自己的民族传统文化。同时,不能一概否定外来文化中先进、合理、有益的成分,在抵制外来腐朽文化的同时,也要吸收世界文明发展的优秀成果。对外来先进文化的吸收有利于中国进一步发展自己的民族文化。愈是民族的,就愈是世界的。中国努力保持、创造自己民族的文化特色,也是为世界文化的多样化发展做出贡献。

(2) 适应网络传播环境,融入网络时代。

文化意识已成为国际竞争中超过经济和军事的"软力量"。网络传播在全球传播和"软力量"较量中的地位越来越高,因此,在制定传播宏观政策时,需要充分发挥网络媒体在文化和意识形态传播中的积极作用,顺应全球传播时代的潮流,树立全球意识,制定全球战略,变"数字鸿沟"为"数字动力"。

网络传播是一种以数字技术为基础的信息传播,这与传统文化在类型上有所不同。对于计算机来说,任何信息只有以数字的形式出现,才能被识别和处理。因此,中国的传统文化只有不断吸收新的传播形态,才能加盟网络文化。只有针对全球网络跨文化传播的特点以及中国的实际,增强网络媒体跨文化传播能力,中国才能赢得网络传播的主动权。现在互联网上信息庞杂,既有大量积极进步的信息,又有不少落后甚至反动的内容。中国需大力加强网络建设和网上新闻宣传,以应对国内外敌对势力利用互联网对中国的渗透。

为此，需要重点建设本国管理的域名服务器，加快重点网站建设，扩大重点新闻网站的知名度，淡化宣传色彩，增强中国在网上的正面影响，努力掌握网络阵地的主动权，抢占网络思想舆论阵地的"制高点"。与此同时，在国民教育上，爱国主义是民族精神的核心内容，在新的历史条件下，要继续推行传统的爱国主义教育，弘扬和培育民族精神，赋予传统民族精神以新的意义，确保以捍卫本民族的国家利益为核心的民族意识和国家观念成为每个国民的信念。

（3）利用网络传播民族思想文化。

网络传播的发展为中国的宣传工作提供了现代化手段，网络同时也已成为重要的思想舆论阵地。网络传播在使国际政治舆论中的斗争尖锐化的同时，也为对外宣传工作带来了新的机遇。由于网络传播降低了传播费用、经济规模和市场准入成本，对外传播的信息可以在一定程度上绕过西方一些国家对来自中国信息的选择和再加工，使全世界更多的人了解中国，因此，网络先进的传播方式使中国的民族文化多了一种传播工具，从而可以更多地将中华民族的文化传到世界的每一个角落。

中国可以利用国际互联网的传播功能，提高中文信息被世界人民接受的程度；通过积极创建高质量的中文网站，努力提高网络文化中的汉文化成分，提高中文信息产品的文化含量；通过扩大各种形式的对外汉语教学，让世界上更多的人了解汉语、了解中国优秀民族传统文化，更多地关注来自中国的信息。与此同时，也可以利用英语这一互联网上最通行的语言，发展中国的英语网站，或中文网站的英文版，使国外的互联网用户能够直接了解来自中国的信息，也让中国人能够直接向世界表达自己的观点。

总之，一方面，中国应反对各种形式的网络霸权主义，努力打破西方媒体的垄断，实现更平等的跨文化传播；另一方面，中国需要学会加强与全球文化的交往与合作，充分利用网络发展带来的便利条件，让世界了解中华民族的优秀文化。在网络空间中，任何一种文化都无法孤芳自赏，对一种文化的认同过程始终会面对各种其他文化的挑战和冲击。在做到尊重多元文化认同的条件下，各个国家和民族可以巩固已形成的网络文化认同，排除影响对己方认同不良的干扰因素，拓展本国信息的辐射空间。

现在各国政府都意识到互联网对政治经济利益的重要性，面对英语国家强大的文化殖民攻势，非英语国家都在制定政策、采取措施，进行一场保卫民族文化、抗击以"美国文化"为代表的文化霸权的网络"战争"。例如，法国政府通过一项法律，要求在法国互联网上进行广告宣传的文字必须译成法文。近年来，由于世界各地华人的不懈努力，中文在网络世界中占的比率越来越高，影响越来越大。

### (三) 建立网络空间命运共同体

对于网络空间中的任何国家，网络空间的治理都是全球性、世界性的。有效管控分歧、加强交流对话、维护网络主权是各个国家的共同责任和使命。互联网虽然是一个无形的虚拟空间，但一个全球化的虚拟空间必须是有秩序的。推进全球互联网治理体系变革，必须加强网络空间治理的国际合作和国际制度建设。只有基于各国共同的利益、共享的规范和互惠的行动，全球互联网治理中的国际合作才有实现的可能，在合作过程中，必须坚持利益是共同的，共享必须是双方或多边共同拥有的，互惠必须是相互的。

**1. 网络空间管治的两大阵营和四种模式**

围绕网络空间管治，国际社会初步形成两大阵营。一个阵营以美国为核心，成员有欧盟、日本、加拿大和澳大利亚等西方国家。另一个阵营是以中国和俄罗斯为核心，成员既有新兴发展中国家，也有一些信息化相对滞后的国家。

有关网络空间的国际治理模式主要有无政府主义自治模式、联合国治理模式、多利益攸关方治理模式和国家中心治理模式等四种：

无政府主义的"互联网自治"曾是占据主流地位的互联网治理思想，但在实践上已告失败。这种模式的基础理念实际上是技术决定论，但技术与社会实际上是存在于一个整体中的互动关系。技术本身并不能决定社会的发展，技术的应用和发展更是社会发展的产物。马克思认为"社会与技术是一个整体，社会与技术相对独立的同时又相互作用，这种互动作用促使社会技术整体处于经济、政治、文化、社会和物理要素的永恒流动和进化之中"[1]，互联网的发展历程和现状也并不是单纯靠技术的发展自然形成，而是技术和各种政治经济文化要素之间不断相互作用，在共同渗透的过程中形成的。

联合国治理模式是希望由作为政府间最有权威的国际组织的联合国主导网络空间的国际治理，达成国际性的网络治理协议。目前，联合国信息社会世界峰会在国际网络空间管理中确实扮演着重要角色，也是各国表达利益诉求的主要平台。但是在受到资金限制等制约下，权力仍然有限。2014年3月14日，

---

[1] 郭华. 生态学马克思主义的技术理性批判与范式重建探析 [J]. 科学技术哲学研究, 2018 (8): 118.

美国成功抵制将互联网名称与数字地址分配机构 ICANN 的控制权移交给联合国管理，导致联合国治理模式无法真正实现。

多利益攸关方治理模式是 2005 年在联合国通过的《突尼斯议程》（Tunis Agenda）中被首次提出。该模式倡导参与式民主实践，认为需要充分发挥非政府组织的作用，确定互联网使用形式及规则，实现网络空间"自下而上"的自治。该主张虽然从表面上看考虑到各方利益，但在确定利益攸关方权利方面却存在不确定性，因此在满足发展中国家所追求的公平性等方面仍无法让大多数国家满意。因为多利益攸关方模式表面上看来倡导公平和自由，具有开放透明的特征，但在互联网核心技术、核心资源分配极其不平衡的现状下，只有那些拥有核心技术、核心资源的组织、企业和国家能够真正参加互联网中各个领域规则的制定，从而令其他主体难以真正参与竞争、共享资源。当全球多数国家和多数人口实际无真正能力行使这种自由，这种体系实际上就仍然是在最大限度地保障美国的网络霸权地位，最终可能会带来更大的不公平和不自由。

互联网管治中的无政府主义自治模式、联合国治理模式和多利益攸关方模式本质上都否认网络空间的"国家"的概念和"国家"的权力，然而互联网霸权最终恰恰体现为国家层面的霸权。历史上美国多次发动的对他国进行的网络制裁都是以国家权力驱动。

与其相比，国家中心治理模式倡导国家职能在网络空间治理中"自上而下"的管治，认为政府是网络空间治理的主要行为体，需要充分行使打击网络犯罪行为、维护网络安全的权力。该模式让发展中国家能享有与发达国家同样的权利，更重视发展中国家的利益，给予发展中国家更多的发言权，能相对避免多利益攸关方的利益纷争和组织的分散性，而且治理成本相对较低，治理效率相对较高。

**2. 习近平关于构建网络空间命运共同体的主张**

2013 年 9 月 5 日，习近平在二十国集团领导人第八次峰会第一阶段会议上提倡：各国要树立命运共同体意识，真正认清"一荣俱荣、一损俱损"的连带效应，在竞争中合作，在合作中共赢。在追求本国利益时兼顾别国利益，在寻求自身发展时兼顾别国发展。相互帮助不同国家解决面临的突出问题是世界经济发展的客观要求。让每个国家发展都能同其他国家增长形成联动效应，相互带来正面而非负面的外溢效应。

关于世界各国在网络空间的定位，2014 年，习近平在首届世界互联网大会贺词中指出，"互联网让国际社会成为你中有我、我中有你的命运共同体，中国愿意携手共建网络空间。"[1]在第二次世界互联网大会上，习近平正式提出"世界各国应共同构建网络空间命运共同体"的主张。

2014年2月27日，中央网络安全和信息化领导小组宣告成立，习近平担任组长，李克强、刘云山任副组长，标志着我国将保障网络安全、维护国家利益、推动信息化发展提升到国家层面。2014年7月16日，习近平在巴西国会发表演讲时提出，虽然互联网具有高度全球化的特征，但每一个国家在信息领域的主权权益都不应受到侵犯，互联网技术再发展也不能侵犯他国的信息主权。在信息领域没有双重标准，各国都有权维护自己的信息安全，不能一个国家安全而其他国家不安全，一部分国家安全而另一部分国家不安全，更不能牺牲别国安全谋求自身所谓绝对安全。国际社会要本着相互尊重和相互信任的原则，通过积极有效的国际合作，共同构建和平、安全、开放、合作的网络空间，建立多边、民主、透明的国际互联网治理体系。

2015年9月23日，习近平在出席中美互联网论坛时提出，中国倡导的和平安全开放合作的网络空间，主张各国制定符合自身国情的网络公共政策，重视发挥互联网对经济建设的推动作用，实施"互联网＋"政策，鼓励更多产业利用互联网实现更好发展。

2015年12月16日，习近平在第二届世界互联网大会上强调，网络空间是人类共同的活动空间，网络空间前途命运由世界各国共同掌握。应该坚持多边参与、多方参与，发挥政府、国际组织、互联网企业、技术社群、民间机构、公民个人等各个主体作用。网络空间命运共同体是一种全新的理论框架，更是一种多元化的治理机制。习近平提出，各国应该坚持尊重网络主权、维护和平安全、促进开放合作、构建良好秩序四项原则。他还强调，各国应该加强沟通、扩大共识、深化合作，共同构建网络空间命运共同体。就此，他提出了五点主张，包括：第一，加快全球网络基础设施建设，促进互联互通；第二，打造网上文化交流共享平台，促进交流互鉴；第三，推动网络经济创新发展，促进共同繁荣；第四，保障网络安全，促进有序发展；第五，构建互联网治理体系，促进公平正义。

这五个方面，共同构成网络空间命运共同体的"五大支柱"。其中，互联互通是前提，网络的本质在于互联，信息的价值在于互通；交流互鉴是要求，文化因交流而多彩，文明因互鉴而丰富；共同繁荣是目标，互联网可以也应当成为携手合作互利共赢的平台，各国可以也能够创造更多利益契合点、合作增

---

[1] 习近平致首届世界互联网大会贺信[N].人民日报，2014-11-20(1).

长点、共赢新亮点；安全有序是基础，网络安全是全球性挑战，没有哪个国家能够置身事外、独善其身；公平正义是保障，凡事应当由大家商量着办，不搞一方主导或由几方凑在一起说了算。构建这样的命运共同体，世界各国才能从互联网发展中最大程度地获益。

习近平2017年9月6日在新兴市场国家与发展中国家对话会的发言中指出："当今时代，各国是相互依存彼此融合的利益共同体，开放包容、合作共赢是唯一正确的选择。"[1]

在习近平的网络空间命运共同体设计中，国家主权合作应坚持主权平等和公平互利的国际法基本准则。"具体而言，主权平等是合作的基础。在构建网络空间治理机制时，各国应尊重其他国家自主的选择网络发展道路、网络管理模式等，不应干涉他国内政。同时，国家之间开展合作是对国际社会应尽的责任，其目的在于实现公平的国际治理秩序，协调处理好不同类型的国家、不同层次的发展水平之间的利益，特别是应避免当前网络大国利用技术优势损害其他国家特别是发展中国家的利益。"[2]

### 3. 建设网络空间命运共同体的理论依据

尊重主权、主权平等是《联合国宪章》确立的国际关系交往的基本准则，适用于国家交往的各个领域，同样也覆盖了网络空间。反对网络空间霸权，反对借助网络干涉他国内政、危害他国安全，让所有国家都享有网络治理平等发展的权利是网络空间命运共同体的基本内涵。互联网是人类现实空间在虚拟空间的延伸。"共建网络空间命运共同体，是共建人类命运共同体的重要组成部分，是在推进全球互联网治理中，共同构建和平、安全、开放、合作的网络空间，建立多边、民主、透明的全球互联网治理体系，实现全球互联网治理从互联互通到共治共享的目标。"[3]

在习近平的网络空间命运共同体设计中，国家主权合作应坚持主权平等和公平互利的国际法基本准则。"具体而言，主权平等是合作的基础。在构建网络空间治理机制时，各国应尊重其他国家自主的选择网络发展道路、网络管理模式等，不应干涉他国内政。同时，国家之间开展合作是对国际社会应尽的责任，其目的在于实现公平的国际治理秩序，协调处理好不同类型的国家、不同

---

[1] 黄玥，熊天慧. 这步棋，习近平落子"命运共同体" [EB/OL]. 新华网. http：//www.xinhuanet. com/politics/2017–09/21/c_ 1121698971. htm.

[2] 张晓君，孙南翔. 走向命运共同体：网络空间治理的中国方案 [J]. 人民论坛，2016（4）：37.

[3] 余丽. 共同构建网络空间命运共同体 [N]. 光明日报，2015–12–18（4）.

层次的发展水平之间的利益,特别是应避免当前网络大国利用技术优势损害其他国家特别是发展中国家的利益。"[1]

习近平反对"国强必霸"的陈旧逻辑,主张在网络空间管理中走互利共赢的和平发展道路,认为和平、发展、合作、共赢才是当今世界的潮流。习近平认为,应对互联网发展对国家主权、安全、发展利益提出的新挑战,必须处理好两组辩证关系,一是处理好安全与发展的辩证关系;二是处理好独立自主与深化国际合作的辩证关系,要在主权安全和发展的基础上,建立多边、民主、透明的国际互联网治理体系。

在具体操作层面,网络空间命运共同体包含五个方面:首先是政府主导。在全球网络治理体系建设过程中,一方面,互联网的本质是互联互通,信息要自由流动和自由获取,必须打破国家、地区疆域实行跨境、跨界流动;另一方面,主权国家的网络主权和安全应该得到尊重,网络空间前途命运应由世界各国共同掌握。在这种二律背反的情况下,如果离开政府主导,全球网络治理无法有效发挥作用,和平安全发展的目标根本无法实现。其次是多边参与、多方参与。网络空间全球治理由大家商量着办,发挥政府、国际组织、互联网企业、技术社群、民间机构、公民个人等作用,照顾各方关切,平衡各方利益,承担各自主体责任,不搞单边主义,不搞一方主导、两方商量,或由几方凑在一起说了算,避免以大欺小、倚强凌弱与'组团'称霸。第三是公开透明、平等对话、开放合作。国际社会应该在相互尊重、相互信任、相互对话的基础上加强合作,坚持公开透明、平等对话、开放合作,在发展中推进网络空间全球治理。第四是互联网企业的担当。互联网企业必须加强社会责任,推动技术创新、应用创新和业态创新,加强安全管理,促进网络空间持续健康发展。第五是共享共治。既尊重原有利益攸关方的相关诉求,又打破以美国为首的西方发达国家模式的局限。中国的全球互联网治理方案不是另起炉灶,而是推动全球互联网治理体系变革,构建共享共治的网络空间命运共同体。所以,共建网络空间命运共同体的目标与路径可以总结为:互联互通共享共治为目标,合作、制度和秩序建设为路径。

目前对网络空间治理存在的不同意见和立场实质上是价值观之争。"其中的实质问题在于,在合理追求个体利益的同时也要兼顾共同体的利益;不能以个体的选择拒绝共同体的利益,反过来也不能用共同体的利益否定个体对自身发展道路的选择。在网络空间治理实践中应当认识到,任何国家追求各自利益

---

[1] 张晓君,孙南翔.走向命运共同体:网络空间治理的中国方案[J].人民论坛,2016(4):37.

和价值目标的同时，也要尊重和兼顾他国的合理利益和价值选择，在谋求本国发展的过程中也要促进各国的共同发展。"[1] 成熟的国际机制大都与尊重国家主权和加强合作密不可分割，通过国家主权实现合作，国家利益也能得到最大限度的保护。命运共同体意味着网络空间中的相互依赖，共生共存，相互尊重，互利互惠，相互扶持，同心同德。构建网络空间命运共同体，是为了促进网络空间的创新与繁荣，维护网络空间的公平与正义，保障网络空间的安全与有序，归根到底是为了推动全球政治经济的发展与进步。

**4. 网络空间命运共同体的初步形成**

互联网治理体系是形成网络空间秩序的基石，构建网络空间命运共同体日益成为国际社会的广泛共识。

中国已与世界各国在互联网领域达成的一些共识为"命运共同体"理念提供了现实基础。仅在 2015 年一年中，5 月 9 日，中俄签署了信息安全合作协定；7 月 3 日，中德召开了互联网产业圆桌会议；9 月 13 日，中美达成了打击网络犯罪的重要共识；10 月 21 日，中英签署了首个网络安全协议；10 月 30 日，中韩召开了网络安全会议；10 月 14 日，上海合作组织举行了网络反恐演习。当年 7 月 1 日，我国新《国家安全法》也首次明确了要维护国家网络空间主权。

2016 年 12 月 27 日，中国国家互联网信息办公室发布《国家网络空间安全战略》，阐明了中国关于网络空间发展和安全的立场，第一条就声明"网络空间主权不容侵犯，尊重各国自主选择发展道路、网络管理模式、互联网公共政策和平等参与国际网络空间治理的权利"。

2017 年 3 月 1 日，为了推动网络空间命运共同体思想的实践，我国外交部和国家互联网信息办公室共同发布《网络空间国际合作战略》，该战略以构建网络空间命运共同体为目标，倡导在和平、主权、共治、普惠四项基本原则基础上构建全球网络空间命运共同体。其核心任务包括：

第一，明确主权原则在网络空间的适用。《联合国宪章》确立的主权平等原则是当代国际关系的基本准则，推进网络空间命运共同体首先是要尊重主权原则在网络空间的适用。中国方案需要推动该原则成为国际共识，即尊重各国自主选择网络发展道路、网络管理模式等权利，不干涉他国内政等。

第二，塑造网络空间多层次的治理体系。当前网络空间全球治理陷于多方模式和多边模式的争议之中，其争议核心是各国政府以及联合国机制在网络空

---

[1] 黄璜. 从三个层面看网络空间命运共同体 [J]. 紫光阁. 2016（1）：94.

间的主导权问题。中国方案需要评估不同层次议题中政府功能的有效性，在发挥政府主导作用的同时，充分考虑互联网企业、技术社群、民间机构、公民个人等各方关切，达到建设和平、安全、开放、合作的网络空间的目标。

第三，推动网络空间国际行为规范建设。各国对网络空间的高度依赖以及由网络引发的国家间冲突，使得制定全球网络空间规则显得尤为重要。我国应倡导推动网络空间行为规范的形成，加强网络空间国际行为规范公共产品的设计和供给，搭建平台加强网络空间双边和多边合作，持续推动网络空间国际规则的建立与完善。

这些原则方向和目标主张，既呼应全球各国共同利益诉求，又符合互联互通、共享共治的互联网精神，构成全球互联网治理体系的"中国方案"，并得到国际社会普遍认同。"中国方案"根据互联网发展大势与各国国情，着眼长远大局，提倡"政府主导、多边参与、共享共治"，突出人类共同福祉、共同利益、主权理念，推动国际互联网络规则制定和国际立法，携手构建网络空间命运共同体，既符合互联网发展规律、全球化发展大势，又兼顾各方利益和关切，正在成为世界各国在网络环境下生存和发展的基本原则。"中国方案"遵循网络空间发展规律且符合全球共同利益的战略方向，既契合了"和平共处"的外交理念，又彰显了"和而不同"的中国文化精神，成为推进全球互联网治理体系变革的首选方案之一，开启了网络空间全球治理的新范式。

由于各个国家和地区之间、一个国家内的不同地区之间发展的不平衡必然存在，因此，对数字鸿沟和网络霸权不必过度担忧和畏惧。随着发展中国家经济的发展、国际社会网络法则的制定，这些差距存在着逐步缩小的可能。由于网络传播有着双刃性，随着互联网的发展，各个领域进一步地互联互通，各种不平衡都有着缓解的可能。

# 参考书目

1. 彭兰. 网络传播概论 [M]. 第4版. 北京：中国人民大学出版社，2017.
2. 邵国松. 网络传播法导论 [M]. 北京：中国人民大学出版社，2017.
3. 钟瑛. 网络传播导论 [M]. 第2版. 北京：中国人民大学出版社，2016.
4. 钟瑛. 网络传播管理研究 [M]. 北京：中国社会科学出版社，2014.
5. 申凡等. 网络传播心理学 [M]. 北京：清华大学出版社，2013.
6. 朱海松. 微博的碎片化传播：网络传播的蝴蝶效应与路径依赖 [M]. 广州：广东经济出版社，2013.
7. 尹章池. 网络传播导论 [M]. 武汉：武汉大学出版社，2013.
8. 杨文华，何翘楚. 网络意识形态领导权研究 [M]. 沈阳：东北大学出版社，2017.
9. 马莉婷. 网络营销理论与实践 [M]. 北京：北京理工大学出版社，2017.
10. 孙昊亮. 网络环境下著作权的边界问题研究 [M]. 北京：法律出版社，2017.
11. 安葳鹏，汤永利. 网络与信息安全 [M]. 北京：清华大学出版社，2017.
12. 蔡晶晶，李炜. 网络空间安全导论 [M]. 北京：机械工业出版社，2017.
13. 郭玉锦，王欢. 网络社会学 [M]. 第3版. 北京：中国人民大学出版社，2017.

14. 蒋小花，张瑞静．网络舆情理论与案例［M］．北京：中国时代经济出版社，2017.

15. 王仕勇．网络流行语研究：社会与媒介的视角［M］．北京：中国社会科学出版社，2016.

16. 韩爱平，张玉玲主编．网络新闻传播伦理［M］．郑州：河南大学出版社，2016.

17. 余秀才．众媒时代的传播转向［M］．武汉：华中科技大学出版社，2017.

18. 邵国松．网络传播法导论［M］．北京：中国人民大学出版社，2017.

19. 严富昌．网络谣言研究［M］．北京：中国书籍出版社，2016.

20. 蒋秀玲．网络流行语的生产与扩散机制研究［M］．广州：中山大学出版社，2016.

21. 熊威．网络公共领域研究［M］．北京：中国政法大学出版社，2016.

22. 陈成鑫．网络一代信息行为研究［M］．北京：海洋出版社，2016.

23. 费君清主编．媒介融合与文化传承［M］．杭州：浙江大学出版社，2016.

24. 于德山．共识与分歧：网络舆论的信息传播研究［M］．北京：社会科学文献出版社，2016.

25. 彭兰．新媒体导论［M］．北京：高等教育出版社，2016.

26. 曾凡平．网络信息安全［M］．北京：机械工业出版社，2016.

27. 张颖炜．网络语言研究［M］．广州：暨南大学出版社，2015.

28. 许鑫．网络时代的媒介公共性研究［M］．北京：人民出版社，2015.

29. 黄河，刘琳琳，王芳菲．新媒体管理［M］．北京：中国传媒大学出版社，2015.

30. 余素青．新媒体传播与舆论审判叙事［M］．北京：社会科学文献出版社，2017.

31. 赵子忠，赵敬．新媒体与新闻［M］．北京：中国传媒大学出版社，2017.

32. 谭云明．新媒体策划运营与舆情应对［M］．北京：中国经济出版社，2017.

33. 喻国明等．新媒体环境下的危机传播及舆论引导研究［M］．北京：经济科学出版社，2017.

34. 文森特·米勒．数字文化精粹［M］．晏青，江凌，姚志文，编译．北京：清华大学出版社，2017.

35. 尹章池等．新媒体概论［M］．北京：北京大学出版社，2017.

36. 张基温，张展赫．新媒体导论［M］．北京：清华大学出版社，2017.

37. 薛可．新媒体传播：新生态构建［M］．上海：上海交通大学出版社，2017.

38. 谭天．新媒体新论［M］．第2版．广州：暨南大学出版社，2016.

39. 宫承波．新媒体概论［M］．第5版．北京：中国广播电视出版社，2016.